2020 敦煌學國際聯絡委員會通訊

2020 Newsletter of International Liaison Committee for Dunhuang Studies

高田時雄 柴劍虹
策 劃

郝春文
主 編

陳大爲
副主編

敦煌學國際聯絡委員會
中國敦煌吐魯番學會
首都師範大學古文獻研究中心
主 辦

上海古籍出版社
2020.10.上海

敦煌學國際聯絡委員會幹事名單：

中　國：樊錦詩　郝春文　柴劍虹　榮新江　張先堂
　　　　　鄭阿財（臺灣）　　汪　娟（臺灣）
日　本：高田時雄　荒見泰史　岩尾一史
法　國：戴　仁
英　國：吳芳思　高奕睿
俄羅斯：波波娃
美　國：梅維恒　太史文
德　國：茨　木
哈薩克斯坦：克拉拉·哈菲佐娃

敦煌學國際聯絡委員會網頁：
http://www.zinbun.kyoto-u.ac.jp/~takata/ILCDS/
敦煌學國際聯絡委員會秘書處地址：
日本國　京都市　左京區北白川東小倉町 47
　　　　京都大學人文科學研究所
　　　　高田時雄教授　Tel：075－753－6993
INSTITUTE FOR RESEARCH IN HUMANITIES
KYOTO UNIVERSITY KYOTO 606－8265，JAPAN

2020
敦煌學國際聯絡委員會通訊

目　錄

2019 年敦煌學研究綜述

宋雪春（上海師範大學）

據不完全統計,2019 年度中國大陸地區出版的與敦煌學相關的學術專著 20 餘部,公開發表的研究論文 300 多篇。茲分概説、歷史地理、社會文化、宗教、語言文字、文學、藝術、考古與文物保護、少數民族歷史語言、古籍、科技、書評與學術動態等十二個專題擇要介紹如下。

一、概　　説

本年度有關敦煌學術史、敦煌文獻圖録的刊佈等研究成果較爲突出。

敦煌學術史的考索方面。由敦煌研究院名譽院長樊錦詩口述,敏春芳撰寫的《我心歸處是敦煌》(譯林出版社),作爲樊錦詩的唯一自傳,自出版後,諸多媒體和報紙爭相報道,在全國上下得到如潮的好評,並入選中國圖書評論學會組織評選出的 2019 年度"中國好書"。該書真實、全面地講述了樊錦詩的人生故事,梳理了樊錦詩親歷的敦煌考古、學術研究和文物保護事業。北京大學葉朗教授認爲這本書是"帶有永恒價值的精神追求";首都師範大學郝春文教授則高度讚揚了莫高窟人"是中華民族的脊梁"(《中華讀書報》2019 年 11 月 22 日版)。

柴劍虹《關於加強敦煌學學科體系建設的一些思考》(《敦煌研究》2019 年 4 期),認爲 20 世紀初興起的"世界學術之新潮流"的敦煌學,具有國際性、綜合性、多元性的鮮明特色。加強敦煌學學科體系建設,需要在進一步釐清它的學術背景及與一些學科門類之間的血肉關聯的基礎上,明確學科理論的主幹是"學科基本結構",即是該學科的基本概念、基本原理及其相互之間的關聯性,是指知識的整體性和相關事物的普遍聯繫;同時,也需要注重本學科學術史的研究,有助於更好地總結經驗,推動學術進步。郝春文《關於敦煌學之命名、内涵、性質及定義的探索歷程》(《敦煌研究》2019 年 4 期),指出敦煌學的空間範圍應限於歷史時期的敦煌,其研究對象是以敦煌遺書、敦煌石窟藝術、敦煌史跡和敦煌學理論等爲主,包括上述研究對象所涉及的歷史、地理、社會、哲學、宗教、考古、語言、文學、民族、音樂、舞蹈、建築、科技等諸多學科,其學科性質應屬新興交叉學科。此定義既包括了敦煌學的研究對象及所涉及的學科,也强調了其學科屬性爲新興交叉學科。劉進寶《再論敦煌學的概念和研究對象》(《敦煌研究》2019 年 5 期),通過對敦煌學產生背景及學科性質的考辨,認爲作爲一門學科的敦煌學應該是能够成立的。

敦煌學學術史即百年來數代敦煌學人的著述史。郝春文《改革開放前敦煌學的成就與反思》(《光明日報》2019 年 7 月 22 日 11 版),分析了向達、王重民、饒宗頤和潘重規等中國一流學者取得高水平成果的原因,提示了對敦煌學家進行研究應該致力的方向。閆麗《向達與他的〈中西交通史〉》(《敦煌研究》2019 年 3 期),對向達及其著述的《中西交通史》作了史實考證和評價。宋翔《〈敦煌掇瑣〉出版史事考辨》(《敦煌研究》2019 年 3 期),分析了《敦煌掇瑣》三輯出版時間跨度大的原因所在。

學人研究還涉及顧頡剛、馮友蘭、龍晦等,分別見於趙大旺《夢想敦煌四十年:顧頡剛先生與敦煌學》(《敦煌研究》2019 年 3 期)、范鵬《馮友蘭通論佛學對敦煌哲學研究可能的啓示》(《天水師範學院學報》2019 年 4 期)、黃詩茵《龍晦先生與敦煌學研究》(《哈爾濱學院學報》2019 年 9 期)。當代學者的訪談録,主要有趙義山、張芷萱《走好敦煌研究之路,引領後學四通八達——項楚先生的學術成就與影響啓示録》(《西北民族大學學報》2019 年 5 期),鄒清泉《回望敦煌——敦煌研究院趙聲良院長訪談》(《藝術設計研究》2019 年 4 期),貢保扎西《挖掘敦煌西域文獻　鈎沉民族歷史脈絡——訪西南民族大學楊銘先生》(《西藏大學學報》2019 年 4 期)。

敦煌文獻大型圖録的刊佈和散藏敦煌文獻的調查在本年度取得新的推進和成果,天津圖書館和首都圖書館均首次向公衆全面公佈館藏敦煌文獻。萬群、劉波主編《天津圖書館藏敦煌文獻》(學苑出版社),内容包括《唐人寫經殘卷》三册、《唐人寫經册(殘頁)》(國家一級珍貴文物)一册、《唐人寫經真本》(被鑒定爲八至九世紀吐蕃統治時期寫本《大般若波羅密多經卷三五五》)一册、《敦煌石室寫經殘字》一册。時間跨度從南北朝到歸義軍時期。萬群《天津圖書館藏敦煌遺書殘片的保護修復》(學苑出版社),則以修復案例爲主體,以傳承古籍修復技藝爲出發點,全面系統地介紹了“天津圖書館藏敦煌文獻”修復過程中的項目進程與管理、修復原則與方案、保護措施與經驗等内容。附有大量經書圖片、經書病害圖示、修復步驟示意圖以及工作環境照片等,還有大量與修復相關的資料和表格。由榮新江主編的《首都博物館藏敦煌文獻》(燕山出版社)正式出版,爲學術界閱覽首博藏品的圖版提供了便利。這是首都博物館所藏敦煌文書的第一次完整刊佈,全十一函,正文十册,附總目録、總圖録二册。其中有梁玉書(素文)、張廣建、朱孝臧(祖謀、彊村)、龔心釗(龔剑,字懷希)、顧二郎(顧麟,字巨六)、周肇祥、陳垣、黃錫蕃等人的舊藏珍本,也有館方歷年來陸續收藏的長卷寫經。金雅聲、郭恩主編《法國國家圖書館藏敦煌西域藏文文獻》(上海古籍出版社)出版第二十六册,著録編號至

P.T164。金雅聲、趙德安、沙木主編《英國國家圖書館藏敦煌西域藏文文獻》（上海古籍出版社）於本年度出版第十一册，著錄至 IOL.TIB.J.VOL.56 號。

散藏敦煌文獻的情況，依然受到學界的廣泛關注。方廣錩《談散藏敦煌遺書》（《西南民族大學學報》2019 年 5 期），界定了"散藏敦煌遺書"的概念，指出散藏敦煌遺書主要集中在中國和日本，總數約 10 000 號上下。作者還總結了散藏敦煌遺書具有四個特點。邰惠莉梳理了敦煌研究院藏敦煌遺書的來源和價值情況（《中國書法》2019 年 17 期）。新巴·達娃扎西《四川大學博物館藏敦煌古藏文寫經敘録》（《敦煌研究》2019 年 4 期），對四川大學博物館藏 23 件敦煌古藏文寫經做了重新整理研究。王慶衛《徐錫祺舊藏敦煌寫經簡述》（《敦煌研究》2019 年 5 期），指出陝西省文物單位收藏的 21 種敦煌寫經，屬於早期藏經洞文物的流散部分，據題識可知多數可能屬於徐錫祺舊藏。李艷紅則探析了許承堯舊藏敦煌文獻（《中國書畫》2019 年 8 期）。

《中國社會科學報》2019 年 12 月 13 日 004 版"特别策劃敦煌學"專題，邀請張涌泉、劉進寶、趙聲良、潘晟、張小剛、沙武田、張小艷、夏生平等多位敦煌學者從不同側面回顧和展望了敦煌學的發展歷程和未來方向。

《敦煌學通論（增訂本）》（甘肅教育出版社）是劉進寶在《敦煌學述論》的基礎上第四次增訂再版的。該書在充分參考、概括國内外相關研究成果的基礎上，從敦煌的歷史、敦煌石窟藝術、敦煌文物的流散、敦煌遺書、敦煌學研究五個方面對敦煌學進行了比較全面系統的介紹。這五個部分，涵括了敦煌學發生的背景、重要的研究對象以及敦煌學的發展歷程，全面反映了敦煌學的基本内涵。這部著作達到了概括準確、架構合理、條理清晰、語言簡明流暢的水平，是一部優秀的通論性著作。該書出版後受到讀者的歡迎，不僅成爲讀者全面瞭解敦煌學的重要參考書，也是高校教師開設敦煌學有關課程的重要參考書。此書除了臺灣版和韓文版，僅在中國大陸就四次修訂再版。郝春文爲該書作序，論述了"一部優秀的通論性作品應該具備哪些要素"（《敦煌研究》2019 年 2 期）。鄭炳林、鄭怡楠《敦煌碑銘讚輯釋》（上海古籍出版社），是作者 1992 年出版的《敦煌碑銘讚輯釋》的增訂本，輯録了目前所見到的敦煌文獻中的碑文、墓誌銘、邈真讚等人物傳記資料。增訂版補充完善了收録内容、糾正了釋文錯誤，相較舊版整體水平有了很大提高。

值得提及的是，由柴劍虹、榮新江主編，甘肅教育出版社於 2007—2008 年出版的"走進敦煌叢書"，包括柴劍虹《簫管霓裳——敦煌樂舞》，譚蟬雪《盛世遺風——敦煌的民俗》，高啓安《旨酒羔羊——敦煌的飲食文化》，李重申、李金梅《忘憂清樂——敦煌的體育》，劉進寶《遺響千年——敦煌的影響》，趙聲良《藝苑瑰寶——莫高窟壁畫與彩塑》，郝春文《石室寫經——敦煌遺書》，榮新江《華戎所交——敦煌民族與中西交通》,王冀青《國寶流散——藏經洞紀事》,王惠民《三危佛光——莫高窟的營建》,鄭炳林、李軍《絲路明珠——敦煌》,一共十二册。這套叢書融通俗性、知識性和科學性爲一體,每本介紹敦煌的一個方面,合而觀之,也是概括而全面地介紹了敦煌的歷史和文化,亦屬於叢書型通論著述。這套叢書很受社會歡迎,於 2019 年整套再版。有的如《石室寫經——敦煌遺書》還單獨另出了新版。其中之《旨酒羔羊——敦煌的飲食文化》《石室寫經——敦煌遺書》《華戎所交——敦煌民族與中西交通》被譯成日文出版,《石室寫經——敦煌遺書》還出了英文版和韓文版。

二、歷 史 地 理

本年度有關敦煌史地的研究成果主要集中於歸義軍政權制度、絲路交往、敦煌吐魯番出土漢文法律文獻等研究層面。另外在敦煌學專業刊物《敦煌研究》《敦煌學輯刊》上刊佈的有關漢晉簡牘的史地論文數量也頗可觀。

政治方面。李正宇《漢代和平接管河西,不由攻奪强佔》(《敦煌研究》2019 年 1 期)通過鈎沉和辨析史料記載,糾正了“漢朝武力奪得河西之地”的誤解。魏迎春、鄭炳林《敦煌歸義軍節度副使安景旻考》(《敦煌學輯刊》2019 年 1 期)探討了歸義軍初期的節度副使粟特人安景旻與張議潮家族的親密關係,認爲吐蕃統治敦煌時期的實際控制權已經轉移到敦煌的漢姓大族和粟特人手中。同作者還探討了敦煌寫本《大蕃沙州敦煌郡攝節度功德頌》及相關問題(《敦煌學輯刊》2019 年 4 期)。楊富學《曹議金奉天靖難及其與甘州回鶻之關聯》(《敦煌學輯刊》2019 年 1 期),從曲子詞《望江南·曹公德》及《金山國諸雜齋文範》等,揭櫫了曹議金奉天靖難及其與甘州回鶻之關聯。杜海《敦煌“于闐太子”與“曹氏太子”考》(《敦煌研究》2019 年 6 期),對敦煌文獻中出現的大量“太子”稱號進行辨析,指出有“于闐太子”,也有“曹氏太子”,認爲曹元忠應該有三個兒子被稱爲“太子”,曹延禄至少有兩個兒子被稱爲“太子”。趙沈亭《英藏敦煌文書 S.4276 所見歸義軍政權相關問題考》(《西夏研究》2019 年 3 期),認爲可籍 S.4276 探討歸義軍政權與中原王朝的關係、與粟特人的關係;文書中“二州六鎮耆老,及通頰退渾十部落”可見歸義軍政權的基層制度。

經濟方面。楊寶玉《達外國之梯航——曹氏歸義軍與五代時于闐首次入貢中原之關係再議》(《敦煌研究》2019 年 1 期)追尋了于闐對五代時中原王朝首次入貢活動的起因、背景。通過對相關歷史記載的分析,提出並論證了于闐該次入貢起源于曹氏歸義軍的引領與幫助。何志文《吐蕃統治敦煌時期地方財政支出的一個考察——以敦煌出土漢、藏文支出帳爲中心》(《中國社會經濟史研究》2019 年 2 期），通過對比漢、藏文書發現，吐蕃統治時期地方的財政支出核算週期與會計方式與陷蕃前存在較強的連續性，但也有其獨特之處，處於會計發展的過渡時期。李錦繡《從敦煌吐魯番文書看唐代絲綢之路上的劍南絲綢》（《敦煌學輯刊》2019 年 3 期），指出沙州、西州的白練來自劍南道。從劍南至涼州、沙州，向伊州、西州、庭州，劍南道白練進入絲綢之路。通過官府運輸和客商貿易，劍南絲綢深入西域腹地；通過絹馬（駝）互市，與遊牧部族貿易，劍南絲綢走向了歐亞草原。羅慕君、張涌泉《敦煌殘片〈唐大順二年正月七日楊文盛出租地契〉的復原和研究》（《文史》2019 年 2 期）藉助 S.1687 號、BD1770 號、BD1692 號、BD1759 號、BD1695 號五號正面《金剛經》殘卷的綴合，將其背面 10 塊裱補紙復原爲一件基本完整的地契。並重新擬題和詳加校錄，進而對該契的立契時間、租地位置、租地面積、租地原因、租期、租佃條件、署名等進行解讀和研究。

谷更有《唐代村民經濟身份的變遷——以敦煌吐魯番出土文獻爲中心》（《中國經濟史研究》2019 年 3 期），依據已刊佈的敦煌文獻和吐魯番出土的户籍、契約文書和書信，透過均田制下村民社會的經濟狀況、村民生活中的經濟活動和村民社會構成的貧富分化等，來揭示長時段内唐代村民經濟身份變遷的事實和過程。韓樹偉《絲路沿綫出土諸民族契約文書格式比較研究》（《敦煌學輯刊》2019 年 2 期），認爲絲路沿綫出土的諸民族契約文書在接受漢地契約格式和精神的同時，又結合本民族的社會制度和風俗習慣，形成了本民族習慣行用的契約模式。此研究可證實不同民族的契約在文書格式、契約内容上有著相互借鑒、吸收的一面。曾柏亮、李天石對敦煌吐魯番漢文文獻中的奴婢資料進行了重新整理分類（《敦煌學輯刊》2019 年 1 期）。趙沈亭《唐五代敦煌壁畫彌勒經變所見農作圖研究》（《農業考古》2019 年 3 期），指出農作圖中的農業生產工具，如曲轅犁、三腳耬犁、鋤、鐮刀等，都反映了當時的農業生產水平。楊寶玉《印度製糖法文書重校及其獨存敦煌原因新探》（《敦煌研究》2019 年 4 期）論證了 P.3303v 記錄的印度製糖法文書，乃張球追憶故鄉風物、記錄早年見聞所作。

法律方面。趙晶的《三尺春秋：法史述繹集》（中國政法大學出版社）梳理和論述了敦煌吐魯番法律文獻，全書以學術評論爲主要體裁。《法律文化研究》2019 年 2 期爲“敦煌、吐魯番漢文法律文獻專題”，收錄中日學者撰寫的近 20 篇論文，分研究概覽、個案考證和觀點爭鳴三個欄目。代表性的文章如榮新江、史睿《俄藏 Дx.03558 唐代令式殘卷再研究》（《法律文化研究》2019 年 2 期），判斷了俄藏 Дx.03558 殘卷的年代，重申了認定 Дx.03558 文書第二、第三條爲顯慶年間《祠令》的理由，並推想俄藏 Дx.03558 令式殘卷與《天寶令式表》同爲未見著録之官府實用文書,稱之爲令式彙編比較穩妥。

三、社　會　文　化

本年度有關社會文化的成果涉及中古社邑、數術文獻、書儀、坐榻等多個方面。郝春文《中古時期社邑研究》係"香港敦煌吐魯番研究中心叢刊"之十一,由臺灣新文豐出版公司於 2006 年 11 月出版,上海古籍出版社在 2019 年 5 月推出大陸版。關長龍輯校《敦煌本數術文獻輯校》(中華書局)一書對迄今所能見到的全部敦煌本數術文獻進行輯録、校勘、釐定、綴合,條分爲陰陽類、易占類、擬易類、栻占類、占候類、堪輿類、相術類、雜占類、禄命類、巫祝類和其他。又在前人已有校録成果基礎上進一步研讀考證,在卷子收録以及校勘、定名、綴合、考辨字詞文意方面頗有創獲,特別是在圖文校録和補正方面用力尤多。

王三慶對敦煌本杜友晉《書儀》及《五杉集》進行了比較研究(《敦煌吐魯番研究》18 卷)。趙鑫曄釋讀了敦煌文書 P.2704"一七""二七"及相關問題(《敦煌吐魯番研究》18 卷)。趙玉平《敦煌文獻所見"榮親"考辨》(《民間文化論壇》2019 年 6 期)通過對敦煌社邑互助活動的考辨,認爲敦煌文獻中的"榮親"與"榮葬"一詞相同,皆爲"以榮送葬"之意。劉傳啓《敦煌寫本"舉髮"考》(《敦煌學輯刊》2019 年 2 期),"舉髮"即爲送殯起始、啓柩輀發時的儀式。

邵曉峰《敦煌椅子圖式的另一種詮釋——以〈舍利弗宴坐〉爲例》(《中國國家博物館館刊》2019 年 1 期),探討了敦煌壁畫中椅子圖式的基本狀況。著重對初唐莫高窟第 334 窟壁畫《舍利弗宴坐》中的椅子與西魏莫高窟第 285 窟壁畫中的繩床進行全面比較,並對《舍利弗宴坐》中椅子的坐高、坐姿、造型、結構、象徵手法以及描繪意圖進行圖像學描述、分析與詮釋,嘗試還原歷史原境。李匯龍、邵曉峰《敦煌壁畫中的榻》(《美術學報》2019 年 3 期),從使用功能角度把敦煌壁畫中的榻分作常規功能爲主的坐臥榻、佛教法事活動專用榻、宴飲聚會桌榻三大類。同作者《敦煌壁畫中特色傢俱設計的創製與發展》(《藝術百家》2019 年 1 期),通過敦煌壁畫中的斜靠背牀、單扶手椅、揚場高凳、六足蓮花長凳、八足桌、燈架等具有特色的傢俱圖像,展現出敦煌壁畫傢俱圖式的豐富性與獨特性。

四、宗　　　教

本年度宗教研究的相關成果主要涉及佛教、道教和摩尼教。

佛教經典的詮釋和新解方面,有關疑僞經的研究成果所占比重較大。鄭阿財《俄藏敦煌寫卷 ф.102〈維摩經疏〉研究》(《四川大學學報》2019 年 2 期)

指出 ф.102 匯抄的兩種有關《維摩詰經》的注疏,皆係精心摘録裁剪且有所增補,並非一字不漏地照録,其文字簡明流暢,極便於研習和講授,呈現了敦煌佛教日常用經的抄本特色。段鵬、馬德《敦煌本〈妙法蓮華經·度量天地品〉有關問題初探》(《敦煌研究》2019 年 1 期),指出該經是南朝時僧法尼"宿習"所誦出之疑僞經,其内容涉及佛教對自身信仰的整合及佛教應對詰難所作出的調適等。《萬曆續道藏》所收《太上中道妙法蓮華經》卷八《天地物像品》與該經在結構和行文上有極大的相似性。趙青山《護教類僞經〈清净法行經〉再研究》(《敦煌學輯刊》2019 年 3 期)對學界普遍認爲其乃"釋道争論的産物"的觀點做了更正。指出它是當時護教人士面對僧團猥濫、信徒不能禮敬三寶的混亂局面,爲規勸僧俗兩界護持三寶、如法行事編撰的,屬護教類典籍。伍小劼《敦煌遺書所見〈隨求即得大自在陀羅尼神咒經〉異本研究》(《世界宗教文化》2019 年 2 期),對臺灣傅斯年圖書館藏敦煌遺書 27 號《隨求即得大自在陀羅尼神咒經》與藏經中的寶思惟譯本做了比較,認爲這是寶思惟本和不空本以外現存的第三個譯本。其中增加了四首咒語,與竺難提譯《請觀世音菩薩消伏毒害陀羅尼咒經》中的咒語相同,表明《隨求即得大自在陀羅尼神咒經》與《請觀世音菩薩消伏毒害陀羅尼咒經》以及觀音信仰有很深的關係。

《敦煌研究》2019 年 2 期開設了"2018 年敦煌與《法華經》學術研討會"專題,收録相關論文 6 篇。菅野博史著,張文良譯《關於中國天台宗〈觀音經〉的注釋》(《敦煌研究》2019 年 2 期),考察了中國天台宗關於《觀音經》(《法華經·觀世音菩薩普門品》)的注釋書《觀音玄義》《觀音義疏》《法華文句》之《觀音品》注的内容。對吉藏説的影響問題、注釋書的成立問題、各注釋書的構成與内容做了簡單介紹。張元林《從〈法華經〉的角度解讀莫高窟第 285 窟》(《敦煌研究》2019 年 2 期),認爲第 285 窟壁畫的思想基礎是《法華經》的"衆生皆有佛性"的佛性觀和"佛壽久遠""佛身久遠"的佛身觀,而它們的功能就是爲了營造"法華三昧禪"的禪修氛圍。山田勝久《關於敦煌之二佛並坐的淵源——走訪已消失的城市》(《敦煌研究》2019 年 2 期),介紹了《法華經》在西域至中亞的影響力,梳理了法華思想的傳播路徑,指出傳播《法華經》的重要據點是喀什米爾和吉爾吉特,敦煌壁畫中的"二佛並坐"圖像的淵源在今天吉爾吉特的霍杜爾(Hodur)。張小剛《在敦煌居留的于闐人的法華信仰》(《敦煌研究》2019 年 2 期),考證了五代宋初時期,居留敦煌的于闐人有關法華信仰的一些遺存。松森秀幸《敦煌寫本〈法花行儀〉與唐代法華思想》(《敦煌研究》2019 年 2 期),探討了敦煌寫本《法花行儀》與法華思想的關係,認爲前者是以修行爲核心理念的《法華經》解説書。趙曉星《吐蕃統治時期敦煌的法華信仰》(《敦煌研究》2019 年 2 期),總結了法華信仰在吐蕃統治敦煌時期的發展狀況和特點。楊明璋以敦煌文獻爲中心,對萬迴神異傳說與萬迴信仰的源頭進行了討論(《敦煌吐魯番研究》18 卷)。

佛教文獻的綴合,在本年度依然取得穩步的推進。羅慕君、張涌泉《散藏敦煌本〈金剛經〉綴合研究》(《敦煌吐魯番研究》18 卷),通過比定寫卷內容、書風、行款、裂痕等,將散藏敦煌本《金剛經》做了綴合研究。徐浩《敦煌本〈大般若經〉殘卷及背面胡語文獻綴合研究》(《敦煌吐魯番研究》18 卷),綴合了《大般若經》殘卷,兼及卷背的胡語文獻。張磊、周思宇《從國圖敦煌本〈維摩詰經〉系列殘卷的綴合還原李盛鐸等人竊取寫卷的真相》(《文獻》2019 年 6 期),在綴合寫本之外,重點以兩組國圖所藏《維摩詰經》系列殘卷的復原爲例,揭示了李盛鐸等人盜竊、撕裂經卷的手段。徐鍵《中貿聖佳拍品敦煌寫卷〈瑜伽師地論〉真僞考》(《敦煌研究》2019 年 5 期),通過考察寫卷來歷,研究寫卷題記和內容,判斷此件並非僞卷。

僧官制度、佛教譯場及寺院經濟方面。黃京《唐代的告身文書與敦煌的僧官授予——以〈洪䛒碑〉及 P.3720 文獻爲中心》(《敦煌研究》2019 年 2 期),立足於學界關注不多的文書格式及相關行政運作,考證出 P.3720 所存"黃牒"文書可能是發日敕類型的敕牒而非告身,同時通過敕牒和敕授告身的文書運作一般程式,復原出唐中央授予沙州僧官敕牒和洪䛒告身的行政運作模式。崔中慧《初期佛教寫經反映的文化交流——以竺法護譯場爲例》(《敦煌研究》2019 年 4 期),旨在探討竺法護譯場中佛經的書寫文化,以期瞭解早期佛經譯場與經典傳播的現象。王祥偉《敦煌文書 S.6981V(8)+ДХ.1419V+S.1600V(1)綴合研究》(《敦煌研究》2019 年 2 期),通過三件文書的殘存內容、文書形態、書寫方式等,將 S.6981V(8)、ДХ.1419V、S.1600V(1)進行綴合,指出綴合本乃公元 961 年至 963 年大乘寺諸色斛斗破用歷的一部分。

道教方面。吳羽《李唐皇室尊老子爲始祖探源》(《敦煌學輯刊》2019 年 1 期),認爲隴西李氏認老子、李廣爲先祖具有源遠流長的譜牒學傳統,很可能在東晉十六國時期,至遲在南北朝初年,隴西李氏乃至當時著名的趙郡李氏等李氏家族,已經認老子爲先祖。涼州的譜牒學對唐代的國家禮儀乃至道教的發展具有不宜忽略的影響。王承文、張曉雷《論古靈寶經的報應觀》(《敦煌學輯刊》2019 年 3 期),指出古靈寶經報應觀是對漢晉以來道教教義思想的重大發展。"元始舊經"與"新經"都在直接吸收和充分運用來自佛教的個人受報思想時,始終堅持中國本土傳統家族報應立場,都強調和重視對家族祖先的救度。因此,兩者的報應觀是完全相同的。在"新經"與"元始舊經"之間,並不真正存在一種由報應觀念的先後演變所形成的歷史綫索,也不能將其作爲判斷"新經"必定作成於"元始舊經"之前的內證。

摩尼教方面。林悟殊《兩宋〈五來子〉曲與西域摩尼教淵源探——紀念選堂先生名作〈穆護歌考〉發表四十周年》(《敦煌吐魯番研究》18 卷)以兩宋流行的樂曲《五來子》中"五國來朝"的讖言爲切入點,討論了《五來子》與摩尼教《五明子》曲、南宋明教之間的關係,進而論證了《五來子》曲與西域摩尼教的淵源關係。

五、語 言 文 字

本年度有關敦煌語言文獻研究的成果相對豐富。張小艷《敦煌佛教疑僞經詞語考釋五則》(《中國語文》2019 年 1 期)、《敦煌佛教疑僞經疑難字詞考釋》(《敦煌吐魯番研究》18 卷),對敦煌佛教疑僞經疑難字詞做了考釋。趙大旺、郭敬一、王子鑫《敦煌寫本〈佛説諸經雜緣喻因由記〉字詞辨正》(《敦煌學輯刊》2019 年 3 期),對前人誤録、誤釋的敦煌寫本《佛説諸經雜緣喻因由記》中 13 個字詞進行了考釋和辨正。

鄧文寬《敦煌變文詞語零拾》(《敦煌研究》2019 年 2 期),選擇了敦煌變文中一些尚未被學者校訂或理解存在偏差的案例進行釋讀。同作者另考釋了敦煌本《啓顔録》中的"落㗱"的含義(《敦煌吐魯番研究》18 卷)。

徐朝東《敦煌世俗文書所見之語音現象》(《語言研究》2019 年 1 期)通過對敦煌文書中的韻文、非佛經音義等語音材料的研究,發現全濁聲母普遍清化、非敷奉不分、泥娘母不分等九種在唐五代西北地方出現的新語音現象。高天霞《敦煌寫本 S.5604 號〈籯金〉疑難字句補釋》(《語文學刊》2019 年 2 期)從疑難字考釋、問題句校勘兩個方面對 S.5604 號《籯金》寫本上的 10 處疑難字句加以考校。張文冠對《俗務要名林》中疑難建築詞語"押壁"做了考釋(《敦煌研究》2019 年 6 期)。王睿穎《唐五代時期敦煌羊籍文獻中的"㕦般"詞義及相關問題研究》(《天水師範學院學報》2019 年 3 期),認爲敦煌羊籍文獻中的"㕦般"一詞應該是"二齒"羊的意思;文獻中的"落悉無"是"四歲"羊的意思。趙靜蓮《P.2640〈常何墓碑〉"蜂午挺妖"辨》(《敦煌研究》2019 年 4 期),指出"蜂午挺妖"中"午"不是蜂類;"挺妖"不是"篡權之妖孽"而是"引致妖邪之事"的意思。

于淑健考釋了敦煌吐魯番紙本文獻中的部分疑難字(《中國語文》2019 年 3 期)。李艷玲《小考敦煌文書中的"藍"》(《史林》2019 年 6 期)通過梳理古代漢文文獻對"藍"的記述,綜合既有的考古資料,發現敦煌文書中的"藍"與紅藍花並非同一種植物或其製品,"藍"實爲染青的藍草。葉嬌、徐凱《"旋襴"考》(《敦煌研究》2019 年 4 期),通過搜羅整理傳世文獻中的例子,輔以敦煌文獻、黑水城文獻及古代壁畫資料,發現旋襴是出現於唐末,盛行於西夏、北宋時期的服飾。

沈澍農《敦煌卷子 S.202 中兩個重要的隱在避諱》(《南京中醫藥大學學報》2019 年 3 期)認爲該文獻有隱在的南朝陳諱和隱在的唐代避諱,並將卷子的抄成年代判定爲唐代。于賡哲《論伯希和敦煌漢文文書的"後期混入"——P.3810 文書及其他》(《中國史研究》2019 年 4 期),從其中的藥名、避諱、字形、俗字、宗教内容各個角度考察,認爲這份文書有著强烈的元或元以後文書的特徵,"山藥"藥名的出現和含義決定了這份文書的時間上限,其中的宗教術語和崇神理念則證明它極可能是元以後全真教和八仙信仰成熟期的産物,避諱和俗字也證明了這一點。故應該注意到此件乃"後期混入"的可能。

六、文　　學

本年度有關敦煌文學研究的成果相對少出,而最爲重要的敦煌文學收穫即《項楚學術文集》。該文集於 2019 年 7 月由中華書局出版,收錄了項楚有關敦煌學的全部重要論著,包括:《敦煌詩歌導論》(一册)、《敦煌歌辭總編匡補》(一册)、《敦煌文學叢考》(一册)、《王梵志詩校注》(上下册)、《敦煌變文選注》(上下册)。項楚是敦煌文獻整理的大家,他在敦煌詩歌、歌辭和變文的文字釋讀和校勘方面都作出了卓越的貢獻。

敦煌俗賦方面。周晟《敦煌俗賦〈燕子賦〉〈百鳥名〉鳥名釋義商補》(《敦煌研究》2019 年 4 期),綜合運用語文學與博物學知識考辨了野鵲、鷓鳩、包鳥鵝、護澤鳥、赤觜鴉、白練帶、鶷鶡師、鴻娘子、赤嘴鴨、提胡盧、念佛鳥、澤雉、花没鴿、青雀兒等 14 個鳥名。

敦煌詩歌方面。邵小龍《庸流抑或高道:敦煌〈葉净能詩〉拾遺之一》(《西華師範大學學報》2019 年 3 期),認爲《葉净能詩》的每個故事,與唐五代筆記中一些道教徒的事蹟都可歸入同類素材,這類記述原本就有虛構的特徵,而且藉助傳世的碎片化材料,也無從探求這些素材形成的過程。《葉净能詩》的表演者和抄寫者大概爲了全面講述葉净能的事蹟,所以形成文本中葉净能性格的對立。王志鵬考察了敦煌寫卷中組詩、長詩的佛教特徵,認爲佛教對敦煌詩歌影響較大(《蘭州學刊》2019 年 12 期)。同作者還考察了敦煌寫卷中佛教靈驗記的文學表現形式(《石河子大學學報》2019 年 5 期)。

何瑩《敦煌寫本〈盂蘭盆文〉研究》(《世界宗教文化》2019 年 1 期),根據存世的敦煌寫本《盂蘭盆文》,分析了唐五代時期敦煌舉辦盂蘭盆齋之時齋文的名稱、性質及其所依據的經典版本。龔向軍《館藏〈祭十四娘文〉殘頁釋讀——兼談敦煌文獻中祭文的一種範式》(《首都博物館論叢》),指出類似範式的祭文一般分開頭、正文、結尾三個部分,具有篇幅短、多用四字句駢文、正文通篇用韻、有固定的開頭結尾用詞等特點。計曉雲《BD7849 號〈妙法蓮華經講經文〉(殘卷)考略》(《敦煌學輯刊》2019 年 2 期),對國家圖書館藏 BD7849 號(北 6204、制 49)寫卷的文本性質、撰述背景、抄寫情形、素材來源及創作時間進行了探討。韓傳强《敦煌讚文中的五臺山信仰管窺——以〈辭娘讚文〉敦煌連寫本爲中心》(《五臺山研究》2019 年 4 期),通過對《辭娘讚文》敦煌連寫本的文獻梳理、内容述要和隱喻詮釋,可以管窺以文殊菩薩信仰爲核心的五臺山佛教信仰在 9 世紀至 12 世紀之剪影。

冷江山、陶新昊《敦煌文學寫本題記初探》(《寧夏師範學院學報》2019 年 12 期)指出文學寫本的題記書寫格式相對隨意,透過文學寫本的題記可以很明顯地看到寫本本身的私有性質。

七、藝 術

有關敦煌藝術的成果較爲豐碩,涉及佛教圖像、造像、經變畫、敦煌樂舞、敦煌書法等資料的整理與研究。

本年度出版了兩部有關敦煌繪畫的著作。魏麗《大漠天工——敦煌繪作制度研究》(東南大學出版社),對中古時期以敦煌爲代表的中國設計體制的具體結構和發展變化過程進行研究。唐毅《敦煌啓示:張大千臨摹敦煌壁畫與近代中國傳統畫的變革》(四川人民出版社)以張大千臨摹敦煌壁畫爲研究視點,通過分析張大千個人繪畫風格的演變,探討近代中國傳統畫家在繪畫觀念、技法、形式等方面的革新。謝生保編著"悦讀敦煌"系列全四册:《敦煌壁畫佛傳故事》《敦煌壁畫本生故事》《敦煌壁畫因緣故事》《敦煌壁畫史跡故事》(甘肅人民出版社),精選敦煌石窟壁畫佛傳故事畫 18 幅、本生故事畫 24 幅、因緣故事畫 23 幅、史跡畫 40 幅,介紹各類故事畫的概念、時代特點、繪畫特點等,並以文學故事的形式對這些故事畫進行了闡釋,是瞭解敦煌壁畫藝術的通俗讀物。

圖像、造像研究方面。樊雪崧《莫高窟第 419 窟須大拏本生圖新探》(《敦煌研究》2019 年 1 期),根據壁畫榜題痕跡,對莫高窟第 419 窟須大拏本生圖中約 50 處情節做了重新整理研究。殷博、樊雪崧另考證了莫高窟第 207 窟初説法圖(《敦煌研究》2019 年 6 期)。趙曉星《西夏時期敦煌涅槃變中的撫足者》(《敦煌研究》2019 年 1 期),通過對西千佛洞第 9 窟,榆林窟第 2、3 窟,東千佛洞第 2、5、7 窟,肅北五個廟第 1 窟各處涅槃變的考察,梳理了敦煌西夏涅槃變中"撫足者"的變化。陳粟裕《吐蕃統治時期敦煌石窟中的觀音圖像與信仰研究》(《世界宗教文化》2019 年 1 期),釐清了觀音圖像的前後傳承、與西域、吐蕃在觀音信仰上的交流、從吐蕃傳入的新的菩薩樣式幾條綫索,從而展示吐蕃統治時期觀音信仰的狀況。陳菊霞《莫高窟第 246 窟研究》(《敦煌研究》2019 年 3 期),對莫高窟第 246 窟四壁千佛、中心柱塑像、甬道繪畫等題材進行分析考證,認爲一些菩薩戒的授戒儀式很可能在該窟舉行。

王勝澤《敦煌西夏石窟中的花鳥圖像研究》(《敦煌學輯刊》2019 年 2 期),梳理了敦煌西夏石窟中的花鳥圖像,分析了花鳥圖像的表現方法和功能作用。陳振旺《繁花似錦——初唐前期莫高窟藻井圖案探微》(《敦煌學輯刊》2019 年 2 期),分析了初唐藻井圖案的紋樣變化和風格特點,認爲初唐前期圖案呈現出對隋末的承接和向盛唐的蝶變之勢。

經變畫方面。王惠民《數字化時代的敦煌壁畫圖像研究——以莫高窟第 72 窟北壁彌勒經變爲例》(《敦煌研究》2019 年 4 期),利用新完成的敦煌莫高窟第 72 窟北壁彌勒經變數字化圖像,對該經變的畫面、榜題文字等進行了細緻考察,使我們對該經變有了新的也更爲準確的認識。張景峰《敦煌早期金剛經變的形成與樣式演變》(《敦煌學輯刊》2019 年 2 期),通過對莫高窟第 271、31 窟兩鋪早期金剛經變的考察,辨明了前此定名不清的內容。認爲敦煌石窟的金剛經變在出現的初期表現手法成熟,可能吸收了其他經變的創作元素。釋心悅考察了隋代敦煌《普門品》變相的藝術表現及其信仰問題(《佛學研究》2019 年 1 期)。

供養人像的考察方面,主要涉及供養人的服飾問題。任懷晟《敦煌莫高窟 409 窟、237 窟男供養人像考》(《敦煌學輯刊》2019 年 3 期),通過服飾款式、儀仗等信息,判定 409 窟、237 窟男供養人畫像爲西夏皇帝像。崔岩、楊建軍《敦煌五代時期僧尼供養像服飾研究》(《敦煌研究》2019 年 5 期),認爲敦煌五代時期僧尼供養像服飾是宗教性和世俗性的統一,既體現了源自印度的佛教律典中相關的規定和傳統,也明顯融合了漢族傳統服裝的款式和紋樣。周方辨析了莫高窟壁畫中男子"袍服"與"襦裙"的區別(《敦煌研究》2019 年 5 期)。

音樂方面。鄭汝中《敦煌壁畫中的彈撥樂器》(《中央音樂學院學報》2019 年 1 期)統計敦煌壁畫中的彈撥樂器共 11 種,包括琵琶、五弦、阮、花邊阮、葫蘆琴、彎琴、琴、箏、瑟、箜篌、鳳首箜篌。這個數字與莊壯於 2004 年發表的《敦煌壁畫上的彈撥樂器》所統計的 19 種存在差異。翟清華《漢唐時期粟特樂舞與西域及中原樂舞交流研究(上中)》(《新疆藝術》2019 年 6 期),以龜茲、敦煌石窟壁畫及聚落墓葬文物所見樂舞爲例,探討了漢唐時期的文化交流問題。朱曉峰《基於歷史文獻的胡旋舞考證》(《敦煌學輯刊》2019 年 4 期),分析了不同文獻對胡旋舞記載存在出入的原因,區分了胡旋舞使用的場合,並以康國及康國樂的用樂信息推測了爲胡旋舞伴奏的樂器及編制。

書法方面。本年度出版兩部敦煌書法專著,其一爲秦川《敦煌書法》(清華大學出版社),用通俗的文字簡要介紹了自漢簡至敦煌書法的作品。另外,由楚默執筆《敦煌書法史》(浙江古籍出版社)之"寫經篇""簡牘篇",從書法史的角度研究了敦煌所出的寫經和簡牘寫本,一定意義上擴大了敦煌書法的材料範圍。王高升《從國博藏〈增一阿含經·高幢品〉卷看北朝敦煌寫經書法》(《中國書法》2019 年 17 期),以國博藏《增一阿含經·高幢品》爲例,探析了北朝敦煌寫經書法的風格與特點,並認爲其書體呈現出明顯的多元融合特徵,對於考察過渡期的書法流變具有重要意義。敦煌寫本 S.3753 和 P.4642 内容是王羲之寫給當時益州刺史周撫的私人信件,所用都是彩色花箋。張存良《疑是彩箋西蜀來——敦煌寫本 S.3753 和 P.4642 的書法及來源地考察》(《西華師範大學學報》2019 年 3 期),認爲 S.3753 和 P.4642 寫本極有可能源自成都,最後流落於敦煌。

八、考古與文物保護

本年度有關考古與文物保護的成果相對較少。

孫毅華《莫高窟南區窟簷建築遺跡調查研究》(《敦煌研究》2019 年 6 期),努力探尋曾經的窟簷建築達到的程度和遭受毀壞的原因,希望通過現代的高科技手段,以虛擬的形式再現莫高窟窟簷建築的輝煌。許麗鵬、黃先鋒等《基於激光點雲的敦煌洞窟空間信息重建》(《敦煌研究》2019 年 4 期),針對敦煌石窟壁畫數字化圖像的形變問題及洞窟空間信息缺失情況,提出基於激光點雲的洞窟空間信息重建方法。作者介紹了該方法的具體操作原理以及在實際工作運用中的效果。張文元、蘇伯民等《天梯山石窟北涼洞窟壁畫顏料的原位無損分析》(《敦煌研究》2019 年 4 期)綜合應用多種分析設備,對天梯山石窟北涼洞窟壁畫殘塊進行分析以確定顏料化學成分。研究表明多種分析方法結合,可以準確鑒別壁畫中大多數無機顏料和染料,證明了無損分析方法在顏料鑒別和混合顏料鑒別方面體現出來的優異性能。

九、少數民族歷史語言

本年度少數民族歷史語言研究產出的成果較多,其中藏文文獻的研究成果依然占較大的比重,涵蓋吐蕃職官制度、契約賬簿、社會文化、藏文經典等多個專題。另外還包括于闐文、西夏文、回鶻文的研究成果。

林冠群《吐蕃職官 spyan(悉編)研究——吐蕃地方職官委員制的形成與

發展》(《敦煌學輯刊》2019 年 2 期),針對學界對吐蕃職官 spyan(悉編)研究的不足與缺失,從吐蕃王朝政治體制與官僚體系變革的角度,闡發了吐蕃地方職官委員制的形成與發展問題。同作者還對吐蕃大論恩蘭達札路恭(Ngan lam stag sgra klu khong)做了研究(《敦煌學輯刊》2019 年 4 期)。陸離《關於康再榮在吐蕃時期任職的若干問題》(《西藏研究》2019 年 5 期),通過對《大蕃紇骨薩部落使康再榮建宅文》中康再榮、康秀華史跡的辨析,考證了康再榮在吐蕃時期任職的情況。

楊際平《4—13 世紀漢文、吐蕃文、西夏文買賣、博換牛馬駝驢契比較研究》(《敦煌學輯刊》2019 年 1 期)梳理了敦煌、吐魯番與黑水城等地出土的吐蕃文、西夏文買賣、博換馬牛駝驢契數十件,指出這些買賣契的基本格式相近,表現出明顯的趨同性。但各族契約立契時間的表述、契書行文主體、立契緣由、對所買賣牲畜的指定、畜價及其支付手段、預防條款與違約罰則、契約尾署、保人責任行文等方面往往又有各自的特點。楊銘、貢保扎西《兩件敦煌古藏文寺院帳簿研究》(《敦煌學輯刊》2019 年 1 期)漢譯並考釋了兩件法藏古藏文寺院帳簿,並將這些契約的內容與同時期的漢文契約進行比較研究,指出這種由契約"保人"歸還僧俗官吏所借糧食的情況比較特殊,對研究吐蕃統治敦煌時期的歷史有補證作用。陸離《關於法藏敦煌藏文文書 P.t.1097〈官府支出糧食清冊〉的幾個問題》(《敦煌研究》2019 年 1 期),通過考證文書中職官押衙、長史、人名等信息的出現時間,認爲不能據此將該文書定爲歸義軍時期文書。何志文《吐蕃統治敦煌時期的土地糾紛問題研究——以 S.2228 與 P.t.1078B 古藏文訴訟文書爲中心》(《西藏大學學報》2019 年 3 期),通過對敦煌地區出土的兩件古藏文土地糾紛訴狀的考述,有助於認識吐蕃統治下的土地糾紛問題。

單個藏文文本的考索方面。陳于柱、張福慧對敦煌古藏文寫本 P.3288V 所載《沐浴洗頭擇吉日法》《逐日人神所在法》分別做了題解與釋録(分別刊於《敦煌學輯刊》2019 年 2 期、《天水師範學院學報》2019 年 4 期)。才項多傑《敦煌出土藏文九九乘法寫本與西藏籌算中的九九乘法表的關係研究》(《敦煌研究》2019 年 5 期),梳理了敦煌本藏文九九乘法寫本與西藏籌算中的九九乘法寫本的關係及其發展演變。

藏文經典的譯釋方面。才讓對 P.T.528 號《多聞子想供儀軌密咒等》之第一部分做了譯釋(《敦煌學輯刊》2019 年 4 期)。索南對敦煌藏文《入菩薩行論》進行了寫本敘録及綴合研究(《敦煌研究》2019 年 5 期)。張雲《吐蕃苯教史研究中的幾個問題——以敦煌西域藏文文書和藏文史書〈韋協〉爲中心》(《陝西師範大學學報》2019 年 3 期),用藏文史書《韋協》(即《巴協》)較早版本中的相關記載,以及唐代敦煌吐蕃歷史文書、新疆古藏文簡牘文書、漢文文獻有關苯教的相關記載,對苯教的早期歷史分期、吐蕃時代苯教的定義、主要内涵、信仰群體、流行區域,以及佛苯之爭的突出特點等進行深入和細緻的分析,發現早期吐蕃苯教缺乏深奥和完整的理論體系,主要是内容豐富的高原自然崇拜。朱麗雙對藏文大藏經《丹珠爾》所收《阿羅漢僧伽伐彈那授記》進行了譯注,爲 9 世紀于闐法滅故事研究提供了新資料(《敦煌吐魯番研究》18 卷)。

于闐語的釋讀方面,本年度的成果可謂豐富。段晴、侯世新、李達《石汗那的嬰兒——新疆博物館藏一件新出于闐語案牘》(《敦煌吐魯番研究》18 卷)對新疆博物館藏 XB17333 號書於伏闍信 49 年的收養嬰兒的契約文書進行了釋讀、譯文和注釋工作。范晶晶對"賢劫千佛名"的梵語、于闐語、漢譯及敦煌寫本做了詳細的比較研究(《敦煌吐魯番研究》18 卷)。

西夏文方面。魏文、索羅寧、謝皓玥《西夏文星曜禮懺文獻〈聖曜母中道法事供養根〉譯考》(《敦煌研究》2019 年 3 期)對俄藏西夏文文獻 ИHB.No.4737《聖曜母中道法事供養根》進行了全文譯釋,釐清了文本本身的結構和屬性,並對屬於同一體系和疑似其他體系的相關文獻進行了辨析和闡説。崔紅芬、文健《英藏西夏文〈無常經〉考略》(《敦煌研究》2019 年 2 期)對英國國家圖書館藏 Or.12380 - 3700aRV(K.K.II.0258.m)、Or.12380 - 3700b(K.K.II.0258.m)和 Or.12380 - 3700bRV(K.K.II.0258.m)西夏文《無常經》殘頁進行釋讀、版式考定和内容重新綴合,比較黑水城和敦煌藏經洞出土的漢文本的差異,並考察了此經典的現實意義。另外,梁松濤對黑水城出土 6539 號西夏文《明堂灸經》做了考釋(《敦煌學輯刊》2019 年 3 期)。

回鶻文和蒙古文的解讀在本年度也産生了新的成果。松井太、劉宏梅《敦煌石窟中回鶻文題記劄記(二)》(《吐魯番學研究》2019 年 1 期),是有關敦煌石窟中公元 10—14 世紀回鶻文及其公元 13—14 世紀的蒙古文題記的集中釋讀。

民族關係和交往方面,主要有劉屹《憍賞彌國法滅故事在于闐和吐蕃的傳播(文獻篇)》(《敦煌吐魯番研究》18 卷),以及富艾莉(Erika Forte)撰,朱麗雙譯《"彼岸"之旅:佛教朝聖和于闐緑洲的旅行物》(《敦煌吐魯番研究》18 卷)。王東《絲路視域下 8—10 世紀敦煌民族交融與文化互鑒——從敦煌古藏文占卜文書談河西民衆社會生活》(《西北民族大學學報》2019 年 6 期),以敦煌藏文占卜文獻 IOL Tib J 740(Ch.9.II.19)號爲考察中心,認爲這些占卜文書是河西社會各階層民衆生存狀態的真實體現,表達了各階層民衆爲争奪生存時空權的努力與欲望,也推動了河西地區各民族之間的交融。

十、古　籍

本年度有關古籍的整理與研究,涵蓋《文選》《毛詩》《孝經》《勵忠節抄》等多部典籍。羅國威《敦煌本文選舊注疏證》(巴蜀書社),對俄藏 242 敦煌本《文選注》、天津博物館藏敦煌本《文選注》、日本永青文庫藏敦煌本《文選注》三種舊注進行疏證,並附録了三種舊注的清晰圖版。

許建平《異文校勘與文字演變——敦煌經部文獻寫本校勘劄記》(《文史》2019 年 4 期)例舉了六條敦煌經部文獻寫本與傳世本的異文,並考察了異文之間的相互關係,梳理了它們的字形演變情況,以證明敦煌寫本之用字即爲典籍之原貌。認爲產生這些異文的主要原因就是用字當代化現象,即傳抄刊刻者用當代通行的文字替換了典籍中的原來文字。陳兵兵《敦煌〈毛詩〉寫卷與馬瑞辰〈毛詩傳箋通釋〉互證例釋》(《敦煌研究》2019 年 1 期)將敦煌《毛詩》寫卷異文與《毛詩傳箋通釋》的相關考證相比較,認爲以之既可觀敦煌《毛詩》寫卷價值之所在,亦可論馬氏考辨之精審。

金瀅坤《唐五代敦煌蒙書編撰與孝道啓蒙教育——以〈孝經〉爲中心》(《首都師範大學學報》2019 年 5 期)指出,從敦煌文獻來看,《孝經》被蒙書、詩賦、讚、頌、雜曲、變文等各種文體改編、縮寫、摘録,用於兒童的孝道教育,説明了唐五代兒童孝道教育的多樣性和靈活性。黃正建闡發了敦煌本《勵忠節抄》的性質問題,兼有論及其中"刑法部"的思想傾向(《敦煌學輯刊》2019 年 4 期)。

敦煌古籍之外,屈直敏輯得群書徵引《西河舊事》佚文共 16 則,對其同書異名、作者及成書年代進行了考辨(《敦煌學輯刊》2019 年 3 期)。李沁錯闡述了俄藏黑水城文獻《卜筮要訣》的要義和文化內涵(《敦煌研究》2019 年 3 期)。謝明討論了高山寺《莊子》鈔本的價值(《敦煌學輯刊》2019 年 4 期)。

十一、科　技

科技類論文主要包括對敦煌醫藥文獻的整理研究、敦煌文獻及漢簡中所存曆日文獻的考察與研究。

沈澍農《敦煌醫藥文書〈平脈略例〉文獻學研究》(《中醫藥文化》2019 年 6 期),通過分析《平脈略例》應有的內容要素,指出有些原被認爲屬《平脈略例》的卷子應當排除,另新增後發現的《平脈略例》卷子,確認該種文獻有 6 個卷號,可綴合爲 5 個傳本。並提出《平脈略例》與其所在卷子的文獻屬性當是醫藥集成式教本。于業禮、張本瑞《俄藏敦煌醫學文獻新材料整理研究》(《敦煌研究》2019 年 5 期),通過"地毯式搜索"全部《俄藏敦煌文獻》,發現 14 片醫藥文獻,是被以往研究所遺漏的"新材料"。王亞麗《敦煌寫本醫籍與〈本草和名〉相關文獻互證》(《古籍整理研究學刊》2019 年 5 期),將敦煌寫本醫藥典籍與日本最早的本草學著作《本草和名》進行了文獻互證和比較研究。李昀對公元 7—11 世紀胡藥硇砂輸入中原的相關問題做了考察(《敦煌吐魯番研究》18 卷)。

敦煌具注曆日的考察方面。趙貞《國家圖書館藏 BD16365〈具注曆日〉研究》(《敦煌研究》2019 年 5 期),指出國家圖書館藏 BD16365 文書係敦煌所出晚唐時期的具注曆日殘片,其中包涵卦氣、日九宫、二十八宿和日遊等曆注信息,是現知出土文獻中二十八宿連續注曆的最早曆日文獻,對全面瞭解具注曆日的形制、曆注要素的複雜内容以及探察中國古代曆日文化的發展演變都有十分重要的參考價值。王强《敦煌二十八宿殘簡新研》(《敦煌研究》2019 年 3 期),結合秦漢時期廣泛存在的二十八宿配日法,認爲敦煌二十八星宿名殘簡,可能屬於一部二十八宿配日表,在進行擇日和占卜等活動中起到輔助作用。並推算其所屬年代當爲新莽時期。郝軍軍對黑水城出土 M1・1287 [F68:W1]殘曆做了考辨,將其産生年代確定爲元至正二十三年(公元 1363 年),是一件重要的元代《授時曆》實物(《敦煌研究》2019 年 3 期)。

十二、書評與學術動態等

本年度公開發表的書評涉及著作有十多部,列舉如下:郝春文評介《中國國家圖書館藏敦煌遺書總目録》(《敦煌學輯刊》2019 年 4 期)、《中國 5—10 世紀的寺院經濟》(《敦煌吐魯番研究》18 卷);彭曉静評介《回鶻摩尼教研究》(《敦煌研究》2019 年 3 期);黄威評介《敦煌漢文文獻題記整理與研究》(《敦煌研究》2019 年 6 期);韓樹偉評介《敦煌民族史探幽》(《西夏研究》2019 年 3 期);胡同慶評介耿昇譯《吐蕃僧静記》《中國 5—10 世紀的寺院經濟》《伯希和敦煌石窟筆記》(《2019 敦煌學國際聯絡委員會通訊》);齊瑾評介《三階教史研究》(《2019 敦煌學國際聯絡委員會通訊》);宋祖樓評介《敦煌書法史》(《中國書法》2019 年 23 期)。曾曉紅回顧了"敦煌古藏文文獻出版工程"項目實施的來龍去脈,梳理總結了打造這項文化出版精品工程的頂層設計、出版歷程、編輯經驗及重大意義(《出版與印刷》2019 年 3 期)。

研究綜述方面。郝春文主編《2019 年敦煌學國際聯絡委員會通訊》(上海古籍出版社)刊發多篇綜合性學術研究綜述,並有 2018 年的學術會議介紹、紀念文、書評及其他學術信息;同時刊發了與學術綜述相關的書目如 2018 年敦煌學、吐魯番學研究目録,日本、中國臺灣地區敦煌學研究論著目録、近十年來敦煌漢簡研究論著目録等。趙大旺《敦煌社邑研究 80 年的回顧與展望》(《中國史研究動態》2019 年 2 期)總結反思了自 20 世紀 30 年代末迄今 80 餘年的敦煌社邑研究歷史,以期成爲今後研究的鏡鑒。黄維忠《70 年來國内敦煌西域藏文文獻研究及其特點》(《中央民族大學學報》2019 年 5 期),分三個階段回顧了 70 年來國内敦煌西域藏文文獻的研究情況,第一階段是 1949—1977 年的沉寂期;第二階段是 1978—2005 年的開創期;第三階段是 2006 年迄今的興盛期。趙晶《二十年來敦煌吐魯番漢文法律文獻研究述要》(《國學學刊》2019 年 2 期),對 2000 年以後中外學界推出的六種集成性敦煌吐魯番漢文法律文獻整理成果進行客觀評述。

學術會議方面。2019 年 4 月 17—18 日,"劍橋·2019·敦煌學國際學術研討會"在英國劍橋大學聖約翰學院舉行,50 餘名參會人員分别來自中國、英國、美國、俄羅斯、法國、日本、意大利、德國、丹麥和中國臺灣地區。會議圍繞敦煌史地、敦煌寫本、敦煌繪畫、敦煌石窟考古、敦煌與絲路、敦煌佛教等問題展開討論。2019 年 5 月 10—13 日,由中國敦煌吐魯番學會和浙江大學主辦的"敦煌學學術史研討會暨中國敦煌吐魯番學會 2019 年理事會"在杭州舉行。此次會議的主題是總結敦煌學的學術發展史。2019 年 11 月 1 日至 3 日,由敦煌研究院主辦的"敦煌研究發展研討會"在麥積山石窟藝術研究所召開,會議圍繞敦煌學與絲綢之路研究新進展、《敦煌研究》期刊發展、敦煌學學術成果推廣等主題展開討論。丁得天撰寫了《2019 敦煌研究發展研討會述要》(《敦煌研究》2019 年 6 期)。

紀念文章方面。饒宗頤先生、陳國燦先生均於 2018 年與世長辭,《敦煌吐魯番研究》第 18 卷、《敦煌學輯刊》2019 年 1 期分别刊發多篇學界追憶兩位敦煌學家的紀念文。樊錦詩追憶了饒宗頤先生的敦煌緣,柴劍虹、王素、谷輝之等回顧和緬懷了饒宗頤先生偉大卓越的一生。劉安志、郝春文、榮新江、鄭阿財、朱鳳玉、葭森健介(日)、鄭炳林、羅彤華、湯士華、張榮强、陳愛峰、孫麗萍、李亞棟等學者紛紛撰文,從敦煌吐魯番學、高昌文獻、西夏文獻、古代制度史等研究領域,以及治學做人等諸多角度感懷陳國燦先生的不凡人生,並寄託深切的哀思之情。《敦煌吐魯番研究》第 18 卷還刊載了榮新江紀念宿白先生、邵軍紀念金維諾先生的文章。劉進寶追思了張鴻勛先生與敦煌俗文學研究(《敦煌研究》2019 年 6 期)。

已故敦煌學者孜孜矻矻,勤勤懇懇,爲學術奉獻一生,留下了寶貴而豐富的精神財富。本年度匯總成編主要有饒宗頤、陳國燦、金維諾、唐耕耦、譚蟬雪、王克芬、王卡等先生的敦煌吐魯番學論著目録,分别刊於《敦煌吐魯番研究》第 18 卷、《敦煌研究》2019 年 2 期、《敦煌學輯刊》2019 年 1 期。

2019 年吐魯番學研究綜述

羊麗冬　喬玉蕊（蘭州大學）

2019 年中國大陸地區的吐魯番學研究成果頗豐。據不完全統計,吐魯番學研究專著及相關文集出版(含再版與譯注)60 餘部,公開發表研究論文 370 餘篇。圍繞 2019 年度中國大陸地區吐魯番學及相關研究性成果,以下分爲概說、歷史地理、社會與文化、宗教、語言文字、文學、藝術、考古與文物保護、少數民族歷史語言、古籍、科技、書評與學術動態等十二類專題擇要介紹如下。

一、概　　説

本年度概說的研究成果涉及絲綢之路、吐魯番文獻的刊佈和整理等方面。

從國家提出“一帶一路”倡議之始,絲綢之路這一話題便成爲學術界的重點關注對象。充分利用文獻和考古資料是學界研究絲綢之路的重要依據,楊富學《絲路五道全史》(山西教育出版社)從各種文獻資料及考古資料中,挖掘整理出相關的絲綢之路史料,對絲路史進行全景式描述和闡釋。楊書配以相關歷史圖片近 200 幅,使資料性、學術性、參考性集於一體。李小成《從漢代史書的“西域傳”看古絲綢之路諸國之物產》(《唐都學刊》第 4 期)則從漢代史書記載和近些年新疆考古發掘的新發現著手,考察古絲綢之路上西域諸國物產及農業狀況。森安孝夫著,石曉軍譯《絲綢之路與唐帝國》(北京日報出版社)以小見大,以粟特人爲綫索,探討唐帝國與遊牧民族,尤其是鮮卑、突厥和回鶻等少數民族的關係,以及唐帝國與絲綢之路的關聯。劉進寶《絲路交流的功能和特徵:雙向交流與轉輸貿易》(《中國史研究》第 1 期)以雙向交流與傳輸貿易爲中心探討絲路交流的互利共贏的功能和貿易傳輸的特徵。

發掘且利用新材料,是取得學術新進展的基礎性條件,學術界高度重視。本年度文獻的刊佈、整理和研究取得新進展和新成果。束錫紅、府憲展、聶君著《異域尋珍:流失海外民族古文獻文物搜尋、刊佈與研究》(社會科學文獻出版社)公佈的是我國流失於海外的敦煌、西域、黑水城等珍貴文獻文物資料。王啓濤《吐魯番文獻合集》(巴蜀書社),對海內外收藏的吐魯番契約進行全面而科學的整理、解讀和研究,並對海內外收藏的吐魯番契約進行窮盡式普查、識錄、校注。劉安志《吐魯番出土文書新探》(武漢大學出版社)以吐魯番出土文書爲基本史料和研究對象,以高昌郡、高昌國、唐西州、高昌回鶻等四個時段爲考察年代(約公元 4—11 世紀),並結合傳世文獻及其他相關出土材料,在對具體文書進行整理和考釋基礎之上,對文書所見相關的政治、經濟、文化、制度、地理等進行深入的研究。王振芬、榮新江《絲綢之路與新疆出土文獻:旅順博物館百年紀念國際學術研討會論文集》(中華書局),圍繞2017 年在旅順召開的"絲綢之路與新疆出土文獻"國際學術研討會展開的成果介紹,展現中、日、韓學者對旅順博物館藏新疆出土文獻、各國藏吐魯番文書、大谷探險隊、絲路文獻美術等領域的新研究成果。郝俊紅《中國文化遺產研究院藏西域文獻遺珍》(中華書局)收錄中國文化遺產研究院收藏的 5 至 14世紀西域文獻殘片 235 件(192 個文本),其中漢文 223 件、回鶻文 8 件、西夏文 4 件。展現出較高佛學歷史文獻價值、書法藝術價值和文物價值。

二、歷 史 地 理

歷史地理的研究成果包含政治、軍事、法律、經濟和史地等方面。

綜合性的研究成果則涵蓋歷史地理研究的各個方面,即政治、經濟、軍事、法律、地理等内容,範圍較廣。李并成《蕃占時期對塔里木盆地東南部一帶的經營——以米蘭出土簡牘爲中心》(《石河子大學學報》第 1 期)以新疆若羌縣米蘭遺址等地出土的 400 餘枚吐蕃文木簡文書爲中心,對蕃占時期(公元 8 世紀末至 9 世紀以後)這一區域設置的軍政官員、軍事佈防、農業爲主的生產方式、農田經營狀況等進行系統的探討。李文是在張雲《新疆出土簡牘所見吐蕃職官考略》等文章的基礎上對塔里木盆地東南部的研究進行補充和進一步探討。盧向前《敦煌吐魯番與唐史研究》(浙江大學出版社)主要集中於唐代敦煌吐魯番(西州)地區土地關係的討論,且利用敦煌吐魯番文書對高昌、西州、歸義軍時期的制度史、經濟史展開的研究以及綜合討論敦煌吐魯番和唐史研究中的一些關鍵問題。杜宏春《陶模行述長編》(黃山書社)是以陶模行爲中心,研究新疆、陝甘、兩廣的政治、經濟、軍事、外交、民族、民生、地方治安等一系列重大問題。杜書稿共收錄折件等文獻 2 000 多件,在研究中國近代史、邊疆史及民族政策等方面具有重要的史料價值和學術意義。咸成海《東察合台汗國對西域社會的歷史影響論析——兼論察合台汗國的歷史變遷》(《西部蒙古論壇》第 3 期)從東察合台汗國變遷史的視角考察其變遷對西域地區政治、經濟、文化、民族和社會結構等影響。

政治方面的研究主要集中於中央和地方的關係、地方行政建置、地方政權與大族等問題之上。

中央與地方關係,特別是漢唐時期的中央與地方的關係變化,一直以來是學界重點關注的方向,前輩學者往往細緻地考察具體時期中央王朝與具體地方關係的變化。張瑛《漢代西域都護設置的時間及其職責相關問題考辨》

(《西北民族大學學報》第 3 期)考辨漢代西域都護的職能等一系列問題,進而認識中央爲了維護與地方關係和平穩定而採取的措施。劉全波《〈史記〉〈漢書〉所載西域諸國"同俗"問題探析》(《敦煌學輯刊》第 2 期)則從《史記·大宛列傳》《漢書·西域傳》中對西漢時期西域諸國的地理位置、户口勝兵和民俗風貌等的記載,考察西域諸國"同俗"問題。從某國與某國"同俗"的問題,探索諸國之間隱藏的聯繫,或許可以反映漢王朝對西域諸國的認知情況、接受情況,劉文可視爲研究中央與地方關係的一種新視角。陸離《論唐蕃長慶會盟後吐蕃與回鶻、南詔的關係》(《中國邊疆史地研究》第 3 期)論述唐蕃"長慶會盟"後吐蕃與回鶻、南詔的關係以及"牛李黨争"對唐王朝與地方政權關係的影響。以往論者談及唐朝維州之議得失只從義利之辨、唐朝與吐蕃二者的實力對比和"牛李黨争"的角度來探討這一問題,而没有考慮到回鶻、南詔與唐、蕃間的關係對這一事件的影響。楊寶玉《達外國之梯航——曹氏歸義軍與五代時于闐首次入貢中原之關係再議》(《敦煌研究》第 1 期)梳理于闐該次入貢情形及其後續活動、曹氏歸義軍與于闐答謝使同行入奏的過程與收穫的基礎上,進一步追尋于闐對五代時中原王朝首次入貢活動的起因和背景。關於該次入貢活動與曹氏歸義軍之間的關係,以前學界受已知史料所限而很少探討,反而比較關注此後于闐遣使答謝後晉時曹氏歸義軍使團的一同東行,從而强調曹氏歸義軍是借于闐之力恢復與中原王朝的聯繫。楊文則重點研究入貢的活動。

地方政權與大族關係的研究成果主要側重於地方政權的建立以及地方大族的生存和發展狀況。王素《高昌王令形制綜論》(《西域研究》第 1 期)以高昌王令形制爲切入點,結合吐魯番出土文獻和傳世文獻,依次對沮渠氏北涼流亡政權、闞氏王國、張氏王國、麴氏王國的高昌王令形制及相關公文書制度進行分析和解説,對其與河西政權及中原王朝相關制度的繼承、差異、流變進行比較和探討。党寶海《察合台史事四題——卒年、駐地、漢民與投下》(《西域研究》第 3 期)主要是對察合台的卒年、西域中亞駐地、西域漢人居民、察合台對太原府的管控等内容,進而所知察合台所掌控的領地,地方大族掌管行政權、管理權等情況。孟憲實《關於敦煌吐魯番出土的"王言"》(《敦煌吐魯番研究》第 18 卷)利用敦煌吐魯番出土的"王言"資料考證了"王言"的多面存在。王言的完整性存在,是在中書門下官員們的簽署在内的,這在王言傳達執行過程中是不可缺少的。袁煒《丘就卻王號研究》(《西域研究》第 2 期)將丘就卻王號分爲貴霜翎侯、貴霜王和身後三個階段,探索丘就卻王號的起源和衍變。克力勃著,袁煒譯《丘就卻及其貴霜翎侯頭銜》(《吐魯番學研究》第 1 期)則從漢文史籍的記載研究丘就卻和貴霜翎侯的頭銜。李瀟《帕提亞"衆王之王"錢幣的起源、發展及影響》（《西域研究》第 3 期），追溯"衆王之王"錢幣的起源和發展，且探討其產生的影響，進而反映帕提亞帝國王權觀念的歷史演變及其對周邊國家和地區的直接或間接的影響。

關於經濟方面的成果主要是以敦煌吐魯番文獻文書爲依據，探索地方經濟發展的狀況。谷更有《唐代村民經濟身份的變遷——以敦煌吐魯番出土文獻爲中心》（《中國經濟史研究》第 3 期）依據目前已刊佈的敦煌文獻和吐魯番出土的戶籍、契約文書和書信，特別關注了均田制下村民社會的經濟狀況、村民生活中的經濟活動和村民社會構成的貧富分化，以達到通過援引文書中記載的人及其日常經濟活動，更加直接地反映長時段內唐代村民經濟身份變遷的事實和過程。趙貞《吐魯番文書所見唐代西州的貨幣流通》（《宗教信仰與民族文化》第 1 期）從吐魯番出土文書所見唐代吐魯番（西州）地區使用銀錢、銅錢和絹帛三種貨幣的情況。丁海斌、李秋鴿《隋唐五代時期的商業文書》（《檔案》第 5 期）以敦煌吐魯番文書爲中心考察買賣文書、借貸文書、租佃文書、雇傭文書、商業公文、記賬類文書等在民商事活動中的應用。丁君濤《佉盧文文書所見鄯善國財政狀況》（《青海師範大學學報》第 1 期）通過新疆所出土的佉盧文書管窺鄯善國的財政狀況，以及他的《從佉盧文文書看鄯善國雇傭關係》（《洛陽考古》第 4 期）也是以佉盧文文書爲中心考察鄯善國的雇傭關係。丁的兩篇文章細緻地考察了鄯善國的財政狀況和雇傭關係，是瞭解鄯善國經濟狀況的重要文章。中央對地方實行經濟政策和採取的經濟措施，也是學界考察地方經濟狀況的重要視角。黃樓《吐魯番新出北涼〈計貲出獻絲帳〉〈計口出絲帳〉再研究》（《吐魯番學研究》第 2 期）通過對新出兩件吐魯番文書賬本的分析研究與結合史料的客觀論證，探討這兩則文書的經濟文化背景，並分析出流亡政權的賦稅制度與當時社會生產力並不相符這一事實。進一步加深了對沮渠氏北涼流亡政權時期高昌地區的賦稅制度的認識。穆渭生《隋唐長安與"陸上絲路"貿易》（《乾陵文化研究》第 1 期）研究隋唐時期唐王朝實行的朝貢貿易制度、國內經濟發展的狀況以及陸上絲路的概況和產生的影響。

關於軍事方面的研究成果主要涉及漢唐時期的軍事戰爭、軍事戰略等內容。李宗俊《瓦罕走廊的戰略地位及唐前期與大食等在西域南道的角逐》（《中國邊疆史地研究》第 1 期）主要研究唐前期與大食在西域的軍事鬥爭。瓦罕走廊連接著西域通向中亞、南亞各國的道路，戰略交通地位十分重要。在大食東擴的背景下，該地區成爲各方爭奪的焦點。波斯復國運動的總後臺爲唐朝，而吐火羅等國的向背，以及中亞諸小國來唐朝貢，背後是諸大國在該地區的博弈。張瑛《從敦煌漢簡看漢匈西域之爭》（《蘭州文理學院學報》第 5

期)則以敦煌漢簡爲中心研究漢朝時期漢匈之間在西域的争奪。敦煌漢簡的出土,爲研究漢匈西域之争的歷史進程及其複雜性提供第一手史料,也爲新莽政權倒行逆施喪失西域提供了佐證。蒲宣伊、孟憲實《從名岸戰役看唐西州府兵》(《西域研究》第 2 期)通過一次在名岸發生的戰役研究西州府兵問題,一是西州都督府對各個折沖府的領導,二是各個折沖府之間的相互配合。這對於理解邊州地區的府兵及其防禦,具有典型意義,對唐朝府兵制的整體理解也大有幫助。李兆宇《吐魯番所出〈唐開元二十一年(733)唐益謙、薛光沘、康大之請過所案卷〉殘文書考釋》(《吐魯番學研究》第 2 期)在前人研究的基礎上根據學界對唐代文書行政研究取得的最新成果,繼續探討此案件相關的一些内容,初步認定該殘片的前半部分爲解文。達錟《關於吐魯番所出〈武周天山府下張父團帖爲出軍合請飯米人事〉及其相關文書的綴合問題》(《吐魯番學研究》第 2 期),作者對比吐魯番阿斯塔那 509 號墓所出其他殘片,重新整理綴合成了一件内容相對完整的文書。這一工作,對重新認識該墓所出天山府文書,以及唐代前期府兵制度及其相關文書行政運作具有重要價值。黄樓《唐代西州鸚鴿鎮文書研究》(《西域研究》第 1 期)對王炳華先生未予綴合的兩片唐代文書殘卷實出同一張紙這一事實進行論證分析,並復原出一份完整的烽鋪名籍。對探討唐代西北鎮成體系具有重要學術價值。

關於法律方面的成果主要是以文書文獻爲依據研究司法制度和法律規定等内容。趙晶《法律文化研究》(社會科學文獻出版社)詳細梳理百年來敦煌、吐魯番所出漢文法律文獻的研究概況,逐一考釋 2001 年以後新發現的文獻殘片,並展現圍繞"格式律令事類"與唐格體例所展開的學術争論。周思成《命令文書、沙里亞法與習慣:阿耳迭必勒波斯文文書中所見伊利汗國法律淵源初探》(《西域研究》第 3 期)著重考察德國伊朗學家赫爾曼在 21 世紀初公佈的 28 件阿耳迭必勒波斯文命令文書。這些文書對於研究蒙古人統治伊朗時期的民事法律慣習,特別是研究與土地所有權相關的法律具有極高價值。李萌《中亞絲路上的古鄯善國法律體系研究——以佉盧文書爲主的考察》(《西南民族大學學報》第 2 期)以佉盧文書爲主,梳理古鄯善國諸種法律形式及其相應内容,探索古鄯善國的法律體系,發現這一時期的塔里木盆地區與中原王朝律令形成時期的法律體系。

歷史地理方面的研究成果較爲豐富,其内容主要涉及交通路綫、城市區域、環境和地名等方面。城市區域的研究主要集中於對具體的區域進行細緻地研究。程遂營《絲綢之路上的古城》(河南大學出版社)以我國的西安、寶雞、天水、蘭州、西寧、武威、張掖、酒泉、敦煌、哈密、吐魯番、烏魯木齊、伊寧、和田、喀什 15 座陸上絲路古城爲載體,回顧它們在絲綢之路交流中所處的特殊地位。蓋志芳《神秘消失的古國》（江西人民出版社）介紹了樓蘭、烏孫、龜茲等 30 個古國或古代文明。孟凡人《北庭和高昌研究》（商務印書館）對北庭地區、北庭古城遺址、高昌地區古城址、高昌地區墓葬壁畫、紙畫、伏羲女媧圖和俑、北庭和高昌地區回鶻佛寺、北庭地區交通綫、北庭故城保護規劃等問題進行詳細地研究。古麗努爾·漢木都《19 世紀末 20 世紀初的高昌故城》（《吐魯番學研究》第 1 期）則是單獨考察 20 世紀初的高昌古城。古麗努爾文根據多國探險家的考察報告，尤其是俄國奧登堡的考察報告中高昌故城遺址的發掘記錄及所存照片，與現今遺址進行比對，得知高昌故城在近百年間部分建築物本來的變化，另外根據當時考察報告中留存的遺址信息探察目前已消失或接近消失的文物遺址。楊巨平《傳聞還是史實——漢史記載中有關西域希臘化國家與城市的信息》（《西域研究》第 3 期）在中外前賢研究的基礎上，結合西方文獻的記載和最新的考古資料考察有關西域希臘化國家與城市的信息。王興鋒《論東漢南匈奴單于庭駐地的四次遷徙》（《中國歷史地理論叢》第 34 卷第 1 期）探討東漢南匈奴單于庭駐地四次遷徙的實情，學界邱樹森《兩漢匈奴單于庭、龍庭今地考》、史念海先生《鄂爾多斯高原東部戰國時期秦長城遺跡探索記》、陳鋒《南匈奴附漢初期單于庭的設立與變遷及其歷史地理考察》等文章雖有論及，但現有的觀點存在諸多疑點。王文是在學界研究的基礎之上進一步的往前研究，彌補了學界對東漢南匈奴單于庭駐地遷徙研究的不足。陳曉露《中亞早期城址形制演變初論——從青銅時代到阿契美尼德王朝時期》（《西域研究》第 3 期）以中亞馬爾吉亞那和巴克特里亞地區爲重點，兼及索格底亞那地區，對這一地理範圍內發現的從青銅時代到阿契美尼德王朝時期的主要城址進行了初步考察，勾勒出中亞早期城址形制演變的階段性特徵。

交通路綫的研究側重於研究某一段路綫。高華生《唐朝路歷史文化研究》（新疆生產建設兵團出版社）以絲綢之路北道之唐朝歷史文化研究起步，分別講述“漢代新疆絲綢之路北道綫考辨”“唐代路地名的文化記憶”“六師地域唐朝路歷史文化遺產現象與保護”等內容。對於“新北道”研究，李樹輝《絲綢之路“新北道”中段路綫及唐輪臺城考論》（《中國邊疆史地研究》第 3 期）更爲細緻。李文對“新北道”（唐代又稱“碎葉道”）中段（今阜康市至昌吉市）路綫、道里及唐輪臺城址再作探討。有關唐輪臺城的方位問題，自清代開始便備受關注。雖經諸多學者考證，迄今仍無定論，故李文是對學界研究的推進。董紅玲《清代新疆塔爾巴哈臺臺站交通變遷》（《西域研究》第 3 期）論述清代塔爾巴哈臺臺站交通的變遷，闡明它在中外交通中的戰略地位。塔爾巴哈臺地處草原絲綢之路，連通內地與中亞、西亞，交通地位獨特。董學浩

《從唐與突厥的幾場戰事探索漠北通往西域的交通路綫》(《西夏研究》第 4 期)以唐與突厥幾場戰事的行軍路綫爲中心,探索唐代漠北地區通往西域的交通路綫。學界雖對唐代西北交通路綫問題頗爲重視,但相關研究成果主要集中在關中北經"河曲"通往漠北和關中西經河西通往西域兩個方向,至於漠北地區西經金山(今阿爾泰山)通往西域的道路問題研究相對較少。所以《從唐與突厥的幾場戰事探索漠北通往西域的交通路綫》可以起到對西域地理研究的增補作用。顏世明《歷史上塔里木盆地中的"南河"和"北河"——基於東晉道安〈西域志〉佚文的歷史考察》(《青海民族大學學報》第 3 期)主要對北魏、唐代葉爾羌河、喀拉喀什河、玉龍喀什河這三河河道特徵作了探討。韓春鮮、肖愛玲《絲綢之路天山南部東段交通綫路的歷史變遷》(《長安大學學報》第 21 卷第 3 期)以歷史文獻和考古資料爲基礎資料,在野外考察、調研與民間訪談獲取研究資料的基礎上,研究天山南坡東段交通綫路的歷史變遷。韓文認爲,漢唐時期該區域交通綫路經歷了從南向北的時空變化,交通樞紐區從羅布泊盆地變遷到吐魯番盆地,再變遷到哈密盆地;交通變化的原因主要是氣候變化、中央政權的穩定性及其對西域的經營力度。張弛、朱竑《"阿奢理貳伽藍"地理方位與玄奘西行"跋禄迦"的交通路綫》(《歷史地理研究》第 39 卷第 2 期)將新疆"第三次不可移動文物普查"成果、考古發現及工作經歷相結合,並利用史料記載與交通綫路考證可知,玄奘西行"跋禄迦"路綫爲"鹽關道",與現今 307 省道庫車—拜城段基本重合,"阿奢理貳伽藍"當爲克孜爾尕哈石窟與博其罕那佛寺的組合。

遺址的研究有葉俊士《再論尼雅緑洲的廢棄》(《地域文化研究》第 5 期),通過對史籍記載的梳理和尼雅遺址出土考古材料的分析認爲,尼雅緑洲的廢棄與當時的自然環境和社會環境變化有著密切關係。關於尼雅緑洲被廢棄的原因,學界主要有環境變化説、戰争説、綜合因素説三種推論。葉文的觀點偏向於戰争説。張華瑞《淺談漢代西域都護府的遺址》(《文物鑒定與鑒賞》第 14 期)基於當前學術界對漢代西域都護府遺址的確定存有諸多爭議的背景,對漢代西域都護府的遺址進行探討和分析,得出西漢時期的烏壘古城就是西域都護府遺址的新見解。齊小艷《文獻與錢幣:古代花剌子模歷史的演變與特徵》(《吐魯番學研究》2019 年第 2 期),在文獻學和考古學等相關領域研究的推動下,有關花剌子模的研究逐漸展開。然而,花剌子模的歷史依然有模糊之處,齊文是對花剌子模研究的增補。

地名的研究主要是考證某一個區域名字的來源和演變。阿卜力米提·阿卜杜熱合曼《"和田"地名的來源與變化》(《中國地名》第 7 期)主要利用傳世文獻和語言學來考察和梳理"和田"地名的來源和演變。許序雅《中亞"弭秣賀""缽息德城"補考》(《西域研究》第 4 期)考辨了"迷密國"、弭秣賀(米國)及其都城"缽息德城"的地望以及《魏書》《隋書》《新唐書》《册府元龜》等文獻所記"米國"的相關史實。劉志平《從〈焦氏易林〉看漢代人的"西域"認知》(《西域研究》第 4 期)從《焦氏易林》對"安息""康居""大宛""烏孫"等相關記載,考察漢代人有關西域的政治地理與民族地理認知。漢人對西域的地理和政治認知體現了漢代人以"西域"爲參照對象的强烈的民族意識和國家意識。

三、社 會 與 文 化

社會與文化的成果側重於研究社會風貌、歷史人物和文化交流等內容。

社會風貌的研究成果主要涉及族群和百姓的精神面貌等內容。戴春陽《敦煌佛爺廟灣唐代模印塑像磚墓(四)——從模印胡商牽駝磚看絲路交通中的有關問題》(《敦煌研究》第 5 期)以敦煌佛爺廟灣唐代模印塑像磚墓爲中心,研究胡商群體以及唐代粟特人衣著打扮的精神面貌。戴文梳理了文獻中"胡""胡商"在不同歷史時期的內涵變化、粟特早期歷史概況和牽駝胡商的民族屬性,以及粟特胡服對唐代中原地區服飾文化的影響。朱艷桐《北魏至唐沮渠氏蹤跡鈎沉——以墓誌碑刻、西域文書爲中心》(《中國邊疆史地研究》第 4 期)從墓誌碑刻和西域文書中考察北魏至唐沮渠氏的蹤跡。朱文利用墓誌更正學界提出的入魏沮渠氏已絕嗣的觀點,並且在補充沮渠氏人物數量的基礎上,進一步探討其社會生活情況。鄒淑琴《唐詩中"胡姬"的妝容風格》(《新疆藝術(漢文)》第 2 期)介紹唐代"胡姬"的髮型、面妝、眉妝、唇妝以及各種配飾、妝品等方面的特點,"胡姬"的妝容反映了唐代胡風的社會面貌。

歷史人物的研究成果主要涉及古代西域地區的歷史人物或者是曾經對西域地區產生過影響的歷史人物。羅威爾《幸會!鳩摩羅什》(中信出版社)介紹鳩摩羅什的生平,並圍繞他的足跡以人生軌跡爲綫索,介紹漢傳佛教的發展歷程。薛林榮《班超》(中華書局)在史料的基礎上,研究班超並且努力還原漢代西域的歷史。上海嘉定博物館、廈門大學考試研究中心編著《黃文弼畫傳》(中西書局)收錄黃文弼先生人生各個時段的故事,並結合其在考察途中所拍攝的照片,生動詳實地展現這位中國西北考古第一人的人生經歷。墓誌是學者研究歷史人物的重要依據,如趙海燕《唐鮮卑裨將賀婁余潤之西域行跡——以西安新見〈賀婁余潤墓誌〉爲中心》(《石河子大學學報》第 6 期)和于文哲《崔顥新考——以新出墓誌爲中心》(《新疆大學學報》第 4 期),趙文主要考證賀婁余潤在西域的行跡,于文對《唐故豫章郡兵曹參軍崔公墓誌銘并序》拓片嘗試釋讀,進而對崔顥的郡望與籍貫、生年、仕宦經歷等問題展開探討。高源《楊增新推動新疆農業發展的社會背景和舉措——以〈補過齋文牘〉爲中心》（《西域研究》第 1 期）依據《補過齋文牘》對楊增新在新疆推動農業發展的社會背景和舉措進行細緻地分析。楊富學、路虹《甘州回鶻天公主再考》（《石河子大學學報》第 1 期）通過背景分析並考辨相關史料，考究甘州回鶻天公主。王嘉《李承乾嗣位可能成爲中原第二位"天可汗"辨》（《新疆大學學報》第 4 期）從李承乾的性格、能力等方面論證李承乾是否可能成爲第二位"天可汗"。巴菲爾德在《危險的邊疆》一書中提出了假如李承乾登位很可能會成爲中原的第二位"天可汗"這樣一個假設，然而該文通過對李承乾的性格和能力進行分析之後得出：李承乾不可能成爲中原的第二位"天可汗"。

　　文化交流的研究成果主要側重於外來文化與本土居民生活息息相關的物質文化和精神文化的交流與融合等方面。王思明、李昕昇、（美）雷·道格拉斯·赫特（R. Douglas Hurt）主編《絲綢之路中外科技文化交流探索》（中國農業科學技術出版社）以絲綢之路爲對象，深入分析中外農業科技文化交流的意義與内涵，旨在爲絲綢之路經濟帶戰略提供可借鑒經驗。科技文化交流的成果還有陳佳樂、宋欣陽《從義净著作看"中原—西域"醫藥交流》（《古籍整理研究學刊》第 3 期），從義净的著作《大唐西域求法高僧傳》和《南海寄歸內法傳》以及義净所翻譯的佛經中探討當時"中原—西域"醫藥交流，並歸納影響因素及其作用。思想文化交流的成果則有：張金傑、許雋超《儒家文化在西域的傳播主體之探析》（《地方文化研究》第 3 期）和崔建華《西漢與匈奴交往中的倫理碰撞及融合——以忠孝觀念爲中心》（《西域研究》第 2 期），張文論述儒家文化在西域的傳播，分別從儒家文化在西域傳播的開拓者、發展者、助推者和弘揚者四方面來具體論述。崔文則以忠孝觀念爲主軸，對漢匈交往中的倫理碰撞及融合進行探討。項一峰《絲綢之路石窟寺文化蠡議》（《石河子大學學報》第 4 期）對絲路石窟寺像教佛教文化、中國傳統文化思想以及造像藝術中存在（含有）的中外多元文化進行一些蠡議。石窟寺是中國佛教經像並傳弘法顯著的途徑之一，經變像形象地示教佛教文化中不同的思想，並擴展兼融教化中國傳統文化中的儒道和民間信仰思想。

　　物質文化的研究成果充分利用文獻資料與石窟壁畫等實體物質來介紹西域地區物品樣式、形制、種類、特點等的内容。以文獻資料爲依據的有董永强《敦煌吐魯番寫本所見唐人的藏鈎》（《唐史論叢》第 29 輯），以敦煌吐魯番寫本中五件與藏鈎直接相關的新材料爲中心，考察唐代民間藏鈎遊戲細節與實態。目前學界尚秉和、張仁善、蔡豐明、李金梅、顧凡穎、曾小松、王永平等先生較早關注過藏鈎，但以上前輩的研究還有深入的可能與必要。董文從内容和材料上，增補學界對藏鈎的研究。以及單超成《回鶻人印章文化研究》

(《地域文化研究》第 3 期)利用現存回鶻文獻,輔之以漢文史籍,對回鶻使用印章文化作一番探討。回鶻人曾先後使用過突厥文、粟特文、漢文、回鶻文等多種文字,留下了豐富的歷史文獻,這爲學者研究漠北回鶻、甘州回鶻、沙州回鶻、高昌回鶻及喀喇汗王朝歷史文化提供了殷實的材料。而利用石窟壁畫等實體物質依據的有李瑞哲《龜兹石窟中的回鶻風格石窟問題》(《敦煌研究》第 5 期),以龜兹石窟爲中心探討回鶻風格石窟問題。論證回鶻風格是在繼承了當地龜兹風格、漢風壁畫的基礎上形成的,並具有回鶻民族自身的審美風尚。張健波《漢唐文脈中的于闐造型藝術詮索——以近年考古新材料壁畫、雕塑爲中心》(《新疆藝術學院學報》第 17 卷第 1 期)以近年考古新材料壁畫、雕塑爲中心,考察漢唐文脈中的于闐造型藝術。姚敏《吐魯番阿斯塔那出土的雜技(耍)俑塑藝術》(《吐魯番學研究》第 2 期)主要是介紹獸面人身立俑、頂竿倒立木俑、大面舞俑、黑人泥舞俑、馬舞俑、獅舞俑等雜技俑塑藝術。富艾莉《"彼岸"之旅:佛教朝聖和于闐綠洲的旅行物》(《敦煌吐魯番研究》第 18 卷)介紹了于闐的朝聖活動及其所帶來的神聖物品的轉移和流通,這些物品有利於更好地理解佛教交流以及中亞藝術交流。

四、宗　　教

本年度宗教方面的研究成果主要側重於佛教研究,道教、摩尼教等其他宗教亦有些許成果。

學界主要以文獻和石窟爲中心,研究佛教造像、佛寺、彌勒、佛經、佛教思想和佛教運動等内容。朱麗雙《9 世紀于闐的法滅故事》(《中山大學學報》第 5 期)和《〈僧伽伐彈那授記〉譯注》(《敦煌吐魯番研究》第 18 卷),前文是從現存於漢語、藏語、于闐語等各種語言的佛經中考察 9 世紀于闐的法滅故事。后文是以德格版爲底本,以金汁寫本與那塘版爲對勘,對吐蕃贊普墀松德贊時期翻譯的梵語本《僧伽伐彈那授記》的藏文版進行轉寫跟譯注,對研究于闐佛教住滅情況提供參考。吐送江·依明《回鶻佛教文獻源流與術語考述》(《西夏研究》第 4 期)主要討論回鶻佛教文獻源流和佛教術語。張乃翥《龜兹佛教文化與龍門石窟魏唐時代的造像遺跡》(《石河子大學學報》第 4 期)則以文獻尋蹤及文物考察爲依據,追溯中古時代龜兹、洛陽兩地文化遺產中的源流承遞、因果韻律,由此發現,龍門石窟爲數衆多的魏唐遺跡。武海龍、張海龍《5 至 8 世紀的北庭佛教》(《吐魯番學研究》第 2 期)根據傳世文獻的記載,並結合地下出土資料,對 5—8 世紀的北庭佛教進行了考察。指出北庭佛教的傳播始於柔然控制北庭地區時期,而後經過突厥的短暫經營,在唐朝迎來了北庭佛教發展的第一個高峰階段,並爲後來輝煌的回鶻佛教奠定了基礎。

松井太《高昌 α 寺遺址所出摩尼教、佛教寺院回鶻文賬曆研究》(《中山大學學報》第 2 期),利用出土於昔日的 α 寺院遺址的古回鶻語寫本 * U9271 中記録了摩尼教與佛教並立時期回鶻高昌國的信仰狀況,從神職人員的員數和捐施品數量的多寡,得出摩尼教在衰落而佛教恰在欣欣向榮之際的結論。嚴耀中《關於吐魯番文書中一些寺名之再探索》(《敦煌學輯刊》第 1 期)從文書中得出吐魯番地區以家族或個人名字命名寺院現象的衰退情形,並且分析其原因。還有姚勝《佛陀耶舍,還是卑摩羅叉?——鳩摩羅什〈十誦律〉受學師從考述》(《佛學研究》第 1 期)通過對比分析兩部文獻各自《鳩摩羅什傳》的相關文本、佛陀耶舍與卑摩羅叉二人的譯經活動以及鳩摩羅什與二人的心性異同,對鳩摩羅什《十誦律》師從人物進行考述,並得出鳩摩羅什受學《十誦律》師從卑摩羅叉而非佛陀耶舍的結論。關於鳩摩羅什《十誦律》受學於何人,最早的兩部文獻《出三藏記集》和《高僧傳》有著截然不同的記載,前者説是佛陀耶舍,而後者則認爲是卑摩羅叉,學界對此也尚無定論,故姚勝的考述推進學界對佛教的研究。劉屹《憍賞彌國法滅故事在于闐和吐蕃的傳播》(文獻篇)(《敦煌吐魯番研究》第 18 卷)從現存的于闐語和吐蕃語資料中,就印度佛教傳統中固有的“憍賞彌國法滅故事”在中土的傳播情況做了初步探討。

佛教的造像、事務管理等活動研究的成果也不少。謝志斌《中土早期觀音造像研究》(中華書局)研究早期的造像活動。謝文對學術界關於觀音藝術研究的學術成果進行梳理和分析、對觀音信仰的起源與發展進行介紹,分析早期觀音造像與中國傳統文化之間的互動。還有張乃翥《龜茲佛教文化與龍門石窟魏唐時代的造像遺跡》(《石河子大學學報》第 4 期)以文獻尋蹤及文物考察爲依據,追溯中古時代龜茲、洛陽兩地文化遺產中的源流承遞、因果韻律,探究龍門石窟爲數衆多的魏唐遺跡。郭益海《唐代管理西域宗教事務述略——以西域佛、道兩教爲例》(《西北民族論叢》第 1 期)在借鑒前人研究成果的基礎上,以西州佛、道兩教爲例,試從宗教政策角度出發,著眼於整頓西域寺觀、建置官方寺觀、加强教職人員日常管理和設置宗教事務管理部門四個方面,略述唐代對西域宗教的管理。霍旭初《中國佛教判教運動對龜茲佛教的影響》(《西域研究》第 2 期)揭示判教形成的固化觀念對開展龜茲佛教研究的束縛,且提議對龜茲佛教和石窟需要再認識、再研究,必須擺脱舊有觀念的束縛,堅持“唯物史觀”的立場和觀點,以現代社會科學的視野和研究方法,揭示龜茲佛教及其藝術的更深廣的内涵和特色,正確認知龜茲佛教的歷史價值和地位。

本年度介紹佛教發展狀況和研究佛教思想文化方面的成果較少。姚律《公元 7 世紀中期至 8 世紀中期龜茲佛教》(《中國佛學》第 2 期)主要介紹公元 7 世紀到 8 世紀龜茲地區佛教發展的狀況。王啓濤《漢傳佛教在絲綢之路上的傳播》(《西南民族大學學報》第 5 期)以吐魯番地區爲代表,探討古代吐魯番地區所流行的漢傳佛教。王文還對古代吐魯番地區漢傳佛教的經典流傳和彌勒信仰細節進行了深入考索。王立、羅黎《中國古代螞蟻敍事及其西域、佛經來源》(《煙臺大學學報》第 32 卷第 6 期)闡述智慧蟻是一種漢譯佛經中的螞蟻形象。中古漢譯佛經中,螞蟻是一種引人注目的功能型形象,是衆生平等宗教觀念的對象化與集合體。李瑞哲《龜茲石窟壁畫中的"唯禮釋迦"思想》(《南京藝術學院學報》第 1 期)主要是圍繞釋迦牟尼佛展開,解讀龜茲石窟壁畫釋迦牟尼在三阿僧祇劫中對大量過去佛的供養,體現出來的須"逢事諸佛"的思想。

　　宗教方面的成果除主要集中於佛教研究,其他宗教也有一些成果。如道教研究有王啓濤《道教在絲綢之路上的傳播》(《西北民族大學學報》第 4 期)和田海峰、張安福《塔里木道教文化遺存及其成因》(《中國道教》第 3 期)等文章。王文探討了道教對絲綢之路上喪葬文化與祭祀文化的影響以及道士社會文化生活情況。田文以塔里木考古調查中所見道教文化元素爲研究對象,在對其進行全面梳理的基礎上,歸納出道教文化遺存在塔里木的分佈特徵,繼而基於歷史學視角對其成因予以扼要地闡述。其他宗教的研究則有艾麗卡 C.D.亨特著,祁曉慶譯《中亞的敘利亞基督教》(《吐魯番學》研究第 1 期)調查操敘利亞語的基督教教堂在中亞地區的分佈狀況。文章除了調查已經廣爲人知的在基督教傳播方面頗有功績的聶斯托利教派之外,還調查了没有引起足夠注意的雅各比教堂。林悟殊《兩宋〈五來子〉曲與西域摩尼教淵源探——紀念選堂先生名作〈穆護歌考〉發表四十周年》(《敦煌吐魯番研究》第 18 卷)結合傳統漢籍文獻記載,探討兩宋《五來子》曲子與西域摩尼教的淵源,以茲紀念選堂先生。

五、語言文字

　　此部分可以分爲具體漢字考釋和文獻的考究兩個方面。

　　第一方面,漢字的研究成果主要是針對具體的某一個字或是某一類詞,圍繞著其字音字形、語義、用法等層面,辨正異文是非,匡正刊刻謬誤,釋讀疑難字詞。于淑健《敦煌吐魯番紙本文獻疑難字摭釋》(《中國語文》第 3 期)選取了䰍、焤、聓等敦煌、吐魯番紙本文獻中的疑難字,丁慶剛《中古律部漢譯佛經異文考辨》(《新疆大學學報》第 6 期)考察中古律部漢譯佛經中"捲""斷""賞""簸"等九則異文,而趙紅《吐魯番俗字典》(上海古籍出版社)不僅包含原字形、楷書字頭、漢語注音、例句、必要的按語和附錄,也有字形筆劃索引和使用圖版索引、參考文獻目録。

另外有以某個具體的字作爲研究對象的,陳丹《〈大唐西域記〉"以"字處置式研究》(《遼東學院學報》第 6 期)以《大唐西域記》爲研究語料,同時與《左傳》作比較,統計了文中"以"字處置式用例,然後從句法結構和語義類型角度對"以"字處置式的用法進行分析研究。丁愛玲、葛佳才《吐魯番出土唐代公文中的"仰"》(《齊魯師範學院學報》第 4 期)探討"仰"字在吐魯番出土唐代公文中的使用情況,對其表謙敬用法的語義發展脈絡進行了梳理,並指出其中見於吐魯番出土唐代公文的原因。

第二方面,文獻考究的研究成果主要涉及文獻版本、文本文字等方面内容。王啓濤《從漢語史角度對吐魯番出土契券進行定名和斷代新探》(《新疆大學學報》第 2 期)對迄今爲止尚存疑惑的吐魯番出土契券進行重新定名和斷代,歸納出據文書的普通詞語進行定名和斷代、據文書的術語、套語和句式進行定名和斷代、據文書的人名和地名進行定名和斷代、據文書的書法風格進行定名和斷代四種方法。路志英《樓蘭漢文簡紙文書文字研究》(河北人民出版社)將全部字形整理成《樓蘭漢文簡紙文書字形全編》,按照《説文解字》的部首順序排列,作出了一部魏晉實際使用字表,在字表的基礎上,窮盡式研究了該期文字的全貌。趙晨霞《吐魯番出土文書文字研究》(河北人民出版社)從筆劃、構件、整字三個不同層面分析了文書文字的面貌形態,討論了吐魯番文書文字的特徵以及變體的産生原因,並對文中的疑難字加以考釋。

六、文　　學

詩詞方面,李改婷、張玉萍《李白詩歌中的西域文化》(《蘭州教育學院學報》第 7 期)分析李白對西域文化具有包容度的原因,並闡述李白詩歌中的西域文化的體現,不僅從内容上展現了西域文化,從形式上也展現了西域樂舞。伍守卿《耶律楚材的西域紀行詩歌淺論》(《河南廣播電視大學學報》第 3 期)指出耶律楚材筆下的西域詩歌不僅包含文學地理學,也有西域自然風光和民俗風情。牛晨光、張雲雲《西域音樂對唐詩創作産生的影響》(《名作欣賞》第 20 期)主要闡述了西域音樂對詩歌創作的影響,認爲西域音樂擴展了唐詩的創作題材,促進了寫作風格的改變,推動了審美趣味的轉移,對詞體的産生和邊塞荒遠意象的運用都起到了促進作用。黃倩《論盛唐邊塞詩中的西域樂器意象——以琵琶、羌笛爲例》(《蘭州教育學院學報》第 6 期)則談到邊塞詩反過來也强化著琵琶、羌笛等樂器的文化内涵,提昇了西域樂器的文化地位。

其他文學類别涉及民間故事、神話、雅俗文學、佛教文學、漢賦等多個方面。魏倪《"四十"——西域少數民族民間故事中的模式數字》(《世界文學評論》第 2 期）對涵蓋了模式數字“四十”的文本數量進行了梳理，將西域少數民族民間文學中常見的“四十”意向大致劃分爲修飾類、難題類、禁忌類等，分析了“四十”意向在伊斯蘭教和西北少數民族中同樣具有神聖性。顏亮《哲學視域下于闐起源神話闡釋——基於漢、藏、西域文獻的敘事》（《集寧師範學院學報》第 2 期）從元神話文本、神話事件、差異性文本、總體神話文本，多個角度展開哲學上的分析和闡釋：單個神話文本結構、符號、邏輯以及整體于闐神話文本特徵及功能化闡述。張艷《家國性情兩從容——論畏兀兒人貫雲石的雅俗文學創作》（《新疆大學學報》第 6 期）討論了貫雲石雅俗文學的“通融”，其家族背景、個人經歷、人際交往都促成了貫雲石雅俗兼擅的寫作特徵。王紅梅《宋元之際回鶻崇佛文學述論》（《河西學院學報》第 1 期）論述了宋元之際回鶻佛教文學的發展，早期文學作品基本上爲譯經文學作品和回鶻文原創作品。高萍、張倩《論兩漢賦中的西域書寫及其文化意義》（《石河子大學學報》第 5 期）論述了西域奇珍異物與西域雜技百戲的書寫，指出漢賦中的西域書寫反映了漢人彰顯帝國聲威、凸顯華夏中心地位的域中觀念，也反映了漢人對西域從模糊神秘到逐漸真實的認知過程，以及認可華化與貶斥矮化並存的認知態度。

七、藝　術

　　本年度的藝術研究成果主要側重於音樂、舞蹈、圖像、書法等方面的内容。音樂方面，可以分爲樂器、樂曲、音樂交流三個方面的研究。

　　樂器的研究内容涉及篳篥、雞婁鼓、大鼓、答臘鼓等樂器，主要側重於介紹樂器的形制、特徵以及交流傳播的經過。閆艷所著《“篳篥”源流考辨》（《首都師範大學學報》第 6 期）和《“篳篥”音義探微》（《語言研究》第 2 期）兩篇文章，以古代龜茲的豎吹簧管樂器——篳篥爲研究對象，討論了篳篥的諸多異名、來源、形制演變。彭志強《雞婁鼓，高昌龜茲掘萬金》（《青春》2019年第 3 期）闡述了雞婁鼓名字的含義和演奏方式以及來源，同時也介紹了《霓裳羽衣曲》等由雞婁鼓編製的樂舞。周菁葆《絲綢之路上的大鼓與答臘鼓》上下兩篇（《樂器》第 5、6 期）介紹了兩種西域樂器大鼓和答臘鼓的來源、形制演變以及交流情況。

　　樂曲的研究成果主要是探析某隻樂曲的成因、背景、交流以及歷史象徵，涉及唐代《十部樂》、蘇祇婆琵琶七調、慶善樂和《蘇幕遮》。崔珊《唐代〈十部樂〉成因之探析》（《現代交際》第 14 期）論述了唐代《十部樂》的形成過程。孫振民《蘇祇婆琵琶七調起源探析》（《黃河之聲》第 10 期）涉及龜茲樂代表人物蘇祇婆所創造的蘇祇婆調式音階，認爲其可能來源於古波斯或者古印度,之後又融合了中原音樂。王永平、李響《漢樂與胡風:〈慶善樂〉誕生的歷史語境及其政治象徵》(《河北學刊》第 3 期)闡述《慶善樂》誕生於隋末唐初、貞觀之治的歷史背景,是大唐開放、包容時代精神的一個重要象徵。[日]渡邊信一郎《龜茲到京都——散樂〈蘇莫者〉的旅程》(《黄鐘(武漢音樂學院學報)》第 1 期)認爲《蘇幕遮》從 6 世紀末即北朝末期傳入中國,初爲民間群衆性歌舞戲,唐玄宗時期演變爲向君王歌功頌德,北宋時成爲教坊所用龜茲部大曲,8 世紀左右隨遣唐使傳入日本,一直延續至今。

在音樂交流上,閏鋅《"絲綢之路"音樂文化交流》(《黄河之聲》第 10 期)和劉嵬《駝鈴古道絲綢路　胡馬猶聞唐漢風——古絲綢之路中外音樂文化交流研究》(《樂府新聲(瀋陽音樂學院學報)》第 2 期)以及姚佳欣《從歷史脈絡看西域音樂文化對中原音樂文化的影響》(《音樂生活》第 5 期)都是總結性的文章,以時間爲序,分别論述了先秦時期、秦漢時期、魏晉南北朝時期、隋唐時期、宋元明清時期的音樂文化交流概況。劉篇主要強調的是中外文化交流情況,閏篇強調的是不同階段的不同特徵,姚篇則是以不同時期的樂器樂曲爲側重點進行介紹。三者皆爲瞭解、掌握古絲綢之路音樂發展提供了可供參考、總結的歷史綫索。

魏晉南北朝和隋唐兩個時期的音樂交流是西域音樂所討論的重點。孔令玲《北魏音樂歷史考源初探》(《黄河之聲》第 15 期)和姬紅兵、吳巧雲《北魏平城時期西域音樂的東傳與興起》(《交響》第 1 期)著重討論了北魏的音樂。孔令玲認爲在北魏政權建立的初期,其音樂元素主要來自匈奴和鮮卑族,定都平城後,又受到龜茲樂、安國樂和疏勒樂的影響。姬紅兵、吳巧雲認爲戰爭與外交是西域音樂進入中原的官方渠道,商業貿易與人口遷移是西域音樂進入中原的民間渠道,而佛教東傳也促進了西域音樂的東傳。北魏統治者本著"戎華兼采"的宫廷音樂政策,引領西域音樂在內的四夷歌舞進入宫廷,不僅引發華夏宮廷音樂的嬗變,也在民間廣泛流傳。閏鋅《魏晉南北朝時期的音樂交流》(《藝術評鑒》第 20 期)論述魏晉南北朝時期龜茲樂、西涼樂、胡舞和樂器的傳入。劉春曉《簡析魏晉南北朝的音樂文化交流》(《音樂天地》第 9 期)除了介紹龜茲樂和西涼樂之外,也介紹了天竺樂、康國樂,同時也涉及傑出的外族音樂家蘇祇婆。整體上看,魏晉南北朝時期的音樂文化主要是將東部、西部和北部相融爲一體,在音樂文化交流的程度上達到了隋唐前的小高峰。尤其是北魏統治者"以胡入雅"的舉措成爲當時恢復宮廷雅樂的重要創舉,不僅豐富了北魏的宮廷燕樂的種類,而且深刻影響了此後的北齊、北周,更爲隋唐宮廷燕樂的繁盛奠定了堅實的基礎。

隋唐時期的西域音樂,主要有向子蓮《隋唐時期龜茲樂的發展及演變》

（《黄河之聲》第 2 期），其分析了隋唐時期龜兹樂發展的有利條件，還論述了龜兹樂的特徵及聲樂、器樂、舞樂等表演形式，討論了隋唐龜兹樂對中原音樂、唐詩宋詞元曲甚至亞洲文化産生的影響。向常嬌《西域音樂東漸探梳》（《新疆地方誌》第 2 期）從樂人、樂器、樂律三個層面，論述西域音樂在國內的東漸途徑。孫振民《絲綢之路與龜兹樂的形成和傳播》（《音樂探索》第 4 期）從樂器、樂理、樂曲三方面，討論了龜兹樂通過絲綢之路傳播入中原之後，又廣泛傳播於東亞、中亞、南亞、東南亞的一些國家和地區，龜兹樂廣泛吸取了中原文明、印度文明、波斯文明和希臘文明中的音樂元素。王子今《絲綢之路與中原"音樂"的西傳》（《西域研究》第 4 期）則是從"音樂"功用的角度去看待音樂交流。王子今認爲"音樂"包含到政治原則、社會等級、宗法秩序、階級結構、文化意識、道德理念、藝術品味、情感涵養等多方面內容，而"音樂"在傳播的過程中，也是"和"與"同"的過程，即超越地域和民族的差異，以實現"四海同愛"的境界。

舞蹈方面可以大致分爲舞種研究和舞蹈交流研究兩個類別。

舞種研究方面，有吐蕃舞和新疆舞兩種。王丹《吐蕃樂舞與藏戲之淵源探究》（《戲劇之家》第 28 期）討論的是吐蕃樂舞，論述了吐蕃樂舞的歷史形成和基本類型，從面具舞與藏戲藝術的起源、樂舞藝術的綜合化發展、宗教樂舞藝術的演變三個方面研究吐蕃樂舞與藏戲的歷史淵源關係。周寧《新疆文物中的西域舞樂》（《文物天地》第 11 期）討論的是新疆樂舞，論述新疆古代藝術家不僅用舞蹈表達對自然生態的崇拜、詮釋生命的意義，也與原始宗教、某種祭祀儀式等有著密切的關係，且西域各地的舞蹈帶有很強的地域特徵。

舞蹈交流方面，李淼在《4—13 世紀西域樂舞在中原地區流變考》（《中州學刊》第 10 期）談論的是西域樂舞的"中原化"，論述北朝時期西域樂舞的伴奏樂器和西域樂舞的基本形態，討論了西域樂舞傳入初期的特點以及西域樂舞傳入中原地區後的形態流變，分析了西域樂舞與中原樂舞融合因素。李建棟《西域胡樂東漸與周隋歌舞戲的西胡化》（《安徽師範大學學報》第 4 期）談論的是中原樂舞的"西胡化"，闡述周隋歌舞戲的西胡化主要表現在音樂、面具、表演形式三個方面。音樂的西胡化以樂器、樂律、旋律的西胡化爲主，其實質爲中原鐵尺律向西域龜兹律的讓步。面具的西胡化，一爲東漸中原的原生態西域歌舞戲所用面具，一爲源出於中原本土的歌舞戲所用面具。表演形式的西胡化表現爲歌舞與敘事的結合。謝雯雯《與"中庸"之道不同的張揚特點——西域樂舞》（《藝術評鑒》第 19 期）對比分析了西域樂舞與中華文化的交流與融合，認爲中原的傳統樂舞受儒家美學的影響，強調音律平和，追求中庸之美，而西域樂舞強調激情、奔放以及癲狂，同中原的傳統美學追求有著鮮明的對比。

圖像方面,包括佛教題材圖像壁畫研究、美術交流以及其他方面。

在佛教題材圖像壁畫研究方面,成果最爲突出,主要集中於龜茲石窟。楊波《龜茲石窟梵天勸請圖像研究》(《敦煌研究》第 3 期)以龜茲石窟的梵天勸請圖爲研究對象,論述其圖像分佈和經典依據,主要分佈於中心柱窟和方形窟中,表現爲菱格故事畫或方格佛傳圖、佛説法圖的形式。楊波《龜茲石窟"如來留缽""佛陀舉山"圖像研究》(《西域研究》第 4 期)則是闡述克孜爾石窟、森木塞姆石窟、庫木吐喇石窟、托乎拉克艾肯石窟中"如來留缽""佛陀舉山"圖像的具體特徵。

苗利輝《克孜爾石窟"佛陀神變"故事畫初探》(《西域研究》第 2 期)研究"降伏六師外道"故事畫中的神變圖像和克孜爾石窟中的"雙神變"和"焰肩"神變圖像,並討論了神變圖像出現的原因。任平山《克孜爾壁畫"佛説四種小不可輕"圖考》(《西域研究》第 4 期)論述克孜爾第 171 窟和第 224 窟側壁繪有的同一主題的壁畫:"佛説四種小不可輕",並結合《雜阿含經》及《破僧事》文本中所描述的内容進行考證。任平山《克孜爾壁畫"阿修羅王持兒浴海"考》(《敦煌研究》第 6 期)對比《增一阿含經》《大智度論》等佛經,找出相同與不同之處。歐陽暉《克孜爾石窟菱格故事畫"降伏魔軍"考論》(《吐魯番學研究》第 2 期)認爲其受到了克孜爾第 76、98、110 窟等"降魔成道"圖的影響,是對"降魔成道"圖的一種簡化。滿盈盈《克孜爾第 123 窟七寶圖像與龜茲延氏王》(《中國美術研究》第 2 期)闡述克孜爾第 123 窟中的七寶圖像,認爲七寶是最高權力的象徵,是轉輪聖王治理國家所不可缺少的工具。

森木塞姆石窟方面,任平山通過《森木塞姆石窟"阿育王建八萬四千塔"圖考》(《藝術探索》第 3 期)和《吳越阿育王塔四本生圖辨》(《文物》第 3 期)兩篇文章,糾正了森木塞姆第 32 窟後甬道壁畫之前被學界比定爲"羅刹偷盜佛牙"故事,作者在核對文獻和圖像細節後,認爲壁畫當辨識爲"阿育王建八萬四千塔"。文章同時從苻秦曇摩難提譯《阿育王息壞目因緣經》《雜阿含經》《阿育王傳》等文獻中介紹了阿育王的相關故事。

高昌石窟方面,陳愛峰《高昌回鶻新樣文殊圖像研究——以柏孜克里克第 34、39 窟爲例》(《西域研究》第 4 期)考證了柏孜克里克石窟第 34、39 窟的新樣文殊圖像,分析了此種圖像的來源以及相同點和不同點,闡述了高昌回鶻的文殊信仰與五臺山崇拜流行的相關史實,並從較晚被納入文殊使者行列的難陀童子的角度,證明高昌回鶻時期吐魯番與五臺山存在著密切的佛教文化交流。

新疆達瑪溝鄉出土的托普魯克墩佛寺遺址群的研究方面,朱釔宣《于闐堅牢地神壁畫殘片的構圖形象與内蘊理念》(《美與時代(上)》第 8 期)從自然地理環境、于闐統治階級操縱、當地佛教文化的盛行三個方面討論了堅牢地神的崇拜緣由,闡述了堅牢地神的内蘊理念,不僅象徵著人類對土地規訓支配的欲望,也是爲意識形態服務的特定時代階級的宗教宣傳品。張惠明《公元 6 世紀末至 8 世紀初于闐〈大品般若經〉圖像考——和田達瑪溝托普魯克墩 2 號佛寺兩塊"千眼坐佛"木板畫的重新比定與釋讀》(《敦煌吐魯番研究》第 18 卷)根據漢文文獻與西域語言寫本等資料考證于闐地區《大品般若經》圖像以及對和田達瑪溝托普魯克墩 2 號佛寺兩塊"千眼坐佛"木板畫的重新比定與釋讀。

美術交流的研究成果主要涉及絲綢之路所帶來的中原西域文化交流和中外文化交流。中原與西域的文化交流上,李雲、吕曉楠《敦煌壁畫粉本對龜茲石窟藝術的影響——以漢風"盧舍那佛"圖像爲例》(《美與時代(中)》第 8 期)討論的在唐代安西大都護府設立後龜茲石窟藝術出現"回流"現象的大背景下敦煌壁畫粉本對龜茲石窟藝術的影響。高晏卿、蘇明哲《絲路沿綫石窟三聯珠式刹塔流變考》(《中國美術研究》第 2 期)認爲絲路沿綫石窟三聯珠式刹塔,無論形體結構還是思想内涵,都隨著所在地域文化背景而改變。中外文化交流上,滿盈盈《龜茲石窟藝術元素研究》(天津人民美術出版社)考證了犍陀羅藝術元素、印度藝術元素、波斯藝術元素、北方草原藝術元素、中原藝術元素對龜茲石窟的影響,分析各種藝術元素發源地與龜茲的聯繫、傳入的路徑,以及在龜茲石窟中圖像發生的嬗變和歷史文化成因。

另外還有涉及繪畫技巧的:郭佳偉《克孜爾石窟壁畫中的繪畫風格的分析》(《美與時代(中)》第 2 期)從色彩、綫條、人物三個方面分析克孜爾石窟壁畫中的繪畫風格。王小雄《勝金口千佛洞第 5 窟壁畫中花鳥畫淺析》(《吐魯番學研究》第 1 期)研究了勝金口千佛洞第 5 窟的現狀、窟形、壁畫内容及繪畫特徵,分析了壁畫中"花樹"的表現内容和技法風格特徵。

書法藝術的研究成果主要涉及書體、書跡以及書法的風格及其演變脈絡等方面。有學者著重探討高昌國的墓表和墓磚,研究其書風。余浩、趙會艷《高昌墓表書風特徵及分類探析——以〈二十四畫品〉爲觀照》(《中國書法》第 16 期)將書風分成六類,認爲高昌墓表既保留著墓誌書法特有的莊重,同時又雜糅了當時社會流行書體的特徵,風格多樣,書法價值極高。石澍生《試論東晉十六國及南北朝早期書體由隸向楷的演變兼及分期等問題——以吐魯番出土書跡爲中心》(《南京藝術學院學報》第 5 期)則是綜合考察參考十六國時期前後吐魯番出土書跡所見書體,並參照吐魯番當地與中原南北方書法的關係,討論了隸楷之變遷及分期問題,並歸納了隸楷之變的不同階段。石澍生、楊立凡《晉唐時期公文書寫人試探》(《中國書法》第 19 期)則是著重研究吐魯番出土的官文書書寫人及簽署情況,並結合晉唐時期的官制和公文制度等,對晉唐時期官文書的書寫人及書署制度加以歸納。

八、考古與文物保護

本年度考古與文物保護的研究,包括考古發掘、文物保護與修復以及考古學綜合研究等方面。

考古發掘報告方面,吐魯番出土文物局主編《吐魯番晉唐墓地:交河溝西、木納爾、巴達木發掘報告》(文物出版社)收錄 2004—2005 年吐魯番交河溝西、木納爾、巴達木三個墓地 157 座墓葬的發掘資料。墓中出土的文書、墓誌、彩繪陶器、"高昌吉利"銅錢等文物對於研究高昌國、唐西州、粟特人以及中亞歷史具有重要意義。夏立棟、李裕群等主編《新疆鄯善縣吐峪溝西區中部回鶻佛寺發掘簡報》(《考古》第 4 期)對位於鄯善縣的吐峪溝石窟做遺址概況、地層堆積、寺院遺跡、出土遺物等內容報告。冉萬里主編《新疆焉耆七個星佛寺遺址 IVFD3 發掘簡報》(《西部考古》第 1 期)和《新疆焉耆七個星佛寺遺址第 I 發掘區發現一批遺物》(《西部考古》第 1 期)對新疆焉耆七個星佛寺遺址 IVFD3 遺址的位置、形制、佈局以及新疆焉耆星佛寺遺址第 I 區發掘到的 51 個遺物進行彙報。冉的兩篇簡報都是"環塔里木盆地佛寺遺址的調查與綜合研究"的階段性成果。

李亞棟、仵婷《1949 年以後新疆吐魯番鄯善縣考古發掘及其編號整理》(《西南民族大學學報》第 8 期)詳細介紹吐峪溝石窟爲主的周邊地區的遺址,對其發掘編號進行進一步的整理工作,並總結鄯善縣文物調查與考古發掘的四個特點。陳新勇《吐魯番鄯善洋海墓地出土皮鎧甲》(《吐魯番學研究》第 1 期)通過分析此墓地出土的各類鎧甲精品,介紹了吐魯番古代文化,展示了吐魯番地區文化的多樣性,是吐魯番地區文物局和新疆文物考古研究所組建的考古團隊對洋海墓地進行搶救性發掘的成果展示之一。李延祥、譚宇辰、賈淇等《新疆哈密兩處古綠松石礦遺址初步考察》(《考古與文物》第 6 期)首次公佈 2015 和 2016 連續兩年對哈密地區考古調查做出的簡報,並對它們進行科學檢測與年代及文化屬性判定。曾寶棟《戰國至東漢時期吐魯番地區墓葬的考古學觀察》(《文物鑒定與鑒賞》第 15 期)通過對比戰國至東漢時期墓葬與之前墓葬內涵的不同,探討吐魯番地區蘇貝希文化的轉型期具有代表性的幾處墓葬的內涵,並進一步研究墓葬演變的去向與周圍的考古學文化的關係。孟和、尚彥軍、王霄飛等《新構造運動對吐魯番地區古遺址的影響》(《新疆地質》第 2 期)對學術界忽略的新構造運動對古遺址破壞的研究進行深入分析,並提出建設性意見。李亞棟《1949 年以後阿斯塔那、哈拉和卓墓葬發掘編號輯考》(《唐史論叢》第 1 期)分類對阿斯塔那墓的四個編號和編號較爲整齊的哈拉和卓墓葬進行了查漏補缺,並指出之前發掘簡報中的遺漏之處。李佳勝《吐魯番唐墓的發現與研究》(《西部考古》第 1 期)不同於學界對這一地區遺址、遺物的研究,李佳勝著眼於該地區未得到充分認識的墓葬材料的整理與研究,有利於加深對這一地區唐墓的綜合認識。儀明潔《新疆北部舊石器時代遺存的年代及相關問題》(《西域研究》第 4 期)結合石器技術模式的發展階段及鄰近地區的相關發現,系統梳理了新疆北部發現的打製石器,建立該區打製石器遺存的大致年代框架,並概述出舊石器時代古人類的遷徙、適應行爲及其現代性表現。劉歡、王建新、梁雲等《烏茲別克斯坦撒馬爾罕薩紮干遺址先民動物資源利用研究》(《西域研究》第 3 期)以烏茲別克斯坦撒馬爾罕薩紮干遺址出土的動物骨骼鑒定爲基礎,鑒別出十一種動物,並對比分析了遺址周圍的自然地理環境與現今大環境的異同,初步確認出該遺址先民的古環境、經濟類型以及動物資源開發利用等方面的內容。任冠、戎天佑《新疆奇臺縣唐朝墩古城遺址考古收穫與初步認識》(《西域研究》第 1 期)對處於絲綢之路重要節點的唐朝墩古城遺址地理位置,保存現狀以及考古收穫等方面做探討,並結合史料對其歷史背景進行分析。對未來開展長期的考古工作、推進當地社會歷史的研究和認識具有積極作用。侯光良《絲綢之路青海道及出土文物》(《大衆考古》第 3 期)以古絲綢之路的三條大通道之一的青海道爲中心,介紹了青海道的走向、興衰以及青海道上的絲路文物。李政《新疆阿勒泰地區多尔特洞穴岩畫群美術考古初探》(《新疆藝術學院學報》第 4 期)從美術考古的角度入手,解讀了新疆阿勒泰地區洞穴岩畫的文化斷代、畫面材料、繪畫工具及畫面內容,並對該地區人類族群生活狀態進行了嘗試性的推論,勾勒出新疆阿勒泰地區原始生活的場景。王樂、朱桐瑩《阿斯塔那 Ast.vi.4 號墓出土的兩件木俑——十六國時期服飾研究》(《考古與文物》第 2 期)通過對同時期出土實物的分析和比較,研究出女傭穿著服飾的年代,並對此進行圖像上的復原。

文物保護與修復方面,鄧永紅、藺朝穎等《吐魯番拜西哈爾石窟新發現壁畫的保護與研究》(《中國文化遺產》第 2 期)利用 3D 視頻顯微鏡、能譜儀等科學檢驗儀器對壁畫進行全方位的觀察、檢測和分析。始終遵循可逆和不改變原狀的原則對壁畫進行修復,改變壁畫存在病害的狀態。周智波、楊傑、高愚民《克孜爾石窟出土藍色顏料研究》(《文物保護與考古科學》第 4 期)通過聯合使用先進的 XRD 技術等多種分析手段,更全面、客觀地分析克孜爾石窟第 189 窟前發現的藍色顏料成分的各種信息。路瑩、陳玉珍、熱米娜·克衣木

《吐魯番博物館館藏麻綫鞋的保護修復與工藝研究》(《吐魯番學研究》第 2 期)介紹麻鞋製作工藝與文物的基本信息,並進行文物狀況分析,體現當時東西紡織技術和藝術風格的流變,也極大地豐富了吐魯番博物館館藏唐西州紡織品研究的資料。嚴前華《龜茲石窟壁畫數字化工作中的難點與要點》(《印刷技術》第 11 期)闡述了在龜茲石窟壁畫數字化的工作中,腳架選擇重點、光源選擇重點、設備選擇重點和拍攝工作重點四個技術層面的工作重點,更有利於數字化採集、製成虛擬石窟的文物保護工作的進行。

考古學綜合研究的論著有奧雷爾·斯坦因著《西域考古圖記》(1—5 卷)(廣西師範大學出版社),是斯坦因第一次新疆考古調查和發掘後所出《古代和田》報告的續編,以考古學爲核心,涵蓋了歷史學等諸多學術領域,内容豐富,資料性強,可利用率高。1998 年初次出版,此次再版,在初版的基礎上重新進行編校,修正部分錯誤和不規範的内容。吐魯番市文物局、新疆文物考古研究所、吐魯番學研究院、吐魯番博物館編《新疆洋海墓地》(文物出版社)分爲資料篇與研究篇上下兩編,分別對墓地的地理位置、人文背景、墓地的分佈、埋葬習俗、隨葬品等進行概述和分述;並對該墓地歷年被盜墓葬中出土和流散器物等進行了介紹。是對 2003 年以來洋海一帶發掘的三處古代墓地資料的集中發表。侯燦《西域歷史與考古研究》(中西書局)是新疆師範大學歷史系已故教授侯燦先生的論文集結。而夏鼐《絲綢之路考古學研究》(浙江大學出版社)則彙集了夏鼐生前有關絲綢之路的論文三十餘篇,作爲先生數十年悉心研究絲綢之路沿綫古代遺跡和出土文物的主要成果。水濤《中國西北地方青銅時代考古論集》(商務印書館)是一部關於中國西北地方青銅時代考古的論文集。此次在原收錄 21 篇論文基礎上又增訂了 4 篇。内容分新疆地區和甘青地區兩部分。對於早期中西文化交流問題進行了廣泛的探索。具有重要的學術價值。

九、少數民族歷史與語言

少數民族歷史的研究方面,學界主要是以新疆吐魯番地區所藏的少數民族文書或出土的墓葬爲依據,研究具體時期、具體民族的歷史。如陳新元《速混察·阿合伊朗史事新證——兼論伊利汗國的畏兀兒人》(《西域研究》第 1 期)通過波斯和漢文史料的對勘,考證出速混察是畏兀兒人,指出西方學界對這一問題的錯誤見解,並在此基礎上分析出畏兀兒人群體是汗國統治集團的重要支柱這一歷史背景。村井恭子、夏歡、韓樹偉《唐末五代鄂爾多斯及河東黨項、吐谷渾相關石刻史料——研究狀況的介紹與考察》(《唐史論叢》第 2 期)梳理和介紹有關河東黨項、吐谷渾的石刻史料及其研究狀況,並列出個別特殊情況考察他們之間的籍貫問題以及與官營牧場之間的關係,與僅依賴漢文文獻材料的情況相比,增加了研究的信息量。周偉洲《吐谷渾墓誌通考》(《中國邊疆史地研究》第 3 期)對 20 方吐谷渾人墓誌出土及學術研究史梳理的基礎上,對 21 世紀以來新出土的唐代《慕容瓌墓誌》《吐谷渾成月公主墓誌》和《慕容曦輪墓誌》作進一步的考釋,並闡述其學術價值。而孫傑《青海吐谷渾王族後裔慕容儀墓誌考釋》(《開封教育學院學報》第 4 期)從考古學角度對出土墓葬形制及出土石棺進行專業解析,並結合史料確定出墓主身份,從中梳理出慕容氏家族女性人物的命運。楊富學、王慶昱《党項拓跋馱布墓誌及相關問題再研究》(《西夏研究》第 2 期)則通過解讀拓跋馱布墓誌,梳理出党項拓跋氏的活動範圍,反映唐朝對党項拓跋氏的羈縻政策,以及唐朝對內徙党項的治理和相關政策。李瑞哲《粟特人在西南地區的活動追蹤》(《西部考古》第 1 期)通過青海郭里木吐蕃墓棺板畫與近年來北方地區出土的入華粟特人的墓葬,分析出二者所保存的某些西域共同文化傳統,顯示了中古時期的吐蕃與粟特在一定程度上的聯繫,並結合史料分析論證出其與魏晉南北朝以來吐谷渾道的開闢與繁榮的重要性。

王子今《“隔絕羌胡”與“通貨羌胡”: 絲綢之路河西段的民族關係》(《西域研究》第 1 期),通過梳理文獻史料,考察從“隔絕羌胡”到“通貨羌胡”的歷史變化。引出絲綢之路史中涉及民族關係史與經濟生活史的演變的一部分,揭示其對多民族開闢絲路的貢獻與河西民族關係的新局面產生的重要影響。陳希《貴由汗之子禾忽家族史事考略——基於波斯文〈五族譜〉的考察》(《西域研究》第 3 期)結合波斯文、漢文史料的相關記載,對禾忽家族史的活動進行爬梳,並在此基礎上通過對禾忽家族三代人的考察,分析窩闊台汗國在元朝中期由盛轉衰的變化過程。付馬《絲綢之路上的西州回鶻王朝》(社會科學出版社),系統介紹回鶻汗國破滅之後,以吐魯番盆地爲中心建立西州回鶻王朝及其所發展出來的西州回鶻文明,爲進一步研究唐、元兩代之間陸上絲綢之路歷史打下基礎。

在少數民族語言研究方面,學界主要是運用語言學、音韻學、民族語言學等方法,解讀少數民族文獻,進而研究少數民族的語言。如烏雲畢力格《國學視野下的西域研究》(中國社會科學出版社)運用語文學研究方法,解讀古代西域胡語文獻,這是一部結合語言學和歷史學理論對西域古代文明進行深入細緻研究的著作。牛汝辰《西域早期塞語(吐火羅語)地名》(《中國地名》第 12 期)運用歷史語言學、音韻學、民族語言學方法對西漢至魏晉南北朝時期記錄的西域新疆地名進行語源的考證還原。文章通過探源早期西域地名進一步印證新疆是中華民族多元一體的一部分。范晶晶《梵語、于闐語及漢譯賢劫千佛名研究——兼與敦煌寫本做比較》(《敦煌吐魯番研究》第 18 卷)對《賢劫經》和《賢劫千佛名》展開源本溯源分析。分析竺法護譯《賢劫經》與于闐語本《賢劫經》中的俗語元素,還對比了敦煌寫經中的各種賢劫千佛名卷,基本理清了賢劫千佛名與其各種語言版本複雜的傳承狀況。段晴、侯世新、李達《石汗那的嬰兒——新疆博物館藏一件新出于闐語案牘》(《敦煌吐魯番研究》第 18 卷)考證了新疆博物館新收藏的一份關於于闐語的收養嬰兒的契約。曹利華《從吐魯番出土文書中突厥語的漢字譯音看 6 至 8 世紀西北方音聲母之特點》(《西南民族大學學報》第 4 期)通過吐魯番出土文書所反映的6—8 世紀漢語突厥語對音詞的對音分析,大致推測此音的流傳時間,總結出吐魯番所代表的西北方音在聲母方面的三個顯著特點。對漢語史以及少數民族上古音進一步研究具有積極意義。胡曉丹《吐魯番吐峪溝新出摩尼文中古波斯語殘片釋讀——兼論摩尼文文書所見吐峪溝摩尼教團的宗教生活》(《西域研究》第 4 期)則對吐魯番吐峪溝西區中部回鶻佛寺遺址發現的兩件摩尼文殘片進行釋讀,並結合德國吐魯番考察隊的發掘成果,探討其中所反映的吐峪溝摩尼教團的宗教生活,進一步加深了對這一石窟寺群的認識和研究。

十、古　籍

古籍的研究成果主要側重於對四部書、西域歷史古籍等文獻資料的整理和釋讀。

林嫄宇《敦煌、吐魯番〈論語〉鄭注殘卷版本考——文化特殊性視角下的考察》(《歷史文獻研究》第 1 期)結合《論語》分析自漢至唐代的發展脈絡與實際狀況,從目錄版本學視角比較分析敦煌、吐魯番所出《論語》鄭注殘卷之版本形態、性質與文本內容相較中原地區的特殊性,同時從版本與文化特殊性視角探討當地所出《論語》鄭注殘卷的價值。許建平《吐魯番出土〈詩經〉寫本敘錄》(《中國四庫學》第 1 期)對每號吐魯番地區出土的中古時期的寫本做了敘錄,介紹了編號、定名、綴合、出土地以及寫本形態,著錄了該寫本已經公佈的影本、錄文以及相關研究成果。李紅揚《吐魯番所見"〈孔子廟堂碑〉習字"殘片考釋》(《吐魯番學研究》第 2 期)考辨了阿斯塔那 157 號墓出土的數件"習字殘片",並將其推定爲虞世南名篇"《孔子廟堂碑》習字",此外還分析其傳入西州的經過,顯示出唐代地域影響力的廣泛性。

李方《新疆歷史古籍提要》(中國書籍出版社),這是我國第一部全面反映新疆重要歷史古籍文獻基本面貌和流佈情況的綜合輯錄。對 1911 年以前形成(包括正式出版或未出版)的、具有典型代表意義的新疆重要歷史古籍和相關資料進行全面的普查、搜集、整理和編制,並就所録文獻的主要内容、歷史價值、版本源流和收藏地點進行系統的著録與匯總。

十一、科　　技

本年度科技史内容包括紡織技術、冶金技術、食品製作技術以及醫藥科技等方面。

紡織技術方面,周晹、賈麗玲等《新疆帕米爾吉爾贊喀勒拜火教墓地出土紡織品分析檢測》(《文物保護與考古科學》第 4 期)中發現新疆桑蠶絲和黄檗耶此類有漢文化特點的技術。不難看出,科技發展離不開經濟文化交流,交流傳播能給相對落後地區帶去新的技術,促進當地的科技發展和經濟水平的提昇。冶金技術方面,蘇貝‧乃比、王永强、張傑等《哈密柳樹溝墓地出土青銅器科技分析》(《西域研究》第 4 期)認爲柳樹溝墓地與哈密天山北路文化聯繫較爲緊密,且東天山地區很可能在溝通甘肅西部與新疆西部的青銅文化之間發揮著不可忽視的作用。食品製作工藝上,朱歌敏《新疆地區古代麵粉磨製技術發展探析》(《考古與文物》第 3 期)梳理了新疆各地出土的古代麵食及麵粉加工工具遺存,分析了先秦、兩漢、魏晉至唐代的麵粉磨製技術,分別對應萌芽、過渡、成熟三個階段,也通過對比,發現麵食加工方式複雜化的進程中,始終伴隨著與内地的文化交流。

醫藥科技方面,陳明《漢譯佛經中的天竺藥名劄記(七)》(《中醫藥文化》第 2 期)和《漢譯佛經中的天竺藥名劄記(八)》(《中醫藥文化》第 3 期),討論了漢譯佛經中的天竺藥名——麼覩籠誐藥(枸櫞果)、跋者(菖蒲)、薩折羅娑(白膠香)和苜蓿,辨析了這些藥物主要用法。陳陗、沈澍農《樓蘭出土文書所見“北斗主創”相關再考——兼論北斗信仰在古代醫學中的應用》(《中國中醫基礎醫學雜誌》第 3 期)認爲北斗在古代醫學中被賦予延壽、起死回生、聚氣驅邪、爲祟等作用,且與腎的功能密切相關。陸躍、張宗明《以西域醫學爲引論中西醫結合》(《中醫雜誌》第 15 期)認爲西域醫學對中醫學理、法的影響主要爲引用一些西域醫學的術語,西域醫學對中醫學的影響主要集中在方藥方面,而王文利《略論漢代西域醫藥學對中醫藥學的影響》(《西部中醫藥》第 3 期)中則認爲西域醫學對中醫藥學的影響集中在藥物學和方劑兩個方面。

十二、書評與學術動態

書評方面。楊富學、王朝陽《評布魯斯著〈臣服者與征服者:畏兀兒人在蒙古帝國〉》(《吐魯番學研究》第 1 期)總結《臣服者與征服者:畏兀兒人在蒙古帝國》這本書在西方視野下研究中國古代民族的特色,並指明訛誤。彭曉静《詮釋信仰：回鶻與摩尼教關係的多維透視——楊富學著〈回鶻摩尼教研究〉評介》（《敦煌研究》第 3 期）分析論證《回鶻摩尼教研究》一書突出的三個特點。黃正建《吐魯番學與古文書學——陳國燦先生〈論吐魯番學〉讀後》（《敦煌學輯刊》第 1 期）分析總結陳先生與古文書學相結合、十分重視文書格式的文書研究方法，並對陳先生採用的正確的整理和研究文書的方式方法表示由衷的敬佩。魏東《〈新疆史前時期文化格局的演進及其與周鄰文化的關係〉述評》（《西域研究》第 4 期）肯定了這本書的出版對新疆青銅—早期鐵器時代的考古學發現、研究成果與新疆史前史框架的構建之間的學術價值，對全面系統地認識新疆的史前文化發現與研究的成果提供幫助。武斌《鴻篇巨制的"絲路學"奠基之作——評〈絲綢之路辭典〉》（《中國邊疆史地研究》第 29 卷）簡要介紹了《絲綢之路辭典》，指出這本書涉及有關絲綢之路和絲綢之路學的方方面面，是一個完整的有關絲綢之路學的知識體系。賈小軍《張安福〈環塔里木歷史文化資源調查與研究〉評介》（《中國史研究動態》第 2 期）歸納總結這本書的四個特色，肯定其對治西域史者和特定區域歷史文化資源的調查與研究者的裨益，同時也指出該書的幾點遺憾之處。畢康健《讀〈新獲吐魯番出土文獻〉劄記二則》（《吐魯番學研究》第 2 期）勘誤吐魯番巴達木 207 號墓所出的兩件文書，並初步推定對該文書正背面關係的判定及相關定名，指出原整理者的一些貽誤。仵婷《新出三種吐魯番考古報告介評》（《吐魯番學研究》第 2 期）系統概括總結《吐魯番阿斯塔那—哈拉和卓墓地：哈拉和卓卷》《新疆洋海墓地》和《吐魯番晉唐墓地：交河溝西、木納爾、巴達木發掘報告》三種考古報告的出版與刊佈內容，進一步豐富了吐魯番學學科的基礎資料。

研究綜述方面。黃維忠《70 年來國内敦煌西域藏文文獻研究及其特點》（《中央民族大學學報》第 5 期）分三個階段回顧 70 年來國内敦煌西域藏文文獻的研究情况，進一步挖掘敦煌藏文文獻的史料價值。許建英、阿地力·艾尼《新疆歷史研究評述（1998—2018 年）》（《中國邊疆史地研究》第 2 期）分別從總體概況、主要内容、基本特點以及新形勢下對新疆歷史研究的思考與前瞻等方面梳理 1998 年至 2018 年 20 年間中國學者對新疆歷史的研究。努力牙·克熱木《龜茲石窟回鶻風洞窟研究述要》（《吐魯番學研究》第 1 期）對百餘年來湧現出涉及回鶻窟的年代、壁畫風格及藝術來源等成果進行系統評述。韓樹偉《吐魯番、敦煌出土回鶻文契約文書研究述要》（《西北民族論叢》第 1 期）從國内外學者的相關研究入手做系統的爬梳與論述，爲學界深入研究回鶻歷史文化、政治社會、法律、經濟提供便利。唐尚書、鄭炳林《近二十年來羅布泊地區生態環境研究綜述》（《生態學報》第 14 期）基於中國知網收録的近 20 年相關文獻爲資料樣本,通過文獻計量法與知識圖譜視覺化分析技術相結合,從自然環境與人文環境兩大方面對近 20 年來羅布泊地區生態環境研究做出階段性總結。邵會秋、張文珊《新疆安德羅諾沃文化研究綜述》(《西域研究》第 2 期)通過對新疆安德羅諾沃文化共同體遺存研究史詳細地梳理,討論目前取得的成果和存在的不足,並對如何推動新疆安德羅諾沃文化研究的深入提出建設性意見。還有三篇涉及吐魯番法制文獻內容的文章,趙晶《二十年來敦煌吐魯番漢文法律文獻研究述要》(《國學學刊》第 2 期)關注敦煌吐魯番漢文法律文獻整理的基礎性研究,列出六種集成性的敦煌、吐魯番漢文法律文獻整理成果,圍繞格式律令事類與唐格體例展開討論,展現綜述、立論、破論三種學術路徑在吐魯番學領域的實踐狀況。辻正博、周東平《敦煌、吐魯番出土唐代法制文獻研究之現狀》(《法律文化研究》第 2 期)緊緊圍繞"新發現"唐代法制文獻的研究概要做了介紹。包括有關敦煌、吐魯番出土法制文獻的研究環境之急劇變化、TTD Supplement 的出版與此後的發現、旅順博物館所藏文獻的再發現等內容,體現出唐代法制文獻研究環境的好轉。苗普生《正本清源 正確闡明新疆歷史——新中國成立 70 年來新疆歷史研究的回顧與展望》(《西域研究》第 3 期)文章從新中國成立到改革開放前的新疆歷史研究和改革開放以來的新疆歷史研究對新中國成立 70 年來新疆歷史研究做了爬梳,並對新疆歷史研究進行了展望。張勇健、白俊鳳《2018 年吐魯番學研究綜述》(《2019 敦煌學國際聯絡委員會通訊》)分十二類系統全面地整理2018 年度吐魯番學的研究成果,並對其中代表性論文及專著做評述介紹。常蕙心《絲綢之路研究論著敍錄》(學苑出版社)收錄近二十年來有關絲綢之路的政治、文化、經濟等領域的相關著作 2 000 餘種,主要包括著作主題、研究時段及其主要學術貢獻等。劉波《古代中亞及西域地區美術考古活動及研究成果回顧》(《敦煌學輯刊》第 2 期)回顧中外學者在古代中亞及西域地區的美術發掘考古及研究活動,從中梳理出一個學術研究的走向和脈絡。高田時雄《關於吐魯番探險與吐魯番文獻的私人備忘錄》(《西南民族大學學報》第 2 期)就 19 世紀末以來俄國、德國、日本在吐魯番的探險及其所獲物品的現狀進行很簡單的粗綫條描述,以 1949 年爲分界綫分別對吐魯番地區考古方面的調查發掘、考古發掘工作、墓葬與物質文化的研究進行介紹,加深對麴氏高昌國時期墓葬的綜合認識。

　　學術會議綜述方面。閆麗《文明交往的意義——以"一帶一路"爲中心的歷史與現實思考高層論壇》(《中國史研究動態》第 2 期)介紹於 2018 年 4 月20 至 23 日在浙江杭州召開的會議的主要流程及會議中的論文。徐傑《開拓寫本研究 引領學術潮流——"寫本學國際學術研討會暨中國敦煌吐魯番學

會 2018 年理事會”會議綜述》(《西華師範大學學報》第 3 期)介紹 2018 年 7
月 14 至 16 日西華師範大學與中國敦煌吐魯番學會聯合主辦的這次學術會議
及中國敦煌吐魯番學會 2018 年理事會和《敦煌學大辭典》修訂工作會議的主
要内容,並對其中較有影響力的論文進行分析與探討,指出本次會議是我國
寫本學研究歷程中的一次重要節點性會議。劉長星《“中國西北科學考查團
進疆九十周年”高峰論壇綜述》(《西域研究》第 1 期)介紹 2018 年 9 月 29 日
在新疆師範大學舉辦的“中國西北科學考查團進疆九十周年”高峰論壇開幕
式,隨後考查團成員後人代表、與會學者圍繞西北科學考查團前輩的學術貢
獻和愛國主義精神下三個議題展開研討。劉子凡《“北京大學絲綢之路文明
高峰論壇”綜述》(《西域研究》第 1 期)介紹 2018 年 10 月 13 至 15 日,由北京
大學中國古代史研究中心、馮其庸學術館共同舉辦的“北京大學絲綢之路文
明高峰論壇”會議中,國内外 30 餘位學者圍繞著絲綢之路語言與宗教研究、
絲綢之路歷史與典籍研究、考古與文化交流研究以及探險史研究等的相關内
容展開交流探討。宇榮《“長安中國中古史沙龍”第十四期——“不立一真,惟
窮流變:中古時期北族傳説時代研究”紀要》(《西北民族論叢》第 1 期)介紹
2018 年 11 月 3 日在陝西師範大學舉辦的“長安中國中古史沙龍”第十四期學
術沙龍的相關内容。劉再聰主編《“歷史與展望:中西交通與華夏文明”國際
學術研討會論文集》(中國社會科學出版社)收録 2014 年 9 月 1 日在西北師
範大學舉行的國際學術研討會的會議論文。

　　過去的一年,當代著名敦煌吐魯番學家、中國中古史專家陳國燦先生與
世長辭,是學界的一大損失。劉安志《陳國燦先生簡歷與論著目録》(《敦煌學
輯刊》第 1 期),指出陳先生致力於中國古代史的教學與研究工作,肯定其學
術成果在中外學界産生重要而深刻的影響。

敦煌類書研究綜述

劉　婷（中國社會科學院研究生院）

　　類書是我國古代產生的一種書目類型，由書抄發展而來，具有資料彙編和以類相從的編纂特點。目前普遍認爲我國第一部正式類書是魏文帝時的《皇覽》，即《三國志》所載"又使諸儒撰集經傳，隨類相從，凡千餘篇，號曰《皇覽》"①，後世類書皆在此基礎上逐漸發展而成。這一觀點始於王應麟《玉海》，他提到"類事之書，始於《皇覽》"②。但關於類書的歸屬和定義始終沒有明確説明，如荀勖《中經新簿》將第一部類書《皇覽》著録於丙部（即後世之史部）之"皇覽簿"③；《隋書·經籍志》將以《皇覽》爲首的類書列入"子部·雜家類"④；《舊唐書·經籍志》於子部首設"類事"，將類書單獨歸類⑤；《崇文總目》和《新唐書·藝文志》改"類事"爲"類書"，類書之名由此確立⑥。除了類書在書目著録中的部類歸屬變化外，收録的範圍也有不同，這與類書先有實而後有名的特點有關。如焦竑《國史經籍志》載"要之雜家出自一人，類書兼總諸籍，自不容混也"⑦，將類書與雜家書作了區分；《四庫全書總目》提出"類事之書兼收四部，非經、非史、非子、非集，四部之内乃無類可歸"⑧；江人度《書目答問箋補》曰"'類書'者，肴饌經史，漁獵子集，聯百衲以爲衣，供獺祭於枵腹，豈可雜厠丙籍，混跡子家"⑨，對類書收録的内容和歸屬特性作了説明。

　　近現代學者（爲免行文繁瑣，下文所引學者皆不敬稱先生）對類書的定義有了更深的探究。早期研究大多從類書的工具書性質入手，如張滌華《類書流別》，認爲："類書爲工具書之一種，其性質實與近世辭典、百科全書同科，與子史之書，相去秦越。語其義界，則凡薈萃成言，裒次故實，兼收衆籍，不主一家，而區以部類，條分件系，利尋檢，資採掇，以待應時取給者，皆是也。"⑩劉葉秋《類書簡説》，認爲"類書是一種分類彙編各種材料以供檢查之用的工具

---

①　［西晉］陳壽《三國志》卷二《魏志·文帝紀》，北京：中華書局，1959 年，第 88 頁。
②　［南宋］王應麟《玉海》，京都：中文出版社，1977 年，第 1074 頁。
③　［唐］房玄齡等《隋書》卷三十二《經籍志序》，北京：中華書局，1973 年，第 906 頁。
④　［唐］魏徵、令狐德棻等《隋書》卷三十四《經籍志》，北京：中華書局，1973 年，第 1010 頁。
⑤　［後晉］劉昫等《舊唐書》卷四十七《經籍志》，北京：中華書局，1975 年，第 2045—2046 頁。
⑥　［宋］王堯臣等《崇文總目》卷三《類書類上》，北京：中華書局，1985 年，第 174 頁；歐陽修、宋祁等《新唐書》卷五十九《藝文志》，北京：中華書局，1975 年，第 1560—1564 頁。
⑦　［明］焦竑《國史經籍志》卷四下《類家》，上海：商務印書館，1939 年，第 237 頁。
⑧　［清］永瑢等《四庫全書總目》卷一三五《類書類序》，北京：中華書局，1965 年，第 1141 頁。
⑨　［清］江人度《書目答問箋補》，轉引自姚名達《中國目録學史》，上海：上海古籍出版社，2002 年，第 118 頁。
⑩　張滌華《類書流別》（修訂本），北京：商務印書館，1985 年，第 4 頁。

書”①。胡道静《中國古代的類書》，提出“類書性質的特點，兼‘百科全書’與‘資料彙編’兩者而有之”②。近期研究逐漸縮小類書的覆蓋範圍，如劉全波指出類書是“知識性的資料彙編”，與百科全書不同。③ 王燕華強調了類書“述而不作”的特點。④ 此外，還有許多類書相關論著，但因非本文論述重點，不再列舉。⑤

縱觀類書的發展過程，隋唐五代時期是一個高峰，類書脱離“雜家”單獨歸於“類事”正是這一時期。從修撰方式上看，湧現出了如《北堂書鈔》《藝文類聚》《初學記》《白氏六帖》《兔園策府》等内容豐富、體例多樣的類書，這些類書在使用功能上又可劃分爲啓蒙、科舉與文學類書等。至今，除隋唐四大類書外，還有一批與傳世類書有所區别，極具個性色彩和地域特色的敦煌類書。作爲隋唐五代類書的重要組成部分，胡道静《中國古代的類書》、王燕華《中國古代類書史視域下的隋唐類書研究》等關注傳統類書的著作中也有單列篇章對部分敦煌類書作過説明。敦煌文書大多殘缺且多有抄寫節略和改編的現象，在確定爲類書還是書抄的問題上，時有爭議；部分文書還常被歸入蒙書範疇。下面將通過百年來學界對敦煌類書的綜合性研究來回溯敦煌類書⑥的範疇、分類、定名、定性等問題。

一、敦煌類書的範疇與分類

敦煌類書的早期研究，大多是學者據零星所見對個别文書的敘録題跋，並不十分關注歸類問題，隨著敦煌文書的刊佈，學界才逐漸關注專題性整理與研究。如前所述，類書之發展先有其實後有其名，敦煌類書也遵循這一軌跡，早期研究中並未出現分類，如王重民《敦煌古籍敘録》（商務印書館，1958；中華書局，1979 年），收録了 20 世紀 50 年代以前由羅振玉、劉師培、洪業、曹元忠、周一良等對《修文殿御覽》《語對》《兔園策府》《類林》《蒙求》《略出篡金》《篡金》《新集文詞九經抄》《勤讀書抄》《雜抄》所作的題記和跋文，歸類於“四部書”。季羨林主編《敦煌學大辭典》（上海辭書出版社，1998 年），由李鼎

---

① 劉葉秋《類書簡説》，上海：上海古籍出版社，1980 年，第 1 頁。
② 胡道静《中國古代的類書》，北京：中華書局，1982 年，第 1 頁。
③ 劉全波《類書研究通論》，蘭州：甘肅文化出版社，2018 年，第 1—18 頁。
④ 王燕華《中國古代類書史視域下的隋唐類書研究》，上海：上海人民出版社，2018 年，第 11—15 頁。
⑤ 戚志芬《中國的類書，政書和叢書》，北京：商務印書館，1991 年；鄧嗣禹《中國類書目録初稿》，臺北：古亭書屋，1970 年；戴克瑜、唐建華主編《類書的沿革》，成都：四川省中心圖書館委員會，1981 年；吳楓《中國古典文獻學》，濟南：齊魯書社，1982 年；方師鐸《傳統文學與類書的關係》，天津：天津古籍出版社，1986 年；楊燕起、高國抗《中國歷史文獻學》，北京：書目文獻出版社，1989 年；夏南强《類書通論》，武漢：湖北人民出版社，2001 年；張三夕《中國古典文獻學》，武漢：華中師範大學出版社，2003 年；唐光榮《唐代類書與文學》，成都：巴蜀書社，2008 年。
⑥ 敦煌類書中還包括了不少佛教類書和道教類書，如《無上密要》《三教珠英》等，本文僅爲瞭解非宗教類書的研究情況，故不列入。

霞、楊寶玉、白化文等主筆對 12 種敦煌類書（較王著增加《勵忠節鈔》《古賢集》《事林》）簡要著録,依舊歸類於"四部書"。直到王三慶《講座敦煌 5·敦煌漢文文獻》(大東出版社,1992 年)之"類書"部分與《敦煌類書》(麗文文化公司,1993 年),指出"凡屬裁章節句,保其原文,標辭分隸或者分類隸録,勿論其是否成篇或用於科場文料,只要便於尋檢,而無中心思想之分類寫卷,盡屬類書範疇",方使敦煌類書成爲一個正式的部類,進而不斷拓寬研究。

敦煌類書的概念確定後,雖學界研究的重點仍在單件或單種類書的微觀研究上,但在綜合性研究中逐漸關注到了敦煌類書的分類問題。王三慶《講座敦煌 5·敦煌漢文文獻》收録了 41 種敦煌類書和近似類書的書抄,將其概括爲舊文排列體、類語體、類句體、詩體、文賦體、何論體六類。《敦煌類書》收録了 43 種類書或書抄,共 113 個卷號,依舊分爲六種體裁,不過舊文排列體又分書名冠首、人名冠首、冠首不定、近似類書之書抄,並有説明、録文和校箋,是至今爲止敦煌類書研究最爲全面的著作。白化文《敦煌遺書中的類書簡述》(《中國典籍與文化》1999 年 4 期),根據敦煌類書的題名信息分爲已知書名、代擬書名、不知名三大類與不知歸屬類,指出代擬書名者幾乎佔據敦煌類書的一半,是有待開發的研究領域。任麗鑫《敦煌類書敍録》(蘭州大學碩士學位論文,2008 年),包括了宗教類書,其中非宗教類書劃分爲"知名類書(上、中、下)"與"未知名類書"。劉全波《論敦煌類書的分類》(《2013 年敦煌吐魯番國際學術研討會論文集》,成功大學中文系,2014 年)與《類書研究通論》,把敦煌類書劃分爲了類事類書、類文類書、類句類書、類語類書、賦體類書與事文並舉類書。

由於部分敦煌類書具有"類書體例、蒙學功用"的特點,常與"敦煌蒙書"混同①,如鄭阿財、朱鳳玉《敦煌蒙書研究》(甘肅教育出版社,2002 年)將《雜抄》歸於"綜合知識類蒙書"、《蒙求》《古賢集》歸於"歷史知識類蒙書"、《兔園策府》屬於"習文知識類蒙書"、《新集文詞九經抄》《文詞教林》則爲"德行類蒙書中一般類蒙書"。屈直敏《敦煌文獻與中古教育》(甘肅教育出版社,2011 年),分析部分敦煌類書説明唐代以道德倫理爲核心的社會教育體系建構,無分類。不過,類書本就是看重體例的一種書目類型,因此關於其蒙書的功用分類暫不列入考察範圍之内,相關研究在文中具體討論。

敦煌類書研究綜述主要有任麗鑫《敦煌類書敍録》匯總 2008 年以前的論著。劉全波《百年敦煌類書研究述評》(《中國史研究動態》2010 年 12 期,收

---

① 鄭阿財《敦煌蒙書研究的回顧與前瞻》,《敦煌吐魯番研究》7 卷,北京:中華書局,2004 年,第 254—275 頁;王金娥《敦煌訓蒙文獻研究述論》,《敦煌學輯刊》2012 年 2 期,第 153—164 頁,匯總了部分具有蒙書性質的敦煌類書的研究成果。

入《類書研究通論·附録》)述評了 2009 年以前的成果。屈直敏《敦煌寫本〈纂金〉系類書敘錄及研究回顧》(《敦煌學輯刊》2011 年 1 期)和《敦煌寫本〈兔園策府〉敘錄及研究回顧》(《敦煌學輯刊》2016 年 3 期)歸納了相關論著。前人的一些通論中也有對敦煌類書的介紹。①另外,部分論著索引按題名、年代、類型匯總敦煌類書的成果,爲研究提供了便捷的查詢途徑。②

我們認知敦煌類書的途徑有許多,從已定名到缺題名、從卷號多到卷號少、從大型類書到小型類書、按體例格式、按行文風格等,足以凸顯出敦煌類書的複雜與多元。就研究綜述而言,如果要觀測敦煌類書的研究進程,關照到研究成果從較多的到較少的過渡關係,白化文"已知書名""代擬書名""不知名"的劃分方式依然可以行用,"已定名類書"研究最多,"不知名"和"不知歸屬"類書的研究空間仍比較廣闊。不過,考慮到部分敦煌類書有固定體例,部分類書僅以書抄呈現,本文將在白化文基礎上加以調整,將"已知書名類書"分爲有固定體例與無固定體例,"代擬書名"依舊,"不知名類書"改作"未明確定名類書"附未及研究與定名定性有誤的信息,具體排列按文書名稱的拼音順序。

二、已知書名類書

"已知書名類書"大部分體例嚴謹、體量較大,保存內容較多,深爲研究者所關注;還有一部分無嚴格分類體例,多呈現爲書抄類型的資料輯録,相對研究較少。本文將分別說明。

(一)有固定體例的類書

1.《古賢集》

共見 9 號:P.2748、P.3113、P.3174、P.3929、P.3960、P.4972、S.2049、S.6208、Дх.2779。

陳祚龍《敦煌學雜記》(《幼獅學刊》40 卷 5 期,1974 年),利用 P.2748 等 6 號互校,定性其爲蒙書。陳慶浩《古賢集校注》(《敦煌學》第 3 輯,1976 年),新增 S.4972、S.6208 號重作校注,推測《古賢集》成於唐末五代。林聰明《敦煌

① 榮新江《敦煌學十八講》,北京:北京大學出版社,2001 年,第 275 頁。王素《敦煌吐魯番文獻》,北京:文物出版社,2002 年,第 144—145 頁。張弓主編《敦煌典籍與唐五代歷史文化》,北京:中國社會科學出版社,2006 年,第 101—148 頁。郝春文主編《敦煌學概論》,北京:高等教育出版社,2010 年,第 281—283 頁。郝春文《敦煌遺書》,桂林:瀟江出版社,2016 年,第 117—120 頁。

② 劉進寶編《敦煌學論著目録(1909—1983)》,蘭州:甘肅人民出版社,1985 年。李國編《中國敦煌學百年文庫·論著目録卷》,蘭州:甘肅文化出版社,1999 年。鄭阿財、朱鳳玉主編《敦煌學研究論著目録(1908—1997)》,臺北:漢學研究中心,2000 年。樊錦詩、李國、楊富學編《中國敦煌學論著總目》,蘭州:甘肅人民出版社,2010 年。以上論著可在"文獻""經子典籍"等部分查詢敦煌類書的成果。劉全波《類書研究通論》附録《百年類書研究論著總目》採用以年爲單位的逐年索引,可觀研究趨勢。

通俗文學研究》(東吳大學中國學術著作獎助委員會,1984 年),認爲《古賢集》屬"史事長篇歌詠"。韓建瓴《敦煌寫本〈古賢集〉研究》(《敦煌語言文學研究》,北京大學出版社,1988 年),認爲《古賢集》是科舉制度下蒙學教育和文學創作共同影響下的傑作,創作於盛唐至中唐前期,附 10 則"《古賢集校注》補正"。

《敦煌蒙書研究》認爲《古賢集》是唐五代民間流行有關歷史知識和道德教育的蒙書,成於盛唐時或中唐前期。朱鳳玉《敦煌文學研究、教學與唐代文化之互證——以〈古賢集〉與民間歷史教育關係爲例》(《唐代文化、文學研究及教學國際學術研討會論文集》,逢甲大學唐代研究中心,2007 年)仍持民間歷史教育蒙書之説。王金娥、孫江璘《敦煌寫本〈古賢集〉典出〈史記〉考》(《甘肅聯合大學學報》2012 年 6 期)、《敦煌寫本文獻〈古賢集〉校釋商補》(《圖書館理論與實踐》2013 年 11 期),考證部分典故的出處並提出商補意見。王金娥《敦煌寫卷〈古賢集〉教育思想探微》(《語文學刊》2012 年 7 期),分析了其教育思想。

2.《類林》

共見 3 號: P.2635、Дх.970、Дх.6116。另存《重刊增廣分門類林雜説》(下稱《類林雜説》)、西夏文本等幾個版本。

西野貞治《珦玉集と敦煌石室の類書》(《人文研究》8 卷 7 號,1957 年)最早論述了真福寺本《珦玉集》與 P.2635、S.2072《珦玉集》的淵源。川口久雄《敦煌本類林と我が國の文學》(《日本中國學會報》22 集,1970 年;郭自得譯《敦煌本類林與我國文學》,《敦煌學》10 輯,1985 年)和《敦煌本類林系類書と日本文學》(《金澤大學法文學部論集(文學篇)》18 號,1971 年),比較現存諸本,推測原型本《類林》發展出了敦煌本、《類林雜説》和真福寺本《珦玉集》。福田俊昭《敦煌本類林殘卷の研究》(其一、二、三、四),對《類林》部分内容進行了訓讀補正;(《東洋研究》62、63、64 合刊與 65、69、75 號,1982—1985 年)、《敦煌類書の研究》(大東文化大學東洋研究所刊,2003 年)對《類林》的形式和引文的關係做了研究總結。沙梅真《敦煌本〈類林〉的作者及成書年代》(《敦煌研究》2010 年 2 期)、《敦煌本〈類林〉的分類特徵及意義》(《敦煌學輯刊》2010 年 2 期)、《敦煌本〈類林〉研究》(蘭州大學博士學位論文,2011 年),關注到了引書的分類和流傳軌跡,展示了私撰小型類書在文化傳播和推廣過程中的作用和地位。

西夏文本《類林》作爲敦煌本《類林》的重要研究參照,也十分值得關注。1932 年聶歷山《〈類林〉釋文》(《國立北平圖書館館刊》4 卷 3 號,書目文獻出版社,1991 年),釋讀了"董仲舒"和"管仲"條,指出二者分别引自《搜神記》和

《韓非子·説林上》。1983 年,凱萍《〈類林〉——已佚漢文類書的西夏譯本》（К.Б.Кепинг：*Лескатеторий，издательства "Наука"，Москва*），將西夏文本的照片公佈於世,釋讀了大部分西夏文條目的漢文。王三慶《新史料——西夏文類林據譯原典的發現》（《書目季刊》20 卷 1 期,1986 年）,指出對《類林》的研究應結合西夏文本、敦煌本與《類林雜説》,特別説明了西夏文本的價值;《敦煌本古類書〈語對〉研究》（文史哲出版社,1985 年）,利用西夏文本和《類林雜説》初步恢復原本《類林》面貌,並指出《類林》影響了《語對》的成書;《〈重刊增廣分門類林雜説〉傳本考及其價值試論》（《臺灣中研院第二屆國際漢學會議論文集（文學組）》,臺灣中研院,1989 年）,論述了敦煌本、西夏文本及《珊玉集》詳本和節本的優劣,借《類林雜説》判斷敦煌本《類林》爲删節本;《敦煌本〈類林〉校箋及研究（上、下）》（《敦煌學》16、17 輯,1990 年、1991 年）,增收 Дх.970、Дх7116。史金波、聶鴻音、黃振華也較早關注到了西夏文本的價值,《黑水出土西夏本〈類林考辨〉》（《中央民族學院學報》1988 年 2 期）認爲敦煌本《類林》是删節本,增補了西夏文本所佚條目;《類林研究》（寧夏人民出版社,1993 年）以西夏文本爲藍本對照《類林雜説》校録。孫穎新、宋璐璐《俄藏 4429 號西夏文〈類林〉殘葉考》（《寧夏社會科學》2001 年 1 期）,指出 4429 號屬於《類林》卷九,並對其中阮氏和張孟陽故事溯源。王培培《西夏文〈類林〉音譯補正》（《寧夏社會科學》2009 年 4 期）,指出了西夏文本中的西夏文誤譯字,並分析錯誤成因。

3.《李嶠雜詠》

共見 8 號：S.555、P.3738、Дх.10298、Дх.2999v、Дх.3058v、Дх.5898、Дх.11210、BD03196。還有《全唐詩》本、明銅活字本、慶應義塾藏本（慶大本）可資參看。

《敦煌古籍敍録》最早著録 S.555、P.3738,推測其詩注爲張庭芳作,歸於集部。神田喜一郎《李嶠百詠雜考》《敦煌本李嶠雜詠について》（《神田喜一郎全集》2 卷《續東洋學説林》,同朋舍,1983 年）、枊尾武《大英圖書館蒐集 555 敦煌本〈李嶠雜詠注〉殘卷—考察》（《成誠文藝》157,1997 年）、胡志昂《李嶠雜詠注考——敦煌本殘簡を中心に》（日本宋代詩文研究會會刊《橄欖》2 期,1989 年）,在其價值和文獻校録上多有闡發。黃永武《敦煌本李嶠詩研究》（《中國文化復興月刊》1988 年 21 期）、《敦煌所見李嶠詩十一首的價值》（《敦煌的唐詩續編》,文史哲出版社,1989 年）,有詳細校録。徐俊《敦煌寫本唐人詩歌存佚互見綜考·附考八》（《敦煌吐魯番研究》1 卷,北京大學出版社,1995 年）新增 Дх.10298;《敦煌寫本〈李嶠雜詠注〉校疏》（《敦煌吐魯番研究》3 卷,北京大學出版社,1998 年）,認爲敦煌本更接近張注原本,但注文和引文頗爲隨意;《敦煌詩集殘卷輯考》(中華書局,2000 年),指出 Дх.10298、Дх.2999、Дх.3058 可綴合;《敦煌寫本詩歌續考》(《敦煌研究》2002 年 5 期),指出 Дх.10298+Дх.5898+Дх.2999+Дх.3058+Дх.11210 應當按序綴接,但未按《雜詠》部序抄寫,俄藏本注文與慶大本幾乎完全相同,但詩末句與明銅活字本和全唐詩本一致,説明這些文本並非簡單的對應關係。段莉萍《從敦煌殘本考李嶠〈雜詠詩〉的版本源流》(《敦煌研究》2004 年 5 期),發現敦煌本與慶大本的體例和詩注比較接近,幾個版本的變化反映了五言律詩由逐漸定型到成熟的過程。李爽《抄有〈李嶠雜詠詩〉的敦煌寫本研究》(西華師範大學碩士學位論文,2019 年),補充了 BD03196,對 8 個卷號敘録考證和校録。

由於《李嶠雜詠》保存版本較多且流傳較廣,研究並不全然以敦煌本爲依據,而更多地結合其他版本討論其性質、撰寫體例、用典習慣、文學價值等,此類作品頗多,不再贅述。

4.《勵忠節鈔》

共見 15 號：S.1810、S.1441、P.3657、S.5615、P.4059、P.5033、P.2711、P.4026、P.3871v、P.2549v、P.2980v、Дх.10698v、Дх.10838v、S.5673、BD15409①。

1917 年羅振玉首次刊佈了 P.2549v;《敦煌古籍敘録》摘録並加按語："是書名'勵忠節鈔'。"王雲五《續修四庫全書提要》17 册"失名古類書殘卷五卷"(商務印書館,1973 年),著録 P.2711、P.2980、P.2549、P.3871、P.3657。

王三慶《敦煌本〈勵忠節鈔〉研究》(《九州學刊》1992 年 4 期),匯總 11 個卷號,推測《勵忠節鈔》爲王伯玙開天年間所作。方南生《唐抄本類書〈勵忠節鈔〉殘卷考》(《文獻》1994 年 1 期),認爲《勵忠節鈔》是在魏徵《勵忠節》的基礎上增廣而成,成於太宗至高宗時期。何華珍、金春梅等《敦煌本〈勵忠節鈔〉王校補正》(《中古近代漢語研究》1 輯,上海教育出版社,2000 年),補正了王三慶的録文。張涌泉《類書引文異同釋例——以敦煌寫本類書〈勵忠節鈔〉爲例》(《海峽兩岸古典文獻學學術研討會論文集》,上海古籍出版社,2002 年)、《試論敦煌寫本類書的校勘價值——以〈勵忠節鈔〉爲例》(《敦煌研究》2003年 2 期),以《勵忠節鈔》爲例討論敦煌類書的校勘價值。許建平《〈俄藏敦煌文獻〉儒家經典類寫本的定名與綴合——以第 11—17 册未定名殘卷爲重點》(《漢語史學報》19 輯,2003 年)和中村威也《Дх.10698〈尚書·費誓〉與 Дх.10698v〈史書〉研究——關於與 P.3871 隸古定尚書·勵忠節鈔的同卷關係》(《西北出土文獻》創刊號,2004 年),綴合出 Дх.10698、Дх.10838、P.3871、P.2980、P.2549v《勵忠節鈔》新抄本。彭婷婷《淺談敦煌寫本類書〈勵忠節鈔〉

---

① 《中國國家圖書館藏敦煌遺書》第 143 册,北京：北京圖書館出版社,2012 年,爲新刊卷號,第 346 頁。

中的通借字》（《文教資料》2011 年 36 期）、《敦煌類書〈勵忠節鈔〉用字研究》（南京師範大學碩士學位論文,2012 年）對抄本的用字進行了考察。

屈直敏《〈敦煌類書·勵忠節鈔〉校注商補》（《敦煌學輯刊》2003 年 2 期）、《〈敦煌類書·勵忠節鈔〉校注商補（續）》（《敦煌學輯刊》2004 年 1 期），補正了《敦煌類書》的脫誤。《敦煌寫本類書〈勵忠節鈔〉引〈史記〉異文考證》（《敦煌學輯刊》2004 年 2 期）、《敦煌寫本類書〈勵忠節鈔〉引〈三國志〉異文輯證》（《敦煌研究》2007 年 3 期），從輯佚史籍方面進行研究。以及《敦煌寫本類書〈勵忠節鈔〉的成書背景》（《敦煌學輯刊》2005 年 2 期）、《從〈勵忠節鈔〉看歸義軍政權道德秩序的重建》（《敦煌學輯刊》2005 年 3 期）、《從敦煌寫本類書〈勵忠節鈔〉看唐代的知識、道德與政治秩序》（《蘭州大學學報》2006 年 2 期）等文,從成書背景等方面,強調了《勵忠節鈔》在歸義軍政權重建儒家傳統道德倫理秩序中的意義。以上研究皆收入專著《敦煌寫本類書〈勵忠節鈔〉研究》（民族出版社,2007 年）。黃正建《敦煌本〈勵忠節鈔〉性質淺議——兼論其中〈刑法部〉的思想傾向》（《敦煌學輯刊》2019 年 4 期）,指出《勵忠節鈔》是服務帝王大臣的個人道德修身特性,比較《勵忠節鈔·刑法部》與《藝文類聚·刑法部》,指出二者分別強調"以德爲先"與"以法爲先",反映了唐太宗與高祖政治的區別。

5.《蒙求》

共見 3 號: P.2710、P.4877、敦研 95 號。除敦煌本外,《蒙求》的傳本還包括遼刻本、臺北故宮藏楊守敬舊藏抄本、日本林述齋校"古本蒙求"刊本和宋《蒙求集注》本,可資研究參用。

《敦煌古籍敘錄》著錄 P.2710、P.4877（引爲 P.5522）,指出敦煌本較楊守敬藏本詳細。《敦煌類書》對兩個卷號作了研究和校錄,指出 P.5522 與 P.4877 是一卷分編兩號。汪泛舟《〈蒙求〉（補足本）》（《敦煌研究文集》,甘肅教育出版社,2000 年）也有校錄。

《蒙求》研究的焦點主要是作者和成書年代。楊守敬《日本訪書志》（遼寧教育出版社,2003 年）,據《佚存叢書》所附"天寶五年八月一日""饒州刺史李良"等信息,認爲《蒙求》爲唐人所作,否定"後晉李瀚所作"之說。余嘉錫《四庫提要辨證》（中華書局,1980 年）,認爲李瀚即代宗朝翰林學士李翰。周丕顯《敦煌"童蒙""家訓"寫本之考察》（《敦煌學輯刊》1993 年 1 期）、邰惠莉《敦煌本〈李翰自注蒙求〉初探》（《敦煌研究文集》）、鄭阿財《敦煌本〈蒙求〉及注文之考訂與研究》（《敦煌學》24 輯,2003 年）、周臘生《〈蒙求〉作者究竟是哪個李瀚——〈四庫全書總目提要〉疏漏 1 例》（《寧波職業技術學院學報》2006 年 3 期）與《〈蒙求〉作者李瀚是盛唐人》（《寧波職業技術學院學報》2007

年 3 期）與之觀點一致，在校録、考證、價值等方面也各有闡發。

傅璿琮《尋根索源：〈蒙求〉流傳與作者新考》（《尋根》2004 年 6 期），認爲李良《薦〈蒙求〉表》成書於天寶五年有誤，當成於肅宗上元時，據此説明《蒙求》作者非代宗朝翰林學士李翰。唐雯《〈蒙求〉作者新考》（《中國典籍與文化》2008 年 3 期），推測《蒙求》作者爲前信州司倉參軍李瀚（翰）。郭麗《〈蒙求〉作者及作年新考》（《中國典籍與文化》2011 年 3 期），推定作者爲唐安平人，與李德林、李百藥同宗，曾於廣德二年前任信州司倉參軍，成書約在盛唐至廣德二年間。姚榮環《〈蒙求〉及其續書研究》（東北師範大學碩士學位論文，2014 年），對《蒙求》的版本、續書情況等作了説明。李軍《〈蒙求〉作者李瀚生平事蹟考實》（《敦煌學輯刊》2018 年 3 期），認爲唐雯等學者的意見不足以動搖前信州司倉參軍李瀚與代宗朝翰林學士李翰爲同一人的説法。

另外，許多學者將《蒙求》與其他相關文獻對比研究，如《敦煌蒙書研究》比對敦煌本、故宮本、林述齋本和補注本，發現敦煌本與故宮本可能爲同一系統的不同抄本，比較接近李翰自注的原貌。張娜麗《敦煌研究院藏李翰〈蒙求〉試解——與日藏古抄本之比較》（《敦煌研究》2002 年 5 期），發現敦煌本與日藏本的避諱等情況基本一致，最接近李翰原作；《敦煌発見の自注童蒙書について——『蒙求』『兎園策府』の諸問題を中心に》（《お茶の水女子大學中國文學會報》22 號，2003 年）和章劍《『蒙求和歌』と敦煌文書——敦煌研究院藏九五號本『李翰自注蒙求』を中心に》（《中國學研究論集》20 號，広島中國文學會，2008 年），關注了《蒙求》與其他文獻的關係。杜成輝、馬志強《應縣木塔秘藏中的遼代〈蒙求〉刻本》（《山西大同大學學報》2014 年 4 期）和杜成輝、馬新軻《應縣木塔秘藏中的遼代蒙書》（《北方文物》2014 年 4 期），證明了遼刻本對補充敦煌本《蒙求》的價值所在。

6.《事森》

共見 2 號：P.2621、S.5776。

近藤英幸《敦煌寫本類書殘卷管見——盜馬譚を中心に—》（《古典の変容と新生》，明治書院，1984 年）、《敦煌本無名類書殘卷考——Pelliot2621 釈文》（上）（《東洋研究》75 號，1985 年）對部分引文的出典考證。《敦煌類書》指出《事森》與《類林》的體例和内容上爲相似，可能是《類林》的改編本，或是學郎自創。《敦煌遺書中的類書簡述》認爲將 S.5766 看作《失名類書》更爲慎重。張文舉《敦煌本類書〈事森〉研究》（南京師範大學碩士學位論文，2019 年），從校勘和輯佚角度，指出《事森》是以《類林》爲底本，兼採其他民間類書編撰而成的童蒙教材。

《事森》中的“孝友篇”一直備受關注，《敦煌變文集》（人民文學出版社，

1957 年），以 P.2621“孝友篇”爲底本，結合 S.5776、S.389、P.3536、P.3680 等整理出敦煌本《孝子傳》。潘重規《敦煌變文集新書》（文津出版社，1994 年），重新校訂，並指出 P.2621 號似爲類書。黃征、張涌泉《敦煌變文校注》（中華書局，1997 年），刪去這一內容。王三慶《〈敦煌變文集〉中的〈孝子傳〉新探》（《敦煌學》14 輯，1989 年），認爲《敦煌變文集》整合《孝子傳》的方式不妥，應分爲變文和通俗類書兩個系統。程毅中《敦煌本〈孝子傳〉與睒子故事》（《中國文化》1991 年 5 期）、謝明勳《敦煌本〈孝子傳〉“睒子”故事考索》（《敦煌學》17 輯，1991 年），重點討論了引自 P.3536、P.3680 的“閔子”故事。曲金良《敦煌寫本〈孝子傳〉其問題》（《敦煌研究》1998 年 2 期），也否認敦煌本《孝子傳》分類，認爲孝行故事可納入《搜神記》“孝行篇”中。劉惠萍《敦煌類書〈事森〉與漢魏六朝時期的孝子傳》（《2013 敦煌、吐魯番國際學術研討會論文集》），討論《事森》所引故事與漢魏六朝《孝子傳》間的差異聯繫。陳麗萍《國家圖書館藏四件敦煌變文抄本研讀記》（《出土文獻研究》15 輯，中西書局，2016 年），對 BD14685《搜神記》的孝子故事進行了分析。趙貞《敦煌文獻與唐代社會文化研究》（北京師範大學出版社，2017 年），比對 BD14685、S.389v 與 P.2621 中的孝親故事，分析了 BD14685 的材料來源。

此外，日本保存的陽明文庫藏本和船橋文庫藏本《孝子傳》，可與敦煌文書、傳世文獻互相印證，黑田彰《孝子傳研究》（思文閣，2001 年），參與編集《孝子傳注解》（汲古書院，2003 年）等。王曉平《唐土的種粒——日本傳衍的敦煌故事》（寧夏人民出版社，2005 年）以及《日藏〈孝子傳〉古寫本兩種校録》（《國際中國文學研究叢刊》，2016 年）說明了兩種藏本與敦煌本存在的文字差異、文獻價值以及對日本文學的影響等。

7.《兔園策府》

共見 5 號：S.614、S.1086、S.1722、P.2573、Дх.05438。

1913 年，王國維《唐寫本兔園册府殘卷跋》（王國維著，羅振玉輯《觀堂集林》（24 卷本），1927 年），考訂 P.2573 在貞觀七年至永徽三年成於安州，盛行於五代，非虞世南所作。那波利貞《唐鈔本雜抄考——唐代庶民教育史研究の一資料》（《支那學》10 卷，1942 年），認爲《兔園策府》撰於永徽三年至上元年間，是適用於庶民普通教育的教科書。郭長城《敦煌寫本〈兔園策府〉敘録》（《敦煌學》8 輯，1984 年），對 P.2573、S.614、S.1086、S.1722 作了敘録，發現 P.2573、S.1722 號可綴合，認爲成於唐太宗至昭宗時；《敦煌寫本〈兔園策府〉逸注補》（《敦煌學》9 輯，1985 年），補充了《兔園策府》所佚原注；《敦煌寫本〈兔園策府〉研究》（中國文化大學碩士學位論文，1985 年），論及文書綴合、原注引書及價值，進一步認爲成書在顯慶三年前；《敦煌類書》推測《兔園策府》

成於永徽三年至顯慶三年,用爲常科試策準備。周丕顯《敦煌古鈔〈兔園策府〉考析》(《敦煌學輯刊》1994 年 2 期),分析《兔園策府》爲適應唐宋士子科舉考試的舉業用書,成於貞觀末至顯慶年間。葉國良《唐代墓誌考釋八則》(《臺大中文學報》1995 年 7 期),考訂成書在顯慶三年至麟德元年間。劉進寶《敦煌本〈兔園策府·征東夷〉產生的歷史背景》(《敦煌研究》1998 年 1 期),認爲《兔園策府》作於貞觀十年至上元中,《征東夷》是唐太宗父子面臨征伐高麗困境下的產物。

屈直敏《敦煌本〈兔園策府〉考辨》(《敦煌研究》2001 年 3 期),認爲成於眾手而題一人之名,成書不遲於貞觀十七年,開元之前便已廣泛流傳。《敦煌蒙書研究》,從目錄著錄的變化中發現《兔園策府》逐漸從科考用書轉變爲鄉野村童習文的教材。王璐《敦煌寫本類書〈兔園策府〉探究》(西北師範大學碩士學位論文,2006 年),新增了 Дx.05438;《〈兔園策府〉與唐代類書的編纂》(《西安文理學院學報》2014 年 5 期),指出偶句類書體例很有可能始自《兔園策府》。郭麗《〈兔園策府〉考論——兼論唐代童蒙教育的應試性傾向》(《敦煌研究》2013 年 4 期),認爲這是高級階段的童蒙教育用書,反映了唐代童蒙教育的應試性傾向。郭長城《〈兔園策府〉作者杜嗣先墓誌略論》(《敦煌學》34 輯,2018 年),又單對這杜嗣先墓誌作了考論。

還有學者將《兔園策府》與日本文獻聯繫起來梳理。如葛繼勇《〈兔園策府〉的成書及東傳日本》(《甘肅社會科學》2008 年 5 期)、《『兎園策府』の成立、性格及びその日本伝來》(《日本漢文學研究》10,2015 年),根據杜嗣先曾參與接待 8 世紀初日本遣唐使的記載,推測《兔園策府》的東傳日本可能正是這一時期。孫士超《敦煌本〈兔園策府〉與日本古代對策文研究》(《日語學習與研究》2016 年 4 期),從《日本國見在書目錄》中發現了最早著錄《兔園策府》的痕跡,推斷東傳時間在乾符三年以前,最有可能爲長安二年第七次遣唐使團歸國時帶回。

8.《籯金》系類書

共見 10 號:P.2537、P.2996、P.3363、P.3650、P.3907、P.4873、S.2053v、S.5604、S.4195v、S.461v。

劉師培《敦煌新出唐寫本提要》之《籯金一卷半》(《國粹學報》7 卷 1 期,1911 年),認爲 P.2537 成於武周時。羅振玉《鳴沙石室古籍叢殘》,認爲P.2537與《兔園策府》相類,大約由張球寫於大中至咸通時代。《敦煌古籍敘錄》指出 P.2537、P.3650 爲張球開平四年左右所作《略出籯金》;P.2966、P.3633爲李若立原書抄本。王重民《籯金殘卷跋》(《敦煌吐魯番文獻研究論集》,中華書局,1982 年),認爲 P.3907 爲李若立原書。福田俊昭《敦煌出土の

〈籯金〉と〈無名類書〉》(《東洋研究》77 號,1986 年),介紹了 8 個卷號(無P.3907、S.461v),認爲《語對》可能源自《籯金》。王三慶《敦煌本古類書〈語對〉研究》與之意見相反;《敦煌本〈籯金〉研究》(《林師景伊逝世十周年紀念論文集》,文史哲出版社,1993 年),探討了《籯金》的概況和部類組成。

近 20 年來,學者對《籯金》系類書的研究發力甚多,細化研究成果頗豐。綜合考量並分類有鄭炳林、李强《敦煌寫本〈籯金〉研究》(《敦煌學輯刊》2006年 2 期),分爲《略出籯金》、《籯金》删節本、李若立原書抄本和《籯金字書》,闡述各版本的成書原因和特點。李强《敦煌寫本〈籯金〉研究》(蘭州大學博士學位論文,2008 年),將 P.4873 納入陰庭誡删節本、P.3907 納入李若立原書抄本。張涌泉《敦煌經部文獻合集 8》(中華書局,2008 年),綴合了 S.4195v、S.461v,並作了校録。高天霞《敦煌寫本〈籯金〉系類書整理與研究》(中國社會科學出版社,2020 年),重新考證了《籯金》系類書的改編者和傳抄系統及價值,認爲目前唯有 P.2537 屬張球改編,其餘不明,但可分爲 4 個系統並有校録本。《從敦煌寫本看失傳類書〈籯金〉的編纂目的與編排體例》(《文獻》2020 年 1 期)探討了李若立編撰《籯金》的目的及其與同時期類書在體例上的區別。《敦煌寫本〈籯金〉系類書的文獻校勘價值例説》(《河西學院學報》2020 年 4 期)述論了其校勘與輯補價值。另外,宋麗麗《敦煌寫本〈籯金〉俗字研究》(南京師範大學碩士學位論文,2011 年),對文書所涉俗字研究,總結了俗字演變的基本規律和特點。

針對各版本《籯金》另有專作説明。鄭炳林、李强《唐李若立〈籯金〉編撰研究(上)》(《天水師範學院學報》2008 年 6 期),指出李若立原書體例簡要且分卷嚴謹,成於萬歲登封元年至神龍年間。《唐李若立〈籯金〉編撰研究(下)》(《天水師範學院學報》2009 年 1 期),認爲《籯金》引書受武則天執政影響,具有佛教篇幅較大、注重記載北部邊疆歷史、成書倉促等特點,認爲P.3907爲李若立原書抄本。魏迎春、鄭炳林《敦煌寫本李若立〈籯金〉殘卷研究——以 S.2053v 號爲中心的探討》(《敦煌學輯刊》2011 年 3 期),將 S.2053v與 P.2537《略出籯金》比較,發現 S.2053v 收録條目存在史籍缺載或改編後含義變化等情況。

鄭炳林、李强《陰庭誡改編〈籯金〉及有關問題》(《敦煌學輯刊》2008 年 4期),推測陰庭誡在吐蕃佔領敦煌前已完成改編,P.4873 也屬這一系統。韓博文、鄭炳林《敦煌寫本〈籯金字書〉研究》(《敦煌研究》2009 年 2 期),發現S.4195v與陰庭誡改編本存在差異,而與李若立原本內容基本相符,可能是唐代敦煌學校配套學習李若立《籯金》所使用的字書。魏迎春《敦煌寫本 S.5604〈籯金〉殘卷研究》(《敦煌學輯刊》2011 年 4 期),認爲 S.5604 出自敦煌寺學中某學仕郎之手,錯漏很多,但其事例附注具有補缺作用;《敦煌寫本 P.2966 和 P.3363〈纂金〉殘卷考釋》(《敦煌研究》2014 年 6 期),認爲 P.2966 和 P.3363同屬吐蕃時期陰庭誠改編本,基本保存了百卷五篇的規模,但錯訛還是較多。鄭炳林、魏迎春《敦煌寫本 P.4873〈纂金〉殘卷考釋》(《東方學論文集:高田時雄教授退職紀念(中文分册)》,2014 年)專對 P.4873 考釋説明。鄭炳林、李强《晚唐敦煌張景球編撰〈略出纂金〉研究》(《敦煌學輯刊》2009 年 1 期),認爲張球編《略出纂金》受到歸義軍恢復文化事業的影響,成於唐光化元年左右,敦煌碑文和邈真讚中有大量運用《略出纂金》典故的痕跡,其影響力和實用性得到認可。陳茂仁《敦煌寫卷〈纂金〉增輯〈新序〉佚文一則》(《書目季刊》48 卷 1 期,2014 年),從 P.2537 中輯出一則《新序》佚文。

9.《雜抄》

共見 15 號：P.2721、P.2816、P.3155、P.3933、P.3649、P.3662、P.3671、P.3683、P.3769、P.3906$_1$、S.4663$_1$、S.5658、S.5755、S.9491 和羽 663R。

關於《雜抄》的研究,主要集中在創作時代與作者的推測。劉復《敦煌掇瑣》(中央研究院歷史語言研究所刻本,1925 年),提到 P.2721"悉是雜記典故,全無道理"。那波利貞《唐鈔本雜抄考——唐代庶民教育史研究の一資料》,推測《雜抄》是唐代瓜沙等地庶民教育的讀本,成於中晚唐時期。周一良《敦煌寫本雜鈔考》(《燕京學報》35 期,1948 年),推測 P.2721 成於晚唐,並對其社會習俗資料述評。張政烺《敦煌寫本〈雜鈔〉跋》(《周叔弢先生六十生日紀念論文集》,1950 年),認爲《雜抄》是《何論》或其略出本,類似教學提綱。周丕顯《巴黎藏伯字第 2721 號〈雜鈔·書目〉考》(《圖書與情報》1989 年 1 期),推測 P.2721 成於永淳至開元年間,是適合一般下層知識分子應對科舉的最低限度的推薦書目。《敦煌類書》指出《雜抄》爲晚唐抄本,而《節本珠玉抄》成於天復四年左右。吳楓、鄭顯文《〈珠玉抄〉考釋》(《隋唐史論集》,香港大學亞洲研究中心,1993 年),推測是神龍三年至寶應元年間作於河南地區的。王喆《〈珠玉抄〉成書年代及作者考》(《松遼學刊》1996 年 2 期),觀點一致。盧善煥《敦煌寫本〈雜抄〉考述》(《敦煌學回顧與前瞻學術研討會論文集》,上海古籍出版社,2012 年),考證《雜抄》成書在高宗、武則天時期,抄寫在天寶十四載末至唐末光化年間,《何論》成書受其影響。李娜《論〈雜鈔〉與"雜纂體"》(《黃岡師範學院學報》2012 年 1 期),提出《雜抄》源自民間,極可能是俗文學中"雜纂體"的源頭。韓巧梅《敦煌寫本〈珠玉抄〉研究》(西北師範大學碩士學位論文,2012 年),除去對年代、來源和體例分析,提出 P.2816、P.3155 綴合的可能性。

黃永年《釋敦煌寫本〈雜抄〉中的"面衣"》(《敦煌學輯刊》1982 年 3 期),

考釋了"面衣"一詞,指出亡人面衣的作用從禦寒逐漸演變爲遮羞。朱鳳玉《從傳統語文教育論敦煌本〈雜抄〉》(《全國敦煌學術研討會論文集》,中正大學中國文學系,1995 年),從傳統語文教育的角度梳理了《雜抄》的價值;《敦煌寫本雜抄研究》(《木鐸》1988 年 12 期),以 P.2721 爲底本校録了諸卷。《敦煌蒙書研究》收録了 13 號,依然認爲《雜抄》原本可能是張九齡《珠玉抄》。陳麗萍《日本杏雨書屋藏羽 663R 號敦煌文書的定名》(《魏晉南北朝隋唐史資料》31 輯,上海古籍出版社,2015 年),將羽 663R 定名爲《雜抄》(別本)。

(二) 無固定體例的類書

1.《勤讀書抄》

僅見 P.2607 號,存 73 行,前全後缺,保存了 16 則有關勤學的嘉言懿行。《敦煌古籍敘録》據卷中"基"字缺筆,推測爲中唐"博雅之士"所作。岑仲勉《跋敦煌抄本唐人寫卷作品兩種》(《中華文史論叢》1981 年 1 輯),據卷中引《顔氏家訓》頗多以及顔真卿父子的活動軌跡,推測爲顔真卿札記所得以示其子,成書於大曆十二年至建中三年間。王三慶《敦煌本古類書(一)勤讀書抄(P.2607 號)研究》(《木鐸》11 輯,1984 年)與《敦煌類書》有比較詳盡的校録。屈直敏《敦煌古鈔〈勤讀書抄〉校注》(《敦煌學輯刊》1999 年 2 期),認爲其是具有家訓蒙書及書鈔類書性質的特殊蒙學教材。福田俊昭《敦煌類書の研究》,對誤抄、誤寫現象作了補正。

2.《事林》

僅見 P.4052 號,册頁裝,共 4 頁,收録 8 件古人勤學事跡。王三慶、林艷枝《敦煌古類書〈事林〉一卷 P.4052 研究》(《敦煌學》12 輯,1987 年),將之與《類林》《珦玉集》的引書内容比對校勘,認爲是學郎習書,題名可能受《類林》的影響。

3.《新集文詞教林》(簡稱《教林》)

僅見 P.2612 號,首題"新集文詞教林卷上並序",序文未抄完,下接抄"《文詞教林》並序"及引文,每則並不區分部類。鄭阿財《敦煌寫卷〈新集文詞九經抄〉研究》(文史哲出版社,1989 年),作了全文校箋。《敦煌類書》認爲《教林》編纂另有底本,引録方式與《應機抄》頗爲相似,成書在中唐以後。《敦煌蒙書研究》認爲《教林》接近《新集文詞九經抄》,但編纂方式不同,可能是後者據以編纂的主要資料。朱大星《論河上公〈老子〉在敦煌的流傳——以敦煌文獻爲中心》(《中國道教》2004 年 4 期),整理了《教林》所引《老子》數則。

4.《新集文詞九經抄》(簡稱《九經抄》)

共見 21 號:S.5754、S.8836v、P.2557、P.2598、P.3169、P.3368、P.3469v、

P.3615v、P.3621、P.3990、P.4525、P.4971、Ф247、дх.2153、дх.2197、дх.1368、дх.2752、дх.2842、дх.06059、дх.06019、上圖 30 號。

《敦煌古籍敍録》著録並介紹 P.2598、P.2557、S.5754。鄭阿財《敦煌寫卷〈新集文詞九經抄〉校録（P.2557 部分）》（《敦煌學》12 輯，1987 年），以 P.3621 等爲底本校録；《敦煌寫本〈新集文詞九經抄〉研究》（《漢學研究》1986 年 4 期）和《敦煌寫卷〈新集文詞九經抄〉研究》，強調《教林》與《九經抄》的承襲關係，且後者多引《真言要訣》，影響到了明代《明心寶鑑》的形成。周丕顯《敦煌"童蒙""家訓"寫本之考察》，推測《九經抄》成於 8 世紀中葉前後，是流行廣泛的民間讀物。《敦煌類書》認爲 P.2557、P.2598 等號屬於《九經抄》；P.3390、P.3615v 等號爲同體系的異本書抄；P.3605 與 P.4022 未見未列入討論，並指出《教林》可能是《九經抄》的參考底本，成於開元八年至開成二年間。《敦煌蒙書研究》增加上圖 30 號，發現 S.5754、P.2557、P.2598、P.3621、P.4971、Дх.247、Дх.1368、Дх2153a 等皆屬《九經抄》一卷並序。鄭炳林、徐曉麗《俄藏敦煌文獻〈新集文詞九經抄〉寫本綴合與研究》（《蘭州大學學報》2002 年 3 期），發現 Дх.06059、Дх.06019、Ф247、Дх.2153、Дх.2197、Дх.2752、Дх.2842當是同卷《九經抄》分裂，與英、法藏没有淵源關係，但可能抄自同一版本《九經抄》，俄藏相對較精。

除敦煌本外，還藏有黑水城出土的西夏文《九經抄》。聶鴻音《西夏本〈經史雜抄〉初探》（《寧夏社會科學》2002 年 4 期），梳理了部分與漢文相應的文句，指出西夏文本編譯草率，應是下層知識分子文化素養的反映。黄延軍《西夏文〈經史雜抄〉考源》（《民族研究》2009 年 2 期），認爲西夏文本與敦煌本《九經抄》間存在極爲密切的關係。梁麗莎《英藏西夏文〈貞觀政要〉〈新集文詞九經抄〉殘片考釋》（《綿陽師範學院學報》2019 年 9 期），發現英藏西夏文 2626 號與俄藏西夏文本內容相同但版式不同；3494 號與俄藏本在語言風格、翻譯要點、思想主題和版式形制上存在一致性，可能是俄藏西夏文本尾佚的某頁。

還有對《九經抄》引文的關注，如伊藤美重子《敦煌の通俗類書〈新集文詞九経抄〉について：〈老子〉〈莊子〉の引用例の檢討—》（《ぉ茶の水女子大學人文科學紀要》57 號，2004 年），分析《九經抄》引用《老子》《莊子》，認爲這展現了敦煌地區教育中三教融合的特征。金瀅坤《唐五代敦煌蒙書編撰與孝道啓蒙教育——以〈孝經〉爲中心》（《首都師範大學學報》2019 年 5 期），指出《九經抄》《教林》多有直接輯録或改寫自《孝經》的內容，《事森》《古賢集》《太公家教》等注重孝行事跡，呈現出敦煌兒童孝道教育的多樣性。

5.《應機抄》

僅見 S.1380 號，共 332 行，前後殘缺，中題"應機抄卷下"，全書無明確分類,但引書多達八十餘種。《敦煌類書》指出卷中所引書籍近半數今已不見,編輯方式與《教林》和《九經抄》近似,但成書年代應更早。耿彬《敦煌寫本類書〈應機抄〉的性質、内容及成書年代研究》(《敦煌學輯刊》2012 年 1 期),推測 S.1380 成於貞元二年以後,可分爲事理類、修身類、治國安邦類、鑒戒類,以説明其思想體系與唐代統治階級政策和倫理道德相符合,是唐代敦煌民間傳授日常知識的蒙學教材或家學讀物。寇志强《汪繼培輯本〈尸子〉續補》(《唐山師範學院學報》2018 年 1 期),輯出 2 則《尸子》佚文。

三、代擬定名類書

1.《珊玉集》別本

僅見 S.2072 號,首尾殘缺。向達《倫敦所藏敦煌卷子經眼目録》(《國學季刊》,1939 年),定名爲《搜神記》。西野貞治《珊玉集と敦煌石室の類書》定名爲《珊玉集》。川口久雄《敦煌本類林と我が國の文學》和《敦煌本類林系類書と日本文學》指其爲《珊玉集》略出本。《敦煌類書》認爲 S.2072 與真福寺本《珊玉集》在體例、行文和引書上頗爲近似,可能是承襲《類林》的改編本,成書於調露元年至天寶六載間。白化文《敦煌遺書中的類書簡述》認爲 S.2072 與《珊玉集》的關係有待商榷,最好以"不知名類書殘卷"目之。福田俊昭《敦煌類書の研究》比較 S.2072 與《類林雜説》等。吳忠耘《〈珊玉集〉引〈春秋〉考》(《綿陽師範學院學報》2015 年 10 期),對其中 6 則材料的來源進行考訂。

2.《修文殿御覽》(或《華林遍略》)

僅見 P.2526 號,存 274 行,著録鳥部諸類 88 條,首尾俱殘。這件類文書的定名之爭頗多,目前被普遍接受的主要是"《修文殿御覽》説"與"《華林遍略》説",故 P.2526 雖未統一名稱,但也列入此類。

1911 年,羅振玉將 P.2526 定名爲《修文殿御覽殘卷》(國學叢刊石印本,影印收入《鳴沙石室佚書》中)。劉師培《敦煌新出唐寫本提要》(《國粹學報》7 卷 1 期,1911 年)推測成書在唐肅宗後穆宗前。1914 年,曹元忠推測其成於高宗時(《箋經室遺集》,吳縣王氏學禮齋本,1941 年)。早期研究多從羅説,洪業《所謂〈修文殿御覽〉者》(《燕京學報》12 期,1932 年),從避諱、引書風格、用典習慣、編纂體例等方面考察,提出 P.2526 可能是更早的《華林遍略》。黃維忠、鄭炳林《敦煌本〈修文殿御覽殘卷〉考釋》(《敦煌學輯刊》1995 年 1 期),推測其成於高宗乾封年後,從 P.2526 引《六經》諸書、《趙書》爲《十六國春秋·後趙録》簡稱、小注爲原書所有、與《華林遍略》成書時間不甚吻合幾個反證認定爲《修文殿御覽》。許建平《敦煌本〈修文殿御覽〉録校補正》(《敦煌研究》2010 年 1 期），有補充校録。劉安志《〈修文殿御覽〉佚文輯校》（《魏晉南北朝隋唐史資料》28 輯，2012 年），輯録日本和中國古籍所存的《修文殿御覽》佚文 95 條，通過比對《太平御覽》，認爲 P.2526 更可能是《華林遍略》；《〈華林遍略〉乎？〈修文殿御覽〉乎？——敦煌寫本 P.2526 號新探》（《敦煌寫本研究年報》7 號，2013 年），結合諱字和書法風格推測其成於唐玄宗朝至貞元二年間，又指出 P.2526 似與《藝文類聚》有承襲關係，進一步説明可能是《華林遍略》。牛潤珍《敦煌本 2526 號類書殘卷新證》（《歷史研究》2017 年 3 期），從 P.2526 僅記事的體例、以鳥類爲主的記事内容及流傳背景等，推斷爲《類苑》，爲文書定名提出了新説。森鹿三《修文殿御覽について》（《東方學報》36 卷，1964 年）、勝村哲也《修文殿御覽第三百一香部の復元——森鹿三氏「修文殿御覽について」を手掛りとして》（《日本仏教學會年報》38 號，1973 年）、《〈修文殿御覽〉新考》（《森鹿三博士頌壽紀念史學論文集》，同朋舍，1977 年）、《修文殿御覽天部の復元》（《中國の科學と科學者》，京都大學人文科學研究所，1978 年）和遠藤光正《類書の傳來と明文钞の研究——軍記物語への影响》（あさま書房刊，1984 年）、桂羅敏《〈修文殿御覽〉考辨》（《圖書情報工作》2009 年 1 期），據古籍輯出數則佚文，爲 P.2526 研究提供了參考資料。

3.《語對》

共見 6 號：P.2524、P.4636、P.4870、S.78、S.79、S.2588。

劉師培《敦煌新出唐寫本提要》之《古類書殘卷之二》（《國粹學報》7 卷 1 期，1911 年）、羅振玉《古類書三種跋》（上虞羅氏影印本，1917 年）指出 P.2524 體例略如《初學記》之"事對"。

王三慶《古類書伯二五二四號及其複抄寫卷之研究》（《敦煌學》9 輯，1985 年）、《敦煌本古類書〈語對〉研究》據抄寫體式擬定名爲《語對》，分爲原卷、原卷復抄底本之甲系、與甲系出於同一底本之乙系三類，認爲它上承《類林》，下啓《籯金》，成於唐神龍至景雲年間；《敦煌本古類書〈語對〉P.4870 號試論》（《敦煌學》10 輯，1985 年），補充了新的卷號，指出原卷承襲於甲卷。福田俊昭《敦煌出土の〈籯金〉と〈無名類書〉》認爲《語對》源自《籯金》。白化文《敦煌遺書中的類書簡述》認爲應看成是朱澹遠《語對》的簡化改編本，或是唐末五代之際在敦煌地區爲教學需要而進行改編的一種節本。王祺《敦煌寫本類書〈語對〉詞彙研究》（西北師範大學碩士學位論文，2014 年），從辭彙考釋的角度分析，挖掘了《語對》在語言文字方面的價值和影響。王三慶《敦煌辭典類書研究——從〈語對〉到〈文場秀句〉》（《廈門大學學報》2020 年 4 期）説明了二書在教育方法上的特色與價值。

四、未明確定名類書

前文將學界討論較多的 17 種已定名敦煌類書的研究情況列舉，至於尚未定名的類書，大部分亦收録於《敦煌類書》，任麗鑫《敦煌類書敍録》也匯總了部分成果。下文對這些未定名類書的研究情況再略作總結。

S.7004 號。《敦煌類書》認爲書跡與 P.4873 相同，暫引入《籝金》類備考，但李强《敦煌寫本〈籝金〉研究》，認爲 S.7004 缺少事例附注和序文要素，更接近《新集文詞九經抄》或《新集文詞教林》類；魏迎春、劉全波《敦煌寫本類書 S.7004〈樓觀宮闕篇〉校注考釋》（《敦煌學輯刊》2010 年 1 期），考證 S.7004 成書上限爲隋大業四年，抄於唐高宗時，可能爲品質上乘的官修類書；王使臻《敦煌寫本殘卷 S.7004 定名及作者考》（《古籍整理研究學刊》2011 年 4 期）推測 S.7004 成於貞觀年間，體例與《藝文類聚》接近，可能是于志寧所撰《諫苑》。

P.3715 號。《敦煌類書》擬名《北堂書鈔體丁》，列於"類句式之類書"，大約寫於唐文宗開成以後。李冬梅《唐五代敦煌學校部分教學檔案簡介》（《敦煌學輯刊》1995 年 2 期），認爲 P.3715 是張球所撰的類書草稿，是張氏歸義軍時期的作品。王金保《敦煌遺書 P.3715"類書草稿"校注研究》（蘭州大學碩士學位論文，2013 年），也認爲 P.3715 是張球作於唐乾寧元年至五代開平二年間的類書草稿，並參照《勵忠節鈔》重新校録。

P.2678+P.3956 號與羽 72b$_2$ 號。《敦煌類書》擬名《對語甲》。後王三慶《〈文場秀句〉之發現、整理與研究》（《2013 敦煌、吐魯番國際學術研討會論文集》）以羽 72b$_2$ 與 P.2678+P.3956 比對，指出其爲《文場秀句》的內容，並據此復原諸門類條目。《敦煌辭典類書研究——從〈語對〉到〈文場秀句〉》説明其教育方法上的價值。周西波《〈敦煌秘笈〉"羽072b"寫卷的性質與意義》（《慶賀饒宗頤先生九十五華誕敦煌學國際學術研討會論文集》，中華書局，2012 年），認爲《文場秀句》與齋文同抄一處，是爲齋文遣詞參考之用。永田知之《〈文場秀句〉小考——蒙書と類書と作詩文指南書の間》（《敦煌寫本研究年報》2 號，2008 年）、《〈文場秀句〉補説——〈敦煌秘笈〉羽 072 と〈和漢朗詠集私注〉》（《敦煌寫本研究年報》9 號，2015 年）利用《雜抄》《語對》和《和漢朗詠集私注》探究《文場秀句》的作者、作用和地位等。李銘敬《日本及敦煌文獻中所見〈文場秀句〉一書的考察》（《文學遺産》2003 年 2 期）利用史籍著録與他書所引《文場秀句》分析了其作者和內容特色。

P.3890 號。《敦煌類書》擬名《對語乙》，大約成於大中年後。王涵《敦煌書鈔寫本 P.3890 文本形態考論》（《敦煌研究》2020 年 1 期），認爲 P.3890 是一份箋注性質的書鈔,作者爲晚唐五代時期敦煌本地中下層官員。

P.4022+P.3636 與 P.5544 號。《敦煌古籍敘錄》認爲 P.3636 爲學人讀書剳記,包含大量佚書及"流子"之稱。林其錟、陳鳳金《敦煌遺書劉子殘卷集錄·前言》(上海書店,1988 年)與許建平《〈殘類書〉所引〈劉子〉殘卷考略》(《浙江社會科學》1993 年 4 期),利用 P.3636 輯出數則《劉子》佚文,分別推測 P.3636 成於唐太宗和高宗以後。施萍婷《敦煌隨筆之二》(《敦煌研究》1987 年 1 期),輯錄了其中的"倉慈"材料,陳光文因此作《敦煌太守倉慈新探——以〈三國志〉與敦煌遺書 P.4022+P.3636 記載爲中心》(《甘肅社會科學》2013 年 4 期),進一步探討了倉慈的生平。《敦煌類書》歸爲天寶之前的"不知名類書甲"。陳光文《敦煌遺書 P.4022+P.3636〈某學郎書抄殘卷〉(710—762)校注研究》(蘭州大學碩士學位論文,2012 年),重新確定綴合順序,擬名《某學郎書抄殘卷》,推測成於景雲元年至寶應元年間。蔡副全、宋濤《法藏敦煌 P.5544 冊頁釋考——兼論 P.5544 與 P.4022+P.3636 殘卷之關係》(《敦煌研究》2016 年 4 期),指出 P.5544 與 P.4022+P.3636 當出自同一作者,約寫於晚唐歸義軍時。

P.5002 號。《敦煌類書》歸爲"類句體之類書",擬名《北堂書鈔體丙》,指出其體例與《珊玉集》相似。王金保《敦煌遺書 P.5002 號釋錄並研究》(《敦煌學輯刊》2013 年 2 期),推測其成於睿宗或玄宗朝,重擬名《後漢書鈔》。

另有東洋文庫藏一卷,原藏京都有鄰館。陳國燦《東訪吐魯番文書紀要(一)》(《魏晉南北朝隋唐史資料》12 輯,武漢大學出版社,1993 年),定名"唐敦煌雜寫一卷";陳國燦、劉安志合編《吐魯番文書總目(日本收藏卷)》(武漢大學出版社,2005 年)、施萍婷《日本公私收藏敦煌遺書敘錄(二)》(《敦煌研究》1994 年 3 期)、榮新江《海外敦煌吐魯番文獻知見錄》(江西人民出版社,1996 年)皆著錄爲類書。池田溫《〈唐人雜鈔〉について》《續》(《東洋文庫書報》41、42 卷,2009、2010 年),公開圖版並錄文,但對其是否爲類書存疑。秦樺林《東洋文庫藏敦煌寫卷〈唐人雜鈔〉拾遺》(《敦煌研究》2012 年 3 期),認爲其屬於寬泛意義上的雜鈔體類書。

除以上所引外,大量不知名書鈔由於體量較小、內容雜亂等因素而少有學界關注,僅見於《敦煌類書》的介紹,視其體例分爲"舊文排列體"(S.133v$_2$、S.5725、ДХ.487b、S.6227)、"北堂書鈔體"(P.2502、P.3733、ДХ.487a、S.6078、P.4636b)、"文賦體"(S.6011、S.6160、P.3622+P.4034)、"歲華紀麗體"(S.545v)、"何論體"(P.3665)、"類辭"(P.3661、P.4710、P.3776)、"類句"(S.610v、P.3622v+P.4034v)等。以及《敦煌類書》未及收錄者,如任麗鑫發現的 S.3836v、P.4062v$_2$ 等《失名類書》;劉全波新增

BD14491、BD14650《策府》①和羽50號、BD09343₂、BD10154、BD11391、BD14665、BD15402、BD15379、BD15477、BD15488等《不知名類書》以及尚未刊佈的散藏文書。雖多僅存殘篇斷句,其中一些還是有排列人物事類的痕跡,有的還保存了門類目録。整體來看,這部分敦煌類書體例不一,保存内容十分豐富,對校勘輯佚和研究私人類書修撰的多樣性等具有一定價值。

如前文所述,敦煌類書由於採集群書的特點,常與其他文書混淆,且常有誤定名的情況。比如鄭炳林、徐曉麗《俄藏敦煌文獻〈新集文詞九經抄〉寫本綴合與研究》,就指出發現ДХ.06059等7號被誤定成《百行章》,實爲《新集文詞九經抄》。BD14685號被定名《失名類書》,陳麗萍《國家圖書館藏四件敦煌變文抄本研讀記》與趙貞《敦煌文獻與唐代社會文化研究》,皆已定性爲《搜神記》而非類書。這樣看來,定名定性是敦煌類書研究中的重要一步,即便已有定名,也應在相關文書研究的基礎上多加考量,給出一個更爲合理和準確的結論。

結　語

敦煌類書的研究起步較早且成果頗豐,内容涉及題跋、校録、綴合、定名、引文、補遺、校勘及文書反映的時代背景信息等。相對來説,研究成果呈現出比較明顯的階段性特徵:1970年以前主要以撰寫跋文爲主,對部分敦煌類書有初步的時代和性質推定,更多地關注其輯佚價值;1970—2000年間,出現了比較系統的敦煌類書研究專著,研究成果增多,在定名和校録的基礎上,開始討論各系類書的傳播脈絡、版本等問題,視角更加多元。近20年來的研究則更加細化,專注於某種類書的研究越來越多,主題性系列論文和大量碩博論文湧現。

敦煌類書的研究還呈現出幾個特點:第一,由於判定文書性質的標準不一,加上缺乏足够的信息支撐,對敦煌類書和蒙書的判定和研究向來都是從寬收録,重合率較高,但這也説明了二者體制之間的緊密聯繫。第二,部分敦煌類書來自中原,或抄寫原本或根據需要增删和改編,因此,這種類書與其他地方出土的材料存在一定的對應和淵源關係,爲敦煌類書的研究提供了更多樣的綫索,如《蒙求》《李嶠雜詠》諸版本、敦煌本《新集文詞九經抄》與西夏文本等。第三,重視敦煌類書保存古籍文獻的功能,發揮其在輯佚和校勘上的

---

① 劉全波將其歸爲"賦體類書",部分學者指其爲模擬試策範文,鑒於性質特殊,未在上文討論。鄭阿財《敦煌本〈明詩論〉與〈問對〉殘卷初探》,《第四屆唐代文化學術研討會論文集》,臺南:臺灣成功大學教務處出版組,1999年,第303—325頁;鄭阿財、朱鳳玉《開蒙養正:敦煌的學校教育》,蘭州:甘肅教育出版社,2007年,第123—126頁。劉波、林世田《敦煌唐寫本〈問對〉箋證》,《文津學志》3輯,2010年,第115—142頁。金瀅坤《敦煌本〈策府〉與唐初社會——國圖藏敦煌本〈策府〉研究》,《文獻》2013年1期,第84—98頁。

作用,如陽清《〈古小説鈎沉〉徵引敦煌類書殘卷考釋》(《敦煌研究》2013 年 5期)、陳光文《〈良吏傳〉輯考——以敦煌遺書和傳世類書爲中心》(《中國典籍與文化》2014 年 3 期)、王馳《敦煌寫本類書徵引史籍研究》(蘭州大學碩士學位論文,2014 年)、《敦煌類書補擴〈漢唐方志輯佚〉三則》(《黑龍江史志》2014年 9 期)等文,都是結合傳世類書與敦煌類書輯了不少已經亡佚的典籍。第四,已知名類書的成果數量遠大於不知名類書,其中具有固定體例的又多於無固定體例的類書,不知名類書的研究領域亟待開發。第五,關於敦煌類書的研究更加深入和細化,語言文字學是近年新興且關注較多的課題。第六,近年新公佈文書漸增,但目前尚無對這些較新類書的匯録。而這批材料,無論是對已定名類書卷號的補充,還是對未定名類書的整理和研究都值得我們關注。

P.2555《唐人詩文選集》中陷蕃詩研究綜述

王梓璇（蘭州大學）

P.2555，係一長卷，前殘後缺，正反面抄寫，另有些許殘片圖版見《法藏敦煌西域文獻》第 15 冊。《法藏敦煌西域文獻》將此卷定名爲《詩文集》①。P.2555寫卷中保存了大量唐代佚詩，可補《全唐詩》之闕。P.2555 殘卷是一個內容十分豐富的唐人詩文作品的抄卷，共存詩 205 首，文 2 篇，其中正面抄有唐人詩歌 173 首，文 2 篇；背面抄有詩歌 32 首，其中保存的 72 首"陷蕃詩"都是陷蕃詩人所作，這部分詩作是唐人詩集所缺失而爲敦煌詩歌所獨有的，也是敦煌詩歌最有價值的一部分，包括正面 59 首和背面 13 首，前者抄於 P.2555正面署名落蕃人毛押衙的《胡笳詞》第 19 拍之前，後者抄於 P.2555 殘卷背面署名爲馬雲奇的《懷素師草書歌》之後，夾雜在其他詩文之間。此卷經過國內外學者的整理、校勘和考釋，已取得豐碩成果。王重民先生《伯希和劫經録》："P.2555 殘詩文集，匯録吐蕃侵佔敦煌時代文件（如爲肅州刺史劉壁臣答南蕃書），及陷蕃者之詩。亦有在敦煌地方通行之詩文，如劉商胡琴十八拍，劉長卿酒賦等。此卷極爲重要。"②黄永武《敦煌遺書最新目録》："伯 2555 號（殘詩文集安雅王昭君詩、孔璋代李邕死表、胡笳十九拍、劉長卿高興歌、孟浩然閨情、岑參江行遇梅花之作肅州刺史劉臣壁答南蕃書，馬雲奇白雲歌，臨王羲之尚書宣示帖等）。"③施萍婷《敦煌遺書總目索引新編》："P.2555 唐人詩文選集（兩面書寫）按：匯録吐蕃統治敦煌時代文件（如爲肅州刺史劉壁臣答南蕃書），及陷蕃者之詩。亦有在敦煌地方通行之詩文，如劉商胡笳十八拍、劉長卿酒賦等。此卷極重要。背面有：詩、月賦、從軍行、江行遇梅花之作（岑參）、冀國夫人歌詞七首、詠拗籠籌、閨情、懷素師草書歌（馬雲奇）、白雲歌、送游大德赴甘州口號、俯吐蕃禁門觀、田判官、贈向將軍真口號……御制勤政樓下觀燈。"④本文擬對此卷中 72 首陷蕃詩的研究情況進行梳理，不當之處，敬請指正。

一、寫卷刊佈與整理

王重民先生最早對此卷進行了整理與研究，遺憾的是，他生前未能最終

① 上海古籍出版社等編《法藏敦煌西域文獻》第 15 冊，上海：上海古籍出版社，2001 年，正面詩歌：第 336—338 頁；背面詩歌：第 342—344 頁。
② 王重民《伯希和劫經録》，收入商務印書館編《敦煌遺書總目索引》，北京：中華書局，1983 年，第 267 頁。
③ 施萍婷《敦煌遺書總目索引新編》，北京：中華書局，2000 年，第 242 頁。
④ 黄永武《敦煌遺書最新目録》，臺北：新文豐出版公司，1986 年，第 665 頁。

定稿。二十世紀三十年代向達先生也曾在巴黎抄録了 P.2555 寫卷内容，後由閻文儒先生加以考證校勘，以《敦煌兩個陷蕃人殘詩校釋》①爲題，發表了向達先生的録文。1977 年，"舒學"在王重民先生原録文的基礎上，又參照北京圖書館所藏的微縮膠卷，整理出了唐代漢族詩人"佚名氏"詩 59 首，以及馬雲奇詩 13 首，共 72 首詩，以《敦煌唐人詩集殘卷》爲題，首次發表在《文物資料叢刊》上。② 到 1981 年，劉修業先生在"舒學"録文的基礎上對 72 首陷蕃詩又重新進行了整理，發表了《〈全唐詩〉拾遺》一文。③ 在這裏需要指出，"舒學"是作者筆名，牽涉到學術界的幾位前輩，以"舒學"署名的文稿不止有一篇，其中《敦煌唐人詩集殘卷》的署名爲"舒學"乃王代文所取，取"初學"的諧音，《光明日報》1983 年 8 月 9 日載文初《敦煌文學研究的一個成果》一文中曾説："第一個發現，抄録並從事整理 P.2555 卷子的是王重民先生，王重民先生去世後，由王堯先生在遺稿基礎上完成了整理工作，並將整理稿題名《敦煌唐人詩集殘卷》，發表於 1977 年《文物資料叢刊》第一期，署名是舒學。"④1982 年高嵩先生出版了《敦煌唐人詩集殘卷考釋》一書，爲 72 首陷蕃詩作了詳細的整理和注釋，並且對陷蕃詩兩位作者的身份、詩歌的文學價值、詩中出現的地名和陷蕃人的押解路綫等問題進行了細緻的研究⑤。1983 年，柴劍虹先生首次披露了 P.2555 殘卷的全貌，除王重民先生校録的 72 首詩外，另有"敦煌地方通行之詩文"116 首詩和 2 篇散文作品，將其餘詩文刊佈。⑥ 1991 年，熊飛先生又在柴劍虹録文基礎上進行了校勘和補録。⑦ 1995 年，張先堂先生發表了《敦煌唐人詩集殘卷（P.2555）新校》一文，他借助法藏敦煌文獻縮微膠卷，對 P.2555 卷的 190 首詩重新作了校勘，其中包括 72 首陷蕃詩。⑧ 最早發表陷蕃詩歌的是陳祚龍先生，也是中國最早發表陷蕃詩歌的人，他在 1975 年發表了《新校重訂敦煌古鈔李唐詞人陷蕃詩歌初集》⑨與《關於敦煌古鈔某些李唐邊塞詞客之詩歌》⑩。

二十世紀九十年代，又有大批學者出版了有關敦煌詩歌作品的專著，代表人物有徐俊、張錫厚、孫其芳等人，徐俊《敦煌詩集殘卷輯考》，主要是以寫

① 閻文儒《敦煌兩個陷蕃人殘詩集校釋》，閻文儒、陳玉龍編《向達先生紀念論文集》，烏魯木齊：新疆人民出版社，1986 年，第 174 頁—219 頁。

② "舒學"《敦煌唐人詩集殘卷》，《文物資料叢刊》，北京：文物出版社，1977 年第 1 期，第 48—53 頁。

③ 王重民輯録，劉修業整理《〈補全唐詩〉拾遺》，《中華文史論叢》1981 年第 4 期，第 159—182 頁。

④ 白化文《"舒學"是誰》，《博覽群書》2010 年第 3 期，第 87—89 頁。他認爲王堯先生在保存、加工（特别是考釋部分）、推薦此稿方面貢獻極大，他同意文初同志的説法。

⑤ 高嵩《敦煌唐人詩集殘卷考釋》，銀川：寧夏人民出版社，1982 年。

⑥ 柴劍虹《敦煌唐人詩文選集殘卷（伯 2555）補録》，《文學遺産》1983 年第 4 期，第 146—154 頁。

⑦ 熊飛《〈敦煌唐人詩集殘卷（伯 2555）補録〉校勘斟補》，《敦煌研究》1991 年第 2 期，第 93—94 頁。

⑧ 張先堂《敦煌唐人詩集殘卷（P.2555）新校》，《敦煌研究》1995 年第 3 期，第 155—168 頁。

⑨ 陳祚龍《敦煌學海探珠》上册，臺北：臺灣商務印書館，1979 年，第 105—135 頁。

⑩ 陳祚龍《敦煌學海探珠》上册，第 99—104 頁。

卷敘録與作品輯校相結合的方式,對敦煌詩歌作品進行比較全面的整理。①
孫其芳的《大漠遺歌——敦煌詩歌選評》一書,主要分爲了兩個部分,第一部
分爲敦煌使吐蕃使詩,第二部分爲其他敦煌詩,這一部分又有其他幾種情況:
一是署名作者的詩;二是佚名作者的詩;三是佚名佚題詩。② 另外,還包括張
錫厚先生主編的《全敦煌詩》。③ 戴密微在其名著《吐蕃僧諍記》第二章《史料
疏議》中引録了 P.2555 寫卷 72 首詩的 38 首詩,並加以闡釋④。

二、研究内容綜述

(一)"陷蕃詩"的作者

有關陷蕃詩作者,學界基本上認爲殘卷正面所寫的 59 首詩歌與背面的
13 首詩歌風格迥異,應非一人所作。高國藩先生在《談敦煌唐人詩》中認爲詩
歌並非出自一人之手,至少是出自兩個不同經歷的詩人手中。⑤ 熊飛先生贊
同高國藩先生的觀點,認爲從 72 首詩所反映的内容,以及從詩歌所使用的格
律形式看,72 首作品存在明顯差異,所以 72 首詩不可能出自同一個人之手。⑥
項楚先生也提出了自己對於陷蕃詩人的三個疑點,較爲謹慎地認爲正面與背
面的陷蕃詩是否是同一人所做尚不能肯定。⑦

對於陷蕃詩歌作者身份,學者大多根據《春日羈情》《晚秋羈情》《久感纍
縲之作》這幾首詩分析,認爲作者是童年出家,弱冠宣法,學通儒、釋,且有一
定的名聲,壯年還俗,並做過地方紳士的一位人物。閆文儒先生根據詩歌《夢
到沙州奉懷殿下》中的"流沙有幸庭人主""總緣宿昔承言笑"幾句分析認爲
作者是受地方大吏所愛戴的。⑧ 對於陷蕃詩歌作者的境遇,孫其芳先生根據
《困中登山》中"戎庭悶且閑",認爲作者雖被拘禁(即困中)而愁悶,但卻有閑
暇時間,常能登山以解愁悶,可見他有一定的自由,只是被軟禁並非被關押。⑨
柴劍虹先生初步考證了陷蕃詩作者的身份,認爲他是"世居安西,後又定居敦
煌的漢人"⑩。湯君先生根據《春日羈情詩》對佚名氏詩人的身世進行了考辨,
她認爲柴劍虹先生所考證的陷蕃詩中作者是世居安西,後又定居敦煌的漢人

---

① 徐俊《敦煌詩集殘卷輯考》,北京:中華書局,2006 年,第 686—757 頁。
② 孫其芳《大漠遺歌——敦煌詩歌選評》,蘭州:甘肅人民出版社,2000 年。
③ 張錫厚《全敦煌詩》第 8 册,北京:作家出版社,2006 年。
④ [法]戴密微著,耿昇譯《吐蕃僧諍記》,蘭州:甘肅人民出版社,1984 年,第 424—435 頁。
⑤ 高國藩《談敦煌唐人詩》,《社會科學》1983 年第 3 期,第 94—98 頁。
⑥ 熊飛《P2555 殘卷抄録時間等相關問題再探》,《敦煌研究》1999 年第 1 期,第 63 頁。
⑦ 項楚《敦煌詩歌導論》,成都:巴蜀書社,2001 年,第 224—248 頁。
⑧ 閆文儒《敦煌兩個陷蕃人殘詩集校釋》,閆文儒、陳玉龍編《向達先生紀念論文集》,烏魯木齊:新疆人民出版
社,1986 年,第 174—219 頁。
⑨ 孫其芳《大漠遺歌——敦煌詩歌選評》,第 140 頁。
⑩ 柴劍虹《敦煌唐人詩集殘卷(P.2555)初探》,《新疆師大學報》1982 年第 2 期,第 71—77 頁。

這個身份不准確,認爲詩人是因故土淪陷才流落到敦煌的。① 楊富學、蓋佳擇根據 P.2555 寫卷背面有多份黏附其上的歸義軍時代的文書與雜寫,認爲:"以上數件文書多作於張氏歸義軍後期淮鼎、承奉時期,被順手拈來黏貼在紙背,足見詩人當與之時代緊鄰,而其從能獲得《書信》《周弘直狀》這種節度使往來的私密文書看,其與幾位節度關係斷不一般,文書的擁有人很可能就是那位曾經多次與金山國殿下出入於歌舞筵席的落蕃人。"② 有關陷蕃詩的作者,高嵩先生認爲陷蕃詩歌 72 首的作者是甘州張掖郡和沙州敦煌郡的幕府官員,唐德宗建中二年(781),吐蕃攻陷張掖敦煌後,把兩地幕府中的一些官員押解至青海湖東側的湟水流域實行監押,他們的詩作大多是在押解途中寫成,能够反映建中元年(780)至建中五年(784)的唐蕃關係。③

對於陷蕃詩作者被俘的時間以及押解時間,湯君先生認爲馬雲奇被俘是在廣德二年(764)夏天涼州失陷以後,開始是沿祁連山脈向甘州方向押解,永泰二年(765)又被押解入吐蕃,在赤嶺關押,她指出,詩人在廣德二年(764)冬出使吐谷渾,可能遊説吐谷渾與吐蕃聯盟未成功,在大曆元年(766)甘州失陷後,被吐谷渾押往臨蕃。④ 楊富學、蓋佳擇認爲,落蕃詩人出使吐蕃的時間,很有可能是在金山國與回鶻第一次、第二次交戰之間隙。⑤

有關陷蕃詩的具體作者,學術界主要有三種觀點:佚名詩人和馬雲奇、毛押衙、鄧郎將。

1. "佚名詩人"和馬雲奇

主要代表學者有王重民先生和"舒學"。王重民先生在二十世紀三十年代初步整理法藏敦煌文獻時,就將 72 首陷蕃詩録爲佚名詩人所作的 59 首和馬雲奇所作的 13 首,指出:"右詩五十九首,鈔寫在伯二五五五,按其内容和編次,當是一個作者的詩集,可惜作者的姓名不可考了。"⑥ 即他認爲 59 首詩的作者是"佚名詩人"。而對於另外 13 首詩歌的作者,他認爲:"格調均相似,除第一首外,又皆詠落蕃詩,故可定爲一人作品。第一首下題馬雲奇名,作者殆即馬雲奇。"即他認爲十三首詩的作者爲馬雲奇。"舒學"在《敦煌唐人詩集殘卷》中前言提到:"這兩個殘詩集的作者:一個(姓名不可考)是唐德宗建中二年(781 年)吐蕃攻佔敦煌後,在此年初秋被押解離開敦煌……另一個是馬

---

① 湯君《敦煌唐人詩集殘卷作者考辨》,《西南民族學院學報》1996 年第 6 期,第 242—247 頁。
② 楊富學、蓋佳擇《敦煌寫卷"落蕃詩"創作年代再探》,劉進寶主編《絲路文明》第 2 輯,上海:上海古籍出版社,2018 年。
③ 高嵩《敦煌唐人詩集殘卷的〈文學價值〉》,《社會科學》1980 年第 3 期,第 81—84 頁。
④ 湯君《敦煌唐人詩集殘卷作者考辨》,《西南民族學院學報》1999 年第 6 期,第 242—247 頁。
⑤ 楊富學、蓋佳擇《敦煌寫卷"落蕃詩"創作年代再探》,劉進寶主編《絲路文明》第 2 輯,上海:上海古籍出版社,2018 年。
⑥ 王重民遺稿《敦煌唐人詩集殘卷考釋》,《中華文史論叢》1984 年第 2 輯,第 49—52 頁。

雲奇,大概是公元 787 年吐蕃攻佔安西後,從敦煌出發,經過淡水,被押送到安西。"①湯君先生同意該觀點,在《敦煌唐人詩集作者考辨》中分別考辨了陷蕃詩的兩位詩人:馬雲奇和佚名氏,認爲馬雲奇系江南西道湖南衡陽人,最後馬雲奇失蹤不是被蕃軍遣回,而很可能是被殺害了;佚名氏的故鄉在今內蒙古自治區烏拉特前旗一帶,自幼剃度出家,精通佛理,但亦不放棄儒學,後還俗問政。② 閻文儒先生對 13 首詩歌的作者進行考辨後他認爲 13 首詩或都是馬雲奇所作,因爲殘詩集二(P.2555 殘卷背面詩歌十三首)中,第一首是"懷素詩草書歌",署名馬雲奇,第二首詩歌是"白雲歌",他認爲白雲歌風格與懷素詩草書歌極其相似,並在白雲歌小序中自注是:"落殊俗隨蕃望之,感此而作",所以 13 首詩可能都爲同一作者馬雲奇,又從《白雲歌》中的一句"即悲出塞須出塞,應亦有時還帝鄉"分析認爲馬雲奇可能是當時到河西的官吏。③ 王志鵬在《敦煌寫卷 P.2555 白雲歌再探》認爲 P.2555 背面的 12 首詩與正面的 59 首陷蕃詩,並非同一作者,馬雲奇也只是《懷素師草書歌》的作者,而不是陷蕃詩的作者,他從《白雲歌》所表達的思想內容及寫作手法方面分析,側面説明《白雲歌》的詩人是一位具有較高的佛學修養者,是一位儒、佛、道三者兼通的佚名僧人④。

2. 毛押衙

主要代表學者有柴劍虹先生和潘重規先生。柴劍虹先生在《敦煌伯二五五五卷"馬雲奇詩"辨》⑤中,認爲馬雲奇的《懷素師草書歌》與其後的 12 首詩歌在抄寫風格方面有所不同,但與正面 59 首佚名詩歌的抄寫風格很相似,所以推測除《懷素詩草書歌》外的 12 首詩與正面 59 首詩歌是出自一人之手,而且柴先生注意到,緊接前 59 首詩歌抄錄在劉商《胡笳十八拍》之後是第十九拍,署名"毛押衙",這首詩歌從內容格調來看,與 59 首詩歌連貫一氣,應當爲一人所作,所以他推測這 71 首詩歌的作者爲落蕃人"毛押衙"。潘重規先生對馬雲奇《懷素師草書歌》進行了深入研究,證明馬雲奇不是陷蕃詩的作者,他從筆跡入手,推斷"毛押衙"爲 72 首詩的作者⑥。其他學者如徐俊、項楚等雖然同意正面 59 首詩歌與背面 12 首詩歌因筆跡不同、格式不同,推斷不是一人所作,但是並不同意作者或是抄寫者即爲落蕃人毛押衙。徐俊先生從敦煌

① "舒學"《敦煌唐人詩集殘卷》,《文物資料叢刊》1977 年第 1 期,北京:文物出版社,第 48—53 頁。
② 湯君《敦煌唐人詩集作者考辨》,《西南民族學院學報》1999 年第 6 期,第 242—247 頁。
③ 閻文儒《敦煌兩個陷蕃人殘詩集校釋》,閻文儒、陳玉龍編《向達先生紀念論文集》,烏魯木齊:新疆人民出版社,1986 年,第 188 頁。
④ 王志鵬《敦煌寫卷 P.2555 白雲歌再探》,《敦煌研究》2004 年第 6 期,第 81—87 頁。
⑤ 柴劍虹《敦煌伯二五五五卷"馬雲奇詩辨"》,《中華文史論叢》1984 年第 2 輯,第 53—58 頁。
⑥ 潘重規《敦煌唐人陷蕃詩集殘卷作者的新探測》,"中國唐代學會"編《唐代研究論集》第三輯,臺北:新文豐出版公司,1992 年,第 1—20 頁。

所存詩卷的整體狀況和本卷與其他詩卷的情況看,認爲 13 首詩歌爲同一人所作詩的情況很小。[1] 項楚先生在《敦煌詩歌導論》中認爲陷蕃詩歌正面 59 首和背面 12 首有可能是同一人所作,前 59 首陷蕃詩的筆跡與落蕃人毛押衙所寫的第十九拍的筆跡相同,也與背面陷蕃詩白雲歌的筆跡相同,所以這個作者爲毛押衙的可能性較高,且他認爲馬雲奇只是《懷素師草書歌》的作者,而不是陷蕃詩的作者。[2]

3. 鄧郎將

主要代表學者是邵文實先生。邵文實認爲正面與背面詩不是一人所作,她主要從以下幾個方面進行了論述:第一,從詩作反映的内容來看,所寫的對象有所不同,正面 59 首詩中屢屢出現"敦煌"這一地名,而背面 12 首詩中無一提及,倒是將甘州指爲自己的暮居之地;第二,從詩中作者的押解路綫來看,正面 59 首詩作者的押解路綫寫的非常清楚,敦煌——馬圈——墨離海——赤嶺——白水古戍——臨蕃,而背面 12 首詩中所敘述的行跡並不是那麼清楚,作者根據背面 12 首詩中的《送游大德府甘州真言口號》和《俯吐蕃禁門觀田判官贈向將軍真言口號》,判斷後者詩歌中提到的"主君"是甘州的"將軍",那麼他的出發地當是甘州而不是敦煌,又根據《九日同諸公殊俗之作》這首詩歌判斷作者的方位是在青海,若詩人此後被押往安西,則是從青海出發西北上了,那詩人所述的行跡與正面 59 首詩中的行跡恰恰相反,所以正面 59 首詩與背面 12 首詩的作者應該不是一個人;第三,59 首詩與 12 首詩所述作者的家鄉並不在同一個地方;第四,根據 59 首詩與 12 首詩所推測,作者的被俘原因也不相同,根據 59 首詩中對的《夢到沙州奉懷殿下》《春日羈情》《久感縲綁之作》,諸篇認爲作者是奉使入蕃時被拘的,根據 12 首詩歌中的《秋葉》認爲背面詩歌的作者是作爲戰俘被拘的;第五,創作的風格也有很大的差異,背面詩歌没有正面詩歌表現出感傷和抱怨之情。所以邵文實先生認爲 P.2555號正面 59 首詩與背面 12 首詩的作者應該不是一個人。對於詩歌的具體作者,她認爲抄寫者是一個知道"毛押衙"的人,因爲作者本人是不會稱自己的官名。邵文實先生又將背面《白雲歌》小序中的"予"代稱爲 12 首詩的作者,背面"予"所寫的詩與正面 59 首詩有一問一答,一唱一和,且"予"詩有《贈鄧郎將四弟》,所以她認爲正面 59 首詩歌的作者可能是"予"稱爲"鄧郎將四弟"的人,P.2555 殘卷中的 72 首"陷蕃詩"中至少有三個作者,一是《胡茄十九拍》的作者毛衙押,一是正面 59 首詩的作者鄧郎將,一是《白雲歌》及其後來 11首詩歌的作者是"予"。除了考辨了 P.2555 殘卷 72 首陷蕃詩有作者,她還論

---

① 徐俊《敦煌詩集殘卷輯考》,北京:中華書局,2000 年,第 689—690 頁。
② 項楚《敦煌詩歌導論》,成都:巴蜀書社,2001 年,第 224—248 頁。

述分析了因個人經歷不同、性格不同的三個詩人表達出了不同的思想感情和筆調風格。①

（二）“陷蕃詩”中地理及其路綫的研究

有關於“陷蕃詩”中的地理及其路綫,學者們已經有了豐富的研究成果。閻文儒先生在《敦煌兩個陷蕃人殘詩集校釋》中,偏重於歷史、地理以及陷蕃時間的考證,在詩歌的内容和意義方面只是略説了一些。閻文儒先生分析這些陷蕃詩,雖然是文學作品,但實際上是一種紀行詩。從今日敦煌入南山,過山至哈拉湖,再東行到鄯州,西六十里至臨蕃,他還通過詩歌分析了作者一路上經歷的季節和花費的時間,他離開敦煌是在初秋,作者在墨離海過了一年,後到達臨蕃又在臨蕃過了一年,由詩歌《題故人所居》:“與君昔離别,星歲爲三周。”可見他逢到友人已是在第三年了。

高嵩先生在《敦煌唐人詩集殘卷考釋》的“《殘卷》作者押解路綫圖説”總結了佚名氏和馬雲奇兩個人的押解路綫,認爲佚名氏的押解路綫是從敦煌郡城出發,西行而南,經過今當金山口,即“凶門”,向西南繞蘇幹湖,循“奔疾道”,至墨離海,佚名氏在墨離海上某川地過冬,至來年夏季方才離開,過西同向南,到“把險林”,由“把險林”經過巴隆、香日德、都蘭、茶卡,至青海湖西南蕃庭,自“蕃庭”向東南行,過赤嶺(今日月山)北折至白水古戍,再由白水古戍沿陵谷東北而行,最後到達湟水北岸臨蕃城。馬雲奇的押解路綫是從甘州張掖出發到達淡河,又到達大門拔谷(今扁都口),然後從大門拔谷到達了青海北某個近海的山區,作者認爲這一綫的傳統通道是:扁都口——俄博——祁連——冰溝——剛察,最後到達了臨蕃。② 項楚先生認爲59首詩歌記敘了作者從敦煌出發,經過墨離海、青海、赤嶺、白水,直到臨蕃,前23首詩歌是途中紀行詩,後36首詩是在臨蕃所作。③ 陷蕃詩作爲紀行詩,其中在詩題與詩歌中大量出現一些地理名詞,按詩歌抄録順序梳理,主要有以下這些:馬圈,陽關,墨離海、青海、敦煌、沙州、赤嶺、白水、臨蕃等,詩歌中出現的這些地理名詞,大致可以爲我們勾畫出陷蕃詩人被押解的路綫,實際上這條道路就是溝通敦煌與青海的“奔疾道”,也叫做“把疾路”。陳國燦先生認爲:“南口烽以南是吐谷渾活動的地域,故使用並不頻繁,而青海地區的吐蕃、吐谷渾則常從此道進入敦煌。”④通過詩歌呈現的落蕃詩人所行的地理路綫,對於考證研究唐代交通道路及唐代河西沙州地區與青海地區往來間的關係具有重要意義。

---

① 邵文實《吐蕃佔領時期敦煌没蕃詩人及其作品》,《東南大學學報》1999 年第 3 期,第 80—85 頁。
② 高崇《敦煌唐人詩集殘卷考釋》,銀川: 寧夏人民出版社,1982 年,第 106—111 頁。
③ 項楚《敦煌詩歌導論》,成都: 巴蜀書社,2001 年,第 248 頁。
④ 陳國燦《唐五代敦煌四出道路考》,《敦煌學史事新證》,蘭州: 甘肅教育出版社,2002 年,第 497—515 頁。

（三）有關陷蕃詩的寫作時間

1. 陷蕃詩是作於吐蕃佔領敦煌前

柴劍虹先生在《敦煌唐人詩集殘卷（P.2555）初探》中，認爲五十九首佚名詩並非寫於吐蕃佔領敦煌之後。他認爲，佚名詩基本上是按時間順序寫的，而且前七首詩並沒有透露出敦煌淪陷和詩人被俘的消息，作者認爲佚名作者所寫的《夢到沙州奉懷殿下》證明了當時沙州敦煌並未淪陷；大曆元年（766）五月涼州陷於吐蕃後，河西節度使才徙至沙州，因此親王坐鎮敦煌應在大曆元年之後，作者經過對《册府元龜》的考證，承審受封爲敦煌王，只有受封爲"敦煌王"後，他才可稱爲殿下，指出"佚名詩當作在至德或大曆元年之後，建中敦煌淪陷之前"。而且還指出馬雲奇詩也並非寫於787年吐蕃攻佔安西以後，因爲從詩歌的内容來看，並不都是他被吐蕃拘禁時所作的詩，其中的第一首詩是《懷素師草書歌》，從這首詩歌的詩意來看寫於懷素三十歲，懷素卒於貞元元年，安西淪陷時他早已去世，所以馬雲奇所寫的這首詩不可能寫在吐蕃攻安西之後，他認爲馬雲奇詩與佚名氏詩寫作年代大致相同，即是寫在758—781年吐蕃逐漸侵吞了河隴地區，但是沙州、西州尚爲唐軍堅守之時。[①] 熊飛先生認爲"從殘卷中已知作者的情況看，殘卷抄録作品所反映的是唐帝國由盛而衰的轉折時期的歷史情況，大多作品創作於玄、肅、代三朝"，他又根據相關材料考定殘卷背面《懷素師草書歌》寫於大曆四年（769）春，根據詩歌《夢到沙州奉懷殿下》中的"昨來魂夢傍陽關，省到敦煌奉玉顔"認爲在佚名詩人的眼裏，敦煌尚在唐人手中，所以詩歌可能作於建中二年（781）沙州淪陷之前；根據詩歌《登山奉懷知己》中"陣雲衡北塞，煞氣暝南荒"，認爲若當時沙州陷蕃，那麽河隴地區便已在吐蕃人手中，詩歌所描繪的風物就不合當時形式了；他認爲"《冬日書情》爲七言律詩，極合律，幾無一字越格者，此又是天寶前難以見到的，故此詩及前後數詩仍應寫於天寶中"[②]。高國藩先生從詩歌描繪的風物來推測，不認爲詩寫於建中二年（781），他認爲"舒學"所說的唐德宗建中二年吐蕃攻佔敦煌，這個時間過於具體化，且原稿裏沒有建中二年的記載，他認爲根據殘卷，對詩歌所作的時代背景只能做大致的推斷，所以高國藩先生認爲，陷蕃詩應當不是作於吐蕃攻佔敦煌後。[③] 顧浙秦先生認爲，"從其五十九首詩作可以看出，他（陷蕃詩歌的作者）是敦煌即將陷落之際，在敦煌郡幕府殿下的懇請和遣派之下，入蕃軍交涉的，結果'猜嫌被網羅'被疑作爲奸

① 柴劍虹《敦煌唐人詩集卷殘（伯2555）初探》，《新疆師範大學學報》1982年第2期，第71—77頁。
② 熊飛《P.2555殘卷抄録時間等相關問題再探》，《敦煌研究》1991年第1期，第63—73頁。
③ 高國藩《談敦煌唐人詩》，《社會科學》1983年第3期，第94—98頁。

細而遭縲絏,一路押至臨蕃覊用"①。

2. 陷蕃詩是作於吐蕃佔領河隴後

陳祚龍先生在《新校重訂敦煌古鈔李唐詞人陷蕃詩歌初集》中認爲,背面12 首詩作於吐蕃佔領河隴諸州後,他認爲,"自從李唐玄宗天寶安、史之亂後,相繼陷於吐蕃,直到懿宗咸通年中,次第全經光復期間的作品"②。舒學在《敦煌唐人詩集殘卷》中指出:"這兩個殘詩集的作者,一個姓名不可考,是唐德宗建中二年(781)吐蕃攻佔敦煌後,在此年初秋被押解離開敦煌,經過一年零一二月的時間,由墨離海、青海、赤嶺、白水,到達臨蕃;另一個是馬雲奇,大概是公元787 年吐蕃攻佔安西後,從敦煌出發,經過淡水,被押送到安西。他們的這些詩,按時間先後編排,記錄了作者沿途的見聞和感慨。"③閻文儒先生認爲:"作者陷蕃當在建中初閻朝等以敦煌投降的時候。是年初秋押解離開了敦煌,大概由墨離海、青海、赤嶺、白水,到達了臨蕃,在臨蕃又被囚禁。所經過的這些地方,都是吐蕃的佔領區。"④邵文實先生在《敦煌邊塞文學研究》這本書"吐蕃佔領時期没蕃文人及其作品"這部分中認爲 P.2555 號的 72 首敦煌没蕃人詩歌是作於河西節度使政權覆滅以後,敦煌乃至整個西北地區淪於吐蕃之下時期,他認爲"在這一時期,經濟上是蕭條期,政治上是沉淪期,而文化上是變異期。"且他用"没蕃文人"這一稱呼來稱這一時期文學作品的作者,因爲他認爲這或多或少的與吐蕃統治有關聯,也反映了吐蕃統治下的漢人心態。⑤

3. 陷蕃詩是作於張承奉金山國時期

孫其芳先生在《敦煌使吐蕃使及其詩作探微》中,根據 59 首陷蕃詩中的其中一首《夢到沙州奉懷殿下》一詩的詩題中出現的"殿下"一詞,確定了詩作寫成的年代在西漢金山國時期。她認爲,"殿下"是對太子的尊稱,也可用於稱諸侯王,但按唐制,卻只能用於稱呼皇后和太子,金山國自用此制,則這個"殿下"便是金山國的太子。而且詩中又有"流沙有境庭人主,惟恨無才遇尚賒",説明了當時敦煌有"人主"統治小朝廷,這個小朝廷非金山國莫屬了。所以她認爲"陷蕃詩"應當寫於西漢金山國時期,詩的作者是張承奉的西漢金山國使者。⑥ 陳國燦先生在《敦煌五十九首佚名氏詩歷史背景新探》一文中認爲

① 顧浙秦《敦煌詩集殘卷涉蕃唐詩綜論》,《西藏研究》2014 年第 3 期,第 73—82 頁。
② 陳祚龍《敦煌學海探珠》上册,臺北:臺灣商務印書館,1979 年,第 134 頁。
③ "舒學"《敦煌唐人詩集殘卷》,《文物資料叢刊》1997 年第 1 期,北京:文物出版社,第 48—53 頁。
④ 閻文儒《敦煌兩個陷蕃人殘詩集校釋》,閻文儒、陳玉龍編《向達先生紀念論文集》,烏魯木齊:新疆人民出版社,1986 年,第 180 頁。
⑤ 邵文實《敦煌邊塞文學研究》,蘭州:甘肅教育出版社,2007 年,第 28 頁。
⑥ 孫其芳《敦煌使吐蕃使及其詩作探微》,《甘肅廣播電視大學學報》2000 年第 1 期。

佚名氏詩的作者是金山國的官員,於 910 年冬被派往吐蕃求援,在臨蕃城被羈押,所以陷蕃詩可能爲金山國時期作品。① 楊富學、蓋佳擇先生同意陳國燦先生的觀點,《敦煌寫卷"落蕃詩"創作年代再探》一文中認爲,P.2555 寫卷之最終形成年代應在歸義軍時期,根據寫卷背後黏附的歸義軍時期文書與雜寫,認爲數件文書多作於張氏歸義軍後期淮鼎、承奉時期,被順手黏貼在紙背,他們通過辨證詩歌中出現的"退渾""唐家""鄉國""殿下",卷背的《白雲歌》帶有的濃厚的佛道色彩,以及詩作所反映的河湟廢墟化,認爲詩歌當作於金山國統治時期。②

(四) 陷蕃詩的文學性和藝術特色

有關 72 首陷蕃詩歌的文學性和表現的文學藝術特色,學術界的相關研究成果頗豐。主要集中於分析其 72 首"陷蕃詩"的文學價值,主旨結構,詩人表達的思想情感,以及探究"敦煌詩"與唐代"邊塞詩"之間的關係。

柴劍虹先生在《敦煌唐人詩集殘卷(P.2555)初探》中,從詩歌的藝術特色分析認爲貫穿於整個佚名詩的是悲愁和淒涼的心情,他從"陷蕃詩"出發還初步探索了"敦煌詩"與一些内地文人所寫邊塞詩的聯繫。③ 馬驍、馬蘭州在《敦煌寫卷 P.2555 以"落蕃漢人"爲題材的 60 首詩作文本分析》中基於陷蕃詩作品本身,從唐代邊塞詩歌的發展的背景出發,對於敦煌 P.2555 以"落蕃漢人"爲題材的 60 首詩歌從文本角度作了單純文學意義上的分析,並對其文學價值作了評估,分析了 60 首詩作的主旨和結構、審美情感,對 60 首詩作進行了歷史定位,認爲非盛唐、晚唐以及貞元元和之作。④ 王志鵬先生在《敦煌寫卷 P.2555 白雲歌再探》中對於背面 12 首陷蕃詩(包括《白雲歌》)的作者和《白雲歌》的思想内容作了探討;⑤高國藩先生在《談敦煌唐人詩》中,分析了詩歌所表達的思想感情,認爲詩歌反映了當時詩人思念家鄉的哀歌和内心的反抗。⑥ 邵文實先生在《吐蕃佔領時期敦煌没蕃詩人及其作品》中,認爲陷蕃詩作都受到了中原邊塞詩歌的影響,而且他們有與中原詩人不同的經歷,所以他們的詩歌又有自己的特色。邵文實還考辨 P.2555 是由三人所寫,且在三人詩歌價值方面做出了論述。其中特別強調了鄧郎將的詩歌價值,"用一個開始意氣

---

① 陳國燦《敦煌五十九首佚名詩歷史背景新探》,饒宗頤主編《敦煌吐魯番研究》第二卷,北京:北京大學出版社,1996 年,第 92 頁。

② 楊富學、蓋佳擇《敦煌寫卷"落蕃詩"創作年代再探》,劉進寶主編《絲路文明》第二輯,上海:上海古籍出版社,2018 年。

③ 柴劍虹《敦煌唐人詩集殘卷(P.2555)初探》,《新疆師範大學學報》1982 年第 2 期,第 71—77 頁。

④ 馬驍、馬蘭州《敦煌寫卷 P.2555 以"落蕃漢人"爲題材的 60 首作文本分析》,《内蒙古民族大學學報(社會科學版)》2015 年第 2 期,第 34—38 頁。

⑤ 王志鵬《敦煌寫卷 P.2555 白雲歌再探》,《敦煌研究》2004 年第 6 期,第 81—87 頁。

⑥ 高國藩《談敦煌唐人詩》,《社會科學》1983 年第 3 期,第 94—98 頁。

風發,而後沉淪孤況的落蕃者的眼光,注視了時事的變遷。"①孫其芳先生《大漠遺歌——敦煌詩歌選評》在詩歌的評析中,她通過詩中描繪的景物分析了每首詩歌詩人所表達的羈愁、鄉思、懷念友人的思想感情,以及分析詩人的寫作方法和文學特色。② 顧浙秦先生在《敦煌詩集殘卷涉蕃唐詩綜論》中主要分析了陷蕃詩歌的文學特色,他認爲,涉蕃詩抒發了落蕃後的孤獨傷感和思鄉懷舊,亦飽含有憤懣之情,認爲涉蕃詩作描繪的異域風情凸顯作者被羈後身處異域的淒涼,表達對邊地戰爭的反對和譴責方面陷蕃詩在思想境界上已達到一個新的高度,他還具體舉例分析了詩歌的文學藝術特色。③ 胡大浚、王志鵬的《敦煌邊塞詩歌校注》也對"陷蕃詩"的文學性和表現的藝術特色方面作了分析。④

三、正面59首陷蕃詩寫作時間再探

筆者在閱讀詩歌及結合史料後對於陷蕃詩歌的創作年代也有了自己的看法,認爲正面59首陷蕃詩應當不會作於吐蕃攻陷敦煌之前,其年代至少在唐文宗(809—840)之後。

首先,陷蕃詩中的第一首詩歌爲《冬出敦煌郡入退渾國朝發馬圈之作》,其中詩題中的"退渾"即吐谷渾。這一時期的"退渾國"可能作爲吐蕃的屬國而存在,所以在詩題中稱之爲"退渾國"。從《資治通鑑》記載:"宋白曰吐谷渾謂之退渾,蓋語急而然。聖曆後,吐蕃陷安樂州,其衆東徙,散在朔方。赫連鐸以開成元年將本部三千帳來投豐州,文宗命振武節度使劉沔以善地處之。及沔移鎮河東,遂散居川界,音訛謂之退渾。"⑤可以得知"吐谷渾"是由"退渾"音訛得到,而且由"吐谷渾"音訛到"退渾"的時間至少在文宗以後,所以正面59首詩歌的寫作時間大概在晚唐時期。而柴劍虹先生所認爲的佚名詩作於至德或大曆元年之後、建中敦煌淪陷之前;熊飛先生所認爲的殘卷抄錄的作品創作於玄、肅、代三朝;高國藩先生認爲的陷蕃詩歌作者是在敦煌即將陷落之際,在敦煌郡幕府殿下的懇請和派遣下,入蕃軍交涉。這些認爲陷蕃詩歌作與肅代時期的觀點自然不能成立,59首陷蕃詩應不是作於吐蕃攻陷敦煌之前。

其次,在663年吐蕃滅吐谷渾到8世紀,吐谷渾一直是藩屬於吐蕃而存在的,不是真正意義上的獨立的國家。高宗龍朔三年(663),"吐谷渾自晉永嘉

---

① 邵文實《吐蕃佔領時期敦煌没蕃詩人及其作品》,《東南大學學報》1999年第3期,第80—85頁。
② 孫其芳《大漠遺歌——敦煌詩歌選評》,蘭州:甘肅人民出版社2000年。
③ 顧浙秦《敦煌詩集殘卷涉蕃唐詩綜論》,《西藏研究》2014年6月第3期,第73—82頁。
④ 王志鵬《敦煌邊塞詩歌校注》,蘭州:甘肅人民出版社,1999年。
⑤ [宋] 司馬光《資治通鑑》卷二八二,北京:中華書局,1975年,第7695頁。

之末,始西渡洮水,建國於群羌之故地,至龍朔三年爲吐蕃所滅,凡三百五十年",①吐蕃吞並吐谷渾據其地後,除了諾曷鉢與妻唐弘化公主引殘部徙居内地依附唐朝外,龍朔三年後,留居青海故地的吐谷渾部族便處於吐蕃的統治和奴役之下,這一時期的吐谷渾是吐蕃的藩屬國。楊銘先生根據敦煌石室發現的藏文手卷《吐谷渾(阿柴)紀年》(vol.69,fol.84)分析認爲,663年吐蕃滅亡吐谷渾之後,吐蕃所立之吐谷渾王,是與吐蕃王室聯姻,且自稱"甥"的一支,作爲吐蕃小邦王子而存在,這個吐蕃小邦王子就是吐蕃扶植的吐谷渾可汗,即"莫賀吐渾可汗"。② 根據《新唐書·吐蕃傳》中所記:"帝曰:'吐谷渾與吐蕃本甥舅國,素和貴叛其主,吐蕃任之,奪其土地。'"③這表明雙方在咸亨元年已經成爲了甥舅國,吐蕃佔領其地。在這一時期,吐蕃控制下的吐谷渾國更多像一個歷史或地理名詞而非政治實體。④

吐谷渾這一時期作爲吐蕃的臣屬國還表現在其他方面:

吐谷渾作爲吐蕃的藩屬國,常常被征税。敦煌出土的藏文文獻P.t.1288《大事紀年》與吐蕃簡牘以及其他藏文文獻資料中記載有吐谷渾部完全臣屬吐蕃,楊富學、蓋佳擇已經在《敦煌寫卷"落蕃詩"創作年代再探》中有很詳盡的討論,這裏不再贅述。⑤ 所以在吐谷渾國小王在統治自己國家方方面面没有實際的權力,所以吐谷渾在8世紀遠稱不上是真正意義上獨立的國家,而是在吐蕃的控制之下的。吐谷渾作爲吐蕃的藩屬國還表現在他們共同聯合侵擾唐朝,《新唐書·吐蕃傳》記載:"廣德元年九月,吐蕃寇陷涇州。十月,寇汾州,又陷奉天縣。遣中書令郭子儀西禦。吐蕃以吐谷渾、党項羌之衆二十餘萬,自龍光度而東。"吐谷渾不但與吐蕃共同作戰,而且還爲吐蕃提供兵源。⑥

敦煌法藏藏文文獻P.t.1288《大事紀年》記載:

及至狗年(玄宗開元二十二年,甲戌,公元734年)

冬,[贊普]牙帳駐於劄瑪之翁布園。於"鳥兒"集會議盟。徵集吐谷渾之青壯兵丁。⑦

再根據《資治通鑑》記載:"每歲盛夏,吐蕃畜牧青海,去塞甚遠,若乘間築之,二旬可畢。"青海爲吐谷渾部落的屬地,吐蕃畜牧青海,表明吐谷渾可能還

---

① [後晉]劉昫《舊唐書》卷一八四,北京:中華書局,1975年,第5301頁。

② 楊銘《吐蕃統治敦煌西域研究》,北京:商務印書館,2018年,第130頁。

③ [宋]歐陽修《新唐書》卷二一六上《吐蕃傳上》,北京:中華書局,1975年,第6076頁。

④ 楊富學、蓋佳擇《敦煌寫卷"落蕃詩"創作年代再探》,劉進寶主編《絲路文明》第2輯,上海:上海古籍出版社,2018年。

⑤ 楊富學、蓋佳擇《敦煌寫卷"落蕃詩"創作年代再探》,2018年。

⑥ [後晉]劉昫《舊唐書》卷一九六上《吐蕃傳上》,北京:中華書局,1975年,第5237頁。

⑦ 《王堯藏學文集》卷一《吐蕃本敦煌歷史文書吐蕃制度文化研究》,北京:中國藏學出版社,第155頁。

爲吐蕃提供軍糧。① 吐谷渾作爲一個國家直到張氏歸義軍時期仍然存在,這一點在 P.2962《張議潮變文》中可得到證實,但是在歸義軍時期,吐谷渾附屬與吐蕃的國家性質恐怕已經有所改變,其實力也不容小覷,在 P.2962《張議潮變文》開頭記載:"諸川吐蕃兵馬還來劫掠沙州,奸人探得事宜,星夜來報僕射:'吐渾王集諸川蕃賊欲來侵凌抄掠,其吐蕃至今尚未齊集合。'僕射聞吐渾王反亂,即乃點兵,鑿凶門而出,取西南上把疾路進軍。才經信宿,西至西同側近,便擬交鋒。其賊不敢拒敵。即乃奔走。僕射遂號令三軍,便須追逐。行經一千里已來,直到退渾國内,方始趁趃。"②"敦煌北一千里鎮伊州城有納職縣,其時回鶻及吐渾居住在彼,頻來抄截伊州,俘虜人物,侵奪畜牧,曾無暫安。"③從這一段可以表明,在歸義軍時期,吐谷渾仍作爲一個國家而存在這一點毋庸置疑,雖然變文是文學講唱作品,有一定誇張性,但從這段變文中提到吐谷渾王集合吐蕃會集出征、侵凌抄掠,以及從變文中所描述的吐谷渾侵略伊州的情況來看,吐谷渾的實力在歸義軍時期並不薄弱,吕建福先生認爲,嗢末起義後,退渾的力量強大,也不見得沒有反過來依附者。④

　　從《冬出敦煌郡入退渾國朝發馬圈之作》中的兩句"西行過馬圈,北望近陽關"記録的退渾國的方位來看,在沙洲的西面,在 P.2962《張議潮變文》中記載的退渾國的方位一致,所以在《冬出敦煌郡入退渾國朝發馬圈之作》中這首詩題中的"退渾國"可能就是張議潮南征的吐谷渾,所以説明詩歌可能作於張議潮剛剛收復敦煌時期。更重要的是根據前人學者對於陷蕃詩歌中地理及其路綫做過的研究⑤,認爲詩歌作者所行進的路綫是循"奔疾道"而行,即由敦煌進入退渾國,後至墨離海,到達青海,又經過赤嶺、白水最終到達臨蕃,這條道路與《張議潮變文》中張議潮通過南山道行進 1 000 多里追擊吐谷渾的道路相一致,變文中將此道稱之爲"把疾路",是吐蕃進入沙州與青海地區往來的重要一道。

　　所以筆者認爲吐蕃從 667 年滅亡了吐谷渾後,吐谷渾分裂爲兩部,但青海一支一直作爲吐蕃的藩屬國而存在,從吐蕃向吐谷渾徵集大軍並共同對抗唐王朝可看出,直到中晚唐時期,吐谷渾國家仍然存在,但附屬吐蕃的國家性質可能已有所改變,這一時期吐谷渾在軍事力量增強,作爲"退渾國"而立據於西同之地,所以在張議潮收復沙州後不久,落蕃詩人從敦煌郡出發,可能是作爲勸説吐谷渾的歸義軍政權使節入退渾國,但受到吐蕃的猜疑而被縲絏至臨

①　[宋] 司馬光《資治通鑑》卷二二四《唐紀》北京:中華書局,2011 年,第 7224 頁。
②　王重名、向達等編校《敦煌變文集》,北京:人民文學出版社,1957 年,第 114 頁。
③　王重名、向達等編校《敦煌變文集》,北京:人民文學出版社,1957 年,第 114 頁。
④　吕建福《唐末詩文中的吐谷渾》,《中國土族》2004 年第 3 期,第 47 頁。
⑤　有關於陷蕃詩歌中涉及地理路綫的研究成果,前文已有所述。

蕃。所以正面 59 首陷蕃詩歌所作時間，應當不會在吐蕃攻陷敦煌之前，可能作於張議潮收復敦煌、南征吐谷渾時期。

四、P.2555 殘卷中 72 首陷蕃詩研究述評

P.2555 殘卷中的 72 首陷蕃詩雖不能與同時代唐代中原詩歌進行相提並論，但從史學角度出發，這些陷蕃詩可以對正史起到印證與補充作用，對於研究唐蕃民族關係、吐蕃在敦煌西域的統治、吐蕃統治時期的疆界等問題，提供了第一手資料，以及從陷蕃詩人的親身經歷看出吐蕃對於陷蕃漢人如何統治，正如陳祚龍先生所述：假若我們致力研究李唐沙州本部及其與吐蕃的文化關係，那麼，我敢說，它們可能就更得算爲"第一手""第一流"，最寶貴、最重要的參考資料①。所以 72 首陷蕃詩的文獻價值要遠遠大於文學價值。通過以上綜述，對學術界的研究成果進行總結，可以看出目前對於 P.2555 殘卷中的 72 首陷蕃詩的研究有以下幾個特點：

1. 就殘卷中詩歌的校錄方面，目前學術界對敦煌詩歌的輯佚、校錄工作仍在進行，但不同的學者對於 P.2555 殘卷中 72 首陷蕃詩歌的個別字的校錄都不同，所以對於陷蕃詩歌的校錄還需要不斷完善，在校錄詩歌方面，應該結合詩歌的整體意境和字形而校錄，比如在殘卷正面的《夢到沙州奉懷殿下》中的第三句："流沙有幸逢人主，惟恨無才遇尚賒"中的"逢"，②王重民先生錄作"庭"，項楚先生認爲："庭"當"匡"，蓋"匡"字先誤作"廷"，又誤作"庭"也，但是筆者認同徐俊先生的錄文，因爲前一句的"逢"字與下一句中"遇"字含義相近且對仗。再比如正面詩歌中《夜度赤嶺懷諸知己》中的第 7 句"獨嗟時不利，詩筆唯然操"中的"唯"，王重民先生校作"雖"，閻文儒先生校作"誰"，徐俊先生校作"唯"，根據下一句詩"更憶綢繆者，何當慰我曹"的含義：思念與我情誼殷切的友人，何時我們又能相互安慰，那麼結合上一句的含義，大致可能是：只有自己一個人感歎時局的不順，又有誰能與我一同作詩。"誰"字更能反映出詩人思念友人的情感。

2. 就研究内容和方向而言，對於 72 首陷蕃詩歌的研究在詩歌文學價值方面研究成果較多，但對於 72 首陷蕃詩歌在史料價值方面挖掘得不夠深入。國內學術界對於 P.2555 陷蕃詩歌在某一方面的專著較少，大部分是在關於敦煌詩歌的某一部分中闢出一章節進行連帶敘述，例如：項楚《敦煌詩歌導論》、徐俊《敦煌詩集殘卷輯考》等，而且對於 72 首陷蕃詩歌的已有的研究大多集中於二十世紀八十年代，研究内容方面主要集中在考辨陷蕃詩歌的作者等方

---

① 陳祚龍《敦煌學海探珠》上册，臺北：臺灣商務印書館，1979 年，第 109 頁。
② 此句依徐俊《敦煌詩集殘卷輯考》所錄。

面,對於佚名詩人、馬雲奇及鄧郎將等人從個別分析中得出他們的生平資料,研究成果豐富,但對毛姓押衙的生平考證,因材料的缺乏目前尚未考證,以及對於 P.2555 殘卷正面 59 首詩歌和背面 13 首詩歌之間的聯繫以及對於 72 首陷蕃詩歌與中原詩人所作的邊塞詩歌的研究有待於再深入。而近幾年的研究成果,又主要集中在陷蕃組詩的個別詩歌作品的研究,多是單篇文章的研究,缺乏系統性的研究,而且若是就詩歌本身來研究詩歌不結合其他史料及敦煌文書,所得到的結論會有片面性,比如在對陷蕃詩歌作者及作者的身份、詩歌反映的歷史背景以及創作年代,學界相關著作雖已經有了充分的論述,但是有關陷蕃詩歌的創作年代的定位仍有很多值得探究的地方,在這裏結合詩歌與敦煌文書相關史料來看,正面 59 首陷蕃詩歌作於敦煌淪陷吐蕃時期可能性不大。

　　所以,接下來在對 P.2555 殘卷中陷蕃詩的研究首先應當區分清楚詩作的抄寫年代與創作年代,有關這一點目前學界還未曾有過關注,需要結合P.2555卷中的其他文書來分析詩作的抄寫年代,只有對陷蕃詩的創作背景與時間有了明確的定位,才能更好地發揮其文獻價值。在接下來的研究中還需要關注詩作的抄寫者與創作者是否爲一人,以及正面與背面詩歌是否爲一人所作。

《睒子本生故事畫》研究綜述

焦響樂（蘭州大學）

本生，梵文 Jataka 的意譯，亦譯"本業"，音譯"闍陀伽"。佛經分類之一。指諸經所説的佛陀前世的諸般經歷，特別是做菩薩時的種種行事。[①] 由於本生故事種類繁多，金維諾先生曾將本生故事劃分爲四類：1. 以"施捨"爲主題；2. 宣揚"仁智""信義"；3. 以"孝友"爲主題；4. 以"持戒""感應"以及其他一些宣揚佛教信仰爲中心的譬喻或本生故事。[②] 屬於"孝友"題材的"睒子本生"具有鮮明的代表性，在佛教初傳時，在國内各大石窟寺遺址及造像碑上多有表現。本生故事畫依據本生經而寫，現存睒子本生故事畫依據的版本分爲印度史詩與漢譯佛經。如今所見睒子漢譯佛經共有以下幾種經典：

1. 三國吳・康僧會譯《六度集經》第五卷《菩薩睒本生》；
2. 失譯（《安公録》，今附《西晉録》）《佛説菩薩睒子經》；
3. 苻秦・僧伽跋澄等譯《僧伽羅刹所集經・睒施本生》；
4. 姚秦・聖堅譯《佛説睒子經》；
5. 元魏・吉迦夜共曇曜譯《雜寶藏經・王子以肉濟父母緣》；
6. 梁寶唱等集《經律異相・一切妙見爲盲父母遇王獵所射》。[③]

在中國新疆地區、北方中原地區、南方地區等各個石窟和造像碑中出現的睒子本生故事畫所依據的經典也多是以上幾種。筆者擬將對學界關於新疆石窟、敦煌石窟、麥積山石窟、雲岡石窟以及其他地區所見睒子本生故事畫的研究進行歸納與整理。

一、以新疆石窟睒子本生故事畫爲研究對象

新疆地區的石窟在中國石窟中自成體系，風格獨特，尤其是大量精美的佛教故事壁畫。[④] 新疆是中國接觸佛教和佛教藝術最早的地區之一，[⑤] 在新疆石窟中保存了大量西域風格的塑像及壁畫，本生故事多以菱格單幅畫面出現。在表現本生故事時往往選取一兩個經典場景，多出現在縱券頂、正壁佛

---

① 任繼愈《佛教大辭典》，南京：江蘇古籍出版社，2002 年，第 366 頁。
② 金維諾《〈佛本生圖〉形式的演變》，《中國美術史論集》（中卷），哈爾濱：黑龍江美術出版社，2004 年，第166 頁。
③ 賀世哲《敦煌圖像研究・十六國北朝卷》，蘭州：甘肅教育出版社，2008 年，第 192 頁。
④ 新疆龜茲石窟研究院所編：《克孜爾石窟内容總録》，烏魯木齊：新疆美術攝影出版社，2000 年，第 1 頁。
⑤ 吳焯《從考古遺存看佛教傳入西域的時間》，《敦煌學輯刊》1985 年第 2 期，第 70—71 頁。

龕上方和甬道内,極具裝飾性意味。克孜爾石窟中第7、8、17、38、69等窟,克孜爾尕哈第11窟,都存有睒子本生故事圖像,多繪盲父母在草廬内和國王射中汲水的睒子這兩個畫面,突出了盲父母的孤苦與睒子被誤射的可憐。

相繼出版的《20世紀初頭のドイツ隊によゐクムトう石窟調査とその後の研究》、《中國石窟·キジル石窟》、《中國新疆壁畫全集·克孜爾》(第2卷)、《中國石窟·克孜爾石窟》(第2、3卷)、《中國新疆壁畫藝術》系列、《西域美術全集——龜茲卷·克孜爾石窟壁畫》(第8卷)、《西域美術全集——龜茲卷·森木塞姆、克孜爾尕哈等石窟壁畫》(第11卷)①等圖册將新疆石窟中所出現的睒子本生故事畫一一羅列出來並做以簡單的圖版説明。新疆龜茲石窟研究所對新疆一帶石窟做了詳細的考察,每個石窟都做了内容總録以供學者們研究。森木塞姆石窟中能辨識出來的只有第30窟有睒子本生故事畫面,吴濤對畫面做了簡單的介紹並分析其佈局狀況。馬世長先生在《克孜爾中心柱窟主室券頂與後室的壁畫》中對克孜爾第17、38窟的睒子本生故事畫進行了識别。②《克孜爾石窟志》中介紹了包括睒子本生等74種本生故事,其中睒子本生以"睒摩迦至孝被射"命名。③ 吴濤對森姆塞姆石窟中體現本生故事題材的洞窟進行了統計,並對所出現的本生故事的佈局及畫面内容一一進行了闡述。④ 陳鈺等人將克孜爾石窟中所出現的故事畫進行分類,以通俗易懂的文字形式將故事内容描述出來,並將睒子本生命名爲《睒摩深山奉親迦》。⑤ 德國學者也從畫面内容等方面著手對睒子本生故事進行了研究。⑥ 高海燕對新疆地區石窟中的捨身飼虎本生與睒子本生圖像進行了詳細的統計

① [日] 中野照男《20世紀初頭のドイツ隊によゐクムトう石窟調査とその後の研究》《中國石窟·クムトう石窟》,東京:平凡社,1985年,第270頁。《中國石窟·キジル石窟》1,圖29。段文傑編《中國新疆壁畫全集·克孜爾》(第2卷),天津:天津人民美術出版社,1995年,第24頁。新疆維吾爾自治區文物管理委員會《中國石窟·克孜爾石窟》(第2卷),北京:文物出版社,1996年,圖8。周龍勤編《中國新疆壁畫藝術·克孜爾石窟》(第1卷),烏魯木齊:新疆美術攝影出版社,2009年,第218頁。周龍勤編《中國新疆壁畫藝術·克孜爾石窟》(第2卷),烏魯木齊:新疆美術攝影出版社,2009年,第48頁。周龍勤編《中國新疆壁畫藝術·克孜爾石窟》(第3卷),烏魯木齊:新疆美術攝影出版社,2009年,第21、222頁。周龍勤編《中國新疆壁畫藝術·森木塞姆石窟 克孜爾尕哈石窟》(第5卷),烏魯木齊:新疆美術攝影出版社,2009年,第178頁。新疆維吾爾自治區文物管理委員會《中國石窟·克孜爾石窟》(第3卷),北京:文物出版社,1997年,圖20—25。趙莉編《西域美術全集——龜茲卷·克孜爾石窟壁畫》(第8卷),天津:天津人民美術出版社,2016年,第67、353頁。趙莉編《西域美術全集——龜茲卷·森木塞姆、克孜爾尕哈等石窟壁畫》(第11卷),天津:天津人民美術出版社,2016年,第196頁。
② 新疆維吾爾自治區文物管理委員會《中國石窟·克孜爾石窟》(第2卷),北京:文物出版社,1996年,第174—226頁
③ 龜茲石窟研究所、拜城縣史志編纂委員會、阿克蘇地區史志編纂委員會編《克孜爾石窟志》,上海:上海美術出版社,1993年,第52頁。
④ 吴濤《略述森木塞姆石窟的洞窟性質、壁畫題材與佈局》,《西域研究》1993年第2期,第75頁;《森木塞姆石窟内容總録》,第99頁。
⑤ 陳鈺、何奇編著,張愛紅繪《克孜爾石窟壁畫故事精選》,烏魯木齊:新疆人民出版社,2005年,第52—56頁。
⑥ [德]阿爾伯特·馮·勒柯克、恩特斯·瓦爾德施密特著《新疆佛教藝術》(下),烏魯木齊:新疆教育出版社,2006年,第441頁。

和釋讀,包含了古龜茲、古高昌、古焉耆地區的圖像表現形式、位置等方面的探討。①

衆學者從菱格形構圖來源對睒子本生故事畫進行了分析,認爲龜茲石窟中的"捨身飼虎本生"和"睒子本生"只是衆多菱形格②本生故事中的兩類題材,卻具有一定的代表性。日本學者中川原育子從壁畫風格方面對克孜爾第114窟、第69窟、第8窟進行分析,發現睒子本生圖是利用兩個菱格來表現一個本生故事。③王小春將新疆一帶石窟寺遺址中所出現的睒子本生圖進行統計,從美學角度將它們的構成形式、情節安排、人物、樹木及山石與其他地方的睒子本生圖進行比較分析。④

對於新疆石窟的研究,姚士宏先生在1987年至1988年先後三次撰文全面介紹克孜爾石窟的本生故事壁畫,分類列舉了包括睒子本生在內的64種本生故事並進行討論,指出龜茲佛教宗學小乘説一切有部,突出了爲現在佛的釋迦牟尼,强調犧牲自我的累世修行,而又以中心柱窟表現最爲充分完備。姚先生認爲,這些本生故事源於印度民間故事,被佛經編纂者用來宣傳佛教的基本教義,很多與現實生活存在某種聯繫。⑤這個觀點明確指出了本生故事的宗教意圖與社會生活所存在的關聯,是研究中不可忽視的問題。

二、以敦煌石窟睒子故事畫爲研究對象

莫高窟作爲國內保存最完整、規模最大的石窟寺遺址,它的壁畫經歷十個朝代經久不衰。莫高窟保存塑像2 000多身,壁畫4.5萬平方米,相對於麥積山石窟保存較好,具有極高的研究價值。最初研究莫高窟石窟藝術的學者以常書鴻、段文傑、史葦湘、李其瓊等先生爲主。莫高窟中,有7個洞窟中出現了睒子本生圖,北周較爲集中,隋代以後不見睒子圖的出現。它們以橫長連環畫形式,故事連貫,脈絡清晰,這些畫面基本看不到西域對其產生的影響,亦應成爲個案展開研究。《中國石窟・敦煌莫高窟》系列、《中國美術全集・敦煌壁畫》、《敦煌石窟全集:本生因緣故事畫卷》、《敦煌石窟美術史》等圖冊

---

① 高海燕《捨身飼虎與睒子本生圖像研究》,蘭州:甘肅教育出版社,2017年,第104—122頁。
② 王徵《克孜爾石窟藝術》,《美術》2001年第10期,第75頁。霍旭初《克孜爾石窟故事壁畫與龜茲本土化》,《新疆師範大學學報》(哲學社會科學版)2005年第4期,第66頁;李雨濛《試析克孜爾石窟壁畫菱形格形式的起源》,《西域研究》2012年第4期,第127—14—34頁。
③ [日]中川原育子《克孜爾壁畫風格研究之第一步——以克孜爾第114窟、第69窟和第8窟爲中心》,趙莉主編《龜茲石窟保護與研究國際學術研討會論文集》,北京:科學出版社,2015年,第266—285頁。
④ 王小春《中國西北石窟藝術中〈睒子本生圖〉的分佈及其形式因素比較研究》,西北師範大學碩士學位論文,2017年5月,第12—51頁。
⑤ 姚士宏《克孜爾石窟本生故事畫的種類題材》,《敦煌研究》1988年第1期,第18—21頁。姚士宏《克孜爾石窟探秘》,烏魯木齊:新疆美術攝影出版社,1996年,第68—69頁。

將莫高窟中睒子本生圖刊佈並作以簡單描述。①

百橋明穗認爲佛教故事畫以佛傳圖和本生圖爲中心,是敦煌早期石窟壁畫中的主要題材。② 早在 1982 年段文傑先生在對故事畫的描述時以《雜寶藏經》中的"睒摩迦忠君孝親" 對"睒子本生" 畫面進行了簡單描述。在睒子圖相對應的文字版說明中,作者認爲此時自然景物不再可有可無,而成爲表現内容的重要因素,圖中"人大於山"畫法無疑是一個進步。③ 在 1989 年敦煌研究院以段文傑先生主編的《中國美術全集》中刊佈了莫高窟第 299、301、302窟的睒子圖,並對畫面進行了簡單的講解,很多學者將視綫也放到了敦煌石窟中。劉永增、蔡偉堂二位先生都曾撰文探討過原存於莫高窟第 433 窟的睒子本生故事壁畫,蔡先生將該鋪壁畫和敦煌石窟中其他睒子本生故事内容、佛經依據、表現形式及藝術特點等方面進行了較全面的研究,對印度與我國新疆、雲岡、麥積山、敦煌地區以外的睒子本生也有所論述。④ 他對俄藏第 433窟的睒子圖與白描稿進行了對比,從繪畫内容及分佈、佛經依據、表現形式、藝術特點及相關問題進行討論。作者認爲,對於敦煌石窟中的睒子本生圖缺乏全面細緻深入的研究,有的文章對畫面釋讀也有一定的失誤。⑤ 日本學者東山健吾主要分析睒子本生圖並對其構圖形式,即橫幅多場景畫卷形式的展開與樣式上的發展進行探討;並與印度、犍陀羅、克孜爾及麥積山、雲岡石窟的例證進行比較,詳細驗證敦煌壁畫中睒子本生的畫卷形式、連環畫形式及異時同圖法等,認爲敦煌壁畫中的睒子本生並非漢代傳統形式的延續,而是在印度犍陀羅的影響之下所形成的。⑥ 白旭東從藝術動畫短片創作的角度入手,從《睒子本生故事畫》中吸取其造型、風格、色彩等元素。⑦

佛教故事大體可分爲佛傳、因緣、本生、佛教史跡等四類,每一類故事都有各自的特點、功能和傳播的主題。關於許多佛傳故事或本生故事的論著中都會提及睒子本生,多以粗略敍述,或以羅列繪製洞窟、介紹所據經典爲主,

---

① 敦煌文物研究所編著《中國石窟·敦煌莫高窟》(第一卷),北京:文物出版社,1984 年,圖 196、197。敦煌文物研究所編著《中國石窟·敦煌莫高窟》(第二卷),北京:文物出版社,1984 年,圖 3。李永寧《敦煌石窟全集:本生因緣故事畫卷》,上海:上海人民出版社,2001 年,第 135—137+149—156 頁。

② 百橋明穗著,王元林譯《佛教故事畫的世界——敦煌與日本》,敦煌研究院編《敦煌壁畫藝術繼承與創新國際學術研討會論文集》,上海:上海辭書出版社,2008 年,第 64 頁。

③ 敦煌研究院編《中國石窟·敦煌莫高窟》(一),北京:文物出版社,1982 年,第 173—184 頁。

④ 劉永增《蘇藏一幅敦煌壁畫内容異議》,《敦煌研究》1988 年第 3 期,第 90—92 頁;蔡偉堂:《敦煌壁畫中的睒子本生故事畫——從俄藏莫高窟第 433 窟睒子本生故事畫談起》,《敦煌研究》2004 年第 5 期,第 13—19 頁。

⑤ 蔡偉堂《敦煌壁畫中的睒子本生故事畫——從俄藏莫高窟第 433 窟睒子本生故事畫談起》,《敦煌研究》2004年第 5 期,第 13—19 頁。

⑥ 東山健吾著,李梅譯,趙生良審校《敦煌石窟本生故事畫的形式——以睒子本生圖爲中心》,《敦煌研究》2011年第 2 期,第 1—11 頁。

⑦ 白旭東《藝術動畫短片創作的視覺風格設計探析(上)——以莫高窟 299 窟〈睒子本生〉爲例》,《戲劇之家》2017 年第 15 期,第 122 頁。

但其中不乏一些有深度和有借鑒意義的相關論述。

較早注意到敦煌本生圖的演變特點並關照其他地區的是金維諾先生,他先後從佛本生圖的内容與形式、形式的演變角度發表了兩篇文章,將敦煌所出現本生圖像與新疆等地同類題材進行比較,①重點闡述佛教本生故事畫從單幅到長卷式構圖,再到大型經變構圖的發展演變過程。金先生指出這種平列構圖顯然是吸收了中原傳統長卷型繪畫的某些因素而完成的。② 之後,許多學者都撰文探討有關敦煌本生圖的源流發展,如高田修先生大量列舉了莫高窟洞窟中的本生故事畫,明確其所在洞窟、位置和形式,在與印度同類題材圖像相比較的前提下探討了這些故事的藝術傾向和特點。③ 趙聲良先生、釋依淳大師以及高金玉、寧強等學者也注意到敦煌壁畫的構圖差異和其他地區的傳承關係,持與金維諾先生類似觀點。④

胡同慶、王義芝以北周第 299 等窟作爲研究對象,認爲北周時期在莫高窟所出現的睒子圖是完全以"孝道"爲主題,與中國本土傳統倫理思想相吻合的故事畫。⑤ 高海燕對莫高窟中所出現的睒子本生和捨身飼虎本生以組合形式出現的洞窟做了統計,逐一釋讀了畫面内容,並將本生組合的歷史背景進行分析,得出了它們之間存在的内在聯繫。作者認爲,莫高窟洞窟中的這兩種本生故事組合並不是孤立的存在,與洞窟中相關的題材有一定的聯繫。⑥

本生故事主要反映的是佛教小乘教義,宣揚忍辱犧牲,"六度"修行最終修成正果的思想。後來,睒子本生所代表的孝友類題材在我國北朝至隋代時期非常流行。在特殊的歷史背景下,本生故事的功能不再僅僅是宣揚佛教,對此,賀世哲先生結合當時歷史背景,揭示了本生故事的一大功能——宗教功能的内涵與意義。早在 20 世紀 60 年代賀世哲先生就曾探討莫高窟北朝和隋代石窟與禪觀的關係,提出本生故事是禪觀的重要對象,⑦他所撰寫的《敦煌圖像研究·十六國北朝卷》對敦煌早期石窟圖像作了較系統、全面的探討,在此基礎上,李永寧先生進一步總結了敦煌地區本生故事功能的演變,指出

① 金維諾《〈佛本生圖〉的内容與形式》,《中國美術史論集》(中卷),第 154—165 頁。
② 金維諾《〈佛本生圖〉形式的演變》,《中國美術史論集》(中卷),第 169 頁。
③ 高田修《佛教故事畫與敦煌壁畫——專論敦煌前期的本緣故事畫》,《敦煌石窟·敦煌莫高窟》第 2 卷,北京:文物出版社,1984 年,第 200—208 頁。
④ 趙聲良《敦煌早期故事畫的表現形式》,《敦煌研究》1989 年第 4 期,第 34—41 頁;釋依淳《克孜爾與莫高窟的本生之考據》,《1990 年敦煌學國際研討會文集·石窟考古編》,瀋陽:遼寧美術出版社,1995 年,第 278 頁;高金玉《克孜爾石窟"本生"壁畫的藝術特色及對内地石窟壁畫的影響》,《遼寧師範大學學報》2006 年第 3 期,第 103—106 頁;寧強《從印度到中國——某些本生故事構圖形式的比較》,《敦煌研究》1991 年第 3 期,第 3—12 頁。
⑤ 胡同慶、王義芝《入鄉隨俗,忠孝仁愛:〈睒子本生〉》,《美麗敦煌》,蘭州:甘肅人民美術出版社,2014 年,第 97—98 頁。
⑥ 高海燕《莫高窟捨身飼虎與睒子本生組合初探》,《十院校美術考古研究文集》,上海:上海大學出版社,2014 年,第 200—217 頁。
⑦ 賀世哲《敦煌莫高窟北朝石窟與禪觀》,《敦煌石窟論稿》,蘭州:甘肅民族出版社,2004 年,第 1—22 頁。

北周以前少數民族統治敦煌,不重義理而重禪修,這一時期開鑿石窟的主要功能主要以觀禪爲主,石窟中的壁畫也在爲禪修而服務。在隋統一全國後,佛教内部"破斥南北",提倡禪理並重、"定慧雙修",且戰亂基本平息後,人民生活走向安定,人們不再願意選擇苦修、禁欲、忍辱、犧牲的本生故事,而大乘佛教所宣揚的衆生平等的美好佛國世界和解除人們苦難的經義更適合現實需要,這時,本生等佛教故事走向衰落,到唐代被流行的大乘經變所取代。晚唐、五代時期,佛教信仰多元化、世俗化,本生故事再次大量入壁。[①] 雖然這些論述僅針對敦煌地區,但對於探討和研究其他地區的佛教本生故事畫所具有的功能意義重大。李富華針對《佛説睒子經》作以解讀,從而看佛經中的"孝經",對睒子本生畫面進行了釋讀,以導讀的方式作以解釋,[②]更適合大衆理解。謝生保先生分析了中國佛教石窟中的《睒子經變》的特點,結合當時歷史背景,分析佛教初傳時遇到的困境,認爲《睒子經變》是魏晉南北朝儒、釋、道鬥爭的産物,從各朝代看佛教藝術中的孝道思想,分析各派別衰落的原因。[③]簡佩琪運用圖像學結合文獻學的方法細緻分析,將《六度集經》排除在敦煌睒子本生的文本之外。[④]

三、以麥積山石窟睒子本生故事畫爲研究對象

麥積山石窟地處秦嶺西端,氣候宜人,景色秀麗,被譽爲"秦地林泉之冠"。[⑤] 十六國時,名僧玄高"隱居麥積山"[⑥]聚集僧衆百餘人,麥積山開始了它的創建史。石窟以泥塑爲主,保存壁畫不多,且殘損嚴重,但西魏時期的第127窟研究價值極高。該窟塑像保存完好,技藝精湛,壁畫内容豐富,現存最大規模的捨身飼虎本生和睒子本生外,還繪有維摩詰變、西方净土變、涅槃變等,佈局對稱、均衡,層次分明,不失爲上等佳作。對麥積山石窟的正規的學術調查,始於中華人民共和國成立後的1952年,當時西北地區文化部,組織了以常書鴻先生爲首的麥積山石窟偵查小組,自1952年11月2日到12月1日,對麥積山石窟進行了爲期三十天的調查,甚至攀上了前所未能登臨的第133窟,共確認窟龕157個。[⑦] 但這次的調查成果,包括攝影、測繪和臨摹在内,至今尚未見發表。1953年中央文化部組織了吳作人先生爲首的麥積山勘

---

① 李永寧編《敦煌石窟全集·3·本生因緣故事畫》,上海:上海世紀出版集團,2001年,第6—8頁。
② 李富華《〈佛説睒子經〉導讀——佛書中的"孝經"》,《佛教文化》1997年第1期,第14—16頁。
③ 謝生保《從睒子經變看佛教藝術中的孝道思想》,《敦煌研究》2001年第2期,第42—50頁。
④ 簡佩琪《敦煌睒子本生再判讀》,《雲漢學刊》2012年第8期,第54—61頁。
⑤ [宋]祝穆《方輿勝覽》卷六十九《天水軍》,《宋本方輿勝覽》,上海:上海古籍出版社,1986年。
⑥ [梁]慧皎《高僧傳》卷十一《釋玄高》,《大正藏》卷五〇,第397頁。
⑦ 參見《西北文化部完成麥積山石窟勘查工作——發現具有民族風格和高度藝術價值的雕像和壁畫》,《文物參考資料》1935年第1期。

查團,對石窟進行了較全面的考察研究,做了文字記録、攝影、臨摹等大量工作,發表了《麥積山石窟内容總録》。① 後在 1987 年,董玉祥先生主編《中國美術全集繪畫編·17·麥積山等石窟壁畫》②一書中刊佈了麥積山石窟第 127 窟的睒子本生局部圖像,並對其進行了簡單介紹。繼而,相關論文不斷發表。1997 年,張寶璽編著的《甘肅石窟藝術壁畫編》③刊佈了麥積山第 127 窟前披睒子本生圖像的完整畫面。《中國石窟·天水麥積山》將第 127 窟睒子本生全景圖以彩圖形式刊佈並作以簡單的圖版説明。④ 隨後,不斷有圖版資料刊佈,學者們對麥積山第 127 窟睒子本生圖像的研究逐漸深入,但在關於第 127 窟確切開鑿時間上學者們仍存在分歧。目前,學者們從以下幾個方面進行研究:

張寶璽先生關注麥積山石窟壁畫,包括對佛教故事畫、經變畫、佛像、裝飾圖案和供養人像進行了論述和歸納,⑤劉俊琪先生從藝術成就的角度對麥積山石窟第 127 窟睒子本生圖像進行了探討,通過自己對這幅壁畫的臨摹體驗,從情節、人物佈局、形神氣韻等幾個方面進行了詳細解剖。以單體洞窟所出現的本生故事畫研究爲主,主要是以麥積山石窟第 127 窟爲對象者居多。他從壁畫的内容和藝術特色角度進行探討,爲渲染氣氛對原故事情節做了增減選擇,從佈局、形神氣韻、技法三方面著手,對圖像感受進行進一步的梳理與深化,從藝術的角度將這幅壁畫挖掘到十分細緻的程度。⑥ 如花平寧、謝生保所撰寫的《麥積山石窟壁畫中的〈睒子變〉》;從單幅本生故事圖像研究的,比如王宇寧先生《孝子變相·畋獵圖·山水平遠——麥積山壁畫〈睒子本生〉對中國早期山水畫史的里程碑意義》。王宇寧先生以繪畫技法的角度從畫面位置、畫面内容、人物及山水比例、構圖等方面進行分析,並將其與美術史上的山水遺跡進行了比較對比,認爲這幅作品是山水畫,並具有里程碑式的意義。⑦ 過去,很多老美術家都曾注意到這幅壁畫,但都未曾大膽提出如王先生文章中所寫的結論,這個觀點推翻了前人對這幅畫面在美術角度的認識,思路具有新意,而夏朗雲先生則對王先生的觀點提出質疑,認爲《睒子本生圖》

① 《麥積山石窟内容總録》,《文物參考資料》1954 年第 2 期,第 22—34+110—114+116 頁。麥積山石窟藝術研究所編《麥積山石窟内容總録》,《中國石窟·天水麥積山》,北京:文物出版社,1998 年,第 286 頁。
② 董玉祥《中國美術全集繪畫編 17 麥積山等石窟壁畫》,北京:人民美術出版社,1987 年,第 61 頁。
③ 張寶璽《甘肅石窟藝術壁畫編》,蘭州:甘肅人民美術出版社,1997 年,第 167 頁。
④ 天水麥積山石窟藝術研究所編《中國石窟·天水麥積山》,北京:文物出版社,1998 年,圖版 167。君岡主編《佛國麥積山》,上海:上海辭書出版社,2003 年,第 208—210 頁。
⑤ 張寶璽《麥積山石窟壁畫敘要》,麥積山石窟藝術研究所編《中國石窟·天水麥積山》,北京:文物出版社,1998 年,第 190—200 頁。
⑥ 劉俊琪《麥積山北魏壁畫〈睒子本生〉圖的内容和藝術特色》,《天水行政學院學報》2001 年第 2 期,第 62—64 頁。
⑦ 王宇寧《孝子變相·畋獵圖·山水平遠——麥積山壁畫〈睒子本生〉對中國早期山水畫史的里程碑意義》,《美術研究》2002 年第 1 期,第 44—47 頁。

並非山水畫而是人物鞍馬畫。① 項一峰對整個第 127 窟作了詳細的研究,在壁畫内容及藝術方面著重對睒子圖進行描述,認爲這是中國現存大型山水人物畫中最早的作品之一,爲瞭解中國早期山水畫構圖、技法、施色等藝術保留了可觀可探、不可多得的實物資料,可説是中國繪畫史中具有里程碑的作用,彌補了美術史上的重要一頁。② 沙武田先生從壁畫入手,探索麥積山石窟與莫高窟之間的聯繫,他認爲在時代上麥積山第 127 窟與敦煌莫高窟第 285、249 窟相一致。認爲 127 窟内的兩幅本生畫深受南朝影響,並表現出明顯的地域特色。③ 尹雁華以麥積山第 127 窟爲研究對象,從藝術價值的角度對人物情感表現的擴展、人物情感過程中的表現手法、畫面運動魅力三個方面進行分析,④但内容較單薄,没有將第 127 窟睒子本生圖像與美術史上相似畫作作對比、和其他洞窟本生圖像相比較,對於這幅壁畫的繪畫特點方面的探討不够深入。楊文博較全面地分析了其依據的經典、對莫高窟的影響、創作意義以及社會背景等。⑤

從佛經、敦煌寫本入手,探求睒子本生所藴含的"孝悌"思想的,如謝生保先生所撰的《從〈睒子經變〉看佛教藝術中的孝道思想》;以及中、印故事圖像對比研究,如寧强先生的《從印度到中國——某些本生故事構圖形式的比較》⑥等。高海燕結合第 127 窟中兩種最大規模的本生故事畫進行分析,分别爲"捨生飼虎本生"與"睒子本生",從它們所包含的内在思想角度,將"修行"與"孝悌"思想相結合,較全面地將這兩種本生圖像分析透徹。研究方法也較新穎,從某種程度上推動了本生故事圖像的研究。⑦

1989 年,張懷禮與縣瑄從體育視角對第 127 窟中睒子圖中人物活動進行了探討,分爲八種體育項目並簡單進行釋讀。⑧ 這種思路與視角十分新穎,拓寬了研究的方向。之後,王增明、岳明潔也從體育視角解析睒子圖,相對於張懷禮與縣瑄所寫的文章,他們將當時的歷史背景融入進來,將體育文物遺存

① 夏朗雲《客觀理解麥積山壁畫〈睒子本生〉的構圖圖式——對王寧宇先生〈睒圖〉爲平遠法構圖並改寫中國山水畫史的質疑》,鄭炳林,花平寧主編;蘭州大學敦煌學研究所,麥積山石窟藝術研究所編《麥積山石窟藝術文化論文集——2002 年麥積山石窟藝術與絲綢之路佛教文化國際學術研討會論文集》,蘭州:蘭州大學出版社,2004 年,第321—336 頁。

② 項一峰《麥積山第 127 窟研究》,《麥積山石窟藝術文化論文集——2002 年麥積山石窟藝術与絲綢之路佛教文化國際學術研討會論文集》,第 95—124 頁。

③ 沙武田《北朝時期佛教石窟藝術樣式的西傳及其流變的區域性特徵——以麥積山 127 窟與莫高窟 249、285窟的比較研究爲中心》,《敦煌學輯刊》2011 年第 2 期,第 102 頁。

④ 尹雁華《麥積山 127 窟壁畫的藝術價值》,《藝海》2018 年第 8 期,第 51—52 頁。

⑤ 楊文博《麥積山石窟睒子本生故事畫初探》,《法音》2018 年第 8 期,第 59—63 頁。

⑥ 寧强《從印度到中國——某些本生故事構圖形式的比較》,《敦煌研究》1991 年第 3 期,第 3—12 頁。

⑦ 高海燕《試析捨身飼虎本生與睒子本生圖像的對應組合關係——兼論麥積山第 127 窟功德主》,《敦煌研究》2017 年第 5 期,第 19—28 頁。

⑧ 張懷禮、縣瑄《麥積山石窟藝術中的古代體育》,《體育文化導刊》1989 年第 3 期,第 19—20 頁。

進行分類,以少數民族活動與中原狩獵活動作以對比,在分析上更爲細緻、具體。[①]

四、以雲岡石窟睒子本生故事畫爲研究對象

雲岡石窟是北魏建都平城時留下的一座佛教藝術殿堂,保存了大量精美的造像及佛傳故事,"代表了 5 世紀世界美術雕刻的最高水平"。[②] 據考證,雲岡石窟尚存佛教故事雕刻畫 220 餘幅,可考名者 198 幅,現存 3 處睒子本生浮雕,分別位於第 1、7、9 窟中,《雲岡石窟:西暦五世紀における中國北部佛教窟院の考古學的調査報告》系列、《雲岡石窟》系列、《中國石窟・雲岡石窟》(第 2 卷)[③]等圖册將雲岡石窟中所出現的睒子本生圖刊佈出來,爲學者們進行研究提供了有利的圖像資料。《雲岡内容總録》也清晰地記録了故事畫所在位置。[④]

對雲岡石窟,最早對它進行研究的是日本學者。1938 年至 1945 年,日本東京大學人文科學研究所組成的以水野清一、長廣敏雄爲代表的調查隊在雲岡石窟開啓了迄今爲止最爲詳細的考古調查。他們對雲岡石窟的佛教故事雕刻作了細緻全面的考證,採取攝影、拓片、實測等方法,具有極高的借鑒意義。並且他們認爲雲岡第 7 窟中壁畫似爲儒童本生。[⑤] 王恒先生的文章詳細介紹了第 9、第 1 窟中的睒子本生故事内容鋪陳、構圖安排及表現特點。[⑥] 趙昆雨先生對雲岡石窟中本緣故事的雕刻題材内容以早、中、晚期的雕刻表現形式做以簡要探討。[⑦] 對於雲岡第 9、10 雙窟中的睒子本生中睒子肩負盲父母進山修行這一畫面,也有學者認爲這是表現"天神山神皆作人形",日夜侍奉盲父母的情景。[⑧] 趙昆雨先生則關注到了睒子本生浮雕旁的榜題,他認爲,雲岡石窟中凡附有短册榜題欄的故事圖像,榜題是具體人物或事件的輔助説明,哪一個人物旁邊有這樣的短册榜題,就表明他是該畫面中需要交代的重

① 王增明、岳明潔《麥積山石窟藝術中的古代體育》,《東方收藏》2017 年第 12 期,第 27—35 頁。
② 張焯《雲岡石窟的歷史與藝術》,雲岡石窟研究院編《雲岡石窟》,北京:文物出版社,2008 年,第 2 頁。
③ [日]水野清一、長廣敏雄著,中國社會科學院考古研究所編譯《雲岡石窟》(第 1 卷),北京:科學出版社,2014 年,第 18、40 頁。[日]水野清一、長廣敏雄著,中國社會科學院考古研究所編譯《雲岡石窟》(第 6 卷),北京:科學出版社,2014 年,第 20—21 頁。雲岡石窟文物保管所《中國石窟・雲岡石窟》(第 2 卷),北京:文物出版社,1994 年,第 193—207 頁。
④ 員海瑞《雲岡石窟内容總録》(一),《中國石窟・雲岡石窟》(第一卷),北京:文物出版社,1994 年,第 23—235 頁。
⑤ [日]水野清一、長廣敏雄《雲岡石窟》(第 4 卷),京都:京都大學人文科學研究所,1952 年,第 100 頁。
⑥ 王恒《雲岡石窟中表現的"孝道"思想——雲岡"睒道士本生"畫解》,《文物世界》2001 年第 3 期,第 34—38 頁。
⑦ 趙昆雨《雲岡本緣故事雕刻内容及其特徵》,《敦煌研究》2004 年第 2 期,第 34 頁。
⑧ 賀世哲《敦煌圖像研究・十六國北朝卷》,蘭州:甘肅教育出版社,2008 年,第 192 頁。

要人物。①

五、以其他地區睒子本生故事畫爲研究對象

　　隨著資料的不斷出現，一些學者在探討與睒子本生相關問題時將敦煌、雲岡、新疆，甚至印度等地的遺存都列入研究範圍內，除了對石窟寺中壁畫的研究，許多學者還注意到造像碑上同樣出現的本生故事。李静傑先生關注佛教造像碑上的本生、本行故事，並對其列表分析，根據各種題材出現和消失的情況將其分爲三個發展期，探討了每期各自的特點。② 在他看來，造像碑分佈的基本地域，就雕刻的面貌、風格、構圖和情節表現形式而言，不同區域存在一定差異，主要由南北朝政治分立，各地區佛教文化傳播途徑及傳統審美取向的不同而造成，但南北方的共性仍占主流。吳荭、魏文斌二位先生曾撰文對甘肅地區北朝石刻造像上的本生故事作以介紹，③文章雖然只是在綜述的基礎上提出對本生故事簡單提及，但關注範圍已擴大，從石窟延伸到石碑造像，爲今後的研究方向提供了思路。金申、孫迪等刊佈了北魏張永造像碑的圖像，背屏所出現的睒子本生的故事畫與始光三年造像背屏背面如出一轍，他認爲該造像深受雲岡石窟同期造像作風影響。④ 無獨有偶，北魏延興二年造像中所出現的圖像與張永造像幾乎並無二致，兩者之間的傳承或有著偶然與必然的聯繫。⑤ 王景荃通過辨認劉碑寺造像碑的紀年刻字確定此碑爲北齊天保八年所刻，⑥與北魏造像上睒子本生圖相比，此圖更爲生動，構圖更爲靈活，表現手法更多融入了中國傳統山水畫因素與洛陽故友的綫雕技藝，更貼近世俗生活。高海燕則對寶頂山大佛灣第 17 號龕的《釋迦因地爲睒子行孝圖》畫面及碑文內容來源做了詳細分析。⑦

結　　語

　　歷經幾代學者的辛勤耕耘，睒子本生的研究已取得一定的成果，相繼發表了一系列相關文章，爲今後的研究工作奠定了良好的基礎。但研究過程中仍存在一些問題和不足之處：

---

　　① 趙昆雨《雲岡石窟佛教故事雕刻藝術》，南京：江蘇美術出版社，2010 年，第 118 頁。
　　② 李静傑《造像碑佛本生本行故事雕刻》，《故宮博物院院刊》1996 年第 4 期，第 80 頁。
　　③ 吳荭、魏文斌《甘肅北朝石刻所見佛教故事題材考》，魏文斌、吳荭《甘肅佛教石窟考古論集》，北京：民族出版社，2009 年，第 49—74 頁。
　　④ 孫迪編《中國流失海外佛教造像總合圖目》第二卷，北京：外文出版社，2005 年，第 255—257 頁；金申《流散海外的北魏早期石佛造像》，《收藏家》2006 年第 2 期，第 69—74 頁。
　　⑤ 杭侃《延興二年交腳彌勒像獻疑》，中山大學藝術史研究中心編：《藝術史研究》第 8 輯，廣州：中山大學出版社，2006 年，第 245—250 頁。
　　⑥ 王景荃《劉碑寺造像碑研究》，《中原文物》2006 年第 2 期，第 82 頁。
　　⑦ 高海燕《捨身飼虎與睒子本生圖像研究》，蘭州：甘肅教育出版社，2017 年，第 137—140 頁。

（一）關於睒子本生的研究存在著不平衡性。研究中主要有三種視角：1. 單純從藝術角度探討本生故事畫的繪畫風格、表現形式、佈局、用色等方面所蘊含的美學内涵；2. 對畫面進行釋讀、内容的來源和構圖演變的辨證；3. 從文獻、經卷中文字所記載的故事對本生故事内容進行探討考證。

（二）睒子本生是一種古老的題材，而且流傳甚廣，廣受中國信衆的推崇。除了文中上述的新疆、河西、甘肅以外的佛教石窟寺和甘肅地區造像碑以外，大足石刻、阿育王塔等地佛教造像碑等處均有遺存，時代跨度也比較大。這些現象也應引起關注，爲什麼在新疆地區、麥積山石窟中盛行的睒子本生圖能夠流傳如此久遠？爲什麼在隋代以後敦煌地區以“孝”爲中心的睒子本生逐漸衰弱？它的出現和没落與當時的社會背景、政策、文化傳統習俗之間存在何種關係？從現有的研究成果來看，對於圖像的全面搜集、綜合分析以及對以上問題的深入研究，仍有所欠缺。

（三）目前對睒子本生故事畫的研究個案仍比較孤立，僅就這一種本生故事進行釋讀、研究，分析其構圖、表現技法、藝術風格、人物形象、演變規律等，研究視角也略顯單一，通常僅以單純的歷史、宗教、藝術、文獻、美學中的某些方面，没有交叉運用各門學科、多種方法、多視角、深層次進行研究。在洞窟中所出現的本生故事相鄰或相對都不是偶然排列的，它們之間想必是存在某種特殊的聯繫，在同一時期或同一位置所出現的本生圖像組合以何種形式、數量多少以及各自的功能和作用等都是值得探討的問題，這些問題往往反映各個時期、不同地區的社會現實和宗教狀況，對比不同佛教本生故事之間的聯繫和彼此消長的規律，尋求它們之間交匯處，是未來研究該領域的方向和趨勢。

綜上所述，作爲“孝友”題材的睒子故事的研究對整個本生故事的研究具有重要的推動意義，對瞭解中西文化融合也具有重要價值，但在研究方法和過程中仍存在一定的不足，在未來研究路上還有大量問題需要解決。

霞浦摩尼教文獻研究述評[*]

蓋佳擇（淮陰師範學院）　楊富學（敦煌研究院）

一、關於摩尼教之入閩與霞浦
　摩尼教抄本的發現

摩尼教,亦稱明教,爲波斯人摩尼創於 3 世紀,它積極吸收了基督教、瑣羅亞斯德教和佛教等各大宗教之教義,將其創教之人吸納入自身的"光明使者"亦或先知的體系中,並讓摩尼本人成爲"衆使徒之封印",此即後世摩尼教"五佛"之由來。摩尼教在摩尼生前即積極向東西方發展,其徒末冒已將光明教義傳至中亞,至 7 世紀後期,約在唐高宗亦或武則天爲帝之時,摩尼教正式傳入中華。

和任何一種夷教一樣,摩尼教在中華大地傳教經歷亦極坎坷,雖安史亂後於各州立大雲光明寺,然會昌滅法,幾乎没頂,之後"有呼禄法師者,來入福唐(今福建福清市),授侣三山(福州市),遊方泉郡(泉州市),卒葬郡北山(泉州北郊清源山)下"。[①] 這位呼禄法師,無疑即閩系摩尼教之鼻祖。然而,關於法師名字之語源及含義,素來衆説紛紜,主要有呼嚧唤、大(法師)和吉祥三種説法。其中呼嚧唤一説提出最早,支持者最多。劉南强考證認爲,其應音譯自中古波斯文 xrwhxw'n/xrohxwan,漢譯呼嚧唤,當屬中亞摩尼教團[②]。楊富學以爲,據《摩尼光佛教法儀略》呼嚧唤稱"教道首",即傳教士。屬摩尼教五等級中第四級,乃專知寺院獎勸,又稱阿羅緩,譯言一切純善人,爲級別較低之選民,高昌回鶻時期更形同佛教之使唤僧,與能够"授侣三山"的高級法師呼禄法師身份似不稱,而且"呼嚧唤"屬官號,似亦可意譯爲法師,如此"呼禄法師"豈不成了"法師法師"? 疊床架屋,斯當取乎?[③] 然林悟殊先生《唐季摩尼僧"呼禄法師"其名其事補説》[④]一文則指出,"疊床架屋"、音譯意譯合璧之譯名並不鮮見,如東南亞之"湄南河"(Menam)泰語本即"大河"之義,而復綴以

* 本文爲國家社會科學青年基金項目"華化視域下的絲路三夷教文獻研究"(編號 19CZJ001)、國家社科基金重大項目"敦煌中外關係史料的整理與研究"(編號 19ZDA198)成果之一。

① （明）何喬遠《閩書》卷七《方域志》,福州: 福建人民出版社,1994 年,第 171、172 頁。
② Samuel N. C. Lieu, *Manichaeism in the Later Roman Empire and Medieval China: a historical survey*, Manchester, 1985, pp.89, 264.
③ 楊富學《〈樂山堂神記〉與福建摩尼教》,《文史》2011 年第 4 期,第 151、152 頁。
④ 林悟殊《唐季摩尼僧"呼禄法師"其名其事補説》,朱玉麒主編《西域文史》第 11 輯,北京: 科學出版社,2016 年,第 21—30 頁。

河（River）字，《摩尼教殘經》第 15 行之“未勞俱孚山”，芮傳明先生以爲，俱孚爲中古波斯語 kof（山脈）之音譯，“未勞”則是（蘇）迷盧之音譯①，則其山名亦屬“疊床架屋”，是獨呼嚧唤不得稱法師乎？林先生並且認爲，吐魯番文書中作爲使唤僧的呼嚧唤，其性質已不同於唐代《儀略》中的呼嚧唤，而接近於月直的身份了，以十世紀高昌摩尼教團的任命情況狀唐代，顯然扞格。“呼禄法師”爲“大法師”之説爲日本著名回鶻學專家森安孝夫先生提出，其以爲呼禄即回鶻語“Uluγ”，意爲大，指［宗教］法師②。然而“Uluγ”與“大”對譯準確，不難理解，似不必用此音譯，回鶻常見之所謂“大汗”（UluγQaγan）、“大將軍”似從未有翻譯成“呼禄汗”“呼禄將軍”者，何以“大法師”定要譯爲“呼禄法師”呢？不過，森安氏對“呼禄”一詞源出回鶻語的判定亦給後學者一定啓發。在前輩學者諸説基礎之上，楊富學在其《〈樂山堂神記〉與福建摩尼教》之第四節《回鶻摩尼僧之開教福建》中提出呼禄實當爲“Qutluγ”即骨咄禄之對音，意爲“吉祥”。骨咄禄，又譯“骨禄”“骨都”“胡禄”，而“Qutluγ”在回鶻又常被人格化爲“保護神”，其用以對譯“呼禄”無疑再合適不過。故而呼禄法師誠當來自漠北回鶻，會昌法難之際南下，開教八閩。當然楊説亦仍屬假説之一種，究其實如何，還需更多發現以證實。但總而言之，這位呼禄法師應該是逃避會昌法難，自中原而來傳教八閩，過去很多學者疑其自海路來，顯然是無據的③。

　　如今，摩尼教在世界絶大部分地區早已爲陳跡，唯在中國閩北部分山區中尚有孑遺，外媒曾以“中國發現摩尼教村”報導過，此即本文要談之霞浦摩尼教：宋以來摩尼教每外托道教而存身，其性質與唐代已然大不相同，正如沙畹、伯希和氏所云：“真正之摩尼教，質言之，大摩尼自外來傳佈之教，已滅於八四三年之敕，尚存者爲已改之摩尼教，華化之摩尼教耳。”④明朝時其教遭嚴擯，留在福建日漸與道壇法事結合，由此產生以民間道壇儀式爲框架，摩尼教教義、神名爲内容的清幽儀式，正其事也。霞浦摩尼教發現於 2008 年，當歸功於霞浦本地人林鋆先生，其於 2008 年回鄉時，宗人示以秘傳舊物，林以爲其當與某神秘宗教相關，2009 年社科院宗教研究所於霞浦蓋竹鄉上萬村等地調

　　① 林悟殊《京藏摩尼經音譯詞語考察》，《世界宗教研究》2014 年第 1 期，第 1—13 頁；據芮未刊文説，按今見芮傳明《〈摩尼教殘經〉中的不同文化因素》，阿不都熱西提·亞庫甫主編《西域—中亞語文學研究：2012 年中央民族大學主辦西域—中亞語文學國際學術研討會論文集》，上海：上海古籍出版社，2015 年，第 183 頁。

　　② Moriyasu Takao, *On the Uigurcxsapt ay and the Spreading of Manichaeism into South China*, R. E. Emmerick（ed.），Studia Manichaica. IV. Internationaler Kongresszum Manichaismus, Berlin, 14.–18. Juli 1997, Berlin, 2000, p.436.

　　③ 王國維《摩尼教流傳中國考》，《觀堂集林》第 4 册，别集卷一，北京：中華書局，1994 年，第 1189、1190 頁。楊富學《回鶻摩尼僧開教福建補説》，《西域研究》2013 年第 4 期，第 113、114 頁駁議之。

　　④ Éd. Chavannes-P. Pelliot, Un traite manicheen retrouve en Chine, Journal Asiatique 1913 mar.-avr., p.303；［法］沙畹、伯希和撰，馮承鈞譯《摩尼教流行中國考》，《西域南海史地考證譯叢八編》，北京：中華書局，1958 年，第 80 頁。

研,6 月時乃由霞浦縣全國文物普查組出具《霞浦縣摩尼教(明教)史跡調查報告》,召開鑒定會,終確定遺物之宗教性質。摩尼教實跡有鹽田鄉飛路塔,所供泗州大聖,造於洪武初年,外書"清净光明、大力智慧"八字(按此八字代表摩尼教在教義理論方面實行了本質的中國化,將基本教義歸結爲斯八言以便念誦,雖仍存有摩尼教原典的内核,卻是大大簡化了,堪稱方便説法,一如佛教之净土宗教人念阿彌陀佛,禪宗之宣傳明心見性,即可成佛一般,信仰程式的簡化才能吸引更廣大下層信衆也);有孫綿大師所創樂山堂之遺址,有明教傳人、被視爲閩浙摩尼教主之林瞪墓等等,文物則有原塔後村三佛塔殘構件、雕像,雕像疑爲"三清"摩尼、夷數、電光王,另有林瞪所用印璽、甬端,所獲摩尼教文書則多爲當地法師所用之科儀本。陳進國、吳春明《論摩尼教的脱夷化與地方化》①及陳進國、林鋆先生之《明教的新發現——福建霞浦縣摩尼教史跡辨析》②兩篇文章爲其考察、調研霞浦摩尼教之一手資料,亦爲霞浦摩尼教研究開山之作,其中有大量霞浦摩尼教遺跡、遺物及科儀文獻的照片,彌足珍貴。兩文對所發現的大批文書皆作了部分或全部録文及初步研究,雖不免存在些許謬誤,然其功仍不可没。當然,關於這個"脱夷",似亦有可商榷處。林悟殊以爲會昌滅法,斬斷了域外與中土摩尼教會的關係,反而促使其在華夏自我生存。宋摩尼經可入藏,説明其已似佛藏完全華化,其教徒若非華人,即入華數代之胡裔,本已非"夷",何脱之有? 其教名由音譯的"摩尼"改爲"明"就很説明問題③。

　　同年,馬小鶴先生在《歐亞學刊》發表 "Remains of Religion of Light in Xiapu county, Fujian Province" ④簡要介紹寧德、霞浦之摩尼教遺跡,其指出德國學者以爲福鼎太姥山摩尼宮爲中唐摩尼教遺跡,然而林悟殊先生以爲還當找尋更多證據,蓋"摩尼"本出佛典,摩尼寶珠是也,今宮中石佛非具佛身道貌,豈可以爲摩尼佛? 考慮福鼎臨近霞浦,摩尼宮記録者林嵩同爲長溪林氏,而霞浦已獲大量摩尼教文獻,此或可爲其宗教屬性提供證據。計佳辰、楊富學先生總結福建摩尼教百年發現與研究存在之問題時亦以爲摩尼宮或爲佛教"摩尼宮殿"之意,與摩尼教無關,另,侯官神光寺亦不應因曾名"金光明院"

---

① 　陳進國、吳春明《論摩尼教的脱夷化和地方化——以福建霞浦縣的明教史跡及現存科儀本爲例》,提交"民間儒教與救世團體"國際學術研討會論文(臺灣佛光大學,2009 年 6 月 9—11 日)。
② 　陳進國、林鋆《明教的發現——福建霞浦縣摩尼教事蹟辨析》,《不止於藝——中央美院"藝文課堂"名家講演録》,北京: 北京大學出版社,2010 年,第 343—389 頁。按是文爲"脱夷化"文之正式公刊版,改動較大。
③ 　林悟殊《"宋摩尼依託道教"考論》,張榮芳、戴治國主編《陳垣與嶺南: 紀念陳垣先生誕生 130 周年學術研討會論文集》,北京: 中國社會科學出版社,2011 年,第 101、102 頁。
④ 　Ma Xiaohe, *Remains of the Religion of Light in Xiapu (霞浦) County, Fujian Province*,《歐亞學刊》第 9 輯《第二屆傳統中國研究國際學術討論會歐亞專輯》,北京: 中華書局,2009 年,第 81 - 108 頁。

"大雲寺"而誤爲摩尼寺,蓋此皆佛語也①。繼草庵之後福建第二所摩尼教寺院的比定目下乃需文獻與考古的雙重認證。馬氏此文最早對摩尼教《四寂贊》做了對音釋讀,並對比霞浦與敦煌本諸佛名號、對比霞浦文獻中道教神名與傳統道教神名,列其同異,其考證"三天教主張大真人"爲明代正一派張天師,因而霞浦摩尼教與龍虎山道教關係至爲密切。值得指出的是楊富學、包朗先生在文章中則指出其爲張角②,蓋摩尼教於宋時常被認爲與三張左道有密切關係也。馬氏因白玉蟾精雷法且諳明教,翻檢其文集,新獲一條明教信息:"明教專門事滅魔,七時功德便如何? 不知清净光明意,面色萎黄空自勞。"③可知歷史上那些以"新佛出世,除去舊魔"爲號召的暴亂確與明教相關。

霞浦摩尼教科儀文獻今獲知者至少在 500 張以上,據楊富學、計佳辰之統計,更作增補,知 2009 年所獲這批文獻主要有④:

1.《摩尼光佛》,83 頁,封面磨損嚴重,現有書題"陳培生存修摩尼光佛",當爲後來補寫,非原書遺墨。内有"贊天王""四寂贊"等小標題,應爲林瞪所傳承者;

2. 請神科儀書合抄(擬,清抄本,陳培生法師傳用),内容包括:《高廣文》,4 頁;《冥福請佛文》,14 頁;《樂山堂神記》,10 頁;《明門初傳請本師》,17 頁;《借錫杖文》,4 頁;《借珠文》,3 頁;《付錫杖偈》,1 頁;《四寂贊》,2 頁;《送佛贊》,3 頁;《送佛文》,8 頁;《凶看貞明經畢用此文》,4 頁;《送三界神文》,4 頁;

3.《奏申牒疏科册》,清代抄本,65 頁,用兩種字體抄寫,當出自不同的書手,爲謝道璉法師傳用;

4.《點燈七層科册》,抄本一件,又名《功德奏名奏牒》,謝道璉法師傳用;

5.《興福祖慶誕科》,有清代舊抄本(34 頁)和新近抄本(30 頁),均爲陳培生傳用;

6.《吉祥道場申函牒》(90 頁)、《吉祥道場門書》、《門迎科苑》、《摩尼施

---

① 計佳辰、楊富學《福建摩尼教研究的百年成就及存在的問題》,《世界宗教文化》2012 年第 5 期,第 112—116 頁。

② 楊富學《〈樂山堂神記〉與福建摩尼教》,《文史》2011 年第 4 期,第 168 頁注"三天教主張大真人"云明教尊張角爲教祖,敬摩尼光明之神,包朗博士論文《霞浦本、敦煌本摩尼教文獻比較研究——以〈摩尼光佛〉爲主》贊同此説。按《青溪寇軌》以爲:"後漢張角、張燕輩……其流至今,吃菜事魔,夜聚曉散者是也。凡魔拜必北向,以張角實起於北方。觀其拜,足以知其所宗原。其平時不飲酒食肉,甘枯槁,趨静默,若有志於爲善者,然男女無别,不事耕織,衣食無所得,則務攘敓以挺亂。"([宋]方勺編,許沛藻、燕永成整理《青溪寇軌》,傅璇琮、朱易安主編《全宋筆記》第二編第八册,鄭州:大象出版社,2006 年,第 234 頁。)是故官方又將摩尼左道稱爲"張角術"([宋]汪藻《浮溪集》,卷二十四《朝散大夫直龍圖閣張公行狀》,《文淵閣四庫全書》第 1128 册)。

③ Ma Xiaohe, *Remains of the Religion of Light in Xiapu(霞浦)County, Fujian Province*,《歐亞學刊》第 9 輯《第二屆傳統中國研究國際學術討論會歐亞專輯》,北京:中華書局,2009 年,第 103–104,108 頁,note57。

④ 樊麗沙、楊富學《霞浦摩尼教文獻及其重要性》,《世界宗教研究》2011 年第 6 期,第 186 頁。

食秘法》、《繳憑請秩表》等；

7.《禱雨疏》等祈雨文獻；

8.《無名科文》多件，其中部頭最大者達 163 頁，陳培生、謝道璉法師各有所傳；

9. 上萬村"闕下林"資料；

10. 上萬村部分林氏宗譜。

上述大宗科儀文獻，多不是作爲獨立的明教文典傳下，而是雜附於當地流行的其他宗教，尤其是瑜伽教用書之中。

2012 年，計佳辰、楊富學在《福建摩尼教研究的百年成就及存在的問題》中從福建全省的角度展示了摩尼教研究的成就並指出了問題，在展望未來研究前景中，更是指出霞浦摩尼教是未來摩尼教研究的方向。[①]

2016 年，敦煌研究院與社科院世界宗教研究所聯合考察福州、霞浦、屏南諸地，筆者與焉。此次考察確認了福州福壽宮（明教文佛祖殿）之摩尼教屬性，在福建屏南等地發現了 200 件以上之科儀文獻，其中《第二時文》（《貞明開正文科》方册本）《貞明開正奏》《貞明開正文科》等顯然爲摩尼教文獻，爲昔日"貞明堂"道士傳用。近日於福清等地亦曾見科儀書，據李林洲考察發現有摩尼教科儀典籍三十五本，全面覆蓋從摩尼誕生到創立和傳播摩尼教以及教義教理、教友結社、受戒、修持等之全過程，主要有《謝經蓮臺》《血盆寶懺》《稽經道場》《送日光科》《水路燈科文》《普度法奏》《揚旛科文》《明教焰口》等，據傳爲施氏先祖得諸福州某明教寺院。當地摩尼教團舊時當名"清净會"，見《稽經道場》："一念皈依清净會，三輪旋轉惠明宫。"其每個文本都摻雜不少原摩尼教發源地古波斯或後來的世界摩尼教中心回鶻汗國的音譯文字，尤其是神佛和人物名稱，足以充分體現其外來宗教特徵。其中，全部内容均爲音譯文字的有《波色贊》全本十二頁，《安慰真言》全本八頁，部分整頁爲音譯文字的有《天王贊》七頁（全本十四頁），《請護法龍神》六頁（全本九頁）《度亡功德發奏科》和《齊獄科範》等文本裏，"烏鶡紇里特"之名反復出現，足見其與回鶻之密切關係，愈發證明今日福建摩尼教乃回鶻呼禄法師真傳。[②]從李氏引述可大體推斷，其科儀文獻原始程度勝過霞浦、屏南兩地之發現，憾不得見全本。

屏南、福清所見文獻皆無霞浦之豐富，且福建各地摩尼教皆宗奉長溪（今霞浦）上萬之林瞪，故悉可納入霞浦摩尼教之體系中。甚至擁有摩尼草庵、塑

---

① 計佳辰、楊富學《福建摩尼教研究的百年成就及存在的問題》，《世界宗教文化》2012 年第 5 期，第 112—116 頁。

② 《福清發現摩尼教經典科儀文本文物》，福州新聞網·閩都大家。http://mddj.fznews.com.cn/node/11739/20170619/594738560ac67.shtml.

像與呼禄法師墓之泉州,亦奉林瞪爲境主(都天靈相)①,故泉州摩尼教亦當屬霞浦摩尼教之體系。乃至日本大和文華館等所藏宋代閩浙所制摩尼教之絹畫等,亦有與林瞪關係較密者,如《冥王聖幀》等,其中提到菜院等,可證宋代所謂"吃菜事魔"無疑即摩尼教。

霞浦摩尼教文獻甫一發現就轟動了世界摩尼教界,衆專家學者悉給予其極高評價,楊富學先生認爲,"在正統摩尼教消亡千餘年之後,福建摩尼教仍能够在東南沿海之偏僻一隅得以生生不息,綿延至今,穿越千年時空而不絕如縷,成爲(無愧爲)中國伊朗絲路文化交流的活化石"。② 著名摩尼教研究專家林悟殊先生雖然對霞浦文獻的宗教性質頗有質疑,然仍從宗教多元性角度對其予以肯定,認爲相關抄本的學術研究價值甚至遠不止於明教領域,而是包含了摩尼教及其他夷教的諸多遺跡,故此次發現之意義重大難以估量③。這一大宗文獻,對於敦煌吐魯番發現之摩尼教文獻殘卷(片)自是大有補益之力,對古代史書相關明教(吃菜事魔等)之語焉不詳記載多有證成之功,即於西方發現之摩尼教寫卷亦不乏互證意義。更重要的是,它的發現爲摩尼教研究開闢了華化(世俗化)研究這一新領域,使得學人得以重新審視摩尼教入華傳播史及宋元以來其在中國民間的影響。

自 2009 年至今,霞浦摩尼教之發現與研究已歷十年,業已發表之論文早逾百篇,更有林悟殊先生《摩尼教華化補說》《霞浦抄本宗教淵源叢考》(即出),馬小鶴《霞浦文書研究》,包朗、楊富學《霞浦摩尼教新文獻〈摩尼光佛〉研究》(即出)等三四部專著及三四個國家項目如楊富學《霞浦摩尼教研究》等産生,雖不至汗牛充棟,尤其缺乏國際學者參與——對霞浦文獻關注度較高且有文章者,僅吉田豐、康高寶④數人而已。然就國内學界而言,仍堪稱成果喜人,惜目前尚未有一份全面性的綜述:康氏綜述僅及於 2013 年,楊富學等之《摩尼教研究論著總目》僅及一四年⑤,張小貴《近年來霞浦文書研究概

---

① 按粘良圖對將都天靈相附會爲林瞪的説法持保留意見:《霞浦縣明教(摩尼教)史跡之我見》,陳春聲主編《海陸交通與世界文明》,北京:商務印書館,2013 年,第 213 頁。然筆者以爲"都天靈相"或是瞪公稱號"興福都雷使"與"天門威顯靈相"之合併稱呼。

② 《明教文佛祖殿——中伊絲路文化交流的活化石》,《西北宗教論叢》總第 5 輯,蘭州:甘肅人民出版社,2016 年,第 3—16 頁,特别是第 16 頁。文章曾以《福壽宫:絲綢之路上宗教文化交流的活化石》爲名提交《太湖文化論壇 2014 年巴黎會議》,刊載《福建宗教》2016 年第 3 期,第 21—24 頁,此爲增訂修改版。

③ 林悟殊《清代霞浦"靈源教"之"夷數和佛"崇拜》,劉東主編《中國學術》第三十七輯,北京:商務印書館,2016 年,第 226 頁。

④ Kosa Gabor: Parallels and inconsistencies between two recently identified sets of Chinese Manichaica: the textual corpus from Xiapu and the paintings Perserved in Japan (Worship at the 8th International Conference of the International Association of Manichaean Studies, SOAS, London, 9 - 13 September 2013.) Kosa Gabor, The Fifth Buddha. An overview of the Chinese Manichaean material form Xiapu (Fujian) (Manichaean Studies Newsletter 28, 2013/2014, New Bulletin, pp.9 - 30.後者是霞浦摩尼教研究最早的一份綜述。

⑤ 楊富學、包朗、計佳辰(編)《中國摩尼教研究論著總目》,《2012 敦煌學國際聯絡委員會通訊》,上海:上海古籍出版社,2012 年,第 210—238 頁,實際其目録已編至 2014 年 6 月。

述》略敘各件文書之專題探討與文本考實，引述楊、馬、林觀點，尤以述林氏觀點爲主，其對霞浦文書的定性亦與林文一般存在問題①。尤小羽博士論文《摩尼教的地方化與閩地民間宗教——以霞浦文書〈禱雨疏〉爲中心》條列文獻至於 2017 年，所錄共 103 篇，然其文秘而不宣。是故值此十周年之際，筆者特梳理霞浦摩尼教研究之主要成績，撰成系列文章數篇，此則從一般文獻校錄研究與胡語夷偈校譯研究二領域分而述評之。

二、霞浦摩尼教抄本之文獻學研究

（一）學界对霞浦本《摩尼光佛》的研究

在衆位專家學者的努力之下，今一部分霞浦抄本已有較爲完備的錄文，《摩尼光佛》有楊富學、包朗與林悟殊兩家之校錄；《興福祖慶誕科》有楊富學、計佳辰之校錄；《點燈七層科册》有楊富學、包朗、薛文静校錄；《請神科儀書合抄》中《樂山堂神記》有楊富學、黃佳欣兩家錄文；《明門初傳請本師》有黃佳欣錄文；《四寂贊》《送佛贊》《明使贊》等胡語科儀有林悟殊、馬小鶴等錄文；《吉祥道場門書》《摩尼施食秘法》有陳進國部分錄文；《奏申牒疏科册》有楊富學、楊琛、包朗錄文；《冥福請佛文》有楊富學、史亚軍、包朗錄文；《禱雨疏》有楊富學、包朗、劉拉毛卓瑪錄文，另外，屏南发现的《貞明開正文科》，同屬霞浦摩尼教系統，有楊富學、宋建霞、蓋佳擇、包朗錄文。

在霞浦發現的摩尼教抄本中，《摩尼光佛》内容最爲重要，研究成果也最爲豐碩。

《摩尼光佛》爲法師陳培生新近存修，其外形破損嚴重，抄寫當已有歲月。它無疑是霞浦摩尼教文獻中最重要的寫本，共有内文 82 頁，659 行（林悟殊統計爲 665 行，有誤），可錄 8372 個字，另據省文可補 101 字，其中音譯字 13 塊 77 行共 936 字。第 37 頁中有《請福科終》，據此可能原文獻並不以《摩尼光佛》爲名，今題或乃據文内意臆補。林悟殊以爲上半册稱《請福科》，下半册則似當稱《薦亡科》，因其《五雷子》等曲主旨乃薦亡也，然上半册亦含薦亡内容，下半册亦含請福内容，劃分並不嚴謹。全册包括《三皈依》（兩首）、《贊天王》《第二時》《天女呪》《四寂贊》《懺悔玄文》《送佛》《（摩尼）下生贊》《吉思咒》《天王贊》《開壇贊》《拔香偈》《大贊香》《土地贊》《五雷子》《歇時做信禮》等偈及多處"奉請""上請""稱讚""皈命禮"摩尼教諸神文字。兩種校錄皆苦心而成，各有千秋，林錄②以正體字行文，優長之處在於較符合文獻原始面貌，俗

① 張小貴《近年來霞浦文書研究概述》，特力更、李錦繡主編《内陸歐亞歷史文化國際學術研討會論文集》，呼和浩特：内蒙古人民出版社，2015 年，第 205—212 頁。
② 林悟殊《摩尼教華化補説》，《〈摩尼光佛〉釋文並跋》，第 457—492 頁。

字、訛字照録,然幾處分行明顯存在問題,點讀亦不乏誤斷者(典型如《三皈依》三段長短不一,《下生贊》未注意韻腳等)。楊、包録文[1]悉用現代簡化字,俗字多徑改之,由於包朗先生一直從事古代漢語研究、教學,故其録更爲精准,分行亦較符合原貌。如其70—73行,原圖版文字繞來繞去,如不辨清規律,極易錯録,楊、包録如下:

> 70(5)戒香定惠香,皈命虔誠伸供養,十方常住光明佛;
> 71(6)解脱知見香,皈命虔誠伸供養,十方常住微妙法;
> 72(7)洞真法性香,皈命虔誠伸供養,十方常住清净僧佛寶;
> 73(8)道德靈寶香,皈命虔誠伸供養,十方常住再甦活。

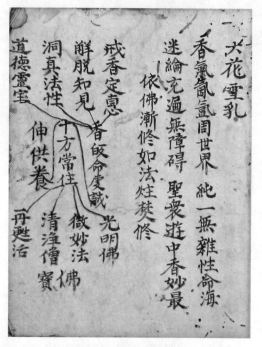

圖1 摩尼光佛册頁

而林氏將此一段文字録得支離破碎,不堪卒讀。後尚有兩行録作一行,一行分成兩行者。故今研究者多傾向以楊、包録文爲研究底本。

圍繞《摩尼光佛》,楊富學、包朗二位先生展開了深入研究,《從霞浦本〈摩尼光佛〉看摩尼教對佛教的依託》[2]探究了摩尼教"五佛"(那羅延、蘇魯支、釋迦文、夷數和與摩尼光)之來龍去脈,揭示佛教對五大教主崇拜形成的巨大影響,《摩尼光佛》中的很多明教術語亦借鑒自佛教,二氏以爲,通過對佛教術語和思想的借用,長期處於地下狀態的摩尼教,藉由依託佛教重新融入民間。這正是摩尼教在遭受打擊後能够在民間長期隱秘流傳的一個重要原因。在《霞浦摩尼教文獻〈摩尼光佛〉與敦煌文獻之關係》[3]中,二氏摘出《光佛》與敦煌本《下部贊》相似的文句凡28處,並指出其中二首《三皈依》與敦煌寫卷佛曲《三皈依》格式相同。其中幾處"梵字"即中古波斯文,多亦秉承《下部贊》而略有出入,故可知兩者實爲同源文獻,而《光佛》之初寫本亦

---

① 霞浦摩尼教新文獻《摩尼光佛》校注(《寒山寺佛學》第10輯),蘭州:甘肅人民出版社,2015年,第74—115頁。
② 載《宗教學研究》2014年第4期,第256—266頁。
③ 載《敦煌吐魯番研究》第15卷,上海:上海古籍出版社,2015年,第409—425頁。

當去《下部贊》抄寫時間不遠,或在晚唐五代,呼禄之法初傳時,而定型則或已晚到了宋元之際。故而,其得出結論:霞浦摩尼教研究可以説是敦煌學的一個新延展。在《摩尼教對佛道降誕傳説的比附與改造》①中,作者重點比較了《摩尼光佛教法儀略》《閩書》與《摩尼下生贊》中關於摩尼誕生的文字與佛道二教描述其教主佛陀或老君誕生的文字描述,認爲摩尼誕生方式、部位、地方,出生後“地湧金蓮”之情形皆合於二教經典,無疑是有意模仿,模糊界限。摩尼之母,《儀略》稱滿艷,《光佛》稱末艷,其考乃爲佛母摩耶夫人名之轉,而又與漢文景教文獻中基督之母末艷名同。筆者按:“滿艷”“末艷”在英語中爲“Maryam”,爲伊朗“母親滿艷”之意,實際來自叙利亞基督教“Mariam”,故知摩尼母名完全是借用景教中基督之母瑪利亞之名。另按,《古蘭經》中爾薩之母麥爾彦,英譯亦“Maryam”,今新疆維吾爾女名中尚有音如“末(爾)艷”者。可知教主摩尼母名之漢譯,居然接連比附佛教、景教及伊斯蘭教等諸多宗教,真不愧爲雜糅諸教之典範。

在包氏新作《〈摩尼光佛〉的學術價值》②中以爲《光佛》有補《下部贊》闕誤之用,並認爲《光佛》等抄本皆將那羅延佛奉爲第一佛,源於《下部贊》“一者明尊那羅延”,而那羅延在印度教中的“原人”地位與在中土佛教中的顯赫地位是其所以爲中國摩尼教吸收爲五佛之一的重要原因。《光佛》對《摩尼教殘經》亦有匡謬作用,《殘經》云“净法風者即是惠明”,然而從《下部贊》中明顯看出,净風與惠明非爲一(《殘經》“慈父明子净法風”與《景教三威蒙度贊》“慈父明子净風王”之相似使很多學者認爲二“風”同一),今《摩尼光佛·開壇贊》贊三智:“稽首廣大智,微妙善心王,萬法本根源,圓明常寂照。稽首圓鏡智,微妙大惠明,警覺諸群迷,隨緣有感應。稽首净法智,微妙净法風,妙意變化間,分身千佰億。三隱净法身,圓明一性智。亦現體不同,一性元無二。”包以爲三智對應三位不同神祇,故惠明與净法風非一。其對“貞明”概念亦不乏新説。包文積極肯定了《光佛》的巨大價值,駁議了《光佛》產生於明朝的説法,然亦存在武斷處,如對惠明與净法風之認識上。筆者以爲《開壇贊》所贊三智當皆爲惠明。惠明在下部贊中被稱爲“廣大心”(據馬小鶴,爲中古波斯語 whmnwzrg 的意譯),故“廣大智”亦或是惠明(廣大心)之別譯,而“净法風”“分身千佰億”是否是對惠明是所有使徒之父,體現在人間爲一個個完人的描述? 或可再商榷。馬小鶴先生亦傾向三者爲一:“三隱”“一性”無二也③。楊、包闡釋《摩尼光佛·三皈依贊》的文

---

① 包朗、楊富學《摩尼教對佛道降誕傳説的比附與改造》,《文史》2016年第4輯,第253—276頁。
② 包朗、樊連霞《〈摩尼光佛〉的學術價值》,《中東研究》2019年第1期,第41—73頁。
③ 馬小鶴《摩尼教三常、四寂新考》,《霞浦文書研究》,第189頁。

章亦頗見功力①。敦煌發見《三皈依》是否爲唐代法曲之詞牌？這一度是學界爭議的焦點。此文通過分析敦煌、霞浦等文獻中的五首《三皈依》平仄、韻腳，發現其具有一致性，故知其確屬格式固定之曲子詞，《三皈依》即其詞牌。

馬小鶴先生則注意到了《三皈依》中提到的摩尼僧侶"七時禮懺"，即每日祈禱七次。這是符合宋人《夷堅志》相關記載的："正午一食，死則裸葬，以七時作禮。"而明教信徒之不根經文中即有《七時偈》。值得一提的是《景教碑》也提及景教僧侶的"七時禮贊"，關於後者究竟所指爲何，確是衆説紛紜，或云指一天十二時之七時，即正午，或云一年之七時令，馬小鶴據 571 年的《亞伯拉罕教規》和 9 世紀《修道院司事長之書》等得出結論景教修士需每日七次祈禱，其時間與摩尼教大體相同，兩教的平信徒一般只需四次，然時間並不相同，至 19 世紀，景教僧侶亦只需四次就足夠，而摩尼教的七時禮懺則似乎保持到了明代或更晚②。

汪娟、馬小鶴《霞浦文書〈摩尼光佛〉科册的儀文還原》③關注了過往一直爲霞浦摩尼教研究所忽略的佛教儀文。汪娟博士歷來關注佛教禮懺儀文，她敏鋭發現《摩尼光佛》實際上與後期的道化科儀文書並不相同，其乃借用唐代的佛教禮懺文體，與敦煌同類文書十分相像——按筆者翻檢當代佛教科儀如《三皈依修法儀規》亦發現其形式、内容幾乎與《光佛》如出一轍——後者很可能爲呼禄法師及其弟子製作，用於平日禮拜。文中試將儀文逐偈復原，顯露其結構，呈現儀式之完整面貌，以爲日後研究《光佛》成册時間及探究其與佛教禮懺關係提供便利。

汪娟女史在其《從敦煌禮懺到霞浦科册〈摩尼光佛〉的儀節析論》④進一步以敦煌禮懺和元代禪師語録爲本，對《光佛》中禮拜對象種類、語詞摹借、儀式分時起讫、儀節循環、儀文省略等問題進行解析，理解摩尼教華化中對佛教禮懺的自覺借鑒與運用，從而亦對《光佛》成立年代研究提供參考，通過儀節分析，亦可考竟《光佛》等文本之歷代"加上"問題。

林悟殊先生亦有多篇文章分析《摩尼光佛》，如《霞浦科儀本〈下部贊〉詩文辨異》⑤《福建霞浦抄本元代天主教贊詩辨釋》⑥《霞浦鈔本詩偈〈下生贊〉再

---

① 包朗、楊富學《法曲子"三皈依"爲詞牌説——敦煌本、霞浦本〈三皈依〉比較研究》，《文獻》2014 年第 1 期，第 49—58 頁。

② 馬小鶴《景教和明教的七時禮懺》，《霞浦文書研究》，第 354—364 頁。

③ 汪娟、馬小鶴《霞浦文書〈摩尼光佛〉科册的儀文還原》，鄭阿財、汪娟主編《敦煌學》，2016 年總第三十二輯，第 1—44 頁。

④ 汪娟文見北京大學中國古代史研究中心等編，榮新江、朱玉麒主編《絲綢之路新探索——考古、文獻與學術史》，南京：鳳凰出版社，2019 年，第 329—358 頁。

⑤ 原名《霞浦科儀本〈下部贊〉禱文辨異》，《世界宗教研究》2012 年第 2 期，第 170—178 頁；今修訂收入林氏《摩尼教華化補説》第 372—387 頁。

⑥ 載《西域研究》2015 年第 4 期，第 115—134 頁。

解讀——兼説〈摩尼光佛〉非唐宋摩尼經》①等。《霞浦科儀本〈下部贊〉詩文辨異》比較了敦煌《下部贊》與霞浦《摩尼光佛》《興福祖慶誕科》《點燈七層科册》部分相關文句之同異並附圖版，指出霞浦本與敦煌同源，然從其多以"摩尼"代"忙你"可知明顯晚於敦煌本，而霞浦本特別是《光佛》或多或少存在一些不諳教理之删改，部分明顯爲遷就齋醮科儀之改竄，如"壇界""净口"之類，林氏以爲這些改筆當在明或明以後，福建明教開始大規模齋醮活動之後，《光佛》當爲《興福》《點燈》之祖本。《福建霞浦抄本元代天主教贊詩辨釋》乃辨釋《摩尼光佛》中《五雷子》《吉思咒》等關於夷數和佛的相關唱詞，羅列夷數的幾種不同稱呼"夷數""夷數佛""夷數王""夷數和"等，以爲最後者近似希伯來語耶穌之音譯，或得於元代天主教之傳入。夷數的另一種稱呼"末屍訶"亦更近似希伯來語原音。唱詞中"聖無過"將耶穌推向至高無上地位，此不當源於摩尼教，亦恐不來自景教，蓋景教尊聖上第一也，其唯能來自天主教。《五雷子·夷數和》整首歷數耶穌生平，故林以爲其前身當爲一首天主教讚美詩。而《吉思咒》贊"移活吉思大聖"與景教"宜和吉思法王"名同，故當爲景教聖喬治讚美詩之遺存。按筆者揣測"末屍訶"或非來自希伯來語，"末"爲"彌"之音轉，乃有意對應"末摩尼"之"末"，即偉大之意也。《霞浦抄本〈下生贊〉再解讀——兼説〈摩尼光佛〉非唐宋摩尼經》秉承其舊文，從《下生贊》入手，欲證明《摩尼光佛》上限爲明代。林氏以爲《下生贊》僅言摩尼曾寄形石榴，不言其與老君關係，不同於《儀略》稱老子西入蘇鄰化爲摩尼佛，亦非同《閩書》云老子寄形椋暈，可知其既非唐本亦非宋本，甚至晚於何喬遠所在之明代，乃剥離道教、剥離老子之產物。且《下生贊》演繹摩尼誕生，頗多小説筆法，類晚明人筆。故此本或爲霞浦當地民間某另立新宗之法師所製，並非明教傳經，本名亦非爲《摩尼光佛》。按林説硬傷較多，前揭包文與筆者近日將刊《宗教學研究》的《宋元以來霞浦世俗化之摩尼教非靈源教論》已列出《摩尼光佛》製於明前之鐵證多處。包文指出，《下部贊》中已多次提及"大明"，與《光佛》同類詞語語境相同，然而《下部贊》書寫時間自不能晚至明朝。包氏言："就霞浦文獻，學者一方面大量加以引用，證明新的命題，一方面又大肆懷疑甚至否定它的摩尼教性質②（且往往寄希望於更新的田野發現，期望找到他們心目中貨真價實的摩尼教寫本，即所謂呼禄真傳。但可能真的要讓其失望了，最新發現的福清摩尼教文書如《普度科儀》《香空寶懺》等，雖爲"摩呼禄慕闍"所傳，原始性勝過不少霞浦文書，但仍爲佛家科懺焰口所用，前後有開

---

① 載《文史》2018 年第 3 期，第 251—278 頁。
② 《摩尼光佛的學術價值》，《中東研究》，第 68 頁。

壇贊、往生咒等,與《摩尼光佛》結構不殊。所謂呼禄親傳或林瞪潛修時所用,如不在目前幾批文獻中,即早已失傳)。究其原因,是没有認真思量摩尼教的民間化。筆者這樣説並不是否定專家對摩尼教民間化的肯定,而是説,有些學者在認同摩尼教民間化的同時,對已經民間化了的摩尼教進行了否定,判定時採取了雙重標準。"蓋其胸中早已存了個敦煌"純净版"摩尼教,見到"含摩量"稍顯不足的民間科儀本,就會犯嘀咕。此病當早克服。

(二)學界对霞浦本《興福祖慶誕科》《點燈七層科册》的研究

《摩尼光佛》外,《興福祖慶誕科》無疑是霞浦摩尼教最重要、宋元摩尼教原始面貌保存最完好的科典之一,在楊富學先生的指導下,西北民族大學碩士研究生計佳辰對本文做了校録。

顧名思義,此科文乃特爲"興福祖"慶生用。興福祖即敕封興福都雷使林念五公林瞪,科文有清抄本(34 頁)和新抄本(30 頁)兩種,爲陳培生法師傳用。清抄本頁 7 行,共 236 行,其中 33—34 頁缺損,乃用新抄補配。《興》本中很多夷偈與《光佛》相同,當爲承《光佛》而來,部分語句如"土地諸靈相,加動相保護"同於《光佛》及草庵詩簽,唯似訛"勤"爲"動"。其"五明大供"供奉五明佛,明教色彩較爲濃郁,讓人想起陸游對吃菜事魔崇奉"骨佛血佛"的描述。文章徵引地方文獻對興福祖林瞪公生平加以梳理,更注意到新抄本 6 頁背及 7 頁中由陳法師加入了與明教毫無干係的 10 行吉祥話,體現了其近一步的民間化。是文乃其碩士論文[1],故研究水平比較一般,其録文亦頗有可商榷之處,馬小鶴先生及筆者新近録文已校出。

"五明大供"無疑是《興福祖慶誕科》中的亮點,馬小鶴先生《從"五明性"到"五明大供"》[2]一文詳細探討了此供祀儀式。"大供"内容如下:

160 大聖毗盧佛變食獻齋誦土地贊畢回向咒水變食作五明大供用此下五段

首舉

161 大聖自是法中王,説盡人間常不常,剖析正邪皆覺悟

162 能引迷途出下方,五明大供變食

163 啓請中央常命天,虛無妙氣佛。以昔大願力,慈悲滿

164 世間。我今虔奉請,降大平安福。以此真如界。

165 大聖湛寂虛無妙氣佛,以此净供普獻慶誕會上一

166 切聖賢。所謂死得氣資以免其死,氣佛從骨城想

---

① 計佳辰《霞浦摩尼教新文獻〈興福祖慶誕科〉録校研究》,西北民族大學 2013 年碩士論文。
② 馬小鶴《從"五明性"到"五明大供"》,《史林》2012 年第 1 期,第 36—47 頁。

167 氣中七變者：氣是虛，々是空，々是無，々是容，々是納，々

168 是藏。

169 啓請東方光明天，清微妙風佛。（風、明、水、火四佛仿此）

184 弟五々明，生養父母，共五明身：氣及風明水火等力，依盧舍那

185 之所生化，因其日月之所長養，成就五穀及諸花果。

186 爲一切命，作一切力。今者衆生因其五明，寒得火活。以免

187 其寒，渴得水活以免其渴，饑得食存以免其饑，身得

188 風力而能舉動，死得氣滋以免其死，以是因緣，此即

189 名爲生養父母。

五明大供首供毗盧佛，此爲瑜伽教所拜教主，毗盧佛，亦稱毗盧舍那佛，白玉蟾眼中明教將大地、山河、草木、水火都視同毗盧舍那之法身，不敢履踐。在摩尼教中，盧舍那即光耀柱，又稱宰路沙羅夷，其猶如斷事王，五明身猶如監獄，將五類魔囚禁起來。據《殘經》："其新人日者，即像廣大宰路沙羅夷，（其）十二時者，即像先意及以凈風各五明子，並呼嘘瑟德、哮嘍嘆德，合爲十三光明凈體，以成一日。"可見光耀柱盧舍那身與五明子關係之密切。故《大供》歸結五明"依盧舍那之所生化"正循其教義，即引迷途的靈魂脱離塵世而歸明界是也。然而貪魔造作肉身，反而將想心念思意這五明分囚在骨筋脈肉皮五城之中，又以怨嗔淫忿癡爲獄官，仿凈風五子；以饒毒猛火像光耀柱。凈風造二大明船，惠明化成一個個光明使者禁五暗於五城，如金師煉金拔擢五明，拯救靈魂。

宋代文獻記載了北宋末年民間明教信徒對五明的崇拜，以致繪形流通，《慶誕科》的《五明大供》則説明此教義已演變成了妙氣佛等五明，以毗盧舍那爲領頭，仍保持了五城的教義，五佛結合四寂，加上真如，分屬五方，進而又披上道教外衣，吸收《太上老君説五廚經》長生等內容，與施食儀結合在一起成爲五明大供。使信徒相信妙氣佛能讓人長生；妙明佛使人不饑；妙火佛使人不寒；妙水佛使人不渴等等。

馬小鶴《福建明教、林瞪與〈興福祖慶誕科〉》[1]綜合研究了此件文書，他認爲《興》祖本只是林氏家族與林瞪門徒紀念林瞪誕辰的科文，套用了道教科文形式，不宜徑直視爲明教經文，雖然其蘊含明教信息極爲豐富。隨著時間的推移，明教勢衰，教義漸失，何喬遠後，教外人士對明教已難作正確描述。霞浦法師與林氏族人也恐怕不再理解這些音譯文字，難免抄漏、抄錯，並增添一些他們能理解的民間宗教漢文文書的套語，這就使整個科文越來越像普通

---

① 《史志研究》第 1 輯（2015 年 6 月），第 301—326 頁。

民間宗教文書了。

《點燈七層科册》的綜合性録文研究只有一篇,即楊富學、包朗等之《霞浦本摩尼教文獻〈點燈七層科册〉録校研究》①。是册又名《功德奏明奏牒》,爲明人所制,殘毀較爲嚴重。分兩部分,第1—26頁爲謝道璉法師抄録,27頁以後爲陳寶華所録,敘述籌建道場諸事,並雜記謝氏名人如謝枋得等事蹟。前面部分有179行,行14—15字,共約2 500字,27頁後無法再計行數。其27頁以前部分更可分爲四部分,1—84頁爲無名請神專用科儀,主旨爲禮讚佛、道、摩教諸神,是全篇摩尼教色彩最强部分,第二部分是85—132頁,爲《佛説善灶文》,類同於《太上靈寶補謝灶王經》,可見摩尼教與靈寶派的聯繫,第三部分是第133—177頁,爲無名科文,亦同祭灶相關,有一定明教色彩,第四部分爲第178、179頁,《佛説日光經》,内容缺失,或亦屬民間科儀。第一部分很多語句、夷偈與《下部讚》《摩尼光佛》《興福祖慶誕科》相同,當有同祖。其中除佛道摩神外,或有福建民間俗神,如"飛騰玉鈴使者""終户群支使者""坎母造化將軍",未知爲何。"點燈七層"本源佛教藥師佛信仰,常與"懸五色幡"相配,爲尋求續命而作之法事,然全文並無提及藥師佛,所請多爲摩尼教神祇、灶君和當地俗神等,亦反映了其民衆一定的海洋信仰。

(三)學界对霞浦本《請神科儀書合抄》《奏申牒疏科册》及《禱雨疏》的研究

《請神科儀書合抄》共12篇,其中的兩份霞浦摩尼教神靈與宗祖譜系《樂山堂神記》(共10頁)與《明門初傳請本師》(18頁)刊佈較早,影響較大,在整個霞浦文書體系中佔據重要地位。這兩譜主要由明教諸神、靈源宗祖和諸師公、先祖、雜神諸部構成,此類譜書在閩地傀儡科、瑜伽科等師巫教中多見之。其中一、二部分是研究重點。第二部分《神記》共記靈源傳教宗祖50位,《明門》共36位,其中只有11位是兩者相同的。它大體反映了霞浦摩尼教樂山堂法系唐末以來之傳承,其中"法"字輩的爲閭山系(道教)法名,"道"字輩一般爲瑜伽教(釋教)之法名。在閩地閭山法教專做薦福等陽事生科,瑜伽教(釋教)則以薦亡科陰事爲主,今霞浦科儀書兼具二科,乃並受二教影響。法譜傳承依時代順序大體可分祖師、尊者、師公、師伯四等,早在考察初期,陳進國、林鋆和陳進國、吳春明分别合撰的《明教的新發現——福建霞浦縣摩尼教史跡辨析》與《論摩尼教的脱夷化與地方化》已有録文,其中後者完整録下《樂山堂神記》,兩文對《明門》都只録了前半部。由於兩者皆爲第一時間(2009年)謄録,故未免有不

---

① 楊富學、包朗、薛文静《霞浦本摩尼教文獻〈點燈七層科册〉録校研究》,《陝西歷史博物館論叢》第25輯,西安:三秦出版社,2018年,第104—130頁。

盡人意之處,突出點在於,兩者所錄《神記》都忽略了抄本的省略符號,"玉林尊者"後之"陳平山"承上,省略"尊者"二字,錄文應點出。這也使得陳進國初錄文(《脫夷化》)錯將"玉林尊者"與"陳平山"合錄爲"玉林尊者陳平山"一人,另,"高佛日"涉上誤爲"高胡日",導致得出錯誤結論,亦大不該也。

圖 2 《樂山堂神記》

楊富學《樂山堂神記與福建摩尼教》對《神記》錄文並研究,品質較高。文中探討了摩尼、電光王佛、夷數、净風、先意、盧舍那、法相惠明、觀音勢至二大菩薩、四梵天王、俱孚元帥等與敦煌本共見之摩尼教神靈之身份事跡,並普庵祖師、真武、貞明、三官、張角、靈寶天尊、馬趙二大元帥、貞明法院三十六員天將和七十二大吏兵等佛道神祇以及閭山俗神如順懿夫人等。林悟殊先生高足黄佳欣錄文最晚,爲唯一完整謄錄《神記》與《明門》者[①]。黄錄完全忠實於抄本,俗字、符號不避。略有異者,其以《摩尼光佛》有"法相惠明二尊菩薩",故别法相、惠明爲二。斯説是也。據包朗對《點燈七層科册》之研究,法相或名警覺,每共惠明一同出現,或即爲啓示摩尼之推茵神(Twin)或稱"闍默"(帕提亞語音譯),懷疑其即霞浦文獻中常出現之"貞明"。另外一處不同在於"明門都統威顯靈相感應興福雷使真君濟南法主四九真人"的斷句上,黄本在靈相、真君之下分别點斷,似以爲其非爲一人,然而更多資料已然證實,三者皆爲林瞪之號,楊富學、包朗等先生皆持此論。

---

① 黄佳欣《霞浦科儀本〈樂山堂神記〉再考察》,陳春聲主編《海陸交通與世界文明》,北京:商務印書館,2013年,第229—255頁。

則當以頓號相連，或不點斷。

　　無論《神記》亦或《明門》目今看來都是一份錯漏百出的譜系，特別是《明門》。《神記》中玉林尊者之前的祖師分別爲胡天尊、胡古月、高佛日、孫綿，而《明門》則僅有胡天尊和高佛日，復次《孫氏宗譜》中《摘抄孫綿大師來歷志》的傳法次序則爲西爽大師→陳誠庵→孫綿→林瞪（玉林？），據黃佳欣考證，《明門》當是《神記》增補版，則胡古月、孫綿或爲新增。然西爽大師在《神記》的譜系中又相當於誰呢？胡天尊、胡古月這二胡是一是二？陳進國等錯將高佛日録爲高胡日，繼而將"高胡日"和西爽大師、呼禄法師聯繫在一起，認爲三人名字有相關性（"胡"性），這批先師名中皆有"天尊""日""月"，或是來自中亞的摩尼教團——這一從中亞下霞浦的傳教師胡天尊、胡古月、高佛日、西爽大師等一系法脈對霞浦摩尼教形成起到很大作用。此説法過於想當然，毫無根據。楊富學以爲，胡天尊或即"授侣三山"之呼禄，至於"胡古月"，古月即胡也，疑衍。則高佛日直承呼禄（胡天尊？），西爽大師爲佛日弟子，傳陳誠庵，再傳孫綿，從843年摩尼被禁，呼禄南奔，到孫綿966年建寺，120年五代人，差合乎事理。故我們可以得出結論，霞浦爲呼禄傳之回鶻摩尼教，而非通過海路傳入之波斯摩尼教。當然，目前楊氏所梳理之譜系亦未必即爲歷史真相，霞浦文獻記載之傳教法系就如同禪宗二十八祖一般，難禁推敲，《林氏宗譜》不記林瞪從師孫綿，《樂山堂》供祀林瞪不供孫綿，林瞪、孫綿年齡差距過大：從孫氏966年開寺至林瞪1027年入明教門，中隔六十餘年，玉林尊者之後之兩譜法系不斷有刪改，不斷加入新"尊者""師公"，極爲混亂。故不僅林瞪之後的樂山堂明門宗師法系幾不可信，即林瞪與孫綿及孫氏早期門徒的關係亦當重新考量。其中必有虛造譜系，爲自己家族或宗門臉上貼金者①。其"明門初傳"亦讓人費解，此息絕已久而得復振邪？林悟殊先生以爲姑且可稱之"新明門"：爲以摩尼佛爲教主，拜林瞪爲明門祖師、都統的閩地新教門。

　　今考兩譜，就其中帝王年號、地名沿革等可大體斷定爲明末清初或清末之産物。

　　關於《冥福請佛文》有兩篇文章，爲《霞浦摩尼教新文獻〈冥福請佛文〉校録研究》②與《摩尼教〈冥福請佛文〉所見佛教地獄十王》③，皆爲楊富學、包朗

---

① 參林悟殊《跋〈《樂山堂神記》再考察〉》，《海陸交通與世界文明》，第256—260頁。
② 楊富學、史亞軍、包朗《霞浦摩尼教新文獻〈冥福請佛文〉校録研究》，高國祥主編《文獻研究》第4輯，北京：學苑出版社，2014年，第83—98頁。
③ 楊富學、包朗《摩尼教〈冥福請佛文〉所見佛教地獄十王》，《世界宗教文化》2014年第1期，第85—90頁。

先生合作之文。《冥福請佛文》共計 7 紙 14 頁，每紙 6 行，計 83 行，行 12—14 字，於《請神科儀書合抄》中位列第二，所請神較雜，且以"法身、報身、化身"三佛居首，次方爲"默羅勝境無上尊佛"（或即大明尊）、夷數、電光、摩尼、彌勒、貞明、日月光王、净風、先意、法相、惠明等本教神明。之後爲一班道教大神、十殿閻君、儒家先聖先賢等等，"一切吉凶神君，普同拜請，請降道場"。這篇科儀可謂摩尼教融匯傳統儒釋道三教之典範，摩尼教神被夾雜在内，較不顯眼。《請佛文》中較具特色的是其地獄十王信仰崇拜。文中奉請的"冥府閻羅天子十殿尊王"，皆加"大明"二字，如"秦廣大明王"等，與《奏申牒疏科册》中之"閻羅天子十殿明王"相同，可見其突出的明教特色。楊、包以爲其可等同於《摩尼光佛》中之十天大王，即梵名阿薩曼沙，摩尼教净風五子之一，相當於昊天玉皇大帝者，他住在第七層天上，管十天善惡事，亦爲幽府主宰。其形象爲一非十，職能亦並不同於地獄十王，兩者非能劃等號，故地獄十大明王，形象依然來自傳統宗教。二氏以爲，其源於《地藏十王經》當是無疑問的。摩尼教十王信仰並非霞浦特有，早在 9 世紀的回鶻地區已有《十王圖》《地獄圖》，有學者甚至懷疑中土佛教十王信仰本即源於摩尼教，至少，夾雜著部分摩尼教因素當可以想見。

《奏申牒疏科册》是一部大部頭科儀文獻，清抄本，主要乃濟度亡靈之用，分兩人抄寫，頭人抄寫悉爲濟度文獻，次者尚抄了部分祈雨文獻。馬小鶴將之分爲 65 頁，共 87 小節，610 行[①]。是部文檢合集主要有奏申牒疏及關、狀、雜件、意、表、榜等十種。一般根據神靈的地位使用不同的文種。其中奏乃呈帝尊，如奏三清、教主、昊天；申則申於一般神祇，如申地府、十王、東嶽、水府；關牒是道教儀式中給神司的文書，如牒功德司、庫官、亡人案、孤魂案；疏則有薦祖先疏、祭將疏、天師疏、玄壇疏；狀有進狀、獻狀、甲狀等；表則有通天救苦朱表、血湖表、十方表等；榜文則是齋醮壇場前告貼文書，如開經榜、功德榜。根據馬小鶴先生的發現，奏申二種文體，摩尼教色彩較爲濃郁。

《科册》第一節爲《奏申銜額》，乃著錄目録，領起全疏之用。首提"圓明寶闕宫"，顧名思義，當與明教信仰有著密切關係。瑜伽教抄本稱明教主即爲"圓明寶闕明門教主宫　大聖明門教主太上摩尼光佛"。神名主要有三清、玉皇、地藏、目連、唤應、地府靈尊公、酆都元天大帝、水府扶桑大帝、東嶽四府帝君、御前四帝（四御？）、冥府十三宫十殿大明王等。第二節《開牒宫額》則是所啓俗神名録，如本州城隍司等。第四節按照類別分爲奏申牒疏關狀雜七類，

① 馬小鶴、吳春明《摩尼教與濟度亡靈——霞浦明教〈奏申牒疏科册〉研究》，《九州學林》2010 年第 3 期，第 15—47 頁，收入《霞浦文書研究》。據楊富學、包朗録文則爲 614 行，計 9 000 字以上。

大體符合本册内容。正文第一篇爲《奏教主》，奏告教主摩尼、夷數、電光三位，薦亡之用也，其内核形成當在唐宋時。第72節《奏三清》，乃祈穀之用，三清即上述明教三佛。按道教黄籙大齋科儀中本有奏告三清之傳統，此處完全仿之，内容卻迥異。第15節《奏昊天》亦與道教科儀書同，然其所奏告者實爲摩尼教中統御十天八地之十天大王，詭托爲玉皇大帝。申文多與明教關涉不大，如第16節申目連等，第18節的《申唤應》則是巧妙將摩尼教神明信仰與民間之菩薩崇拜疊合之産物。唤應（説聽、唤應），即呼神與應神，乃活靈（净風）與因敗陷於黑暗王國的初人（先意）答問唤應所産生的二位明神。二位被擬定爲佛教的觀音大勢至，他們被安置在唤應明宫中，起到改正法師文檢錯誤，代爲傳達的作用。第19節爲《申東嶽》，第20節爲《地府》，後所申爲地府平等大帝，此平等大帝非中國傳統之平等王，乃明教之平等王。明教中平等王乃掌管亡靈審判，惡人被判重受輪回生死苦，善人則可往生明界。這裏借鑒道教酆都大帝和佛教平等王形象，構造出"地府靈尊平等大帝"，與酆都大帝同掌地府。在日藏摩尼教《冥王聖幀》中第四層右亭中判官當即此平等王或大帝。第22節爲《申十王》，内容類似《冥福請佛文》。牒文是《科册》最多的一種文體，且牒告對象以道教神爲主。其中與明教相關的有第38頁的《牒官將》中的明將、明徒、四梵天王和（大護法）明使等；61頁引魂明使；39頁《牒傳教宗師》之"明門傳教歷代宗師"；《牒伽藍》之"明界亡魂"；41頁"明宗攝召旛"，51頁"牒江河湖海水府一切真宰"之"正（貞）明内院"等。《科册》的疏多爲祈雨祈穀之用，其疏告對象往往有"太上摩尼如來"。《三寶榜》、各類狀、意之類亦常出現"太上清真摩尼如來"等字樣。另外《道家圓寂牒繳本壇》一節（59頁）乃呈請"本壇靈相度師"林瞪及貞明法院官將吏兵，護送靈魂，拔擢仙階。

《科册》第23節《繳憑請職表》及第25節《皈真牒頭》是唯二的兩件涉及真實人物的科儀文書。整部《科册》爲謝道璉法師傳用，故此二件表文中所涉及人物亦多爲謝家法師，前者有黄佳欣録文。兩件涉及的謝法如、謝法昭、謝法行三位爲《樂山堂神記》名録最後幾名——由於謝法如師公的名字已列諸《樂山堂神記》正文，可知《神記》必於其身後始就，又因已補謝法行之名，故必成於法行入明門後。又，從文書可知，明清霞浦明門法師傳承並非悉爲父傳子，亦有祖孫相傳、叔侄相傳等。馬小鶴認爲，同爲明門貞明内院主事，精進意部顯然較之勇猛思部低，按照摩尼教"想心念思意"明性五種净體的次序，其當分別爲末級及第二級：摩尼教主事詹法揚請爲精進意部主事謝法行授勇猛思部主事之職[①]。按在《禱雨疏》中曾提及此二職：

---

　　① 馬小鶴、吴春明《摩尼教與濟度亡靈——霞浦明教〈奏申牒疏科册〉研究》，《九州學林》2010年第3期，第15—47頁，收入《霞浦文書研究》，見第30頁。

太上清真摩尼正教正明内院法性靈威精進意勇猛思　部主行祈雨濟禾乞熟法事渝沙睍達臣厶

精進意部對應渝沙,勇猛思部對應睍達。按據王丁①,渝沙即《儀略》"耨沙彦"也,亦即聽者;而睍達則即指信者,所謂清净師僧。元至正年間《莊惠龍墓誌銘》云莊氏曾托蘇鄰法,構摩薩壇,而其第三子莊天德即曾爲"睍達",即出家入了明教内院,到了勇猛思這一級。如此,則其上之"想、心、念"部(如果它存在)是不是對應著"默奚悉德""薩波塞"乃至"慕闍"呢? 這一授職體系並非明教特有,在當地閭山派中亦有奏(請)職、轉職、升職諸事。

由科册可知,霞浦摩尼教對部分三教神祇進行了偷樑換柱,堪稱異端,然其確實在漸漸走向大衆化,依附道教,以薦亡祈雨等爲主要活計,社會危險性已近消泯。

在《摩尼教地獄考》②一文中,結合日藏《冥王聖幀》及《奏申牒疏科册》關涉地獄部分,如《三寶榜》《奏教主》《奏昊天》《申地府》以及地藏、目連、東獄、十王、唤應諸申,傳達了亡靈被囚地獄中,只有通過親友的薦亡祈禱,才能脱離地獄,還歸明界的信息。地獄觀念亦爲霞浦摩尼教之核心理念。按從《下部贊·贊夷數文》中可看出,摩尼教將人之肉身視爲"毒火海""五重坑""五毒院"等,又稱是"一切地獄之門户""竟被焚燒囚永獄"等。不過,肉身所以被視同地獄,乃因貪魔、暗魔之故,是以,在地之南面之暗界,則爲更大的地獄。很多摩尼教文書都記録了這一點。如《殘經》亦云貪魔造立人身,囚五明性,净風造二大明船,運渡善子,貪魔則造暗船,將明性送入地獄。墮落地獄,亦爲惡人之最終歸宿。而在摩尼教東傳入中亞,受佛教影響,出現了"阿鼻地獄"等借詞,至元《冥王聖幀》,已與佛教地獄無别。民間宗教之東獄、道教之酆都及佛教之地藏(按,摩尼教中榮耀之王在《殘經》中被稱爲地藏明使,負責轉動三輪,下地獄拯救光明分子,但霞浦地藏則明顯是幽冥教主的形象,似不同《殘經》),爲中國傳統信仰中地獄三大主宰,皆爲霞浦摩尼教吸收,以爲其用,並本教之"平等大帝"同治地獄。在閭山派多件法事文書中體現了對"幽冥教主"太乙救苦天尊的格外崇拜,是爲閭山主神之一,然霞浦摩尼教雖多有借鑒閭山道法處,卻似並未吸納太乙入教(除《冥福請佛文》)。馬小鶴針對《奏申牒疏科册》發表了系列研究文章,已具筆者《霞浦摩尼教歷史文化研究述評》一文(《絲綢之路》2020 年第 1 期,15—37 頁)。

---

① 王丁《摩尼教與霞浦文書、屏南文書的新發現》,《中山大學學報》2018 年第 5 期,第 117 頁。
② 《摩尼教"地獄"考——福建霞浦文書〈奏申牒疏科册〉研究之一》,程洪、馬小鶴主編《當代海外中國研究》,上海:上海社會科學院出版社,2010 年,第 307—318 頁。

關於《科册》之《奏教主》一篇，林悟殊亦曾撰文考證其形成年代①。據其"福寧州"，無疑爲清初之物，晚不過雍正。林氏以爲"電光王佛"與敦煌"電光佛"非爲一佛，而兩者皆非故認的光明少女（光の処女）。按在《敦煌摩尼教〈下部讚〉電光佛非光明處女辨》②中林氏以爲中國古代主流社會信仰中不特崇女神，難以想像一位異域女神能够成爲民間宗教的最高神（三佛三清之一），況且這是一位以色誘雄魔著稱的童女神，按西方學者揭櫫吐魯番文獻，指出其誘魔時乃以"十二童女"形象同時在天空中展露身體③：這與色誘世尊的天魔女何異？如何能爲中國社會所接受？摩尼教被稱魔教，豈不宜乎？林先生認爲摩尼教這種獨特的兩性觀是無法代入唐人世界的。於是其提出"電光佛"實乃清净師僧"電那勿"的佛化翻譯，蓋《殘經》《儀略》皆無電光佛，而《下部讚》獨有之而無電那勿也。《下部讚》一處描寫"夷數與彼電光明"，説明電光佛乃是跟從夷數的，而拯救光明分子，將之靈魂净化而歸明界無疑是夷數的職責，故電光佛當即這些清净靈魂，被合爲一佛。西方學者對"電光佛"亦多有誤讀，竟以爲因雄魔看到少女裸體後發出呻吟聲猶如打雷，故稱電光佛。這種解讀簡直匪夷所思。林氏並以爲在《下部讚》中誘魔角色已由夷數兼演，故光明少女別無存在必要——按 P.3049 回鶻文書有類似《收食單偈》的神明讚，其第十一位，馬小鶴翻譯爲"電光神（卡尼羅香神）"即《下部讚》"謹你嚧詵"，意譯即光明女神，然林氏認爲這並不能證明此神即曾誘魔之神，因爲華情難以接受。

筆者以爲，即觀音亦曾有鎖骨菩薩之傳説，光明少女現"微妙端嚴身"，亦不過是一種方便示現，色誘者乃其法相而非本體，且是藉此達成除魔之正義目的，故事亦非如所謂蓮華色尼故事般違逆倫理，更何況光明少女本是以貞節與完美而著稱的，何足以妨礙其進入華化摩尼教之萬神殿？而在此考釋《奏教主》年代之文中，林氏復因《下部讚》中電光佛排位末等，故疑其與三清之一的電光王佛非一，且宋代所有教外資料皆無電光王佛之名，可見絕非主神，若是，則爲明尊之避嫌稱呼也，《摩尼光佛》云電光王佛爲大天真宰，是明尊也。按屏南文書《貞明開正文科》中同時出現"電光佛"與"電光王佛"，明確説其爲明尊之子，又以變化聞名，除光明少女尚何指？電光王佛、摩尼光佛

①　林悟殊《霞浦科儀本〈奏教主〉形成年代考》，《九州學林》第 31 輯，2013 年，第 102—135 頁，收入氏著《摩尼教華化補説》，蘭州：蘭州大學出版社，2014 年，第 388—422 頁。

②　《敦煌摩尼教〈下部讚〉"電光佛"非"光明處女"辨》，《文史》2013 年第 1 期（102 輯），第 175—196 頁。

③　"（諸神）爲了將光明與他們分離開來，使用了一種新的方式，將楚爾凡的光明（與邪魔）區分出來。他們在雄性馬贊面前顯現了楚爾凡的十二顯赫女兒（的狀貌），從而誘發出雄馬贊們的色欲，遂從其體内射出了精液。精液所含的光明便流到地上；植物、樹木、穀物也就從那裏而生長；馬贊諸魔體内的光明就這樣通過其精液的射出而被分離出來，同時，地土中所含的光明則通過植物而被分離出來。"A.V. Jackson. *Researches in Manichaeism — With Special Reference to the Turfan Fragments*, New York: Columbia University Press, 1932, p.179.

與夷數和佛是爲三位教主,林氏考證明教重新啓用"摩尼光佛"之稱當不早於元代,而摩尼教本身並無數字"三"之崇拜,其神聖數字爲五、七,不過《儀略》中確然提及"三聖",即老子、釋迦、摩尼光,筆者以爲或即三清、三佛之雛形。但奉"三"爲神聖數字,確然當如林氏所云,至少到了明清。林氏列與《奏教主》相似文本《奏三清》在《科册》中有二,在《禱雨疏》中有三,詳考方志,知嘉隆萬間,霞浦地方旱災嚴重,《禱雨疏》中《奏三清》恐即形成於時,而《奏教主》則模仿而作。林文有説服力者有之,異想天開者同樣有之,其在結論中認爲霞浦文檢多已爲少數鄉間法師謀生之用,不能説明當時仍存在像樣的明教組織,文檢中寫到的某院某部某教某主事等等,不過爲法師們自娛自樂耳,當不得真。此説極武斷,法師斷不是誆惑黎民之神漢,林先生未能親往考察,故無從度知實情,若親往見霞浦、屏南之活態摩尼教,或將改其説矣。

　　《禱雨疏奏申牒狀式》尚未公刊圖版與録文,其爲霞浦陳寶華法師所用,凡 72 頁,頁 10 行,滿行 30 字,共 719 行[1],1—2 頁爲目録,第 3—7 頁爲牒尾封皮式樣,8—72 頁爲《禱雨疏》的具體樣本。疏文中有"大明國福建"等字樣,知爲明代所傳。包含《牒皮聖眼》1 篇,《牒皮式》18 篇,《奏申額式》《奏三清》(3 種)《奏昊天》(2 種)《奏貞明》《取龍佛安座牒式》《安座請雨疏式》《申水府》《申地府》《申東嶽》《申喚應》《申三界》《申三元》《申五海龍王》《牒雷公電母》《牒當境》《牒五穀》《牒夫人》《牒城隍》《牒龍井》《祈雨安座三界疏》《符使狀》《祈雨安座完滿疏》《請龍佛祈雨謝恩詞意式》《祈雨謝恩牒式》《謝雨完滿疏》《謝雨申喚應》《謝雨獻狀》《作保苗奏昊天》《保苗請聖疏式》《又式州官龍請用》《祈雨疏》等共 60 篇,是一套完整的祈雨儀式,參照道教章函制定,對文書的封函式樣、封函及書寫內容做了詳細説明、示範。尤小羽女史以爲其是按儀式目標的心願不同區分:祈雨、感雨謝恩、保苗。針對此三個目標,形成系列奏告神佛程式,其中部分奏申與《奏申牒疏科册》相似。疏文外爲紙封皮,書神名,其奏申類須封兩層,外函皮書"重封",13 種封皮對應 60 篇文疏,第 7 頁規定"奏申額式",額爲奏祈者身份之程式話語。祈雨法事參與者稱"明流",當仿"緇流""道流"而造,可見明門從未真正與佛道巫之徒相混,亦並未創新教門,明門是其自始至終認定的身份。另外,文疏中還出現"明令""明敕""明宮"等語,顯示明門有一整套以"明"爲意義核心的制度化系統術語,區別於他教法師,至少在《禱雨疏》書寫的下限即清雍正年間仍在應用。尤小羽女史以爲其在書寫時空格或頂格,表明其具有神聖性質,受到

　　① 楊富學、包朗、劉拉毛卓瑪《霞浦本摩尼教文獻〈禱雨疏〉録校》,楊富學主編《漢唐長安與絲路文明》,蘭州:甘肅文化出版社,2020 年,第 458—554 頁。

尊崇,這一作法乃爲强調"光明正教"的主體地位。合整部《禱雨疏》,所請摩尼教神祇共有三清、貞明、唤應、夷活吉思、林瞪共七尊,明教色彩並不濃重,全似道教文檢,其對摩尼教神名等亦不乏望文生義之嫌,故尤小羽以爲"應客觀看待摩尼教神明在神譜中的主導地位及部分神明職能地方化並存的事實"。然而"通過祈雨等儀式,表現出的是民衆的一種宇宙論。摩尼教内容不僅僅是簡單地疊加到閩地宗教裏,而是參與到信仰和儀軌這兩方面,既順應了當地民衆對自然的態度,又提供了一種可實踐的與自然力量溝通的方式"。①

楊富學、彭曉静《摩尼教祈雨——從波斯到福建》②録《取龍佛安座牒式》,其雖云"光明正教"下,然實請諸龍佛祈雨,全篇摩尼教色彩並不很濃,唯末尾"修禮電光,祈雨濟禾"與道壇異爾。本篇及《牒皮聖眼》等篇皆將求雨與瑞山堂聯繫在一起,瑞山堂即林瞪之樂山堂,林氏曾素服福州滅火,故或爲民間奉爲雨神亦當爲情理之中。在《求雨秘訣》中所啓諸神中即有林瞪。《牒皮聖眼》中祈雨司額寫"大雲祈雨壇",蓋大雲光明寺之摩尼僧極善祈雨,閩地本無寺,其術或由呼禄等傳至閩地也。《求雨秘訣》亦堪稱霞浦明教之萬神譜,舉凡以教主摩尼爲代表的本教神祇、以靈山教主釋迦文佛爲代表的佛教神祇、以三衙教主靈寶天尊爲代表的道教神祇以及龍王、土地、三官等俗神,以臨水陳氏夫人爲代表的閩地衆神等皆在奏啓之列也。按摩尼教之祈雨術,其多源於伊朗,頗受祆教影響。在華則兼受佛道之影響。《福建摩尼教祈雨與絲路沿綫祈雨傳統之關聯》一文則提到了回鶻、粟特術士對摩尼教祈雨的影響,而霞浦祈雨文獻中亦體現出鮮明的民間宗教色彩③。

(四)學界对屏南摩尼教文獻的研究

福建屏南在第二次摩尼教考察中發現的 200 多部科儀書中《貞明開正文科》等與摩尼教有著密切關係,新發現的三尊佛像"摩尼光佛靈相尊公"被確認爲教主像,當地的摩尼信仰與摩尼教習俗亦一度引起大家重視,雖然,其與真正的摩尼教距離似乎有些遠。福建藝術研究院張帆《福建屏南摩尼光佛信仰習俗考探》④一文揭示了當地的一些與摩尼佛有關的民俗活動。屏南摩尼教信仰最集中是在韓姓聚居地降龍村,當地人相信每年正月初五爲摩尼光佛亦即閩清佛(又稱白眉佛,不知與源於祆教的白眉神有何瓜葛)的生日(按草

---

① 參尤小羽博士論文第三章《明教與閩地民間宗教的互動——從禱雨活動説起》(中山大學 2017 年博士論文)。
② 載王欣、萬明編《中外關係史視野下的一帶一路》,西安:陝西師範大學出版總社,2016 年,第 306—318 頁。
③ 彭曉静、楊富學《福建摩尼教祈雨與絲路沿綫祈雨傳統之關聯》,《石河子大學學報》2016 年第 1 期,第 29—33 頁。
④ 張帆《福建南屏摩尼光佛信仰習俗考探》,《文化遺産》2017 年第 3 期,第 88—98 頁。

庵、福州和屏南,摩尼誕辰日各不相同),是日將迎三身摩尼佛入韓氏宗祠神龕,《貞明開正文科》中如《樂山堂神記》般所記的大量先祖法師中韓姓佔據絶大多數。根據《貞明開正文科》的記載,儀式爲灑净、請神、頌經咒、拜懺、申願(宣狀、祈杯、禮塔)、送神(讚歎、懺悔、送神),"申願"環節要以《貞明開正奏》爲補充,懺悔儀式在摩尼教中則具有特定意義。摩尼教日常祭祀皆爲素供,供物或可於慶誕後帶回食用,冀獲神佑。在降龍村及其周邊地區,皆流行著摩尼佛信仰,而其俗名則不盡相同,事蹟亦頗多樣。在其《福建屏南摩尼教文書考探》中進而指出當地韓姓道壇摩尼教科儀書只有祈福科,並無如霞浦大量的薦亡科,蓋因薦亡一科已由釋教包攬。值得一提的是釋教亦即瑜伽教自唐宋以來便與摩尼教有著密切關係,在閩地亦常用一個道壇,互用對方儀典。雖然其主拜的神是毗盧佛,然其中亦常出現摩尼佛等明教神祇。在其教乾隆年間科儀《地主慶誕疏式》中即拜請惠明、先意净風、林瞪、夷活吉思等神祇及明門祖師,此疏製於崇明堂①,此堂當關合明教②。實際上乾隆年間溫州就曾有一所"明教瑜伽寺",值得思索。另外同在閩北的三明,土堡鎮宅牌上或刻有"本師教主牟尼光佛""靈相吉師、俱孚元帥"等名,爲鎮宅驅邪之用,或能證明其地亦有摩尼教信仰流傳③。

　　《貞明開正文科》爲道光十二年法師韓法真抄寫,不含封面封底共24頁,面6行共260行;另一本《貞明開正文科》已殘,存19頁294行,多有複漏。其稱"文科",當與瑜伽教相關,文內亦有如下文字:"我等瑜伽深蒙廣庇,願以體護想念惟唎。"而在《貞明開正奏》中復有請瑜伽教的龍樹祖師和張蕭劉連四法神,不過其形式則爲閭山之薦福科而非薦亡科,故知其融匯了瑜伽、閭山文武二科的成分。張帆考證爲韓法真侄輩韓占倫抄撮;《貞明開正奏》亦爲韓法真鈔,14頁133行。《貞明開正文科》包含《明尊科》與《第二時科》,其抄寫雖然很多與《下部讚》《摩尼光佛》類同,然錯誤多到離譜,特別是涉及摩尼教義部分,甚至有摻入當地民間信仰者,如"三帝三寶各五人,五顯莊嚴具微塵",將摩尼教"三常五大(五莊嚴)"概念竄改爲"三帝五顯(五莊嚴)",再如訛"明家"爲"民家"等。其中十段夷偈亦重了一則,可知抄録者並不明瞭偈義。其摩尼降生故事亦未有《儀略》的老君色彩,而與《光佛》相近。當然,《文科》仍然保留了早期摩尼教的一些餘屑,諸如"七部經""最後光明使""五大光明佛"等,而福建當地俗神不見於霞浦本地的則有平鹿(麓)祖師。祖師爲寧德人,七歲出家,佛法深廣,曾於周寧縣馬坑鄉建方廣寺,香火極盛,師亦號稱

---

①　李志鴻《道教天心正法研究》,北京:社會科學文獻出版社,2011年,附録2,第291頁。
②　按《點燈七層科册》:"六十一公……《譜》載,公捨地一所,坐落樟樸,兜起,蓋崇明堂。"不知是一是二。
③　參尤小羽博士論文第四章《閩地多元宗教生活中的摩尼光佛》。

"南方華嚴",以善祈夢祈雨而聞名。周寧與屏南隔溪相望,多有往來,與霞浦則間隔福安,故平蘢信仰不見霞浦而僅見屏南。由於明教壇與傀儡壇、梨園壇常在一處操演科儀,韓姓道師多有擔綱多項者,故傀儡壇道書《劇擔》中亦出現"太上本師魔(摩)尼光佛",《梨園戲筵》出現"家祖明尊公"等等。屏南摩尼教亦崇拜教主林瞪,稱其爲"通天三教林五尊公、濟南法主四九真人",可知兩地明教的密切聯繫①。

摩尼教研究學者王丁曾三赴屏南考察,認識到屏南文書雖錯漏較多(涉及佛教、摩尼教),然較之霞浦文書其原始性或更强。諸如其"摩尼",摩字一有口旁爲"嚤";湣字"民"部件一缺筆,或避唐諱(按唐前湣字已有少筆之俗字型);净風、地藏皆稱"夷薩",中古波斯語"yazad"即神之音譯也。另《文科》中有段"惠明座前、七部經前、清净僧前"云云,佛法僧三寶合一,表現對佛教的熟練模擬。摩尼七經經名亦偶有逗漏,同書云"明尊賜名號、香空賜舍過、寶地贈應論","應論"即《摩尼光佛》之"《應輪》《寶藏》、密妙玄文"。王丁、尤小羽對《貞明開正文科》與殘本《貞明》首次作了對錄,附於其文章後,惜其几無點讀②,另二位筆者與宋建霞亦合錄《文科》而研讀之,點出其原始性及蘊含價值,爲《文科》首個錄校本③。馬小鶴先生新作《福建屏南文書〈貞明開正文科〉綜考》④及馬小鶴、張帆《福建屏南縣明教遺跡》⑤將此文書溯源至敦煌摩尼教三經,對其音譯真言進行校補,指出其中有不少不見霞浦文書的摩尼教神靈,可知其與霞浦文獻的製作者各自獨立摘取文獻,其雛形當在唐代,編纂成册則在宋。

三、敦煌摩尼教與霞浦摩尼教
文書夷偈校譯研究

摩尼教夷偈或稱梵字,或云弗里真言,此皆故掩人耳目,以摩作佛者,據研究,其多數爲帕提亞語和中古波斯語的音譯。在《下部讚》中有三篇夷偈亦即音譯詩,而在霞浦、屏南文獻《摩尼光佛》《興福祖慶誕科》《點燈七層科册》《請神科儀合抄本》《貞明開正文科》等中則不下十餘篇,後者中不乏在一部文獻重複出現或反復出現在多個文獻中及改換、混淆偈(呪)名者,部分夷詞夷句與《下部讚》有繼承關係而整體不同。國内學者中有能力研究波斯語夷偈

① 張帆《福建屏南摩尼教文書考探》,《宗教學研究》2019 年第 2 期,232—240 頁。
② 王丁《摩尼教與霞浦文書、屏南文書的新發現》,《中山大學學報》2018 年第 5 期,第 113—127 頁。
③ 楊富學、宋建霞、蓋佳擇、包朗《屏南摩尼教文書〈貞明開正文科〉錄校並研究》,《中東研究》2019 年第 2 期,第 27—65 頁。
④ 馬小鶴《福建屏南文書〈貞明開正文科〉綜考》,《國際漢學研究通訊》第 18 期,北京:北京大學出版社,2019 年,第 165—188 頁。
⑤ 馬小鶴、張帆《福建南屏縣明教遺跡》,《西域研究》2019 年第 3 期,第 104—122 頁。

者實是寥寥，大旨不出林悟殊、馬小鶴二位先生，而其啟迪則獲自日人吉田豐。據筆者統計，二氏針對夷偈之翻譯研究性文章主要有：林悟殊《摩尼教〈下部贊〉三首音譯詩偈辨説》，刊《文史》2014 年第 3 期，見第 5—57 頁；《霞浦鈔本明教"四天王"考辨》，刊余太山、李錦繡主編《歐亞學刊》新 3 輯，商務印書館，2015 年，第 166—204 頁；《霞浦鈔本夷偈〈四寂贊〉釋補》，《文史》2016 年第 1 輯，第 169—200 頁；《霞浦鈔本夷偈〈天女呪〉〈天地呪〉考察》，刊余太山、李錦繡主編《絲瓷之路》第 5 輯，商務印書館，2016 年，第 109—139 頁；《霞浦鈔本"土地贊"夷偈二首辨釋》，《西域研究》2016 年第 4 期，第 70—82 頁；《霞浦鈔本夷偈〈明使贊〉〈送佛贊〉考釋——兼説霞浦鈔本與敦煌吐魯番研究之關係》，《敦煌吐魯番研究》第 16 卷，2016 年，第 137—157 頁；《霞浦抄本無題夷偈一首考釋》，《歐亞學刊》新 4 輯，第 173—190 頁；《霞浦鈔本夷偈"弗里真言"辨釋》，《中華文史論叢》2017 年第 2 期，第 339—367 頁；《霞浦鈔本贗造夷偈一首考辨》，曾憲通主編《華學》第 12 輯，中山大學出版社，2017 年，第 92—105 頁；馬小鶴《摩尼教下部贊第二首音譯詩譯釋——淨活風、淨法風辨釋》，載廣西師大出版社《天禄論叢》2010 年本，第 65—89 頁（收入《霞浦文書研究》更名《摩尼教三常四寂新考》）；吉田豐撰，馬小鶴譯《霞浦摩尼教文書〈四寂贊〉及其安息語原本》，《國際漢學研究通訊》第 9 期，北京大學出版社，2014 年，第 103—121 頁；馬小鶴《摩尼教〈下部贊〉第二首音譯詩補考—霞浦文書〈興福祖慶誕科〉研究》，《國際漢學研究通訊》第 10 期，北京大學出版社，2014 年，第 139—164 頁；《摩尼教〈下部贊〉二首音譯詩偈補説》，《文史》2016 年第 1 輯，第 201—234 頁；《霞浦文書〈摩尼光佛〉胡語音譯詞語綜考》，《西域文史》第 11 輯，科學出版社，2017 年，第 31—49 頁；《唐宋摩尼教胡語音譯異文初探》，《歐亞學刊》新 6 輯，2017 年，第 38—59 頁。

《摩尼教〈下部贊〉三首音譯詩偈辨説》乃就《下部贊》之三首音譯詩偈，在西方語言學研究基礎上參合漢文音譯習慣，揆諸傳世文獻、佛典及霞浦文書，申論《下部贊》輯入詩偈之因，以爲乃宗教儀式腳本之用，其對第一首殘破詩偈進行一定復原，認爲第一句可譯爲"救拔失心同鄉衆"，此偈當名爲《阿弗利偈》（《贊願偈》）。第二首偈乃反復讚美明尊、明子、師僧（按"於而勒"一詞帕提亞語當作 wjydg，意爲活的、被選中的神靈，即所謂淨法風，林譯師僧恐誤）、神、光明、大力、智慧等，林氏懷疑其爲上偈《普啓贊文》之梵唄，疑爲道明自譜，非西土摩尼教之元偈。第三偈乃摩尼教教義、美德之贊，全偈分二十二贊，皆以"無上"領起，如"無上明使""無上至真""無上明性"等。此偈或存在部分錯簡，徑更正之，其亦爲華夏信徒特撰之也。

《霞浦鈔本明教"四天王"考辨》乃就宋明教流傳之《四天王幀》與霞浦文

獻中大量涉及的音譯四天王之名（以《光佛》《慶誕科》之《土地贊·四天王偈》及《摩尼光佛·天王贊》爲中心，兩本文字略異）展開討論並譯釋之，《四天王偈》爲夷漢合璧，其中夷語部分可譯："祈請顯靈、祈請救拔！樂明第二使、慈悲支姑尊！福德衆明使，篤信衆聽者！"林氏指出，四天王皆以"逸"結尾，或爲模仿道教，整偈難言爲西域傳承，當是拼湊音譯夷名附以漢文而成。《天王贊》則可譯爲"上啓明使，無上四逸，聖靈守牧，福德三明使：吾等……師僧、聽者……愚癡羔兒，得臻歡喜寬泰，究竟如所願！"四大天王據馬小鶴言乃出自基督教四大天使，可勘同粟特文 M7800 文書四"囉"神征戰 200 魔鬼，此乃出自《大力士經》。然林氏以爲四"囉"未必堪比四"逸"，至於宋代流行的天王信仰，似亦非如霞浦所謂四天王領四大部洲也，故其以爲四"逸"天王與《四天王幀》之天王實貌合神離，難言傳承。按林氏以有限的傳世文獻記載爲圭臬强束霞浦，未免武斷，筆者以爲，仍當從馬氏，以西域四大天使——宋代《四天王幀》——霞浦四逸天王爲一完整傳承也。

吉田豐撰，馬小鶴譯《霞浦摩尼教文書〈四寂贊〉及其安息語原本》乃以吉氏學術報告《霞浦漢文寫本的中古伊朗語術語——帕提亞文的父的四面尊嚴》[1]爲本，復將存於《請神科儀合抄本》中的全偈釋讀英譯，由馬小鶴譯爲漢文。《四寂贊》在德藏吐魯番文獻中有可以對應的伊朗語和粟特（回鶻）語文本，參照其內容，暫譯如下："向神祇、光明、大力（和）智慧，我們謙卑地祈禱。我們讚美耶穌、仙童女（M1397 稱爲電光女神）（和）惠明、主摩尼（和）衆使徒。給予我（我的）虔誠的希望。保護我（我的）身體（和）拯救（我的）靈魂。戒月結神聖的是末摩尼，光明使者！聖哉！聖哉！願我的靈魂歡樂，永遠神聖！"吉田豐先生於胡語音譯詞辨析上甚力，其《唐代におけるマニ教信仰—新出の霞浦資料から見えてくること—》文對《四寂贊》等音譯詩切分轉寫，並試探討霞浦民間《去煞符》中䏦一字，其以爲或是受祆教影響而造此字以象徵最高神[2]。

林氏《霞浦鈔本夷偈〈四寂贊〉釋補》乃爲吉、馬文之補正，其選取《光佛》《請神科儀合抄本》兩個版本，重作釋文，據《光佛》譯云"上啓尊神輩，應現諸船主，光明大力，智慧驍勇；月光佛、夷數佛、仙童女、大智甲、摩尼尊，月光聖衆乃至善業法門，志禮！哀請救拔！無上光明祖師摩尼尊青蓮下，善善阿馱諸先知，聖哉永世！"《請神》與之基本相同，唯無摩尼弟子阿馱之名。與馬小鶴不同的是，林氏採取了歸化譯法，嚴格遵循《下部贊》等之措辭予以漢譯，唯

---

① 報告原文以《霞浦漢文文書中的中古伊朗語術語——安息文中偉大之父的四個方面》爲題經馬小鶴譯爲漢語，見芮傳明等編《丹楓蒼檜——章巽百年誕辰紀念文集》，廣州：廣東人民出版社，2015 年，第 31—40 頁。
② ［日］唐代史研究會編《唐代史研究》，2016 年 8 月，第 19 號，第 22—41 頁。

月光與夷數本爲一佛,林氏强分爲二,剥離夷數的月神身份,似是不妥。值得一提的是"戒月結"當是指五月齋戒結束舉行法會送佛,此俗與佛教有關,與明教無涉。至於四寂,似已非僅指父之四面尊嚴,而泛指諸神之德並力,乃至僧人勤修亦可達此境界。四寂亦即清净光明、大力智慧,在福建各地明教中都被奉若聖言,而宋後更被剥離大明尊,轉賦予摩尼佛,成爲其佛身所具之四品性,使之升爲教主、無上至尊,完全代替了明尊崇拜。

《霞浦鈔本夷偈〈天女呪〉〈天地呪〉考察》研究釋讀了《摩尼光佛·天女呪》和《興福祖慶誕科·天地呪》兩個相近文本,按《天女呪》當因偈贊光明少女(仙童女)而得名,《興福祖慶誕科》第 33 行云"首舉天女呪呪水净壇",而後的則是一則與天女毫無關係的偈文,其 41 行的《天地呪》方是《天女呪》,另第 33、34 頁亦有一段已不完整的《天女呪》。三者大體内容相同,唯所用音譯字略異,林氏推斷當爲對同一口傳夷偈之不同筆受,失真之處亦難免。按馬小鶴在不空譯《尊勝呪》異文研究中受啓發,總結霞浦/屏南摩尼教寫本音譯詩異文歧出原因,指出當時或存在不同胡僧用異本口授多名漢僧與及通胡漢的僧人自己翻譯全篇兩種譯經情況,前者衆手譯經,自然異出,其與《下部讚》用字差異則又當考慮閩語方音影響的結果①。《天女呪》大體可對譯如下:"天龍天龍乎,真實造相,光明大力,心默靈魂,公允平正。第三明使,救苦夷數,仙童女,大智甲:懇切哀請,救拔群羔,善力佑助!善善彌勒,公正大力,救苦救難。彌勒大佛,清净救世,夷數仙童女,聰明大智甲,聖哉,聖哉!"按這裏彌勒即指摩尼而言,對於摩尼教徒來説,摩尼就是彌勒佛,因爲耶穌在《新約聖經·約翰福音》第 15 章 26 節中承諾過他作爲聖靈,他將會在世界末日來臨之際重新出現於塵世。在一首庇麻節讚美詩中,摩尼像被置於祭壇上,信衆用莊嚴的詩句致辭:"彌勒佛降生了,末摩尼,那個使徒,他從上帝耶穌那兒帶來了勝利(救贖)。"②

作爲西方宗教,摩尼教素來無土地崇拜的觀念,然宋代明教徒所崇拜者即有靈相、土地,無論草庵詩簽亦或霞浦文獻皆有"土地諸靈相"之頌詞,蓋因民間特重土地信仰,故從俗以吸引信衆也。是以霞浦出現《土地贊》之類夷偈。《霞浦鈔本"土地贊"夷偈二首辨釋》解讀《摩尼光佛·土地贊》,其分五段,爲夷漢合璧,《興福祖慶誕科》亦有此偈。其第一段大體可復原如下:"寬泰救苦者,守護聖潔靈魂、福德教法,願諸明使善神降臨,祈求摩尼尊大力救拔,性命警衛者,净風明使施光明,受苦之人臻安康,寬泰救苦,聖哉。"第三段:"志禮衆明使,佑護虔誠善良、聖潔福德珍珠,懇請救拔!"珍珠是諾斯替教

---

① 馬小鶴、汪娟《不空譯〈尊勝呪〉綜考》,《敦煌學》第三十三輯,第 77、78 頁。
② Henning, W. B., Ein manichäisches Bet- und Beichtbuch, *APAW*, 1936 - 10, pp.20 - 21.

永恒的譬喻,喻指清净靈魂。夷偈雖云《土地贊》然卻無一字讚頌土地亦或天地,乃至摩尼教中"地藏明使"亦無蹤影,嚴重名實不副。推其原因,或因製作《光佛》《慶誕科》之法師非筆受夷偈者,乃鄉間法師,得夷偈如獲至寶,而又不懂梵字,徑安土地天地之名耳。

《霞浦鈔本夷偈〈明使贊〉〈送佛贊〉考釋——兼說霞浦鈔本與敦煌吐魯番研究之關係》考釋了《摩尼光佛》本《明使贊》與《請神科儀合抄本》之《送佛贊》這兩個相似文本,大意如下:"願吾神摩尼尊賜明使之僕以歡喜榮譽,願神夷數賜業已懺悔顯得仁慈的王子以安泰。願審判之神光臨。願清净之神净化沙普爾的寶殿。奴婢也,真實父,慈悲救世永不息。摩尼聖尊,歡樂明界,生機盎然。救世夷數,福德神靈,摩尼大法,赦免靈魂輪回。"值得指出的是,大部分夷偈都混用了中古波斯語和帕提亞語,這應該是西域摩尼僧口授元偈如此。按敦煌本《下部贊》亦同樣出現混用現象,如其第二首音譯詩,第 1—4、11、12、15 個短語屬阿拉美語,餘者爲伊朗語。故知其非霞浦本特有現象。林先生一貫認爲,此文中仍舊認定,霞浦抄本上限多不逾明清,且非爲真正明教人士所用,僅僅採納部分夷偈夷神而已,既不能與敦煌吐魯番出洞之真媲美,亦難說其與之一脈相承,當然,其亦並不否認其夷言片語之宗教活化石作用。

在《摩尼光佛》《興福祖慶誕科》和《點燈七層科册》中存在的大量夷偈,不少被冠以"弗里"真言之號,《霞浦鈔本夷偈"弗里真言"辨釋》一文乃舉三篇文獻開篇弗里二偈,對校釋讀之,分別譯爲:"啓福德諸明使,永恒初化顯現尊,十二寶殿十二船,撈渡靈魂衆船師,救拔吾輩净童男! 莊嚴唤應警覺聲,聖靈性命警察者,慈悲憐憫諸聖尊,真實先知,無上摩尼尊,佑助智慧清净(童)女。究竟如所願。"這裏特別提到佑助清净童女,突顯女性信徒地位。後篇:"無上摩尼尊,清净光明使,無上清净神,具智光明使。"《光佛》中復有類似短偈"無上摩尼尊,清净光明智慧使",或爲十六字"摩尼光咒"之原型,唯少"大力"耳。

在《摩尼光佛》第 65 頁有數行夷文夾於薦亡詞列,就出現那羅延等五佛之名,林悟殊《霞浦鈔本贋造夷偈一首考辨》命之爲《五佛偈》,以爲乃完全贋造之作,無西域文本根據。可譯爲:"佛陀慈悲,乞賜善男信女以寬泰! 那羅延、蘇路支、釋迦文、末尸訶、末摩尼諸佛! 聖哉! 永遠!"

馬小鶴《摩尼教〈下部贊〉第二首音譯詩補考——霞浦文書〈興福祖慶誕科〉研究》對校《下部贊》第二首音譯詩與《興福祖》第八頁音譯詩,指出霞浦本音譯詩個別較之敦煌本更近胡語原音,可校敦煌本之誤。吉田豐以爲霞浦文書音譯詞以濁輔音對應伊朗語的濁音,亦不像敦煌本省略伊朗語中輔音,可見其音譯系統略早於敦煌本的音譯系統,雖然閩地從晚唐方得法,然呼禄法師之傳承應當更早於《下部讚》的傳承者,從《興福祖》之準確擬音,或可判斷林瞪弟子製作科文時,當仍能領會夷偈含義。

同樣針對此首音譯詩而言,林悟殊得出的結論與馬氏略爲不同,林氏以爲其原爲呼禄等經回憶創製的再生文本,並非《下部讚》原物,蓋《讚》明言“於聖經典不敢增減一句一字”,而此偈雖音譯較《下部讚》爲准,然用字無章,當非爲摩尼僧所記。此偈無題,《下部讚》亦僅稱《次偈》,蓋摩尼教偈頌多本即無名,華人特爲安名以便誦也。此偈堪爲《摩尼公咒》十六字之原型,故當用於多場合,不便題名。林氏發現次偈隱去多處關鍵字“伽度師”(聖哉),乃有秘藏此偈爲寶意,《興本》新添之頌段“老者如山常不□”亦具此特點,藏頭露尾之功利心斷非明教徒之有也。

《摩尼教〈下部讚〉二首音譯詩偈補説》參校其二三首夷偈,其中第三首《初聲讚文》有帕提亞文、粟特文、回鶻文、科普特文和漢文等多語種相同或相似文獻參照:科普特文《集會(Synaxeis)》序言即包括“初聲讚文”,説明其淵源於摩尼以古敘利亞文撰寫的大經《生命福音》(《徹盡萬法根源智經》),後翻成科普特文,西傳到埃及;又翻成帕提亞文,音譯成漢文,也翻成粟特文和回鶻文,傳播到西亞、中亞、東亞。《初聲讚文》無疑是摩尼教傳播最廣的詩偈之一。故譯釋較爲成功,在前人基礎之上,馬氏譯如下:“初聲、初語,初使者,初開揚,初智慧,初真實,初憐憫,初誠信,初具足,初和同,初忍辱,初柔濡,初齊心,初純善,初廣惠,初施,初尋求,初讚唄,初讚禮,初選得,初妙衣,初光明,具足圓滿。”爲切合“初聲”主旨,其將重複了二十二次的前綴詞“喝思能”皆從其原始意譯爲“初”,不同林悟殊之歸化的“無上”譯法。“初聲”二十二讚多與敦煌本《摩尼教殘經》惠明五施十二相契合,餘者如妙衣等亦與西域經典相合,在敦煌摩尼教寫本中亦能找到對應。

《霞浦文書〈摩尼光佛〉胡語音譯詞語綜考》將《光佛》完整文本中可釋讀的音譯詞語作一綜合考釋總結,包括源於梵語之佛教詞彙與源於伊朗語與摩尼、夷數與蘇路支有關的摩尼教詞彙,摩尼教護法音譯名,用以對應“四寂”的伊朗語詞彙等。《霞浦文書〈興福祖慶誕科〉胡語音譯詞語綜考》梳理總結了《慶誕科》中的胡語音譯或半音譯詞彙,其指出《慶誕科》中三大聖及四大天王的名字皆源於《光佛》,後者並有訛謬。《光佛》與《慶誕科》內容相當的音譯文字所用字常常出入甚大,似乎很難完全用傳抄訛誤來解釋。故以爲二者所根據原始文獻可能不同,因此其所用的漢字亦不同。

《唐宋摩尼教胡語音譯異文初探》則比較敦煌、霞浦諸本內容相同夷偈之用字參差,認爲呼禄法師入閩,攜弟子共撰《摩尼光佛》,乃仿佛教禮懺文,抄撮音譯詩,口授夷偈讚詩而成文。林瞪卒後,弟子編《慶誕科》以慶冥誕,亦廣采音譯詩。馬小鶴先生認爲，至明清時，霞浦摩尼教法師則似已對夷詞夷語不甚了了，如《明門初傳請本師》等寫本中僅列"四梵天王"之名而不書"彌訶逸"等四名，其他寫本去掉"耶俱孚"（雅各）之耶字，而稱"俱孚元帥""俱孚聖尊"，又如"吉思"大聖本爲基督教聖徒喬治，在景教《尊經》稱"宜和吉思法王"，在霞浦，其先是被簡化爲"吉思"，《吉思咒》見《摩尼光佛》[①]；吉思又一變爲"吉師"（屏南《貞明開正文科》稱"移活吉師大聖"），並近一步加封閩地特色明顯的"爺"號，《吉祥道場門書》稱"吉師真爺"。由是，或可推測霞浦法師當已不知法王的真正來歷，亦不知《吉思咒》實爲《聖喬治殉難記》的漢譯。故其懷疑明清以訖當代法師所撰科儀寫本乃是依據原始文書如《慶誕科》等肆意切割夷詞，隨意加封西方神祇以中式頭銜之產物[②]。

四、結　語

迄今已出之《摩尼光佛》《興福祖慶誕科》《請神科儀書合抄》《點燈七層科冊》《貞明開正文科》《禱雨疏》《奏申牒疏科冊》等的録校基本已將霞浦等地所獲之摩尼教科儀文獻一網打盡，其録文詳盡而準確，爲摩尼教研究提供極大便利，而林、馬二氏從諸文獻中勾稽胡音夷偈，對廓清呼禄所傳之摩尼教原本面貌亦有巨大意義，此概無疑義。

篇幅所限，本文對霞浦摩尼教研究成果的述評僅限於抄本的文獻學範疇，其餘內容如寺院研究、絹畫研究、神祇術語研究乃至"靈源教"問題的探究等，已見載《霞浦摩尼教歷史文化研究述評》[③]，此不多贅。

---

① 《霞浦摩尼教新文獻〈摩尼光佛〉校注》，第 97、98 頁。
② 馬小鶴《唐宋摩尼教胡語音譯異文初探》，余太山、李錦繡主編《歐亞學刊》新 6 輯，北京：商務印書館，2017年，第 56—59 頁。
③ 蓋佳擇、楊富學《霞浦摩尼教歷史文化研究述評》，《絲綢之路》2020 年第 1 期，第 15—37 頁。

"中國中古制度與社會"
國際學術研討會綜述

李學東(北京師範大學)

2019 年 12 月 6 日至 8 日,由北京師範大學歷史學院、中國古代史研究中心主辦的"中國中古制度與社會"國際學術研討會在北京成功召開。來自中國、日本、新加坡、加拿大等國 30 多家高校、科研院所、出版社、報社的 80 餘位學者參加了本次會議。此次學術研討會共收到海內外學者提交的論文 50 餘篇,涵蓋內容十分廣泛,主要圍繞視角轉換與制度變遷、石刻碑誌與地方社會、敦煌文獻與絲綢之路、經濟發展與城市變革、中原王朝與邊疆民族、宗教信仰與陰陽符識、歷史書寫與文本批判等專題展開深入討論,進一步推動了中國中古社會的研究。

一、視角轉換與制度變遷

制度史作爲中古史研究的傳統議題,在前輩學者的不懈耕耘下,已積累了較爲豐碩的成果。如何進一步推進制度史的研究,成爲相關學者亟待解決的問題,觀察視角的轉換使得舊有論題煥發新的生機。首都師範大學王銘副教授《北魏孝文帝"高祖"廟號芻議》指出北魏孝文帝"高祖"廟號,存在多方面的廟制安排與政治考量,既關涉孝文帝的生前身後評價與太廟地位的評價,又關係北魏孝文以降的政治合法性敘述。西北大學特聘教授、中正大學榮譽教授雷家驥先生《隋驍果部隊與大業備身府制度研究——傳統制度寫法與制度史研究的一些心得》闡述了制度與制度史的傳統寫法與特色並詮釋了制度史的研究要領,同時探討了隋驍果部隊與大業備身府制度。首都師範大學特聘教授吳麗娛女史《格與禮法:再談高宗朝三次修格的內容與傾向》認爲高宗朝永徽、龍朔、儀鳳三次修格代表了不同時期的政治方向,構成了高宗朝禮法變遷的歷史;其用意旨在皇帝即位或者政治轉舵之際顯示除舊佈新或更新政治理念的目的。日本中央大學妹尾達彥教授《五陵親謁:從武周到玄宗的陵墓與都城》從都城史研究的角度,論述了唐玄宗親謁五陵的政治史意義以及武周至玄宗時期都城與陵墓之間的關係。唐玄宗爲加強中央集權,將都城的中樞機構從神都轉移到長安,兼以營造橋陵與維護五陵等方式來實現政治目的。

經濟制度的探討主要集中於土地制度和賦役制度兩方面。河南大學耿元驪教授《隋唐土地制度變遷與時代分期》以"唯物史觀"爲理論分析工具,來考察隋唐時期土地制度的變遷過程與時代分期,有利於進一步思考這一時期社會基本面貌和基本社會關係,同時爲判斷時代演變趨勢提供新的視角。福建師範大學吳樹國教授《唐宋之際户税變遷問題再議》聚焦於學界聚訟紛紜的"唐宋之際户税變遷"問題,並圍繞兩税錢的實質、計税依據、唐後期據貫均税之性質以及中國古代户税的角色與功能等關鍵問題,重新加以探討。華東師範大學黄純艷教授《總量分配到税權分配:王安石變法的財權分配體制改革》以王安石變法及朝廷財政催生財權分配體制的新變化爲觀察視角,將以税權分配爲特點的財政新體制予以披露,旨在重新闡釋王安石變法的内涵和影響。雲南大學田曉忠副教授《論宋人的賦役觀及宋代役法改革》指出縱觀中國古代的賦役改革,宋朝的賦役制度調整與改革最爲繁劇。宋人以均平賦役、應對國家聚斂爲核心的賦役觀,既是對傳統儒家政治倫理的承續,又體現出新的時代特色;透過宋人關於宋朝賦役問題的不同主張,我們得以進一步加深對宋代役法改革的認識。

二、石刻碑誌與地方社會

對於中古史研究而言,有限的史料時常成爲研究者探討學術問題的羈絆。近年來,大量刊佈的石刻碑誌材料成爲中古史研究的重要助力,爲中古史研究注入新的活力。日本東洋大學榮譽教授高橋繼男先生《隋唐時期國號"隋"字的字形演變及其背景》廣泛利用石刻碑誌資料,揭示了隋唐時期國號"隋"字的字形變化及政治文化背景。陝西師範大學拜根興教授《兩方靺鞨人墓誌與神龍宮變新探》探討了靺鞨族蕃將李多祚與其侄李承嗣兩方墓誌所披露的若干問題,指出在武周、李唐政權交替之際,守備京城的蕃將頻繁參與宮變,並扮演重要角色。究其原因,一方面是出於對唐朝的感恩,另一方面則是入唐蕃將權力欲望的膨脹所致。唐玄宗年間蕃將屢擔大任、拱衛邊疆,其緣由或可追溯到神龍、景龍年間的歷次宮變。日本明治大學氣賀澤保規教授《新發現的顔真卿〈西亭記〉殘碑的解讀及其歷史意義》介紹了浙江大學藝術與考古博物館陳列的顔真卿《西亭記》殘碑之概況,進而嘗試復原碑文内容並圍繞與西亭碑相關的人物作出討論,同時探究了湖州刺史在顔真卿仕宦經歷中的地位。中國社會科學院牛來穎研究員《〈唐鄭鍇墓誌〉所見唐後期三川鹽政》以《唐鄭鍇墓誌》爲切入點,闡述了志主鄭鍇的家世與仕宦經歷,通過將傳世文獻與墓誌資料相對照,揭示了唐代三川鹽鐵專賣系統在唐後期的運作。首都師範大學游自勇教授《"會昌毀佛"後之寺院重建與規制——以"李蟾贖寺碑"和"牓"爲中心》利用李蟾贖寺碑與兩通牓文,試圖揭示唐代會昌毀佛之後如何通過地方重建寺院來填補原本圍繞寺院所形成的權力真空,以及由此對地方社會發展進程產生的影響。西北大學李軍教授《碎片還是細節？——唐大中三年宣宗收復三州七關進程再探討》借助石刻資料,考察了唐大中三年宣宗收復三州七關的具體進程,指出唐宣宗收復三州七關的最大意義在於統治合法性的構建,並揭示了三州七關收復與内部政務以及党項經略、歸義軍設置之間的關聯。南開大學夏炎教授《〈百門陂碑〉所見唐代地方官府水旱祈禱與地方治理》以《百門陂碑》爲例,探討唐代地方官府水旱祈禱與地方治理之間的關係,指出水旱祈禱對地方治理具有重要意義,水旱祈禱獲驗是唐代地方長官獲得完美政績,實現地方治理目標的重要途徑。北京師範大學游彪教授《由"鄞縣"到"臨安"：兩宋之際四明史氏的崛起道路》借助石刻碑誌資料,指出兩宋之際四明史氏家族的崛起與興盛不僅有賴於家族成員的奮鬥,同時也與時代環境及各種偶然性因素息息相關。

三、敦煌文獻與絲綢之路

敦煌文獻作爲中古史研究的重要資料來源,學界對其研究一直熱度不減,相關成果層出不窮。天水師範學院陳于柱教授、張福慧副研究館員《敦煌藏文本 P.3288V〈逐日人神所在法〉題解與釋録》對敦煌藏文寫卷 P.3288V《逐日人神所在法》予以題解與釋録,使學界對吐蕃醫學文獻的認識進一步加深,並爲研究吐蕃醫學的形成發展提供了彌足珍貴的新史料。湖南科技大學聶志軍教授《敦煌寫本 S.3905 再研究》通過核查原卷,對敦煌寫本 S.3905 部分疑難字詞重新釋録和校注,進而探討了其寫作年代、定名及内容等問題。北京理工大學趙和平教授《武則天時期的宮廷寫經》介紹了武則天時期的宮廷寫經情況,並對其所反映的制度設計和社會影響以及中古社會民衆信仰與社會生活之關係作了探討。中國社會科學院陳麗萍副研究員《再議唐代户絶家庭財産的處理——以 BD09352 號爲中心》對唐代的户絶概念及遺産處理原則加以釐清,並以國圖藏敦煌文書 BD09352 號爲例,探討了財産處理過程中的各種規則與變數。蘭州大學趙青山副教授《三件僞敦煌遺書〈天皇梵摩經〉考》對三件敦煌遺書《天皇梵摩經》進行了辨僞,通過梳理其收藏與流傳狀況並對其内容進行考辨,認爲三件文書皆屬後世僞造。

絲綢之路作爲東西文明交流的孔道,促進了各地區之間的人員流動與文化交融,圍繞絲路衍生的議題歷來爲研究者所重視。河西學院吳浩軍教授《鎮墓瓶在絲綢之路的流播與衍化》闡釋了鎮墓文的含義及其書寫材料,並根據考古報告,提出鎮墓瓶的使用年代集中在東漢、曹魏西晉與十六國三個歷史時期,分佈在關中平原、洛陽盆地、三門峽谷地和河西走廊四個主要地域；

認爲鎮墓瓶在絲綢之路上的流播與衍化，不僅展現了漢文化的影響力，還印證了敦煌文化的燦爛。首都師範大學王永平教授《漢樂與胡風：〈慶善樂〉誕生的歷史語境及其政治象徵》在全面梳理《慶善樂》發展脈絡的基礎上，指出《慶善樂》誕生在隋末唐初久經喪亂、人心思治的背景之下，是漢樂與胡風融合的產物，象徵著唐朝開放、包容的時代精神，體現了"功成慶善、以象文德"的治國方略。北京師範大學特聘教授、北京大學教授王小甫先生《唐代絲路運作與華夏制度文明》從古代絲路運作的視角出發，將文獻史料記載和考古文物遺跡相結合，探討唐代關津制、羈縻制、市場制、幣制、商業稅制、館驛制、司法制以及國家體制與國家觀念等制度的實施情況。中國社會科學院楊寶玉研究員《晚唐敦煌文化中的江南因素及其對絲路研究的啓示》通過對敦煌石窟藝術、敦煌地區現存文物，尤其是敦煌文書的剖析，將晚唐敦煌文化中存在的江南因素予以披露，進而援引晚唐之時居留敦煌的江南文士張球作爲例證，來論述江南與中原文化傳入敦煌的緣由。上海師範大學張安福教授《全球史視野下的塔里木盆地調查路徑研究》提出在全球史視野之下，環塔里木歷史文化資源的調查路徑要以代表性的文化遺存爲基點，以塔里木盆地南北兩道爲主綫，由點到綫，由綫到面，這是基於塔里木地區及周邊不同時期人群流動與文化融合的特點所做出的選擇。雲南大學張錦鵬教授《聞香識人：宋人對進口香藥的利用與他者想象》從消費、流通和文化三個層面揭示了香藥作爲商品背後的社會文化意義，認爲宋代進口香藥作爲一種象徵符號被統治者用於強化權力和培植忠誠，也成爲朝廷控制商人和管制市場的手段；此外，香藥作爲社會大眾消費的一種域外商品，充當著宋人認知域外世界的介質。

四、經濟發展與城市變革

社會經濟的健康發展關係王朝的長治久安，因而歷代統治者均高度重視；經濟的發展催生了城市的出現，都市史也由之成爲重要研究領域。北京師範大學王培華教授《西漢公主的身份性財產收入估算》借助量化研究方法，從食邑和湯沐邑、田宅奴婢及經營、園林、賞賜和繼承等方面，探討了西漢公主的財產性經濟收入狀況。北京師範大學特聘教授嚴耀中先生《魏晉南北朝"醫"身份辨析》對魏晉南北朝時期"醫"的身份及社會地位作了考察，指出醫者擁有的獨特知識和技術，在一定程度上推動了社會地位與身份的升降，有助於減輕社會的封閉性。河北大學廖寅教授《形勢戶何以稱"形勢"？》在詳細梳理前輩學人成果的基礎上，發現學界關於宋代形勢戶稱爲"形勢"之原因仍有未發之覆，以此爲契機，對宋代形勢戶的內涵與外延作了進一步解讀。河北大學張春蘭副教授《〈樂府詩集〉紙背明代揚州府泰州寧海鄉賦役黃冊户頭散頁綴合復原》將上海圖書館藏明末毛氏汲古閣刻公文紙印本《樂府詩集》紙背所存"明正德七年(1512)揚州府泰州寧海鄉賦役黄册"作爲研究對象,選取其中一組帶户頭黄册散頁加以綴合、復原,並闡釋了其重要史料價值。

城市社會的探究,學者主要聚焦於唐宋時期長安、洛陽和江南縣城的變化。北京師範大學寧欣教授《唐都建設與外來勞動力》指出在唐都長安的發展過程中,建築業、商業、服務業、娛樂業對人口的需求與日俱增,大量外來人員湧向城市,對城市建設與發展做出重要貢獻。官府對外來無户籍人口限制的鬆弛,使其本身身份逐漸發生變化,最終由流動人口轉爲常住人口。上海師範大學張劍光教授《唐五代江南縣城的空間規模和結構》從分佈情况、規模、城牆的修築、内部空間結構等方面對唐五代江南縣城作了整體性考察,認爲江南縣城在城市建設上呈現出一定的區域特色,這是與江南經濟的發展相適應的。北京師範大學陳濤副教授《"唯有牡丹真國色,花開時節動京城":時空視域下唐代長安城的牡丹分佈及其反映的城市變革》指出牡丹在唐高宗武后時期被引種到長安禁苑,至唐玄宗時期已擴展至官員私第等領域,唐代中期以降,則在城市的公共空間廣爲分佈。牡丹在長安城空間分佈的變化反映出城市人口、城市經濟、城市文化、城市景觀等方面的城市社會變革。洛陽師範學院毛陽光教授《唐宋時期的萬安山與洛陽城——以出土墓誌爲中心》通過對相關墓誌的研究,探討了唐宋時期作爲重要塋域的萬安山與洛陽城的互動關係;指出萬安山之所以能够成爲唐宋洛陽的重要塋域,與唐宋時期洛陽城市的發展以及政治地位的提高密不可分。

五、中原王朝與邊疆民族

邊疆民族問題歷來是學者關注的重要議題,通過對典型個案的深描使原來湮没無聞的歷史真相得以重見天日。北京師範大學特聘教授周天遊先生《試論魏晉南北朝在中華民族認同過程中的作用》指出魏晉南北朝時期雖然出現五胡亂華入主中原的局面,但由於地域與生產方式、生活方式的變化,北方少數民族逐漸漢化,並與漢族共同遵黄帝爲始祖。陝西師範大學李宗俊教授《〈拓跋昇墓誌〉考釋暨北朝鮮卑姓氏的三次改易探》通過對《拓跋昇墓誌》的考釋,披露了志主拓跋昇的身世及生平事蹟;並以北朝鮮卑姓氏的改易爲綫索,鈎沉發微,揭櫫姓氏改易背後的深層内涵在於抬高鮮卑貴族的政治地位;更爲重要的是,此舉可以擴大宇文氏家族的統治基礎,爲隨後的皇權更替做準備。南開大學王安泰副教授《史料所見北朝樂浪王氏》通過整合關於北朝樂浪王氏的傳世文獻與墓誌資料,試圖重繪樂浪王氏的譜系,藉以考察號稱樂浪王氏後裔的王盟家族,進而探察北朝後期隋唐樂浪王氏的去向。中正大學朱振宏教授《唐契苾拔延墓誌研究》對唐代契苾拔延墓誌所載誌文予以考釋,對瞭解初唐鐵勒契苾部的遷徙發展以及太宗、高宗年間與鐵勒之關係助益良多。中央民族大學李鴻賓教授《唐朝胡漢互動與交融的三條綫索——以墓誌資料爲中心》借助墓誌資料,選取三項典型個案,探討了胡族遷入漢地後其族屬文化與認同發生的轉型;並指出在這種"場域"下,胡漢關係的本質是外來者的族屬文化受唐朝國家的主宰和支配。新加坡南洋理工大學王貞平教授《"不以實對"——隋唐外交中的口頭信息及其可信性研究》從亞洲國家之間口頭外交信息傳遞的廣域角度考察了隋唐重大對外交涉中的口頭信息溝通,認爲使者傳遞原始口頭外交信息時可能會歪曲原意,在東道國的言談以及回國後的奏對也多有不實之處,無疑爲國家外交的發展增添了許多變數。加拿大英屬哥倫比亞大學許南麟教授 *Japan's Invasion of Chosŏn Korea, 1592-1598, and the Ming's Involvement* 聚焦於壬辰戰爭中的一個重要階段,探討了明朝與日本之間的終戰談判。

六、宗教信仰與陰陽符讖

受新史學風氣的影響,宗教信仰方面的論題逐漸被納入學者的視野。武漢大學姜望來副教授《從天安寺到永寧寺:劉宋、北魏皇家大寺與南北形勢》揭示了天安寺與永寧寺之間的聯繫及政治與宗教意義,進而闡釋了南、北政權皇家大寺對當時皇權政治、南北形勢與佛教祥瑞的深刻影響,對於深入認識中古整體歷史進程的綫索與規律具有重要意義。中國社會科學院雷聞研究員《隋唐時期的聚衆之禁》通過對隋唐時期的"聚衆"及國家禁約的考察,指出其與中央集權的重建密切相關,藉以闡釋隋唐國家與宗教儀式之關係。首都師範大學劉屹教授《靜琬的大誓願與衆生的小福祉——從房山石經題記看"末法思想"的盛衰》以房山石經所記靜琬的"大誓願"與衆生的"小福祉"爲研究視角,探討了"末法思想"對唐初以後中國佛教的實際影響,認爲在輪迴果報的理論背景下,如何積累功德的個人利益需求是吸引廣大信衆投身刻經事業的真正原因。復旦大學余欣教授《讖緯與方術:〈龍魚河圖〉考索》指出讖緯應置於傳統中國方術體系中加以理解,並嘗試以《龍魚河圖》爲例,在整體方術背景之下,探討讖緯研究的新路徑。北京師範大學趙貞教授《李淵建唐中的"天命"塑造》從陰陽符讖的角度考察了李淵建唐過程中的正統塑造與"天命"宣傳,進而揭示了陰陽符讖對於中古政治文化的重要影響。

七、歷史書寫與文本批判

傳世文獻疊經層染,已難得其真,從歷史文獻學的角度進行史料批判,或可還原其本來面目。廈門大學陳支平教授《〈孝經〉釋義及其變遷》闡述了孝道所涵蓋的五個層次,認爲"孝"不僅是一種義務,更是一種社會責任,同時對"孝"的含義變遷進行了重新詮釋。中國社會科學院黃正建研究員《〈舊唐書〉所涉"安史之亂"用語淺析——兼與〈新唐書〉比較》通過分析比較《舊唐書》與《新唐書》所記"安史之亂"相關用語,發現《舊唐書》用於描述"安史之亂"的詞語可分爲三類,包括史官對史實的敘述,引用的詔敕、表奏、書信、對話中的用語以及在"史臣曰"和"贊曰"中的後晉史臣的用語。並指出史官通常用"反、亂、逆、叛"等詞描述安史之亂;較之《舊唐書》,《新唐書》在描述安史之亂時,遵循了較爲客觀的敘述原則。中央民族大學蔣愛花副教授《唐代民族政策的光與影:以和親公主爲觀察視角》借助唐代和親的官方記載、圖像資料與藏文民間傳說,指出文成公主與金城公主的美好形象存在著形象製作和再造的嫌疑。究其原因,實則是和平的信念深入民間,民衆渴望和平、懼怕戰爭的政治訴求對於和親公主形象的製作與再造產生重要影響。中國社會科學院孫靖國副研究員《鄭若曾系列地圖的版本、來源和繪製群體——兼談明代地理知識的傳播》以鄭若曾著作中地圖的來源爲切入點,對鄭若曾地圖的版本、資料來源作了分析,並進一步討論了其在中國地圖學史上的地位。

八、結　語

本次國際會議圍繞"中國中古制度與社會"這一主題,與會學者進行了廣泛、深入的研討與交流,極富啓發意義。總體來看,呈現以下特點:

1. 論題廣泛,跨度時代長。與會學者提交論文既有對政治史、制度史、經濟史等傳統議題的關照,又有對宗教信仰、文本批判等新史學的聚焦。這些論題上自兩漢,下訖宋明,瞻前顧後,左顧右盼,有助於探察中古社會的整體風貌與時代特點。

2. 重視新材料的開掘。與會學者提交的論文中,注重出土文獻與傳世典籍的相互印證與發明。尤其是墓誌石刻與敦煌遺書的開掘與利用,既有材料上的新突破,也有"二重證據法"的實踐,堪稱本次會議的一大亮點。

3. 學術評議環節較爲激烈,所提問題一針見血,對於學術交流起到了很好的促進作用。

4. 參會學者既有久負盛名的學界名宿,又有近年來成績斐然的中青年學人,老、中、青三代學術骨幹齊聚一堂,蔚爲大觀。

本次會議主題涵蓋的"中國中古",借用了何茲全先生的提法。自 1934 年何茲全先生發表《中國中古時期的佛教寺院》以來,"中國中古"的提法得到了學界的廣泛認同。尤其是近年來"中國中古史聯誼會"和"中國中古史前沿論壇"的系列學術活動，進一步提昇了"中國中古"的時代內涵。本次會議的主旨是在繼承何茲全先生學術理念的基礎上，綜合利用出土文獻，整合學界力量，相互合作，共同交流，力求在推進中古社會研究方面有重大突破。

荒川正晴教授的敦煌學研究簡述

喬玉蕊　陳友誼(蘭州大學)

　　荒川正晴教授作爲敦煌學研究的大家,一直以來筆耕不輟,積極投身於敦煌學的研究當中。從 20 世紀 90 年代至今,荒川教授在國内外期刊雜誌上公開發表研究論文 134 篇,其中專業論文 59 篇,調查研究報告、書評、簡介、翻譯和學術動態等 75 篇。相關研究著作出版 5 部,對國際敦煌學界的研究與發展貢獻頗多,今年適逢荒川教授榮休之際,特撰此文以表敬意。

　　本文盡悉網羅搜集,將其學術著作分類羅列,按其内容歸納爲六部分,並作簡要回顧和評介。限於學識和篇幅,如有遺漏,或不當之處,敬祈指正。

一、西北地區出土文書

　　西北地區出土文書的研究是荒川教授的研究重點,可謂成果頗豐。介紹唐代糴買經濟活動的論文《唐代敦煌に於ける糴買について——ペリオ三三四八號文書を中心として》[1]結合 P.3348 號文書的相關内容展開論述。在題爲《スタイン將來〈蒲昌群文書〉の檢討——Ast.Ⅲ.3.07,08,037 號文書の分析を中心にして》[2]的論文中對斯坦因帶來的《蒲昌群文書》進行了探討,這篇論文還被谷祖綱和李桂蘭譯爲《關於斯坦因〈蒲昌群文書〉的研究——以 Ast.Ⅲ.3.07,08,037 號文書的分析爲中心》[3]。而其另一篇《西域出土文書に見える函馬について》(上)(下)[4]則是西域出土文書中所見有關函馬的論述,《クチャ出土〈孔目司文書〉攷》[5]解讀了庫車出土《孔目司文書》的相關内容,並分析討論了其歷史背景。還有對唐代驛馬制度構造與其運用進行梳理和分析的《唐代駅伝制度の構造とその運用》(Ⅰ~Ⅴ、完)[6],而關於吐魯番出土漢文文書中 ulaɣ 詞彙具體闡釋的研究《トゥルファン出土漢文文書に見えるulaɣ

　　① 荒川正晴《唐代敦煌に於ける糴買について——ペリオ三三四八號文書を中心として》,《早稻田大學大學院文學研究科紀要》(別册 8 卷),第 191—200 頁。

　　② 荒川正晴《スタイン將來蒲昌群文書の檢討——Ast.Ⅲ.3.07,08,037 號文書の分析を中心にして》,《西北史地》1990 年第 2 期,第 23—34 頁。

　　③ 荒川正晴著,谷祖綱、李桂蘭譯《關於斯坦因〈蒲昌群文書〉的研究——以 Ast.Ⅲ.3.07,08,037 號文書的分析爲中心》,《西北史地》1990 年第 2 期,第 35—44 頁。

　　④ 荒川正晴《西域出土文書に見える函馬について》(上、下),《吐魯番出土文物研究會會報》1990 年第 40 期,第 215—218 頁。

　　⑤ 荒川正晴《クチャ出土〈孔目司文書〉攷》,《古代文化》1997 年第 49 卷第 3 期,第 1—18 頁。

　　⑥ 荒川正晴《唐代駅伝制度の構造とその運用》(Ⅰ~Ⅴ、完),《吐魯番出土文物研究會會報》1992 年第 79 期,第 1—4 頁。

について》①則被孫曉林譯爲書籍《關於吐魯番出土漢文文書中的 ulaγ》②,這本書對吐魯番阿斯塔那古墓群 208 號墓的三件文書殘片加以綴合,並根據内容附以標題,闡釋出這件文書在涉及交通問題文書中的重要性,爲今後這一類課題的考察方向提供了一定的啓示。與之相關的還有《唐代コータン地域のulaγについて——マザル＝タークク出土,ulaγ 関係文書の分析を中心にして》③,這篇論文研究了以"烏駱"爲中心的文書,爲全面考察中亞烏駱歷史打下基礎,章瑩將其譯爲《唐代于闐的"烏駱"——以 tagh 麻扎出土有關文書的分析爲中心》④。此外有介紹西域長史《李柏文書》的論文《西域長史文書としての〈李柏文書〉》⑤和藏於大英圖書館的長行馬文書的介紹《長行馬文書攷——大英図書館所蔵文書を中心として》⑥,論述唐代中亞帖式文書特點的論文《唐代中央アジアにおける帖式文書の性格をめぐって》⑦,有關和田的論文《コータンの〈木ぶり〉と〈根ばり〉》⑧,和田新出漢文文書的相關論文《調查の概略とコータン出土新出漢文文書》⑨,圍繞英國圖書館木簡内容與其特點展開再次論述的《大英図書館所蔵コータン出土木簡の再検討——木簡内容とその性格をめぐって》⑩,其中文譯本爲《英國圖書館藏和田出土木簡的再研究——以木簡内容及其性質爲中心》⑪,有關吐魯番漢文文書閱覽雜記的《トゥルファン漢文文書閲覧雜記》⑫,由唐代過所、公驗文書展開分析討論的州縣百姓與過所相關事宜的論文《唐の州縣百姓と過所の発給——唐代過所・公驗文書劄記(1)》⑬。介紹牒式文書的論文《通行証としての公驗と

① 荒川正晴《トゥルファン出土漢文文書に見えるulaγについて》,《内陸アジア言語の研究》1994 年第 9 期,第 1—25 頁。

② 荒川正晴著,李德範、孫曉林譯《關於吐魯番出土漢文文書中的 ulaγ》,胡厚宜等編《出土文獻研究》,北京:中華書局,1998 年 10 月,第 198—211 頁。

③ 荒川正晴《唐代コータン地域のulaγについて——マザル＝ターク出土》,《ulaγ 関係文書の分析を中心にして》,《龍谷史壇》1994 年第 103、104 期,第 17—38 頁。

④ 荒川正晴著,章瑩譯《唐代于闐的"烏駱"——以 tagh 麻紮出土有關文書的分析爲中心》,《西域研究》1995 年第 1 期,第 66—76 頁。

⑤ 荒川正晴《西域長史文書としての李柏文書》,白須浄眞編《大谷光瑞とスヴェン・ヘディン——内陸アジア探検と國際政治社會》,東京:勉誠出版,2014 年 9 月,第 213—234 頁。

⑥ 荒川正晴《長行馬文書攷——大英図書館所蔵文書を中心として》,池田温編《日中律令制の諸相》,東京:東方書店,2002 年 3 月,第 379—405 頁。

⑦ 荒川正晴《唐代中央アジアにおける帖式文書の性格をめぐって》,土肥義和編《敦煌・吐魯番出土漢文文書の新研究》,東京:東洋文庫,2009 年 3 月,第 271—291 頁。

⑧ 荒川正晴《コータンの〈木ぶり〉と〈根ばり〉》,《史滴》2004 年第 26 期,第 1 頁。

⑨ 荒川正晴編《調查の概略とコータン出土新出漢文文書〈東トルキスタン出土胡漢文書〉の総合調查》(平成 15~17 年度科學研究費補助金・基盤研究(B)研究成果報告書)豊中,大阪大學,2006 年 3 月,第 1—29 頁。

⑩ 荒川正晴《大英図書館所蔵コータン出土木簡の再検討——木簡内容とその性格をめぐって》,《待兼山論叢》(史學篇)2014 年第 48 期,第 1—22 頁。

⑪ 荒川正晴著,田衛衛譯,西村陽子、榮新江校《英國圖書館藏和田出土木簡的再研究——以木簡内容及其性質爲中心》,《西域文史》2011 年第 6 期,北京:科學出版社,第 35—47 頁。

⑫ 荒川正晴《トゥルファン漢文文書閲覧雜記》,《内陸アジア史研究》1993 年第 9 期,第 79—93 頁。

⑬ 荒川正晴《唐の州縣百姓と過所の発給——唐代過所・公驗文書劄記(1)》,《史観》1997 年第 137 期,第 4—18 頁。

牒式文書》①,從敦煌文書女性離婚案件中分析財產繼承的論文《敦煌文書に見る妻の離婚、娘の財産相続》②。

有關敦煌吐魯番地區出土文書調查報告的有：荒川正晴和關尾史郎合著的吐魯番文書調查報告《トゥルファン出土文書調查記》③,吐魯番出土文書及與出土資料相關的調查論文《トゥルファン出土文書および関連伴出資料の調查》④,有關《胡漢文書》綜合調查的《東トルキスタン出土〈胡漢文書〉の総合調查》⑤,將胡漢文書的相互關係納入視野的對歐亞東部地區公文書歷史學方面的研究論著《ユーラシア東部地域における公文書の史的展開──胡漢文書の相互関係を視野に入れて》⑥。

從以上整理的文本資料可以看出荒川教授的研究方向主要集中在對絲綢之路沿綫各遺址出土文獻的研究方面,並在著名學術期刊《吐魯番出土文物研究會會報》上發表了大量學術成果,尤其以東亞出土的吐魯番、胡漢文書爲主,是極具參考價值的學術著作,同時也是將出土文獻與傳世文獻結合進行分析論證的典範,對歷史文獻學發展大有裨益。

二、西域及其少數民族歷史

有關西域及少數民族的研究著作主要以釋讀西域胡語文獻爲主,以研究麴氏高昌國的成果爲最盛。有圍繞墨離軍的特性探討吐魯番阿斯塔那墓葬出土的豆盧軍牒的論文《唐の中央アジア支配と墨離の吐谷渾(上)──トゥルファン・アスターナ出土の豆盧軍牒の檢討を中心として》⑦和研究吐谷渾與墨離關係的系列論文《唐の中央アジア支配と墨離の吐谷渾(下)──主に墨離軍の性格をめぐって》⑧和《唐代河西の吐谷渾と墨離》⑨,而有關唐代

① 荒川正晴《通行証としての公驗と牒式文書》,《敦煌・吐魯番文書の世界とその時代》,東京：汲古書院,2017 年 3 月,第 101—114 頁。

② 荒川正晴《敦煌文書に見る妻の離婚、娘の財産相続》,小浜正子ほか編《中國ジェンダー史研究入門》,京都：京都大學學術出版會,2018 年 2 月,第 127—134 頁。

③ 荒川正晴、關尾史郎《トゥルファン出土文書調查記》,《唐代史研究》2000 年第 3 期,第 59—74 頁。

④ 荒川正晴《トゥルファン出土文書および関連伴出資料の調查》(平成 12～14 年度科學研究費補助金、基盤研究(B)(1)研究成果報告書)豐中,大阪大學,2003 年 3 月,第 197 頁。

⑤ 荒川正晴《東トルキスタン出土〈胡漢文書〉の総合調查》(平成 15～17 年度科學研究費補助金、基盤研究(B)研究成果報告書)豐中,大阪大學,2006 年 3 月,第 122 頁。

⑥ 荒川正晴《ユーラシア東部地域における公文書の史的展開──胡漢文書の相互関係を視野に入れて》,《日本學術振興會科學研究費補助金基盤研究》(A),《シルクロード東部の文字資料と遺跡の調查──新たな歷史像と出土史料學の構築に向けて》研究グループ,2013 年 9 月,第 156 頁。

⑦ 荒川正晴《唐の中央アジア支配と墨離の吐谷渾(上)──トゥルファン・アスターナ出土の豆盧軍牒の檢討を中心として》,《史滴》1988 年第 9 期,第 25—48 頁。

⑧ 荒川正晴《唐の中央アジア支配と墨離の吐谷渾(下)──主に墨離軍の性格をめぐって》,《史滴》1989 年第 10 期,第 19—42 頁。

⑨ 荒川正晴《唐代河西の吐谷渾と墨離》,《內陸アジア史研究》1986 年第 3 期,第 50—62 頁。

河西走廊各類坊的論文則有《唐河西以西の伝馬坊と長行坊》①,圍繞北朝、隋唐時期"薩滿"特性的論文有《北朝隋・唐代における〈薩寶〉の性格をめぐって》②,論述西突厥汗國的達官與粟特人的論文《西突厥汗國的 Tarqan 達官与粟特人》③,還有回鶻文契約文書集成《山田信夫著,小田壽典、P.ツィーメ、梅村坦、森安孝夫編〈ウイグル文契約文書集成〉・II・》④。

其中麴氏高昌國的研究主要以出土文獻資料爲依據,研究麴氏高昌國的官制、民族關係和經濟發展狀況等內容。圍繞吐魯番出土的麴氏高昌王國的粟特文女奴隸買賣文書展開討論的《トゥルファン出土〈麴氏高昌國のソグド文女奴隸売買文書〉の理解をめぐって》⑤,關於麴氏高昌王國官制的論文《麴氏高昌國の官制について》⑥,根據吐魯番出土資料分析麴氏高昌國郡縣制特徵的《麴氏高昌國における郡県制の性格をめぐって——主としてトゥルファン出土資料による》⑦,通過一件高昌文書探討這一地區的遠行車牛相關內容的《麴氏高昌國の遠行車牛について(1)(2)——高昌某年伝始昌等県車牛子名及給価文書の検討を中心にして》⑧,圍繞吐魯番出土麴氏高昌王國買賣文書展開歷史學方面研究論述的《トゥルファン出土〈麴氏高昌國時代ソグド文女奴隸売買文書〉の理解をめぐって》⑨,分析唐代吐魯番高昌城周邊的水利開發與非漢人居民的《唐代トゥルファン高昌城周辺の水利開発と非漢人住民》⑩,介紹麴氏高昌國的灌溉水利與稅役的文章《麴氏高昌國の灌溉水利と税役》⑪,揭秘麴氏高昌國王權與粟特人之間的論文《麴氏高昌國の

① 荒川正晴《唐河西以西の伝馬坊と長行坊》,《東洋學報》1989 年第 70 卷第 3、4 期,第 35—69 頁。
② 荒川正晴《北朝隋・唐代における"薩寶"の性格をめぐって》,《東洋史苑》1998 年第 50、51 期,第 164—186 頁。
③ 荒川正晴《西突厥汗國的 Tarqan 達官与粟特人》,榮新江、羅豐主編《粟特人在中國》(上冊),北京:科學出版社,2016 年 6 月,第 13—23 頁。
④ 荒川正晴、山田信夫著,小田壽典、第ツィーメ、梅村坦、森安孝夫編《〈ウイグル文契約文書集成〉・II・》,《史學雜誌》1994 年第 103 卷第 8 期,第 109—119 頁。
⑤ 荒川正晴,Arakawa Masaharu,アラカワ マサハル《トゥルファン出土〈麴氏高昌國のソグド文女奴隸売買文書〉の理解をめぐって》,《內陸アジア言語の研究》第 5 號(Studies on the Inner Asian Languages),《神戸市外國語大學外國學研究》1990 年 21 期,第 137—153 頁。
⑥ 荒川正晴《麴氏高昌國の官制について》,《史観》1983 年第 109 期,第 29—43 頁。
⑦ 荒川正晴《麴氏高昌國における郡県制の性格をめぐって——主としてトゥルファン出土資料による》,《史學雜誌》1986 年第 95 卷第 3 期,第 37—74 頁。
⑧ 荒川正晴《麴氏高昌國の遠行車牛について(1)、(2)——高昌某年伝始昌等県車牛子名及給価文書の検討を中心にして》,《吐魯番出土文物研究會會報》1989 年第 16 期,第 77—80 頁;《吐魯番出土文物研究會會報》1989 年第 17 期,第 86—88 頁。
⑨ 荒川正晴《トゥルファン出土麴氏高昌國時代ソグド文女奴隸売買文書の理解をめぐって》,《內陸アジア言語の研究》1990 年第 5 期,第 137—153 頁。
⑩ 荒川正晴《唐代トゥルファン高昌城周辺の水利開発と非漢人住民》,森安孝夫編《近世・近代中國および周辺地域における諸民族の移動と地域開発》(平成 7、8 年度科學研究費補助金・基盤研究(B)(2)研究成果報告書)豊中,大阪大學,1997 年 3 月,第 49—64 頁。
⑪ 荒川正晴《麴氏高昌國の灌溉水利と税役》,《西北出土文獻研究》2009 年第 7 期,第 19—41 頁。

王権とソグド人》①,還有從西突厥與麴氏高昌國的案例出發深入探討遊牧國家與綠洲國家共生關係的論文《遊牧國家とオアシス國家の共生関係——西突厥と麴氏高昌國のケースから》②,從西突厥與麴氏高昌國事件分析遊牧民與綠洲民共生關係的論文《遊牧民とオアシス民の共生関係とは何か——西突厥と麴氏高昌國のケースから》③,介紹麴氏高昌國的灌漑水利與稅役的《麴氏高昌國の灌漑水利と稅役》④,論述粟特人與高昌麴氏王室關係的《粟特人與高昌國麴氏王室》⑤,同樣論述高昌王國的英文論文還有《Sogdians and the Royal House of Ch'ü in the Kao-ch'ang Kingdom》⑥。

　　從上述整理簡述可以看出,荒川教授早期將研究重心放在麴氏高昌國上,分別對其官制、郡縣制、買賣度牒文書及其與粟特商人的關係展開深入研究。後期荒川教授擴展了自己的研究方向,在遊牧民族、吐谷渾與墨離、薩滿、粟特商人以及河西胡人等方面的研究頗有建樹,其研究之深度和廣度,不僅對日本敦煌學界,更爲國際上從事敦煌學研究的專家和學者們提供借鑒和參考。

三、考古學方面

　　先生有關墓誌墓葬的研究主要根據吐魯番地區爲中心墓葬的考古調查與發現,撰寫出專業的考古調查報告以供學者參考與繼續研究。關於考古報告與調查隊論文,有以黃文弼調查報告爲中心的新疆地區古城址一覽表《新疆維吾爾自治區古代城址一覽表(Ⅰ)(Ⅱ)——黃文弼の調査報告を中心として》⑦和《新疆維吾爾自治区古代城址一覧表(Ⅲ)——黃文弼の調査報告を中心にして》⑧,對官印和寺印調查研究的論文《Л＝И＝チュグイェフスキー

---

① 荒川正晴《麴氏高昌國の王権とソグド人》,記念論集刊行會(編):《福井重雅先生古稀‧退職記念論集古代東アジアの社會と文化》,東京: 汲古書院,2007 年 3 月,第 337—362 頁。
② 荒川正晴《遊牧國家とオアシス國家の共生関係——西突厥と麴氏高昌國のケースから》,《東洋史研究》2008 年第 67 卷第 2 期,第 34—68 頁。
③ 荒川正晴《遊牧民とオアシス民の共生関係とは何か——西突厥と麴氏高昌國のケースから》,桃木至朗編《近代世界システム以前の諸地域システムと広域ネットワーク》(平成 16~18 年度科學研究費補助金‧基盤研究(B)研究成果報告書)豊中,大阪大學,2007 年 3 月,第 28—48 頁。
④ 荒川正晴《麴氏高昌國の灌漑水利と稅役》,《西北出土文獻研究》2009 年第 7 期,第 19—41 頁。
⑤ 荒川正晴《粟特人与高昌國麴氏王室》,《絲路文明》2018 年第 3 輯,上海:上海古籍出版社,第 27—42 頁。
⑥ 荒川正晴《Sogdians and the Royal House of Ch'ü in the Kao-ch'ang Kingdom》, Acta Asiatica (Bulletin of the Institute of Eastern Culture),2008 年第 94 期,第 67—93 頁。
⑦ 荒川正晴《新疆維吾爾自治区古代城址一覧表(Ⅰ)(Ⅱ)——黃文弼の調査報告を中心として》,《吐魯番出土文物研究會會報》1989 年第 26 期,第 125—130 頁;《吐魯番出土文物研究會會報》1989 年第 27 期,第 131—134 頁。
⑧ 荒川正晴《新疆維吾爾自治区古代城址一覧表(Ⅲ)——黃文弼の調査報告を中心にして》,《吐魯番出土文物研究會會報》1990 年第 38 期,第 199—203 頁。

〈ソ連邦科學アカデミー東洋學研究所所藏,敦煌写本における官印と寺印〉》①,圍繞雅爾湖古墓群墓誌等展開討論的有《ヤールホト古墓群新出の墓表・墓誌をめぐって》②和《ヤールホト古墓群の墓表、墓誌》③以及根據阿斯塔納古群考古實地調查製成的考古遺址一覽表有《阿斯塔那古墳群墳墓一覽表》④《哈拉和卓古墳群墳墓一覽表》⑤,結合長行坊關係文書探討阿斯塔那506號墓出土的北庭都护府的輪臺縣與長行坊內容的《北庭都護府の輪臺県と長行坊——アスターナ五〇六號墓出土,長行坊関係文書の檢討を中心として》⑥,其中文譯本爲《北庭都護府的輪臺縣和西州長行坊——以對阿斯塔那五〇六號墓所出与長行坊有關文書的討論爲中心》⑦,此外,還有《阿斯塔那古墳群墳墓一覽表——スタイン隊発掘墳墓》⑧,長澤和俊編的《阿斯塔那、哈拉和卓古墳群墳墓一覽表》⑨(《阿斯塔那・哈拉和卓古墓群墓葬一覽表》)⑩,與其增補內容《阿斯塔那・哈拉和卓古墳群墳墓一覽補訂》⑪。關於吐魯番、烏魯木齊周邊地區史跡的調查報告有《吐魯番・烏魯木斉周辺地域の史跡について》⑫,中古西域的主要遺跡指南《中國主要遺跡ガイド〈楼蘭故城・交河故城・高昌故城・アスターナ古墓群・タクラマカン沙漠の石窟寺院〉》⑬,還有 20 世紀 90 年代考察新疆地區主要遺跡的幾篇考古調查報告《南疆遺跡

① 荒川正晴《Л=И=チュグイェフスキーソ連邦科學アカデミー東洋學研究所所藏,敦煌写本における官印と寺印》,《吐魯番出土文物研究會會報》1994 年第 98、99 期,第 1—14 頁。

② 荒川正晴《ヤールホト古墓群新出の墓表・墓誌をめぐって》,《シルクロード學研究紀要》2000 年第 10 期,第 160—170 頁。

③ 荒川正晴《ヤールホト古墓群の墓表・墓誌》,長澤和俊編《中國新疆、トゥルファン地區の総合的調查》(平成 6～8 年度科學研究費補助金・國際學術研究中間報告書),東京:早稻田大學,1996 年 8 月,第 19—27 頁。

④ 荒川正晴《阿斯塔那古墳群墳墓一覽表》,《吐魯番出土文物研究會會報》1989 年第 8 期,第 35—40 頁;《吐魯番出土文物研究會會報》1989 年第 9 期,第 41—44 頁;《吐魯番出土文物研究會會報》1989 年第 10 期,第 45—48 頁。

⑤ 荒川正晴《哈拉和卓古墳群墳墓一覽表》,《吐魯番出土文物研究會會報》1989 年第 11 期,第 49—52 頁。

⑥ 荒川正晴《北庭都護府の輪臺県と長行坊——アスターナ五〇六號墓出土,長行坊関係文書の檢討を中心として》,小田義久先生還曆記念事業會編《小田義久博士還曆記念東洋史論集》,京都:龍谷大學東洋史學研究會,1995 年 7 月,第 93—125 頁。

⑦ 荒川正晴著,尹磊譯,于志勇校《北庭都護府的輪臺縣和西州長行坊——以對阿斯塔那五〇六號墓所出與長行坊有關文書的討論爲中心》,《吐魯番學研究》2006 年第 1 期,第 132—148 頁。

⑧ 荒川正晴《阿斯塔那古墳群墳墓一覽表——スタイン隊発掘墳墓》,《吐魯番出土文物研究會會報》1989 年第 14 期,第 65—67 頁。

⑨ 荒川正晴《阿斯塔那・哈拉和卓古墳群墳墓一覽表》,長澤和俊編《中央アジア史の再檢討——新出史料の基礎的研究》(昭和 63 年度科學研究費補助金・総合研究(A)研究成果報告書),東京:早稻田大學,1990 年 3 月,第 59—87 頁。

⑩ 荒川正晴著,孟憲實譯,侯燦校《阿斯塔那墓・阿拉和卓古墓群墓葬一览表》,《新疆文物》1992 年第 2 期,第 93—123 頁。

⑪ 荒川正晴《阿斯塔那・哈拉和卓古墳群墳墓一覽補訂》,《吐魯番出土文物研究會會報》1991 年第 53 期,第 1—4 頁。

⑫ 荒川正晴《吐魯番・烏魯木斉周辺地域の史跡について》,《内陸アジア史研究》1992 年第 7、8 期,第 66—93 頁。

⑬ 荒川正晴《中國主要遺跡ガイド〈楼蘭故城・交河故城・高昌故城・アスターナ古墓群・タクラマカ沙漠の石窟寺院〉》,《しにか》1996 年第 7 卷第 1 期,第 64—73 頁。

参観報告(1)》①,《南疆遺跡参観報告》②,《北疆遺跡参観報告》③與《楼蘭考古の新収穫》④,對吐魯番考古遺址出土研究的論文有《Chinese Research on Sources Excavated from Turfan Archeological Sites》⑤。首尔絲綢之路博物館参観記《ソウルシルクロード博物館参観記》⑥,與古書展展出的北館文書相關内容的《古書展に出品された北館文書について》⑦,此外還有吐魯番出土文物研究信息集録論文《吐魯番出土文物研究情報集録——吐魯番出土文物研究會會報1~50號》⑧。

荒川教授對中國古代遺跡墓葬的研究主要集中在20世紀末對吐魯番地區具有代表性墓葬群的調查研究上,依據考古出土的文獻資料進行調查分析,撰寫詳實的考古調查報告,增添補訂,並製作了墓葬墓群一覽表等参考資料。其與文獻學緊密結合,且附有先生豐富的研究成果。

四、唐代絲綢之路

先生還在絲綢之路大背景下分析唐代的交通貿易和經濟狀況。有在1983年出版的有關絲綢之路巨著《シルクロード》⑨,還有一篇有關歐亞交通、貿易與唐帝國關係的論文《ユーラシアの交通・交易と唐帝國》⑩,與絲綢之路相關的系列論文《シルクロード東部の文字資料と遺跡の調査——新たな歴史像と出土史料學の構築に向けて》⑪,從8世紀中國與西方的地圖出發分析的論文《Seiiki no Chizu: Map of China and Westward〈8th Century〉》⑫,以河西道爲中心分析唐代遞送體系的構造與其運用的論文《〈大會抄録〉唐代遞

---

① 荒川正晴《南疆遺跡参観報告》(1),《吐魯番出土文物研究會會報》1991年第70期,第1—6頁。
② 荒川正晴《南疆遺跡参観報告》,《内陸アジア史研究》1992年第7、8期,第10—20頁。
③ 荒川正晴《北疆遺跡参観報告》,《内陸アジア史研究》1993年第9期,第24—35頁。
④ 荒川正晴《楼蘭考古の新収穫》,《内陸アジア史研究》1992年第7、8期,第38—40頁。
⑤ 荒川正晴《Chinese Research on Sources Excavated from Turfan Archeological Sites》,《Asian Research Trends》2012年新系列第7期,東京:東京文庫,第19—40頁。
⑥ 荒川正晴《ソウルシルクロード博物館参観記》,《西北出土文獻研究》2010年第8期,第95—100頁。
⑦ 荒川正晴《古書展に出品された北館文書について》,《吐魯番出土文物研究會會報》1990年第50期,第276—278頁。
⑧ 荒川正晴《吐魯番出土文物研究情報集録——吐魯番出土文物研究會會報1~50號》,《吐魯番出土文物研究會》編(中央ユーラシア諸民族の歴史・文化に關する國際共同研究の企画・立案)(No2)(平成2年度科學研究費補助金・總合研究(B)研究成果報告書),東京:梅村坦発行,1991年3月,第284頁。
⑨ 荒川正晴、山本弘道《文獻案内》,加藤九祚、長澤和俊、護雅夫《シルクロード》(読書マップ),東京:筑摩書房,1983年7月,第297—346頁。
⑩ 荒川正晴《ユーラシアの交通・交易と唐帝國》,名古屋:名古屋大學出版會,2010年12月,第630頁。
⑪ 荒川正晴《東ユーラシア出土文獻研究通信》(1、2、3),日本學術振興會科學研究費補助金基盤研究(A)《シルクロード東部の文字資料と遺跡の調査——新たな歴史像と出土史料學の構築に向けて》,研究グループ,2011年3月,第103頁。
⑫ 荒川正晴《Seiiki no Chizu: Map of China and Westward (8th Century)》,SeijaJalagin, Susanna Tavera and Andrew Dilley (eds.), World and Global History: Research and Teaching (CLIOHWORLD Reader, 7), Pisa:Pisa University Press, 2011年9月,第187—188頁。

送システムの構造とその運用：河西道を中心にして》①，介紹綠洲國家與商隊貿易的論文《オアシス國家とキャラヴァン交易》②，論述中亞地區唐代交通運輸的論文《中央アジア地域における唐の交通運用について》③，綜合探討道路、國家與商人的論文《道路・國家与商人》④，介紹唐代交通系統的《唐朝の交通システム》⑤以及《The Transit Permit System of the Tang Empire and the Passage of Merchants》⑥這篇被歐陽暉譯，朱新校對爲《唐過所與貿易通道》⑦，有關唐代絲綢之路上貿易商人的論文有《The Silk Road Trade and Traders》⑧，唐代交通與商人交易活動的論文《唐代の交通と商人の交易活動》⑨，簡要分析魏晉南北朝的公證制度與商人貿易路綫的論文爲《魏晉南北朝隋唐期の通過公証制度と商人の移動》⑩，還有一篇名爲《前近代中央アジアの國家と交易》⑪的公開講演稿，有關唐代西北軍事和敦煌社會的論文《唐の西北軍事支配と敦煌社會》⑫，《大谷探檢隊とその將來品：第3部研究最前線衣物疏》⑬一文則對大谷探險隊所獲得的物品進行了介紹，有關唐代軍事系統研究的論文《The Transportation of Tax Textiles to the North-West as part of the Tang-Dynasty Military Shipment System》⑭，從中國古代法制律令的視野看中國古代交通的有《中國律令制下の交通制度と道路》⑮，論述絲綢之路貿易與商人關係的《シルクロードの交易と商人》⑯，探討伊斯蘭時代的綠洲國家與

① 荒川正晴《〈大會抄錄〉唐代遞送システムの構造とその運用：河西道を中心にして》，《東洋史研究》1995年54期3卷，第557頁。

② 荒川正晴《オアシス國家とキャラヴァン交易》，《世界史リブレット》第62期，東京：山川出版社，2003年，第82頁。

③ 荒川正晴《中央アジア地域における唐の交通運用について》，《東洋史研究》1993年第52期第2卷，第23—51頁。

④ 荒川正晴《道路・國家与商人》，《読書》，2004年，第160—165頁。

⑤ 荒川正晴《唐朝の交通システム》，《大阪大學大學院文學研究科紀要》2000年第40期，第199—331頁。

⑥ 荒川正晴《The Transit Permit Systemof the Tang Empire and the Passage of Merchants》，《Memoirs of the Resarch Department of the Toyo Bunko》，2002年第59期，第1—21頁。

⑦ 荒川正晴《唐過所與貿易通道》，《吐魯番學研究》2005年第1期，第40—49頁。

⑧ 荒川正晴《The Silk Road Trade and Traders》，《Memoirs of the Research Department of the Toyo Bunko》2016年第74期，第29—59頁。

⑨ 荒川正晴《唐代の交通と商人の交易活動》，鈴木靖民、荒井秀規編《古代東アジアの道路と交通》，東京：勉誠出版，2011年，第179—190頁。

⑩ 荒川正晴《魏晉南北朝隋唐期の通過公証制度と商人の移動》，《中國史學會（編）中國の歷史世界——統合のシステムと多元的發展》，東京：東京都立大學出版社，2002年，第337—349頁。

⑪ 荒川正晴《前近代中央アジアの國家と交易公開講演・研究発表要旨》，《2012（平成24）年度内陸アジア史學會大會記事》，彙報。

⑫ 荒川正晴《唐の西北軍事支配と敦煌社會》，《唐代史研究》2011年第14期，第71—98頁。

⑬ 荒川正晴《大谷探檢隊とその將來品〈第3部研究最前線衣物疏〉》，《本願寺新報》2002年第7面。

⑭ 荒川正晴《The Transportation of Tax Textiles to the North-West as part of the Tang-Dynasty Military Shipment System》，《Journal of the Royal Asiatic Society》2013年第23卷第2期，第245—261頁。

⑮ 荒川正晴《中國律令制下の交通制度と道路》，舘野和己、出田和久編《日本古代の交通・交流・情報》，東京：吉川弘文館，2016年，第264—287頁。

⑯ 荒川正晴《シルクロードの交易と商人》，永原陽子編《人々がつなぐ世界史》（MINERVA世界史叢書4）東京：ミネルヴァ書房，2019年，第15—43頁。

中亞的商隊貿易的文章《Oasis States and Caravan Trade in Central Asia during Pre-Islamic Times〈c.3－9C.〉》[①]，論述唐朝和粟特人貿易活動的論文《唐帝國とソグド人の交易活動》[②]，其中文譯本爲《唐帝國和粟特人的交易活動》[③]主要利用吐魯番文書資料，關注粟特人進入唐帝國的實際狀況，以及粟特商人的朝貢和互市貿易等。還有論述粟特商人與東西貿易的《ソグド商人と東西交易》[④]及荒川教授 2019 年的最新研究粟特人的交易活動與香料流通關係的論文《ソグド人の交易活動と香料の流通》[⑤]，有關粟特人居住與交易活動研究的論文是《ソグド人の移住聚落と東方交易活動》[⑥]，其中文譯本爲《唐代天山東部州府的典和粟特人》[⑦]，論述唐代天山東部州府典的粟特人的論文有《唐代天山東部州府の典とソグド人》[⑧]，介紹粟特商人與漢族商人的論文爲《唐代粟特商人與漢族商人》[⑨]，其英文版爲《Sogdian merchants and Chinese Han merchants during the Tang Dynasty》[⑩]，書評《林梅村〈粟特文買婢契與絲綢之路上的女奴貿易〉》[⑪]，還有有關在吐魯番的粟特人的論文《トゥルファンにおけるソグド人》[⑫]，有關棉布生產與流通的論文則是《トゥルファンの棉布生産とその流通》[⑬]和介紹唐前期胡漢商人與帛練流通的論文《唐代前半の胡漢商人と帛練の流通》[⑭]。而這篇《唐の対西域布帛輸送と客商の活動につい

---

①　荒川正晴《Oasis States and Caravan Trade in Central Asia during Pre-Islamic Times（c.3－9C.）》In：T. Katayama（ed.），Course Records《History，Manners and Customs，and Interchange-Asia and Japan-in the Osaka University Short-term Student Exchange Program（OUSSEP）2006 Fall Semester，Toyonaka: Osaka University》，2007 年，第 56—69 頁。

②　荒川正晴《唐帝國とソグド人の交易活動》，《東洋史研究》1997 年第 56 卷第 3 期，第 171—204 頁。

③　荒川止晴者，陳海濤譯，楊富學校《唐帝國和粟特人的交易活動》，《敦煌研究》2002 年第 3 期，第 81—91 頁。

④　荒川正晴《ソグド商人と東西交易》，岡本隆司編《中國經濟史》（名古屋），名古屋大學出版會，2013 年，第 129—130 頁。

⑤　荒川正晴《ソグド人の交易活動と香料の流通》，專修大學：《古代東ユーラシア研究センター年報》（第 5 號），《古代東ユーラシア研究センター》，2019 年，第 29—48 頁。

⑥　荒川正晴《ソグド人の移住聚落と東方交易活動》，樺山紘一他編《岩波講座世界歷史 15 商人と市場》，東京：岩波書店，1999 年，第 81—103 頁。

⑦　荒川正晴《唐代天山東部州府の典和粟特人》，《國學的傳承與創新——馮其庸先生從事教學與科研六十周年慶賀學術文集》（下冊），（中國人民大學國學院主編），上海：上海古籍出版社，2013 年，第 952—966 頁。

⑧　荒川正晴《唐代天山東部州府の典とソグド人》，森安孝夫編《ソグドからウイグルへ——シルクロード東部の民族と文化の交流》，東京：汲古書院，2011 年，第 47—66 頁。

⑨　荒川正晴《唐代粟特商人与漢族商人》，《粟特人在中國——歷史·考古·語言的新探索》（法國漢學 10），北京：中華書局，2005 年，第 101—109 頁。

⑩　荒川正晴《Sogdian merchants and Chinese Han merchants during the Tang Dynasty》，In：É. de la Vaissière and É. Trombert（eds.），Les Sogdiensen Chine，Paris：École françaised' Extrême-Orient，2005 年，第 231—242 頁。

⑪　荒川正晴《林梅村〈粟特文買婢契与絲綢之路上的女奴貿易〉》，《吐魯番出土文物研究會會報》1994 年第 100 期，第 6—8 頁。

⑫　荒川正晴《トゥルファンにおけるソグド人》，森部豐編《ソグド人と東ユーラシアの文化交涉》（アドア遊學 175），東京：勉誠出版，2014 年，第 101—118 頁。

⑬　荒川正晴《トゥルファンの棉布生産とその流通》，長澤和俊編《アジアにおける國際交流と地域文化》（平成 4·5 年度科學研究費補助金·總合研究（A）研究成果報告書），東京：早稻田大學，1994 年，第 56—59 頁。

⑭　荒川正晴《唐代前半の胡漢商人と帛練の流通》，《唐代史研究》2004 年第 7 號，第 17—59 頁。

て》①的中文譯本爲《唐政府對西域布帛的運送及客商的活動》②,《關於唐向西域輸送布帛與客商的關係》③通過分析 7 世紀時布帛輸送體制、布帛輸送的實際狀況以及輸送體制變遷與客商的活動,探討了唐朝向西域提供軍需物資的補給問題,亮點在於,與以往唐朝對西域經營以政治動向爲趨向的論述不同,荒川教授著眼於交通系統之類經營狀況的探明。

荒川教授有關絲綢之路的研究著眼於東西方交流貿易、中亞粟特人等方向。並結合吐魯番出土文書從西域研究的視角進行解讀分析,從交通路綫、貿易商人以及客商活動等多個主題入手探討,先生以小見大,其論證方法與取材角度,頗具參考價值。

五、宗 教 信 仰

有關宗教信仰的研究著作多收錄於論文集中,多從宏觀角度探索佛教起源問題。首先是對北朝隋唐初佛教信仰的研究著作《北朝隋唐初の在俗仏教信徒と五道大神》④,其次是有關印度、伊朗與中國宗教的起源問題的研究探討《インド、イラン起源の諸宗教と中國》⑤,接著是探尋西域古代資料與日本近代佛教的論文《シルクロードと近代日本の邂逅：西域古代資料と日本近代仏教》⑥以及他在第 43 回早稻田大學東洋史懇話會上發表有關歐亞大陸東部佛教傳入研究的演講《ユーラシア東部における仏教伝來と冥界觀の形成》⑦,還有通過解讀吐魯番文書所見的冥界情形展開分析介紹的《トゥルファン文書を読み解く——文書に見える冥界の姿》⑧,吐魯番漢人的冥界觀與佛教信仰的論文《トゥルファン漢人の冥界観と仏教信仰》⑨,關於吐魯番宗教信仰研究的英文論文《*Passports to the Other World: Transformations of*

---

① 荒川正晴《唐の対西域布帛輸送と客商の活動について》,《東洋學報》1992 年第 73 卷第 3、4 期,第 31—63 頁。

② 荒川正晴著,王忻譯、李明偉校《唐政府對西域布帛的運送及客商的活動》,《敦煌學輯刊》1993 年第 2 期,第 108—118 頁。

③ 荒川正晴著,樂勝奎譯、李少軍校《關於唐向西域輸送布帛與客商的關係》,《魏晉南北朝隋唐史資料》1998 年第 16 期,第 342—353 頁。

④ 荒川正晴《北朝隋唐初の在俗仏教信徒と五道大神》,加地伸行博士古稀記念論集刊行會編《中國學の十字路——加地伸行博士古稀記念論集》,東京：研文出版,2006 年,第 509—523 頁。

⑤ 荒川正晴《インド・イラン起源の諸宗教と中國》,《歷史と地理》,《世界史の研究》2013 年第 235 期,第 1—13 頁。

⑥ 荒川正晴、柴田幹夫編《シルクロードと近代日本の邂逅：西域古代資料と日本近代仏教》,東京：勉誠出版,2016 年,第 811 頁。

⑦ 荒川正晴《第 43 回早稻田大學東洋史懇話會大會上發表有關欧亜大陸東部仏教伝入研究的講演》,《ユーラシア東部における仏教伝來と冥界観の形成》,2018 年 3 月 17 日。

⑧ 荒川正晴《トゥルファン文書を読み解く——文書に見える冥界の姿》,《しにか》1998 年第 9 卷第 7 期,第 58—63 頁。

⑨ 荒川正晴《トゥルファン漢人の冥界観と仏教信仰》,森安孝夫編《中央アジア出土文物論叢》,京都：朋友書店,2004 年,第 111—126 頁。

Religious Beliefs among the Chinese in Turfan 〈Fourth to Eighth Centuries〉》[①]以及從出土史料分析高昌國佛教的論文《出土史料より見た高昌國の仏教》[②]。

提及敦煌學,宗教信仰方面的研究必然是研究格局中重要的"一級"。荒川教授從探討印度佛教起源到絲綢之路、歐亞佛教傳播的發展與流變,重點關注佛教信仰中冥界觀這一主題,並撰寫了數篇具有代表性的著作,雖爲數不多,卻是助推宗教史研究的重要動力。

六、學 術 動 態

學術動態方面主要涉及學術史的回顧與展望,對域外論著的翻譯與評介等。回顧與展望 1988 年歷史學界的論文主要有《1988 年の歷史學界——回顧と展望——〈内陸アジア〉》[③],以及介紹當時學界動向的《最近五年(1993~1998)日本的唐代學術研究概況——敦煌、吐魯番學》[④],介紹 20 世紀日本吐魯番學的研究現狀的論文《1988 年、日本の吐魯番學瞥見》[⑤]。有論述中央歐亞史研究入門的論文《中央ユーラシア史研究入門》[⑥],由大阪大學歷史教育研究會編成的《市民のための世界史》[⑦]則是荒川教授出版的有關市民世界史的一部書。論述中國視角下世界觀的論文《China's View of the World》[⑧],有關玄奘《大唐西域記》的英文論文《Xuan-zhuang, Bian-ji and Da-Tang Xi-yu-ji》[⑨],有關杜佑《通典》的論文《Du You: The Tongdian》[⑩]和探討蒙古時期内亞研究的論文《Studieson InnerAsia I: The Pre-Mongol Periodv》[⑪],在日本放送協會

①　荒川正晴《*Passports to the Other World: Transformations of Religious Beliefs among the Chinese in Turfan 〈Fourth to Eighth Centuries〉*》(Fourth to Eighth Centuries), D. Durkin-Meisterernst, S. Raschmann, J. Wilkens, M. Yaldiz&Zieme (eds.), Turfan Revisited-The First Century of Research into the Arts and Cultures of the Silk Road, Berlin: Dietrich Reimer Verlag,2004 年,第 19—21 頁。

②　荒川正晴《出土史料より見た高昌國の仏教》,《季刊文化遺産》1997 年第 4 期,第 55—58 頁。

③　荒川正晴《1988 年の歷史學界——回顧と展望——〈内陸アジア〉》,《史學雜誌》1989 年第 98 卷第 5 期,第 269—275 頁。

④　荒川正晴《最近五年(1993~1998)日本的唐代學術研究概況——敦煌·吐魯番學》,《中國唐代學會會刊》1998 年第 9 期,第 181—197 頁。

⑤　荒川正晴《1988 年、日本の吐魯番學瞥見》,《吐魯番出土文物研究會會報》1989 年第 15 期,第 71—74 頁。

⑥　荒川正晴《中央ユーラシア史研究入門》,東京:山川出版社,2018 年,第 413 頁。

⑦　荒川正晴《市民のための世界史》,大阪大學歷史教育研究會編,吹田:大阪大學出版會,2014 年,第311 頁。

⑧　荒川正晴《China's View of the World》, In: SeijaJalagin, Susanna Tavera and Andrew Dilley (eds.), *World and Global History: Research and Teaching* (CLIOHWORLD Reader; 7), Pisa: Pisa University Press,2011 年 9 月,第 59—67 頁。

⑨　荒川正晴《Xuan-zhuang, Bian-ji and *Da-Tang Xi-yu-ji*》, In: SeijaJalagin, Susanna Tavera and Andrew Dilley (eds.), *World and Global History: Research and Teaching* (CLIOHWORLD Reader; 7), Pisa: Pisa University Press,2011 年,第 151—152 頁。

⑩　荒川正晴《Du You: The *Tongdian*》, In: SeijaJalagin, Susanna Tavera and Andrew Dilley (eds.), *World and Global History: Research and Teaching* (CLIOHWORLD Reader; 7), Pisa: Pisa University Press,2011 年,第 153—154 頁。

⑪　荒川正晴《StudiesonInnerAsia I: The Pre-Mongol Period》, The National Committee of Japanese Historians (ed.), *Historical Studiesin Japan (VIII) 1988－1992*, Tokyo: Yamakawa Shuppansha,1995 年,第 167—173 頁。

新絲綢之路節目中記録緑洲王國和田的《オアシス王國ホータン点描》①,以漢語文獻爲中心的有關 2001 年日本吐魯番學研究的論文《近年の日本におけるトゥルファン研究——漢語文獻を中心にして》②,追悼長澤和俊先生的《追悼文　追悼　長澤和俊先生》③。

對域外論著的翻譯與評介方面主要是對日本與中國國内有關敦煌吐魯番學方面的論文著述之評介。對日本學界著作進行介紹的有以下兩篇:《新刊紹介妹尾達彦著〈グローバル・ヒストリー〉》④和《高昌國物語》這本書的評述《玉木重輝著〈高昌國物語〉》,⑤同時也有對 20 世紀初吐魯番學界前輩的研究論著進行了述評,架起了中日學術溝通的橋樑,主要是《侯燦〈高昌章十三年朱阿定妻楊氏墓表出土時間・地点與有關問題補論〉》⑥《王琳〈旅順博物館藏新疆出土錢幣〉》⑦《吳震〈吐魯番出土的"敦煌文書"〉》⑧《王素〈吐魯番所出武周時期吐谷渾歸朝文書史實考證〉》⑨《柳洪亮〈安西都護府治西州境内時期的都護及年代考〉》⑩《姜伯勤〈敦煌新疆文書所記的唐代"行客"〉》⑪《吳震〈唐庭州西海県之置建与相関問題〉》⑫《錢伯泉〈高昌國郡県城鎮的建置及其地望考実〉》⑬《錢伯泉〈從祀部文書看高昌麴氏王朝時期的祆教及粟特九姓胡人〉》⑭《魯才全〈唐代前期西州的驛馬驛田驛牆諸問題〉》——

---

① 荒川正晴《オアシス王國ホータン点描,NHK 新シルクロード,プロジェクト(編)NHKスペシャル新シルクロード2 草原の道——風の民——・タクラマカン——西域のモナリザ》,東京: 日本放送出版協會,2005 年,第 208—223 頁。

② 荒川正晴《近年の日本におけるトゥルファン研究——漢語文獻を中心にして》,《中央アジア研究》2001 年第 6 期,第 65—89 頁。

③ 荒川正晴《追悼文　追悼　長澤和俊先生》,《史滴》2019 年第 41 期,第 243—246 頁。

④ 荒川正晴《新刊紹介妹尾達彦著〈グローバル・ヒストリー〉》,《唐代史研究＝The journal of Tang historical studies: The Tōdaishi-kenkyū》2019 年第 22 期,第 226—229 頁。

⑤ 荒川正晴《玉木重輝著〈高昌國物語〉》,《東西交渉》1986 年第 17 期,第 51 頁。

⑥ 荒川正晴《侯燦〈高昌章十三年朱阿定妻楊氏墓表出土時間・地点與有關問題補論〉》,《吐魯番出土文物研究會會報》1989 年第 1 期,第 54 頁。

⑦ 荒川正晴《王琳〈旅順博物館藏新疆出土錢幣〉》,《吐魯番出土文物研究會會報》1989 年第 12 期,第 269—275 頁。

⑧ 荒川正晴《吳震〈吐魯番出土的"敦煌文書"〉》,《吐魯番出土文物研究會會報》1989 年第 13 期,第 60—61 頁。

⑨ 荒川正晴《王素〈吐魯番所出武周時期吐谷渾歸朝文書史實考證〉》,《吐魯番出土文物研究會會報》1989 年第 13 期,第 61 頁。

⑩ 荒川正晴《柳洪亮〈安西都護府治西州境内時期的都護及年代考〉》,《吐魯番出土文物研究會會報》1989 年第 13 期,第 62 頁。

⑪ 荒川正晴《姜伯勤〈敦煌新疆文書所記的唐代"行客"〉》,《吐魯番出土文物研究會會報》1991 年第 66 期,第 5—6 頁。

⑫ 荒川正晴《吳震〈唐庭州西海県之置建與相関問題〉》,《吐魯番出土文物研究會會報》1991 年第 66 期,第 6 頁。

⑬ 荒川正晴《錢伯泉〈高昌國郡県城鎮的建置及其地望考実〉》,《吐魯番出土文物研究會會報》1990 年第 37 期,第 193—194 頁。

⑭ 荒川正晴《錢伯泉〈從祀部文書看高昌麴氏王朝時期的祆教及粟特九姓胡人〉》,《吐魯番出土文物研究會會報》1992 年第 78 期,第 6 頁。

吐魯番所出館驛文書研究之二》①《郭媛〈試論隋唐之際吐魯番地区的銀錢〉》
《林友華〈從四世紀到七世紀中高昌貨幣形態初探〉》《宋傑〈吐魯番文書所反
映的高昌物価与貨幣問題〉》②《王永興〈吐魯番出土唐天宝四載十一—十二月
交河郡財務案残卷考釈〉》③《王永興〈読吐魯番文書札記二則〉》④《孫曉林
〈関于唐前期西州設"館"的考察〉》⑤《柳洪亮〈高昌碑刻述略〉》⑥以及與天聖
令有關的兩篇論文《李全德〈天聖令〉所見唐代過所的申請與勘驗——以"副
白"与"録白"爲中心〉》⑦和《楊梅〈唐宋宮廷藏氷制度的沿襲与変革——以《天
聖令·雜令》宋 12 條爲中心〉》⑧,介紹粟特的美術與語言《曾布川寛、吉田豊
編〈ソグド人の美術と言語〉》⑨的論文,接下來是對美國作家瓦萊麗·漢森
(Valerie Hansen)《絲綢之路:新歷史》所做的評述《The Silk Road: A New
History》⑩,介紹陳國燦先生魏晉至隋唐河西胡人的聚居與火祆教《陳國燦〈魏
晉至隋唐河西胡人的聚居与火祆教〉》⑪。《陳國燦〈武周瓜·沙州地区的吐
谷渾帰朝事迹〉》⑫,其次有一本《文獻案内》⑬,介紹吐谷渾史的入門級論文
《周偉洲〈吐谷渾史入門〉》⑭,還爲鄧健吾先生的著作《敦煌行》寫的一篇書評
《鄧健吾著〈敦煌行〉》⑮。還有對程喜霖先生幾篇論文的評述《程喜霖〈烽鋪
考〉》⑯和《程喜霖〈唐開元二十一年(733)西州都督府勘給過所案卷〉》校

① 荒川正晴《魯才全〈唐代前期西州的驛馬驛田驛牆諸問題——吐魯番所出館驛文書研究之二〉》,《吐魯番出土文物研究會會報》1992 年第 81 期,第 8 頁。

② 荒川正晴《郭媛〈試論隋唐之際吐魯番地區的銀錢〉》《林友華〈從四世紀到七世紀中高昌貨幣形態初探〉》《宋傑〈吐魯番文書所反映的高昌物価與貨幣問題〉》,《吐魯番出土文物研究會會報》1992 年第 83 期,第 6—8 頁。

③ 荒川正晴《王永興〈吐魯番出土唐天寶四載十一—十二月交河郡財務案殘卷考釈〉》,《吐魯番出土文物研究會會報》1993 年第 90 期,第 2—3 頁。

④ 荒川正晴《王永興〈読吐魯番文書劄記二則〉》,《吐魯番出土文物研究會會報》1993 年第 90 期,第 4—5 頁。

⑤ 荒川正晴《孫曉林〈関于唐前期西州設"館"的考察〉》,《吐魯番出土文物研究會會報》1993 年第 90 期,第 4 頁。

⑥ 荒川正晴《柳洪亮〈高昌碑刻述略〉》,《吐魯番出土文物研究會會報》1993 年第 90 期,1993 年 7 月第 5—6 頁。

⑦ 荒川正晴《李全德〈天聖令〉所見唐代過所的申請与勘驗——以"副白"与"録白"爲中心》,《法史學研究會會報》2010 年第 14 期,第 116—117 頁。

⑧ 荒川正晴《楊梅〈唐宋宮廷藏氷制度的沿襲与変革——以《天聖令·雜令》宋 12 條爲中心〉》,《法史學研究會會報》2010 年第 14 期,第 128—129 頁。

⑨ 荒川正晴《曾布川寛、吉田豊編ソグド人の美術と言語》,京都:京都民販,2011 年,第 6 面。

⑩ 荒川正晴《The Silk Road: A New History》, By Valerie Hansen. New York:Oxford University Press, USA, 2012. In:International Journal of Asian Studies 11 - 1, Cambridge:Cambridge University Press,2014 年 1 月,第 118—120 頁。

⑪ 荒川正晴《陳國燦〈魏晉至隋唐河西胡人的聚居与火祆教〉》,《吐魯番出土文物研究會會報》1990 年第 37 期,第 196—197 頁。

⑫ 荒川正晴《陳國燦〈武周瓜·沙州地区的吐谷渾帰朝事迹〉》,《吐魯番出土文物研究會會報》1989 年第 13 期,第 59—60 頁。

⑬ 山本弘道、荒川正晴《文獻案内》,加藤九祚、長澤和俊、護雅夫《シルクロード》(読書マップ),東京:筑摩書房,1983 年 7 月,第 297—346 頁。

⑭ 荒川正晴《周偉洲〈吐谷渾史入門〉》,《吐魯番出土文物研究會會報》1989 年第 13 期,第 61—62 頁。

⑮ 荒川正晴《鄧健吾著〈敦煌行〉》,《東西交渉》1986 年第 19 期,第 42 頁。

⑯ 荒川正晴《程喜霖〈烽鋪考〉》,《吐魯番出土文物研究會會報》1990 年第 45 期,第 246—247 頁。

釈——兼論請過所程序与勘驗過所〉》（下篇）①。

從上述整體資料可以看出荒川教授的研究主要集中在中古史方面，此外還涉及吐谷渾等西域民族史等領域。先生還屢次與諸多日本敦煌學界學者共同合作發表一些論文，並被譯爲中文等多種語言，獲得一致好評。不過先生側重於歷史文獻學方面的考證，而鮮少涉及壁畫藝術史方面的內容。並且近年來多集中在東西交通貿易史等方面，尤其在絲綢之路及其沿綫的交通貿易史，敦煌吐魯番出土文獻等的研究上頗有建樹。

綜上所述，荒川教授在敦煌吐魯番學及其交叉學科的研究上取得了豐碩成果，既深化拓展了前人的研究工作，又在一定程度上影響了今後學者的研究方向。

---

① 荒川正晴《程喜霖〈唐開元二十一年（733）西州都督府勘給過所案卷〉校釈——兼論請過所程序与勘驗過所》（下篇），《吐魯番出土文物研究會會報》1990年第45期，第247頁。

書訊四則

《中古時期社邑研究》出版

路　陽(上海師範大學)

　　郝春文著《中古時期社邑研究》已於 2019 年 4 月由上海古籍出版社出版發行。

　　本書的"中古時期",係指中國古代的魏晉至北宋初期。社邑(社)是中國古代的一種基層社會組織,其名稱、性質、類型、活動内容及在社會生活中的作用自先秦至明代不斷發展演變。秦漢時期用來祈年報獲的"社",在漢代出現兩種分化:每年春二月和秋八月上旬的戊日祭社神並聚會宴飲的全體人員的里社與某一地區部分居民自願結成的私社。魏晉南北朝時期社又發生異化:里社性質與内容完全私社化,私社則細化爲以宗族地望爲紐帶的"宗社"和按階級、職業結成的私社。這一時期的社依然保持著傳統春秋二社殺豬宰羊祭社和聚會宴飲活動的傳統。與此同時,"邑"也在我國北方及南方的一些地區廣泛流行。這種由僧尼與在家佛教信徒混合而成或僅由在家佛教信徒組成的多以造像活動爲中心的佛教團體,多稱爲"邑、邑義、法邑",或稱爲"邑會、義會、會、菩薩因緣"等。隋唐五代時期,大多仍然延續春秋二社祭社風俗的私社將喪葬互助作爲最重要的經濟與生活互助活動。而東晉南北朝稱爲"邑、邑義、法邑"等的佛教團體自隋唐以來常以"社"爲名,逐漸與從事經濟互助活動的私社相互趨同。因而,本書所討論的社邑即上述兩種起源與性質完全不同而最終相互融合的民間團體。

　　該書是作者二十多年來有關中古時期社邑研究成果的結集,是作者在選題、研究視角、觀點和論證諸方面不斷審視原來的研究,對相關研究持續調整與整合的成果。此書分上、下兩篇。上篇是作者從文化發展的角度對社邑與佛教的關係的重寫,下篇由陸續發表的研究敦煌寫本社邑文書的相關論文修訂而來。上篇兩篇長文對社邑組織考辨源流,在文書、碑刻、典籍等史料基礎上,探索出中古佛教社會與世俗社會的互動。本篇運用多個圖表對魏晉南北朝隋代的社邑以及唐五代的私社這兩個不同歷史時期的民間團體與佛教的關係進行全面、系統的探討,勾勒了中古民衆的社會生活形態。下篇包括十篇文章,既涉及敦煌寫本社邑文書的個案研究,又含有對先前《敦煌社邑文書輯校》的補遺,還包含了作者與楊際平先生關於唐末五代宋初敦煌社邑問題的一再商榷。此篇涉及敦煌寫本社邑文書内容與價值、敦煌私社的教育與教化功能、敦煌社邑的喪葬互助、敦煌的渠人與渠社等内容。此外,書後還附有《敦煌寫本齋文及其樣式的分類與定名》《關於敦煌寫本齋文的幾個問題》兩篇論文。

此書運用新材料研究新問題,理清了兩晉南北朝時期傳統社邑與法邑、邑義的關係,促進學術交流與進步。作者不僅重新確定了一些觀點和看法,還指明了當前學界論著的不當之處,糾正了海内外學術界的一些錯誤認知。作者獨闢蹊徑,對不同時期社邑首領的稱謂進行整理與劃分,辨析出"邑師"等職在邑義中的實際指導作用與現實地位,重新解讀了傳統民俗與佛教發展的關係。此書在概念的使用上尤爲嚴謹,如作者依據"佛社"出現的時間,將東晉南北朝時期的佛教結社由"佛社"改稱"邑義"。

此書是作者著《中古時期社邑研究》(臺北新文豐出版公司,2006 年 11月)的再版。此次再版,對舊版的一些文字錯誤進行了訂正,對近年的研究資料和研究信息没有進行更新。

《敦煌學通論(增訂本)》出版
李崎凱(上海師範大學)

劉進寶著《敦煌學通論(增訂本)》一書已於 2019 年 4 月由甘肅教育出版社發行。

本書内容分爲"引言"和五個章節。引言介紹了敦煌學的概念和研究對象,即敦煌學是指以敦煌遺書、敦煌石窟藝術、敦煌學理論爲主,兼及敦煌史地爲研究對象的一門學科,並從"東方學"的角度探討了"敦煌學"一詞出現的背景。第一章《千載滄桑話敦煌》概述了先秦至明清的敦煌地方史,描寫了歷史大勢下敦煌地區的跌宕起伏以及敦煌作爲中西方交流孔道的獨特地位。第二章《藝術瑰寶千佛洞》用精煉的語言對敦煌莫高窟的壁畫、彩塑和建築藝術進行概括,展現莫高窟獨特的魅力。第三章《扼腕憤談傷心史——敦煌文獻被盜記》探討了敦煌藏經洞的發現及封閉原因,説明和考證了敦煌文書的流散情況,並對流散原因進行分析,總結了文物流失的沉重教訓。第四章《敦煌遺書——百科全書式的寶藏》論述了敦煌文書的基本内容和其對學術研究的意義,從現有的研究出發,探討了敦煌文書對於宗教學、寺廟生活、文學、曲子詞及科學技術等研究方面的貢獻。第五章《敦煌學研究遍天下——敦煌學的發展及其研究概括》論述了敦煌學研究的産生及發展,敘述了改革開放後敦煌學蓬勃發展的表現以及國外敦煌學研究的成果。對於新世紀的敦煌學研究,作者提出既要對文獻進行分類、整理和研究,又要對前一階段的敦煌學研究進行總結,並對敦煌學未來趨勢進行展望。

《敦煌學通論(增訂本)》是在《敦煌學論述》的基礎上改編而成,《敦煌學論述》自 1991 年於甘肅教育出版社初版,於中國大陸已四次修訂再版,本書爲最新版本。作者儘量將學術界的新成果融入增訂本寫作中,同時將自身沒有研究或不熟悉的內容刪節,且吸收了甘肅地方史研究的成果,對以前薄弱的宋至清代的內容給予了更多的關注,從而使敦煌歷史完全貫通。作者還對一些問題,如莫高窟的最後守護者爲什麼是王圓籙進行了明確的回答,並將注釋改爲頁下注,使引文更加規範、清晰。

《敦煌學通論》作爲介紹敦煌學的通論性著作,概括準確、架構合理、條理清晰、語言簡明流暢。作爲一部學術性普及讀物,在通俗之餘不乏專業性,對於初涉敦煌學的讀者和敦煌學研究者都有一定的參考價值。不斷再版也證明了該書確是敦煌學通論類作品的精品之作。

《敦煌碑銘讚輯釋》（增訂本）出版

蔡陳哲（上海師範大學）

鄭炳林與鄭怡楠合著《敦煌碑銘讚輯釋》（增訂本）,已於 2019 年 11 月由上海古籍出版社出版。

書中的"碑銘讚"所指乃是碑文、墓誌銘、邈真讚等人物傳記資料。敦煌本碑文主要是建德記碑的抄本,有部分碑文的原碑或拓片至今仍保存了下來。在中古時期的敦煌有一習俗,每建一窟,都要豎碑記事,頌揚功德。但其中大部分沒有保存下來,爲此這些碑文抄本顯得尤爲珍貴。墓誌銘則是對逝者生平事蹟的描述以及一生的評價。邈真讚,也被稱爲寫真讚、圖真讚等。按照敦煌當時的風俗,每畫像,必請人題讚,備述主人翁功德業績,邈真讚便由此而生。碑銘讚詳細記載了晚唐五代敦煌歷史,是研究敦煌及西北地方史的重要資料。

該書是作者在前人基礎上不斷努力開拓的結果,是作者近三十年來對敦煌文書的碑文、墓誌銘、邈真讚等人物傳記資料匯輯、校注和研究的成果。20世紀 80 年代末,作者在收集整理時資料較少,主要依據《敦煌寶藏》與縮微膠片,前者的影印差,而且原文書較多字跡潦草,編錄工作困難,作者以嚴謹的態度,進行了多次輯錄與復核,修正了之前許多誤讀之處,但仍舊有些許錯誤,後於此增訂版中修改。敦煌碑銘讚文書因時代原因大多首尾殘缺,無法拼接,作者在整理過程中尤其注意該方面問題,對一些文獻先後進行拼接復原,極大地方便了學術界研究。作者還在注文中吸收前人研究成果,在每篇首注中將文書的研究狀況,各種觀點介紹給讀者,使讀者可以迅速瞭解到學術界於此方面之研究進度。

此書是作者所著《敦煌碑銘讚輯釋》(甘肅教育出版社,1992 年 7 月)的增訂版。作者對該書的原內容進行了校訂與糾正,還新增加了 80 多篇文書,補充了俄藏以及海外散藏文書,吸收了最新研究成果,對校釋內容作了完善,豐富了信息量,方便了學術研究。全文收錄敦煌碑銘讚文獻 210 餘篇,圖版 400 餘幅。錄文後附錄圖版,圖文並茂,更加方便學者研究使用。

《吐魯番出土文書新探》出版

龍寶利(上海師範大學)

劉安志主編的《吐魯番出土文書新探》一書於 2019 年 6 月由武漢大學出版社出版發行。

二十世紀以來,新疆吐魯番出土了大量公元四至十四世紀的紙質文書。唐長孺、陳國燦、柳洪亮等先生對其不斷整理研究,形成了一系列有關吐魯番出土文書的重大成果。《吐魯番出土文書》《新出吐魯番文書及其研究》雖爲當時學者精心之作,卻受到時代的限制,於今不能盡顯吐魯番文書的價值。尤其是,兩書所附圖版受當時信息技術和攝影設備的限制,爲黑白照片且品質較差,文字模糊。原有的鈐印、朱書、押署等重要標記和信息,無法清晰地展現。國家社會科學基金重大招標項目"吐魯番出土再整理與研究"(17ZDA183)正是在這樣的背景下,依據新拍的吐魯番文書彩色照片開展再整理與研究工作。此書收錄的十七篇論文,是該項目組成員近年來圍繞吐魯番出土文書再整理與研究這一主題展開新的思考與探索的前期階段性成果。

書中所載內容涉及高昌郡、高昌國、唐西州、高昌回鶻時期(四世紀至十一世紀)的政治、經濟、法律、制度等諸多問題。本書對文書進行了諸多考釋與分析,如陳國燦在《對高昌國諸城"丁輪木薪額"文書的研究——兼論高昌國早期的諸城分佈》中通過對"丁輪木薪額"文書的分析,探討了高昌王國諸城的分佈和居民規模,對當時民眾生活形態有了進一步認識。劉安志在《吐魯番出土文書所見唐代解文雜考》中著重考察解文處理程式及相關官員簽署問題,明確了解文的性質,有益於對公文書的判斷。本書有四篇論文是由已逝的敦煌吐魯番學和中國中古史專家陳國燦先生撰寫而成,其餘分別爲王素、黄樓、吕博、李方、黄正建、劉安志等人作品,這些論文對敦煌吐魯番學和中國中古史研究的發展具有極高的指導意義。

　　本書大量運用第一手的吐魯番出土文書新資料,在字義的考究方面也十分嚴謹,因而,獲取了若干此前未知的新信息,取得了若干創新性成果。本書充分體現了吐魯番出土文書的研究價值,對於研究敦煌吐魯番學與中國中古史具有重要意義。

2019 年敦煌學研究論著目錄

宋雪春（上海師範大學）

　　2019 年度，中國大陸地區共出版敦煌學專著 20 多部，公開發表相關論文 300 餘篇。現將研究論著目錄編製如下，其編排次序爲：一、專著部分；二、論文部分。論文部分又細分爲概説、歷史地理、社會文化、宗教、語言文字、文學、藝術、考古與文物保護、少數民族歷史語言、古籍、科技、書評與學術動態等十二個專題。

一、專　　著

魏麗《大漠天工——敦煌繪作制度研究》，南京：東南大學出版社，2019 年 1 月。

郝春文主編《敦煌吐魯番研究》第 18 卷，上海：上海古籍出版社，2019 年 4 月。

劉進寶《敦煌學通論》（增訂本），蘭州：甘肅教育出版社，2019 年 4 月。

郝春文《中古時期社邑研究》（大陸版），上海：上海古籍出版社，2019 年 5 月。

唐毅《敦煌啓示：張大千臨摹敦煌壁畫與近代中國傳統畫的變革》，成都：四川人民出版社，2019 年 6 月。

關長龍輯校《敦煌本數術文獻輯校》，北京：中華書局，2019 年 6 月。

項楚《項楚學術文集》，北京：中華書局，2019 年 7 月。

羅國威《敦煌本文選舊注疏證》，成都：巴蜀書社，2019 年 7 月。

謝生保編著《敦煌壁畫佛傳故事》，蘭州：甘肅人民出版社，2019 年 7 月。

謝生保編著《敦煌壁畫本生故事》，蘭州：甘肅人民出版社，2019 年 7 月。

謝生保編著《敦煌壁畫因緣故事》，蘭州：甘肅人民出版社，2019 年 7 月。

謝生保編著《敦煌壁畫史跡故事》，蘭州：甘肅人民出版社，2019 年 7 月。

萬群、劉波主編《天津圖書館藏敦煌文獻》，北京：學苑出版社，2019 年 8 月。

萬群《天津圖書館藏敦煌遺書殘片的保護修復》，北京：學苑出版社，2019 年 8 月。

郝春文主編《2019 敦煌學國際聯絡委員會通訊》，上海：上海古籍出版社，2019 年 9 月。

趙晶《三尺春秋——法史述繹集》，北京：中國政法大學出版社，2019 年 10 月。

秦川《敦煌書法》,北京：清華大學出版社,2019 年 10 月。

楚默《敦煌書法史》,杭州：浙江古籍出版社,2019 年 10 月。

樊錦詩口述,敏春芳撰寫《我心歸處是敦煌》,南京：譯林出版社,2019 年
　10 月。

榮新江主編《首都博物館藏敦煌文獻》,北京：燕山出版社,2019 年 10 月。

金雅聲、郭恩主編《法國國家圖書館藏敦煌藏文文獻》(26),上海：上海古籍
　出版社,2019 年 11 月。

鄭炳林、鄭怡楠《敦煌碑銘讚輯釋》(增订本),上海：上海古籍出版社,2019 年
　11 月。

金雅聲、趙德安、沙木主編《英國國家圖書館藏敦煌西域藏文文獻》(11),上
　海：上海古籍出版社,2019 年 12 月。

二、論　　文

（一）概説

柴劍虹《關於加强敦煌學學科體系建設的一些思考》,《敦煌研究》2019 年第
　4 期。

郝春文《關於敦煌學之命名、内涵、性質及定義的探索歷程》,《敦煌研究》2019
　年第 4 期。

劉進寶《再論敦煌學的概念和研究對象》,《敦煌研究》2019 年第 5 期。

郝春文《改革開放前中國敦煌學的成就與反思》,《光明日報》2019 年 7 月 22
　日 11 版。

王冀青《匈牙利科學院圖書館藏斯坦因第一次中亞考察所持中國護照照片的
　史料價值》,《敦煌學輯刊》2019 年第 4 期。

楊燕、楊富學《論敦煌多元文化的共生與交融》,《世界宗教文化》2019 年第
　6 期。

趙聲良《學習貫徹習近平講話精神推動文化遺産保護研究弘揚事業創新發
　展》,《敦煌研究》2019 年第 5 期。

郝春文《中國古代寫本學的特點》,《光明日報》2019 年 4 月 8 日 13 版"文學
　遺産"專欄。

馬德《論敦煌歷史文化的包容精神——對習近平總書記考察敦煌等地講話的
　一點認識》,《世界宗教文化》2019 年第 6 期。

閆麗《向達與他的〈中西交通史〉》,《敦煌研究》2019 年第 3 期。

宋翔《〈敦煌掇瑣〉出版史事考辨》,《敦煌研究》2019 年第 3 期。

趙大旺《夢想敦煌四十年：顧頡剛先生與敦煌學》,《敦煌研究》2019 年第

3 期。

范鵬《馮友蘭通論佛學對敦煌哲學研究可能的啓示》,《天水師範學院學報》
　　2019 年第 4 期。

黃詩茵《龍晦先生與敦煌學研究》,《哈爾濱學院學報》2019 年第 9 期。

趙義山、張芷萱《走好敦煌研究之路,引領後學四通八達——項楚先生的學術
　　成就與影響啓示錄》,《西北民族大學學報》2019 年第 5 期。

鄒清泉《回望敦煌——敦煌研究院趙聲良院長訪談》,《藝術設計研究》2019
　　年第 4 期。

郝春文、武紹衛《敦煌遺書中所見敦煌與外地之文本流通》,《華林》2019 年。

貢保扎西《挖掘敦煌西域文獻　鈎沉民族歷史脈絡——訪西南民族大學楊銘
　　先生》,《西藏大學學報》2019 年第 4 期。

林世田、趙洪雅《敦煌遺書對"中華古籍保護計劃"的啓示》,《文獻》2019 年第
　　3 期。

方廣錩《談散藏敦煌遺書》,《西南民族大學學報》2019 年第 5 期。

李艷紅《許承堯舊藏敦煌文獻探析》,《中國書畫》2019 年第 8 期。

新巴·達娃扎西《四川大學博物館藏敦煌古藏文寫經敘錄》,《敦煌研究》2019
　　年第 4 期。

王慶衛《徐錫祺舊藏敦煌寫經簡述——以西安地區藏品爲中心》,《敦煌研究》
　　2019 年第 5 期。

金惠媛著,田婧譯,李貴貞校《韓國國立中央博物館收藏的中亞宗教類繪
　　畫——收藏背景、研究史和現狀》,《敦煌研究》2019 年第 2 期。

邰惠莉《敦煌研究院藏敦煌遺書的來源和價值》,《中國書法》2019 年第
　　17 期。

葉朗《帶有永恒價值的精神追求——在〈我心歸處是敦煌〉座談會上的發言》,
　　《中華讀書報》2019 年 11 月 22 日。

郝春文《莫高窟人是中國的脊梁——在〈我心歸處是敦煌〉座談會上的發言》,
　　《中華讀書報》2019 年 11 月 22 日。

張涌泉《敦煌文獻爲漢語研究注入新活力》,《中國社會科學報》2019 年 12 月
　　13 日。

劉進寶《敦煌學何以成爲國際顯學》,《中國社會科學報》2019 年 12 月 13 日。

趙聲良《敦煌石窟藝術研究碩果累累》,《中國社會科學報》2019 年 12 月
　　13 日。

潘晟《運用近代報刊深化敦煌學研究》,《中國社會科學報》2019 年 12 月
　　13 日。

張小剛《敦煌石窟考古回顧與展望》,《中國社會科學報》2019 年 12 月 13 日。

沙武田《敦煌西夏石窟研究任重道遠》,《中國社會科學報》2019 年 12 月 13 日。

張小艷《敦煌佛教疑僞經亟待整理》,《中國社會科學報》2019 年 12 月 13 日。

夏生平《加快海外敦煌文獻數字化回歸》,《中國社會科學報》2019 年 12 月 13 日。

（二）歷史地理

李正宇《漢代和平接管河西,不由攻奪强佔》,《敦煌研究》2019 年第 1 期。

杜海《敦煌"于闐太子"與"曹氏太子"考》,《敦煌研究》2019 年第 6 期。

崔靖娟《敦煌文書 S.2214 及相關問題再探究》,《青海師範大學學報》2019 年第 6 期。

趙沈亭《英藏敦煌文書 S.4276 所見歸義軍政權相關問題考》,《西夏研究》2019 年第 3 期。

鄭炳林、魏迎春《敦煌寫本〈大蕃沙州敦煌郡攝節度功德頌〉研究》,《敦煌學輯刊》2019 年第 4 期。

吳炯炯《〈新唐書・宰相世系表〉所載隴西李氏"姑臧大房"李元儉一支家族世系考訂》,《敦煌學輯刊》2019 年第 4 期。

彭建英、王静宜《唐、突互動視野下的突厥阿史德氏》,《敦煌學輯刊》2019 年第 4 期。

杜海《魏晉南北朝時期敦煌史地沿革》,《敦煌學輯刊》2019 年第 4 期。

魏迎春、鄭炳林《河西隴右陷落期間的回鶻道》,《敦煌學輯刊》2019 年第 3 期。

陳光文《蒙古軍攻克敦煌史事鈎沉》,《敦煌學輯刊》2019 年第 3 期。

李錦繡《從敦煌吐魯番文書看唐代絲綢之路上的劍南絲綢》,《敦煌學輯刊》2019 年第 3 期。

霍巍、霍川《青藏高原發現的古代黄金面具及其文化意義》,《敦煌學輯刊》2019 年第 3 期。

馬孟龍《西漢北地郡靈州、方渠除道地望考證——以張家山漢簡〈秩律〉爲中心》,《敦煌研究》2019 年第 5 期。

孫富磊《懸泉漢簡〈甘露二年病死馬書〉所見驛置傳馬管理》,《敦煌學輯刊》2019 年第 3 期。

王鋒朝、馬振穎、趙世金《酒泉市博物館新入藏兩方唐代墓誌淺釋》,《敦煌學輯刊》2019 年第 3 期。

党斌《唐〈祖孝孫墓誌〉考》,《敦煌學輯刊》2019 年第 3 期。

孫海芳《人口流動與文化傳播關聯性研究——以絲路使者爲例》,《敦煌學輯刊》2019 年第 2 期。

陳光文《明代敦煌罕東左衞興廢史鈎沉》,《敦煌學輯刊》2019 年第 2 期。

楊寶玉《達外國之梯航——曹氏歸義軍與五代時于闐首次入貢中原之關係再議》,《敦煌研究》2019 年第 1 期。

郭偉濤《漢代橐他塞部隧設置研究》,《敦煌研究》2019 年第 1 期。

姚磊《地灣漢簡綴合與釋文補正》,《敦煌研究》2019 年第 6 期。

孫富磊《懸泉置出土〈失亡傳信册〉再考》,《敦煌研究》2019 年第 6 期。

朱艷桐《北涼王國與胡漢民族》,《敦煌研究》2019 年第 6 期。

孫繼民《郴州晉簡所見西晉政區治所道里制度初探》,《敦煌學輯刊》2019 年第 1 期。

魏迎春、鄭炳林《敦煌歸義軍節度副使安景旻考》,《敦煌學輯刊》2019 年第 1 期。

楊富學《曹議金奉天靖難及其與甘州回鶻之關聯》,《敦煌學輯刊》2019 年第 1 期。

裴永亮《漢簡"亡人越塞"與西漢河西地區邊塞防禦》,《敦煌研究》2019 年第 4 期。

楊富學、劉源《出土簡牘所見漢代敦煌民族及其活動》,《敦煌研究》2019 年第 3 期。

孟憲實《關於敦煌吐魯番出土的"王言"》,《敦煌吐魯番研究》18 卷,上海:上海古籍出版社,2019 年 4 月。

楊寶玉、吳麗娛《法藏敦煌文書 P.2539v 校注與研究》,《敦煌吐魯番研究》18 卷,上海:上海古籍出版社,2019 年 4 月。

郭俊葉《于闐皇室與涅槃寺》,《敦煌吐魯番研究》18 卷,上海:上海古籍出版社,2019 年 4 月。

裴成國《絲綢之路與唐西州經濟》,《敦煌吐魯番研究》18 卷,上海:上海古籍出版社,2019 年 4 月。

何志文《吐蕃統治敦煌時期地方財政支出的一個考察——以敦煌出土漢、藏文支出帳爲中心》,《中國社會經濟史研究》2019 年第 2 期。

羅慕君、張涌泉《敦煌殘片〈唐大順二年正月七日楊文盛出租地契〉的復原和研究》,《文史》2019 年第 2 期。

王祥偉《四柱結算法登載外欠帳的方式及其演變》,《中國經濟史研究》2019 年第 3 期。

辻正博著,周東平譯《敦煌、吐魯番出土唐代法制文獻研究之現狀》,《法律文化研究》2019 年第 2 期。

岡野誠撰,趙晶、劉思皓譯《新介紹的吐魯番、敦煌本〈唐律〉〈律疏〉殘片——
以旅順博物館以及中國國家圖書館所藏資料爲中心》,《法律文化研究》
2019 年第 2 期。

池田温、岡野誠撰,高明士譯《敦煌、吐魯番所發現的唐代法制文獻》,《法律文
化研究》2019 年第 2 期。

榮新江、史睿《俄藏 Дх.03558 唐代令式殘卷再研究》,《法律文化研究》2019 年
第 2 期。

李錦繡《俄藏 Дх.03558 唐〈格式律令事類·祠部〉殘卷試考》,《法律文化研
究》2019 年第 2 期。

史睿《新發現的敦煌吐魯番唐律、唐格殘片研究》,《法律文化研究》2019 年第
2 期。

雷聞《俄藏敦煌 Дх.06521〈格式律令事類〉殘卷考釋》,《法律文化研究》2019
年第 2 期。

趙晶《中國國家圖書館藏兩件敦煌法典殘片考略》,《法律文化研究》2019 年
第 2 期。

辻正博著,金成愛譯《俄羅斯科學院東方文獻研究所藏〈唐名例律〉殘片淺
析——關於 Дх.08467 的考證爲主》,《法律文化研究》2019 年第 2 期。

曾柏亮、李天石《敦煌吐魯番漢文文獻中奴婢資料的再整理》,《敦煌學輯刊》
2019 年第 1 期。

谷更有《唐代村民經濟身份的變遷——以敦煌吐魯番出土文獻爲中心》,《中
國經濟史研究》2019 年第 3 期。

韓樹偉《絲路沿綫出土諸民族契約文書格式比較研究》,《敦煌學輯刊》2019
年第 2 期。

趙沈亭《唐五代敦煌壁畫彌勒經變所見農作圖研究》,《農業考古》2019 年第
3 期。

楊寶玉《印度製糖法文書重校及其獨存敦煌原因新探》,《敦煌研究》2019 年
第 4 期。

(三) 社會文化

趙玉平《敦煌文獻所見"榮親"考辨》,《民間文化論壇》2019 年第 6 期。

劉傳啓《敦煌寫本"舉髮"考》,《敦煌學輯刊》2019 年第 2 期。

王延武《〈舉人自代狀〉補識》,《敦煌學輯刊》2019 年第 1 期。

劉傳啓《敦煌寫本中的招魂祭》,《西華師範大學學報》2019 年第 3 期。

邵曉峰《敦煌椅子圖式的另一種詮釋——以〈舍利弗宴坐〉爲例》,《中國國家

博物館館刊》2019 年第 1 期。

李匯龍、邵曉峰《敦煌壁畫中的榻》,《美術學報》2019 年第 3 期。

李靜傑《鄯善古國木雕傢俱圖像外來文化因素分析》,《敦煌學輯刊》2019 年
第 3 期。

邵曉峰《敦煌壁畫中特色傢俱設計的創製與發展》,《藝術百家》2019 年第
1 期。

王三慶《敦煌本杜友晉〈書儀〉及〈五杉集〉之比較研究——以凶書儀中的"五
服圖"爲討論中心》,《敦煌吐魯番研究》18 卷,上海:上海古籍出版社,2019
年 4 月。

趙鑫晔《敦煌文書 P.2704"一七""二七"之釋讀及相關問題》,《敦煌吐魯番研
究》18 卷,上海:上海古籍出版社,2019 年 4 月。

(四) 宗教

張磊、周思宇《從國圖敦煌本〈維摩詰經〉系列殘卷的綴合還原李盛鐸等人竊
取寫卷的真相》,《文獻》2019 年第 6 期。

鄭阿財《俄藏敦煌寫卷 ф.102〈維摩經疏〉研究》,《四川大學學報》2019 年第
2 期。

伍小劼《敦煌遺書所見〈隨求即得大自在陀羅尼神咒經〉異本研究》,《世界宗
教文化》2019 年第 2 期。

王祥偉《敦煌文書 S.6981V(8)+ДХ.1419V+S.1600V(1) 綴合研究》,《敦煌研
究》2019 年第 2 期。

張延清、張倩玉《中唐〈金光明最勝王經〉及經變在敦煌的興起及其原因分
析》,《西藏大學學報》2019 年第 3 期。

徐鍵《中貿聖佳拍品敦煌寫卷〈瑜伽師地論〉真僞考》,《敦煌研究》2019 年第
5 期。

王承文、張曉雷《論古靈寶經的報應觀》,《敦煌學輯刊》2019 年第 3 期。

趙青山《護教類僞經〈清净法行經〉再研究》,《敦煌學輯刊》2019 年第 3 期。

趙青山《佛經抄寫制式的確立及其意義》,《世界宗教研究》2019 年第 5 期。

段鵬、馬德《敦煌本〈妙法蓮華經·度量天地品〉有關問題初探》,《敦煌研究》
2019 年第 1 期。

羅慕君、張涌泉《〈金剛經〉"十二分本"鈎沉》,《宗教學研究》2019 年第 2 期。

李海霞《關於吐蕃佔領期敦煌僧首的幾個問題》,《西夏研究》2019 年第 4 期。

張元林《從〈法華經〉的角度解讀莫高窟第 285 窟》,《敦煌研究》2019 年第
2 期。

山田勝久《關於敦煌之二佛並坐的淵源——走訪已消失的城市》,《敦煌研究》

2019 年第 2 期。

張小剛《在敦煌居留的于闐人的法華信仰》,《敦煌研究》2019 年第 2 期。

松森秀幸《敦煌寫本〈法花行儀〉與唐代法華思想》,《敦煌研究》2019 年第 2 期。

趙曉星《吐蕃統治時期敦煌的法華信仰》,《敦煌研究》2019 年第 2 期。

黄京《唐代的告身文書與敦煌的僧官授予——以〈洪晉碑〉及 P.3720 文獻爲中心》,《敦煌研究》2019 年第 2 期。

崔中慧《初期佛教寫經反映的文化交流——以竺法護譯場爲例》,《敦煌研究》2019 年第 4 期。

王航《敦煌文獻中密教龍王信仰研究》,《敦煌研究》2019 年第 2 期。

吳羽《李唐皇室尊老子爲始祖探源》,《敦煌學輯刊》2019 年第 1 期。

菅野博史著,張文良譯《關於中國天台宗〈觀音經〉的注釋》,《敦煌研究》2019 年第 2 期。

羅慕君、張涌泉《散藏敦煌本〈金剛經〉綴合研究》,《敦煌吐魯番研究》18 卷,上海：上海古籍出版社,2019 年 4 月。

徐浩《敦煌本〈大般若經〉殘卷及背面胡語文獻綴合研究》,《敦煌吐魯番研究》18 卷,上海：上海古籍出版社,2019 年 4 月。

楊明璋《萬迴神異傳説與萬迴信仰——以敦煌文獻爲中心的討論》,《敦煌吐魯番研究》18 卷,上海：上海古籍出版社,2019 年 4 月。

林悟殊《兩宋〈五來子〉曲與西域摩尼教淵源探——紀念選堂先生名作〈穆護歌考〉發表四十周年》,《敦煌吐魯番研究》18 卷,上海：上海古籍出版社,2019 年 4 月。

（五）語言文字

張小艷《敦煌佛教疑僞經疑難字詞考釋》,《敦煌吐魯番研究》18 卷,上海：上海古籍出版社,2019 年 4 月。

鄧文寬《釋敦煌本〈啓顔録〉中的"落喥"》,《敦煌吐魯番研究》18 卷,上海：上海古籍出版社,2019 年 4 月。

張小艷《敦煌佛教疑僞經詞語考釋五則》,《中國語文》2019 年第 1 期。

徐朝東《敦煌世俗文書所見之語音現象》,《語言研究》2019 年第 1 期。

于淑健《敦煌吐魯番紙本文獻疑難字擷釋》,《中國語文》2019 年第 3 期。

高天霞《敦煌寫本 S.5604 號〈纂金〉疑難字句補釋》,《語文學刊》2019 年第 2 期。

張詒三《敦煌本解夢書 S.5900 號和 P.3908 號校釋劄記》,《現代語文》2019 年第 12 期。

王艷麗《敦煌本〈搜神記〉校勘補遺十六則》,《文教資料》2019 年第 32 期。

李艷玲《小考敦煌文書中的"藍"》,《史林》2019 年第 6 期。

謝明《宋前道經在敦煌文獻訓釋中的價值舉隅》,《敦煌研究》2019 年第 6 期。

王睿穎《唐五代時期敦煌羊籍文獻中的"叱般"詞義及相關問題研究》,《天水師範學院學報》2019 年第 3 期。

趙永明《敦煌契約文書特殊語詞考釋七則》,《西昌學院學報》2019 年第 2 期。

蕭旭《英藏敦煌文獻校讀記(下)》,《國學學刊》2019 年第 2 期。

張文冠《〈俗務要名林〉疑難建築詞語"押壁"考釋》,《敦煌研究》2019 年第 6 期。

杜成輝《遼代卜筮書中的"木奴"與"天牛"考》,《敦煌研究》2019 年第 1 期。

鄧文寬《敦煌變文詞語零拾》,《敦煌研究》2019 年第 2 期。

趙大旺、郭敬一、王子鑫《敦煌寫本〈佛說諸經雜緣喻因由記〉字詞辨正》,《敦煌學輯刊》2019 年第 3 期。

袁金平、盧海霞《敦煌馬圈灣漢簡"墇道"釋義辨正》,《敦煌研究》2019 年第 6 期。

金蓉、侯宗輝《漢簡所見河西邊郡"作者"考》,《敦煌研究》2019 年第 1 期。

張麗萍、張顯成《釋西北屯戍漢簡中的"緹績""緹行勝"》,《敦煌研究》2019 年第 4 期。

秦鳳鶴《〈居延新簡集釋(四)(五)(六)〉校讀》,《敦煌研究》2019 年第 4 期。

葉嬌、徐凱《"旋襴"考》,《敦煌研究》2019 年第 4 期。

趙靜蓮《P.2640〈常何墓碑〉"蜂午挺妖"辨》,《敦煌研究》2019 年第 4 期。

沈澍農《敦煌卷子 S.202 中兩個重要的隱在避諱》,《南京中醫藥大學學報》2019 年第 3 期。

于賡哲《論伯希和敦煌漢文文書的"後期混入"——P.3810 文書及其他》,《中國史研究》2019 年第 4 期。

(六) 文學

龔向軍《館藏〈祭十四娘文〉殘頁釋讀——兼談敦煌文獻中祭文的一種範式》,《首都博物館論叢》,2019 年。

李瑩娜《敦煌文書〈張淮深碑〉卷背詩校注獻疑》,《古籍研究》2019 年第 1 期。

王洋河《敦煌願文文獻校勘》,《古籍研究》2019 年第 1 期。

冷江山、陶新昊《敦煌文學寫本題記初探》,《寧夏師範學院學報》2019 年第 12 期。

牟代群《敦煌變文占卜現象探析》,《皖西學院學報》2019 年第 6 期。

邵小龍《庸流抑或高道:敦煌〈葉净能詩〉拾遺之一》,《西華師範大學學報》

2019 年第 3 期。

何瑩《敦煌寫本〈盂蘭盆文〉研究》,《世界宗教文化》2019 年第 1 期。

陶新昊《從敦煌寫本看敦煌民衆對俗賦的接受》,《蘭州教育學院學報》2019 年第 12 期。

韓傳强《敦煌讚文中的五臺山信仰管窺——以〈辭娘讚文〉敦煌連寫本爲中心》,《五臺山研究》2019 年第 4 期。

王志鵬《簡論敦煌寫卷中組詩、長詩的佛教特徵》,《蘭州學刊》2019 年第 12 期。

王志鵬《敦煌寫卷中佛教靈驗記的文學表現》,《石河子大學學報》2019 年第 5 期。

周晟《敦煌俗賦〈燕子賦〉〈百鳥名〉鳥名釋義商補》,《敦煌研究》2019 年第 4 期。

計曉雲《BD7849 號〈妙法蓮華經講經文〉殘卷考略》,《敦煌學輯刊》2019 年第 2 期。

（七）藝術

鄭汝中《敦煌壁畫中的彈撥樂器》,《中央音樂學院學報》2019 年第 1 期。

張小剛《敦煌新樣文殊造像中的于闐國王像研究》,《敦煌吐魯番研究》18 卷,上海:上海古籍出版社,2019 年 4 月。

趙曉星《敦煌五臺山圖的分期》,《敦煌吐魯番研究》18 卷,上海:上海古籍出版社,2019 年 4 月。

谷東方《陝北明代石窟功德主身份分析》,《敦煌研究》2019 年第 2 期。

孫毅華、孫儒僴《莫高窟北周第 430 窟窟門考證》,《敦煌研究》2019 年第 2 期。

魏麗《敦煌尊像畫中的輔助綫研究》,《國學學刊》2019 年第 4 期。

吳林烜《唐代敦煌壁畫婚嫁圖中的樂舞文化——以莫高窟第 445 窟爲例》,《河西學院學報》2019 年第 6 期。

陳粟裕《敦煌莫高窟第 220 窟西方浄土變局部伎樂圖》,《世界宗教文化》2019 年第 6 期。

翟清華《漢唐時期粟特樂舞與西域及中原樂舞交流研究——以龜茲、敦煌石窟壁畫及聚落墓葬文物爲例(上)》,《新疆藝術》2019 年第 5 期。

翟清華《漢唐時期粟特樂舞與西域及中原樂舞交流研究——以龜茲、敦煌石窟壁畫及聚落墓葬文物爲例(中)》,《新疆藝術》2019 年第 6 期。

張文玲《佛經文本與藝術遺存所呈現的古代文化交流——以月光王本生爲例》,《敦煌研究》2019 年第 1 期。

趙曉星《西夏時期敦煌涅槃變中的撫足者——西夏石窟考古與藝術研究之

四》,《敦煌研究》2019 年第 1 期。

郭俊葉《敦煌文書〈辛亥年臘八燃燈分配窟龕名數〉中的法華塔考》,《敦煌研究》2019 年第 1 期。

樊雪崧《莫高窟第 419 窟須大拏本生圖新探》,《敦煌研究》2019 年第 1 期。

付衛傑《對青州七級寺出土一件背屏式造像時代的考證——兼談青州北朝晚期背屏式造像的發展演變規律》,《敦煌研究》2019 年第 1 期。

楊富學《裕固族初世史乃解開晚期敦煌石窟密碼之要鑰》,《敦煌研究》2019 年第 5 期。

戴春陽《敦煌佛爺廟灣唐代模印塑像磚墓(四)——從模印胡商牽駝磚看絲路交通中的有關問題》,《敦煌研究》2019 年第 5 期。

樊雪崧、殷博《未竟的示寂:敦煌西千佛洞第 8 窟涅槃圖新探》,《敦煌研究》2019 年第 5 期。

崔岩、楊建軍《敦煌五代時期僧尼供養像服飾研究》,《敦煌研究》2019 年第 5 期。

周方《莫高窟壁畫中男子"袍服"與"襦裙"辨析》,《敦煌研究》2019 年第 5 期。

陳粟裕《吐蕃統治時期敦煌石窟中的觀音圖像與信仰研究》,《世界宗教文化》2019 年第 1 期。

趙巍《敦煌壁畫中的道教文化》,《中國宗教》2019 年第 2 期。

釋心悦《隋代敦煌〈普門品〉變相的藝術表現及其信仰研究》,《佛學研究》2019 年第 1 期。

方喜濤《敦煌早期石窟中"牢度跋提"圖像研究》,《吐魯番學研究》2019 年第 1 期。

龍忠《敦煌石窟壁畫白衣佛像圖像探析》,《法音》2019 年第 8 期。

朱本源《絲路瑰寶:敦煌壁畫〈五臺山圖〉》,《中國宗教》2019 年第 9 期。

吳肖静《敦煌壁畫中的世俗樂舞研究》,《當代音樂》2019 年第 3 期。

蘇媛《試論敦煌曲子戲的音樂形態》,《中國戲劇》2019 年第 3 期。

韓菁《敦煌曲子戲的歷史淵源及舞蹈表演的現代化演進》,《長春師範大學學報》2019 年第 12 期。

王勝澤《敦煌西夏石窟中的花鳥圖像研究》,《敦煌學輯刊》2019 年第 2 期。

張景峰《敦煌早期金剛經變的形成與樣式演變》,《敦煌學輯刊》2019 年第 2 期。

陳振旺《繁花似錦——初唐前期莫高窟藻井圖案探微》,《敦煌學輯刊》2019 年第 2 期。

張善慶《甘肅金塔寺石窟東窟降魔變考》,《敦煌學輯刊》2019 年第 1 期。

何卯平、寧强《從往生到來迎：西夏浄土信仰對西方三聖的觀念與圖像重構》，《敦煌學輯刊》2019 年第 3 期。

劉慧《"一帶一路"視閾下敦煌石窟考古對敦煌舞的借鑒與發展》，《敦煌學輯刊》2019 年第 3 期。

任懷晟《敦煌莫高窟 409 窟、237 窟男供養人像考》，《敦煌學輯刊》2019 年第 3 期。

朱曉峰《基於歷史文獻的胡旋舞考證》，《敦煌學輯刊》2019 年第 4 期。

趙延梅《榆林新出韓憑故事及蠶神吐絲漢畫像石初探》，《敦煌學輯刊》2019 年第 2 期。

宮治昭著，顧虹譯，趙聲良校《關於太陽神蘇利耶圖像》，《敦煌研究》2019 年第 3 期。

王惠民《數字化時代的敦煌壁畫圖像研究——以莫高窟第 72 窟北壁彌勒經變爲例》，《敦煌研究》2019 年第 4 期。

陳菊霞《莫高窟第 246 窟研究》，《敦煌研究》2019 年第 3 期。

松田誠一郎撰，王雲譯《東京國立博物館保管十一面觀音像（上）》，《敦煌研究》2019 年第 6 期。

殷博、樊雪崧《莫高窟第 207 窟初説法圖考》，《敦煌研究》2019 年第 6 期。

王艷、魏文斌《兩件夏侯純陀造像碑探究——甘肅館藏佛教像研究之五》，《敦煌研究》2019 年第 6 期。

任平山《克孜爾壁畫"阿修羅王持兒浴海"考》，《敦煌研究》2019 年第 6 期。

沙武田、李曉鳳《敦煌石窟六字真言題識時代探析》，《敦煌學輯刊》2019 年第 4 期。

丁淑君《敦煌石窟張大千題記調查》，《敦煌研究》2019 年第 5 期。

王高升《從國博藏〈增一阿含經・高幢品〉卷看北朝敦煌寫經書法》，《中國書法》2019 年第 17 期。

張存良《疑是彩箋西蜀來——敦煌寫本 S.3753 和 P.4642 的書法及來源地考察》，《西華師範大學學報》2019 年第 3 期。

（八）考古與文物保護

許麗鵬、黃先鋒、吳健、俞天秀、張帆《基於激光點雲的敦煌洞窟空間信息重建》，《敦煌研究》2019 年第 4 期。

張文元、蘇伯民、殷耀鵬、水碧紋、崔强、于宗仁、善忠偉《天梯山石窟北涼洞窟壁畫顏料的原位無損分析》，《敦煌研究》2019 年第 4 期。

孫毅華《莫高窟南區窟簷建築遺跡調查研究》，《敦煌研究》2019 年第 6 期。

劉波《古代中亞及西域地區美術考古活動及研究成果回顧》，《敦煌學輯刊》

2019 年第 2 期。

白玉冬、吐送江·依明《“草原絲綢之路”東段胡漢語碑刻考察簡記》,《敦煌學輯刊》2019 年第 4 期。

黄文昆《有關早期佛教美術考古的兩個問題》,《敦煌研究》2019 年第 3 期。

史志林《歷史時期黑河流域沙漠化和鹽城化研究》,《敦煌學輯刊》2019 年第 2 期。

(九) 少數民族歷史語言

楊際平《4—13 世紀漢文、吐蕃文、西夏文買賣、博換牛馬駝驢契比較研究》,《敦煌學輯刊》2019 年第 1 期。

林冠群《吐蕃職官 spyan (悉編) 研究——吐蕃地方職官委員制的形成與發展》,《敦煌學輯刊》2019 年第 2 期。

楊銘、貢保扎西《兩件敦煌古藏文寺院帳簿研究》,《敦煌學輯刊》2019 年第 1 期。

敏春芳、杜冰心《從梵文文法看敦煌文獻中同素逆序詞形成的原因》,《敦煌學輯刊》2019 年第 4 期。

林冠群《吐蕃大論恩蘭達札路恭 (Ngan lam stag sgra klu khong) 研究》,《敦煌學輯刊》2019 年第 4 期。

才讓《P.T.528 號〈多聞子獻供儀軌密咒等〉第一部分之譯釋》,《敦煌學輯刊》2019 年第 4 期。

索南《敦煌藏文〈入菩薩行論〉寫本敘錄及綴合研究》,《敦煌研究》2019 年第 5 期。

朱麗雙《贊普墀松德贊之勛績——P.t.1287 第 10 節譯釋》,《敦煌學輯刊》2019 年第 4 期。

才項多傑《敦煌出土藏文九九乘法寫本與西藏籌算中的九九乘法表的關係研究》,《敦煌研究》2019 年第 5 期。

陳于柱、張福慧《敦煌古藏文寫本 P.3288V (1)〈沐浴洗頭擇吉日法〉題解與釋錄——P.3288V 研究之一》,《敦煌學輯刊》2019 年第 2 期。

陳于柱、張福慧《敦煌藏文本 P.3288V〈逐日人神所在法〉題解與釋錄》,《天水師範學院學報》2019 年第 4 期。

松井太著,劉宏梅譯《敦煌石窟中回鶻文題記劄記 (二)》,《吐魯番學研究》2019 年第 1 期。

扎西當知《從敦煌古藏文史料看吐蕃王朝滅亡的根源》,《青海社會科學》2019 年第 4 期。

多布旦《敦煌古藏文〈羅摩衍那〉文本形式分析》,《西藏藝術研究》2019 年第

2 期。

何志文《吐蕃統治敦煌時期的土地糾紛問題研究——以 S.2228 與 P.t.1078B 古藏文訴訟文書爲中心》,《西藏大學學報》2019 年第 3 期。

王東《絲路視域下 8—10 世紀敦煌民族交融與文化互鑒——從敦煌古藏文占卜文書談河西民衆社會生活》,《西北民族大學學報》2019 年第 6 期。

陸離《關於康再榮在吐蕃時期任職的若干問題——敦煌文書〈大蕃紇骨薩部落使康再榮建宅文〉淺識》,《西藏研究》2019 年第 5 期。

張雲《吐蕃苯教史研究中的幾個問題——以敦煌西域藏文文書和藏文史書〈韋協〉爲中心》,《陝西師範大學學報》2019 年第 3 期。

魏文、索羅寧、謝皓玥《西夏文星曜禮懺文獻〈聖曜母中道法事供養根〉譯考》,《敦煌研究》2019 年第 3 期。

崔紅芬、文健《英藏西夏文〈無常經〉考略》,《敦煌研究》2019 年第 2 期。

梁松濤《黑水城出土 6539 號西夏文〈明堂灸經〉考釋》,《敦煌學輯刊》2019 年第 3 期。

陸離《關於法藏敦煌藏文文書 P.t.1097〈官府支出糧食清册〉的幾個問題》,《敦煌研究》2019 年第 1 期。

羅帥《玄奘之納縛波與馬可波羅之羅卜再研究——兼論西晉十六國時期樓蘭粟特人之動向》,《敦煌研究》2019 年第 6 期。

包文勝《回鶻葛啜王子身世考——重讀〈故回鶻葛啜王子墓誌〉》,《敦煌研究》2019 年第 2 期。

張坤《玄奘行經伊吾考》,《敦煌研究》2019 年第 2 期。

富艾莉(Erika Forte)撰,朱麗雙譯《"彼岸"之旅:佛教朝聖和于闐綠洲的旅行物》,《敦煌吐魯番研究》18 卷,上海:上海古籍出版社,2019 年 4 月。

劉屹《憍賞彌國法滅故事在于闐和吐蕃的傳播(文獻篇)》,《敦煌吐魯番研究》18 卷,上海:上海古籍出版社,2019 年 4 月。

朱麗雙《〈僧伽伐彈那授記〉譯注》,《敦煌吐魯番研究》18 卷,上海:上海古籍出版社,2019 年 4 月。

范晶晶《賢劫千佛名梵語、于闐語、漢譯及敦煌寫本比較研究》,《敦煌吐魯番研究》18 卷,上海:上海古籍出版社,2019 年 4 月。

段晴、侯世新、李達《石汗那的嬰兒——新疆博物館藏一件新出于闐語案牘》,《敦煌吐魯番研究》18 卷,上海:上海古籍出版社,2019 年 4 月。

(十) 古籍

陳兵兵《敦煌〈毛詩〉寫卷與馬瑞辰〈毛詩傳箋通釋〉互證例釋》,《敦煌研究》2019 年第 1 期。

程亞恒《日本永青文庫藏敦煌本〈文選注〉正訛》,《古籍研究》2019 年第 1 期。

劉全波《〈史記〉〈漢書〉所載西域諸國"同俗"問題探析》,《敦煌學輯刊》2019 年第 2 期。

許建平《異文校勘與文字演變——敦煌經部文獻寫本校勘劄記》,《文史》2019 年第 4 期。

金瀅坤《唐五代敦煌蒙書編撰與孝道啓蒙教育——以〈孝經〉爲中心》,《首都師範大學學報》2019 年第 5 期。

謝明《論高山寺〈莊子〉鈔本的價值》,《敦煌學輯刊》2019 年第 4 期。

王雨非《敦煌寫卷 S.133 補考》,《文教資料》2019 年第 36 期。

黃正建《敦煌本〈勵忠節抄〉性質淺議——兼論其中"刑法部"的思想傾向》,《敦煌學輯刊》2019 年第 4 期。

屈直敏《〈西河舊事〉考略》,《敦煌學輯刊》2019 年第 3 期。

李沁鍇《穿越千年的占筮與言説——試論〈卜筮要訣〉的要義與文化内涵》,《敦煌研究》2019 年第 3 期。

張英梅《漢文帝七年〈朝儀〉詔書補考——以〈肩水金關漢簡〉(四)所見簡牘爲依據》,《敦煌研究》2019 年第 3 期。

(十一)科技

李昀《公元 7—11 世紀胡藥硇砂輸入中原考》,《敦煌吐魯番研究》18 卷,上海:上海古籍出版社,2019 年 4 月。

于業禮、張本瑞《俄藏敦煌醫學文獻新材料整理研究》,《敦煌研究》2019 年第 5 期。

王亞麗《敦煌寫本醫籍與〈本草和名〉相關文獻互證》,《古籍整理研究學刊》2019 年第 5 期。

沈澍農《敦煌醫藥文書〈平脈略例〉文獻學研究》,《中醫藥文化》2019 年第 6 期。

郝軍軍《黑水城出土 M1·1287[F68:W1]殘曆考》,《敦煌研究》2019 年第 3 期。

王强《敦煌二十八宿殘簡新研》,《敦煌研究》2019 年第 3 期。

趙貞《國家圖書館藏 BD16365〈具注曆日〉研究》,《敦煌研究》2019 年第 5 期。

(十二)書評與學術動態等

郝春文《〈中國國家圖書館藏敦煌遺書總目錄〉評介》,《敦煌學輯刊》2019 年第 4 期。

郝春文《經典是怎樣煉成的——重讀〈中國 5—10 世紀的寺院經濟〉》,《敦煌吐魯番研究》18 卷,上海:上海古籍出版社,2019 年 4 月。

黄正建《吐魯番學與古文書學——陳國燦先生〈論吐魯番學〉讀後》,《敦煌學輯刊》2019 年第 1 期。

黄威《〈敦煌漢文文獻題記整理與研究〉評介》,《敦煌研究》2019 年第 6 期。

韓樹偉《〈敦煌民族史探幽〉評介》,《西夏研究》2019 年第 3 期。

胡同慶《振聾發聵 令人深省——重讀耿昇先生譯〈吐蕃僧諍記〉〈中國 5—10 世紀的寺院經濟〉〈伯希和敦煌石窟筆記〉有感》,《2019 敦煌學國際聯絡委員會通訊》,上海:上海古籍出版社,2019 年 9 月。

齊瑾《〈三階教史研究〉評介》,《2019 敦煌學國際聯絡委員會通訊》,上海:上海古籍出版社,2019 年 9 月。

宋祖樓《評楚默新著〈敦煌書法史〉》,《中國書法》2019 年第 23 期。

彭曉静《詮釋信仰:回鶻與摩尼教關係的多維透視——楊富學著〈回鶻摩尼教研究〉評介》,《敦煌研究》2019 年第 3 期。

郝春文《一部優秀的通論性作品應該具備哪些要素——〈敦煌學通論(增訂本)〉序》,《敦煌研究》2019 年第 2 期。

榮新江《〈首都博物館藏敦煌文獻〉序》,《中華讀書報》2019 年 10 月 23 日。

鄒飛《印度鹿野苑遺址的發掘及研究綜述》,《敦煌研究》2019 年第 1 期。

華鋭吉《敦煌吐蕃文書軍事問題研究綜述》,《敦煌學輯刊》2019 年第 2 期。

趙大旺《敦煌社邑研究 80 年的回顧與展望》,《中國史研究動態》2019 年第 2 期。

黄維忠《70 年來國内敦煌西域藏文文獻研究及其特點》,《中央民族大學學報》2019 年第 5 期。

趙晶《二十年來敦煌吐魯番漢文法律文獻研究述要》,《國學學刊》2019 年第 2 期。

劉婷《中國散藏敦煌文獻敘録》,《2019 敦煌學國際聯絡委員會通訊》,上海:上海古籍出版社,2019 年 9 月。

劉艷燕《敦煌飲食文化研究綜述》,《2019 敦煌學國際聯絡委員會通訊》,上海:上海古籍出版社,2019 年 9 月。

徐媛媛《旅順博物館藏"燒經"概述》,《2019 敦煌學國際聯絡委員會通訊》,上海:上海古籍出版社,2019 年 9 月。

趙丑丑《唐泗州僧伽信仰研究綜述》,《2019 敦煌學國際聯絡委員會通訊》,上海:上海古籍出版社,2019 年 9 月。

曾曉紅《"敦煌古藏文文獻出版工程"述略》,《出版與印刷》2019 年第 3 期。

徐傑《開拓寫本研究引領學術潮流——"寫本學國際學術研討會暨中國敦煌吐魯番學會 2018 年理事會"會議綜述》,《西華師範大學學報》2019 年第

3 期。

陳雪《古譜發新聲　傳統出新音——"古樂·新聲：陳應時解譯敦煌古譜音樂會"述評》，《音樂生活》2019 年第 12 期。

丁得天《2019 敦煌研究發展研討會述要》，《敦煌研究》2019 年第 6 期。

郝春文《關於陳國燦先生的點滴回憶》，《敦煌學輯刊》2019 年第 1 期。

榮新江《情繫高昌著述多——紀念陳國燦先生》，《敦煌學輯刊》2019 年第 1 期。

王素《邂逅西夏結緣文書——深切懷念陳國燦先生》，《敦煌學輯刊》2019 年第 1 期。

鄭阿財、朱鳳玉《沒大沒小　亦師亦友——對陳國燦先生的感念》，《敦煌學輯刊》2019 年第 1 期。

葭森健介著，張紫毫譯《日本的中國制度史研究與出土文書——寄語陳國燦先生的業績》，《敦煌學輯刊》2019 年第 1 期。

鄭炳林《懷念陳國燦先生》，《敦煌學輯刊》2019 年第 1 期。

羅彤華《如沐春風——憶陳國燦先生與臺灣政大的淵源》，《敦煌學輯刊》2019 年第 1 期。

湯士華《探索求實　誨人不倦——紀念武漢大學陳國燦先生》，《敦煌學輯刊》2019 年第 1 期。

張榮強《追憶我的老師陳國燦先生》，《敦煌學輯刊》2019 年第 1 期。

陳愛峰《鐵肩擔道義　妙手著文章——緬懷陳國燦先生》，《敦煌學輯刊》2019 年第 1 期。

孫麗萍《懷念陳國燦先生》，《敦煌學輯刊》2019 年第 1 期。

李亞棟《從武昌到高昌——陳國燦先生晚年的九次吐魯番之行》，《敦煌學輯刊》2019 年第 1 期。

蔡偉瀚、李雨豐、黎蕓《陳國燦先生追思會瑣記》，《敦煌學輯刊》2019 年第 1 期。

李方《懷念陳國燦先生》，《敦煌學輯刊》2019 年第 1 期。

柴劍虹《摯愛一生情和緣——緬懷舞蹈史研究專家王克芬老師（附：王克芬先生著述要目）》，《敦煌研究》2019 年第 2 期。

邰惠莉《我所認識的譚蟬雪老師（附：譚蟬雪先生著述要目）》，《敦煌研究》2019 年第 2 期。

劉進寶《張鴻勛先生與敦煌俗文學研究——紀念張鴻勛教授逝世三周年》，《敦煌研究》2019 年第 6 期。

樊錦詩《追憶饒宗頤先生的敦煌緣》，《敦煌吐魯番研究》18 卷，上海：上海古籍出版社,2019 年 4 月。

柴劍虹《重温饒公五信》,《敦煌吐魯番研究》18 卷,上海:上海古籍出版社,
　2019 年 4 月。

王素《鑑千秋三致意　參萬歲一成純——深切緬懷饒公選堂先生》,《敦煌吐
　魯番研究》18 卷,上海:上海古籍出版社,2019 年 4 月。

谷輝之《選堂先生與敦煌的兩件往事》,《敦煌吐魯番研究》18 卷,上海:上海
　古籍出版社,2019 年 4 月。

榮新江《考古撼大地　文獻理遺編——紀念宿白先生》,《敦煌吐魯番研究》18
　卷,上海:上海古籍出版社,2019 年 4 月。

邵軍《篳路藍縷　學林馨香——淺談金維諾先生的學術貢獻和教育思想》,
　《敦煌吐魯番研究》18 卷,上海:上海古籍出版社,2019 年 4 月。

戴曉雲《金維諾先生學術思想及學術研究的影響》,《2019 敦煌學國際聯絡委
　員會通訊》,上海:上海古籍出版社,2019 年 9 月。

鄭會欣、王鵬《饒宗頤先生敦煌吐魯番學論著目録》,《敦煌吐魯番研究》18
　卷,上海:上海古籍出版社,2019 年 4 月。

劉安志《陳國燦教授簡歷(附論著目録)》,《敦煌吐魯番研究》18 卷,上海:上
　海古籍出版社,2019 年 4 月。

劉安志《陳國燦先生簡歷與論著目録》,《敦煌學輯刊》2019 年第 1 期。

劉波《唐耕耦先生著述要目》,《敦煌吐魯番研究》18 卷,上海:上海古籍出版
　社,2019 年 4 月。

《敦煌吐魯番研究》編輯部《金維諾先生敦煌學論著目録》,《敦煌吐魯番研
　究》18 卷,上海:上海古籍出版社,2019 年 4 月。

張鵬《王卡先生敦煌學論著目録》,《敦煌吐魯番研究》18 卷,上海:上海古籍
　出版社,2019 年 4 月。

2019 年吐魯番學研究論著目録

陳友誼　羊麗冬（蘭州大學）

2019 年,中國大陸地區吐魯番學研究成果豐碩。據筆者統計整理,共出版專著與文集(含再版、譯注)60 餘部,公開發表相關論文 370 餘篇。現編制目録如下,概分爲專著與文集、論文兩大部分。論文部分又細分爲概説、歷史地理、社會與文化、宗教、語言文字、文學、藝術、考古與文物保護、少數民族歷史語言、古籍、科技、書評與學術動態等十二類專題。

一、專著與文集

束錫紅、府憲展、聶君《異域尋珍:流失海外民族古文獻文物搜尋、刊佈與研究》,北京:社會科學文獻出版社,2019 年 1 月。

程遂營《絲綢之路上的古城》,開封:河南大學出版社,2019 年 1 月。

吳宗國《中古社會變遷與隋唐史研究》,北京:中華書局,2019 年 1 月。

蓋志芳《神秘消失的古國》,南昌:江西人民出版社。2019 年 1 月。

羅威爾《幸會!鳩摩羅什》,北京:中信出版社,2019 年 1 月。

薛林榮《班超》,北京:中華書局,2019 年 1 月。

滿盈盈《龜茲石窟藝術元素研究》,天津:天津人民出版社,2019 年 1 月。

夏鼐《絲綢之路考古學研究》,杭州:浙江大學出版社,2019 年 1 月。

新疆龜茲研究院編著《中國石窟藝術——克孜爾》,南京:鳳凰美術出版社,2019 年 1 月。

王思明、李昕昇、[美]雷·道格拉斯·赫特《絲綢之路中外科技文化交流探索》,北京:中國農業科學技術出版社,2019 年 1 月。

[唐]褚遂良書,劉運峰編《顧隨臨同州聖教序碑》,天津:南開大學出版社,2019 年 1 月。

王紅梅、楊富學、黎春林《元代畏兀兒宗教文化研究》,北京:科學出版社,2019 年 2 月。

毛麗婭、高志剛主編《大唐西域記珍本彙刊》(第 1—3 輯),成都:巴蜀書社,2019 年 2 月。

王振芬、榮新江主編,旅順博物館、北京大學中國古代史研究中心編著《絲綢之路與新疆出土文獻:旅順博物館百年紀念國際學術研討會論文集》,北京:中華書局,2019 年 2 月。

國家圖書館主編,常藎心編著《絲綢之路研究論著敘録》,北京:學苑出版社,
　2019 年 2 月。

路志英《樓蘭漢文簡紙文書文字研究》,石家莊:河北人民出版社,2019 年
　2 月。

趙晨霞《吐魯番出土文書文字研究》,石家莊:河北人民出版社,2019 年 2 月。

[唐] 玄奘著,[唐] 辯機編,周松譯注《大唐西域記》(上、下),鄭州:中州古
　籍出版社,2019 年 3 月。

謝志斌《中土早期觀音造像研究》,北京:中華書局,2019 年 3 月。

郝春文主編《敦煌吐魯番研究》(第 18 卷),上海:上海古籍出版社,2019 年
　4 月。

萬新君《中亞造型藝術》,上海:上海大學出版社,2019 年 3 月。

[英] 奧雷爾·斯坦因《西域考古圖記》(1—5 卷)(修訂版),桂林:廣西師範
　大學出版社,2019 年 3 月。

鄭君雷《邊疆考古與民族史續集》,北京:科學出版社,2019 年 3 月。

[英] 魏泓《絲綢之路故事集》,成都:四川人民出版社,2019 年 4 月。

杜宏春《陶模行述長編》,合肥:黃山書社,2019 年 5 月。

[俄] 瑪律沙克著,李梅田譯《粟特銀器》,上海:上海古籍出版社,2019 年 5 月。

烏雲畢力格《西域歷史語言研究集刊》,北京:社會科學文獻出版社,2019 年 5 月。

張曉彤《庫木吐喇石窟已揭取壁畫保護修復研究報告》,北京:文物出版社,
　2019 年 5 月。

榮新江、党寶海主編《馬可·波羅與 10—14 世紀的絲綢之路》,北京:北京大
　學出版社,2019 年 6 月。

王邦維《絲路朝聖——玄奘與〈大唐西域記故事〉》,北京:中華書局,2019 年
　6 月。

劉惠萍《圖像與神話》,西安:陝西師範大學出版總社,2019 年 6 月。

吐魯番出土文物局編著《吐魯番晉唐墓地:交河溝西、木納爾、巴達木發掘報
　告》,北京:文物出版社,2019 年 7 月。

姚崇新《中山大學人類學文庫:觀音與神僧——中古宗教藝術與西域史論》,
　北京:商務印書館,2019 年 7 月。

周天《西域簡史》,北京:金城出版社,2019 年 7 月。

彭志强《二十四伎樂》,北京:人民日報出版社,2019 年 7 月。

朱建軍《海外藏克孜爾石窟壁畫及洞窟復原影像集》,蘭州:甘肅教育出版社,
　2019 年 7 月。

朱玉麒《西域文史》(第十三輯),北京:科學出版社,2019 年 7 月。

付馬《絲綢之路上的西州回鶻王朝》,北京:社會科學出版社,2019 年 7 月。

劉再聰主編《"歷史與展望:中西交通與華夏文明"國際學術研討會論文集》,
　　北京:中國社會科學出版社,2019 年 7 月。

劉安志《吐魯番出土文書新探》,武漢:武漢大學出版社,2019 年 7 月。

[唐]玄奘著,[唐]辯機編,芮傳明譯注《大唐西域記譯注》,北京:中華書局,
　　2019 年 7 月。

[日]森安孝夫著,石曉军譯《絲綢之路與唐帝國》,北京:北京日報出版社,
　　2019 年 8 月。

王啓濤《吐魯番文獻合集》,成都:巴蜀書社,2019 年 8 月。

王茹芹《中國商路文化》,北京:高等教育出版社,2019 年 8 月。

上海嘉定博物館、厦門大學考試研究中心編著《黃文弼畫傳》,上海:中西書
　　局,2019 年 9 月。

郝俊紅《中國文化遺産研究院藏西域文獻遺珍》,北京:中華書局,2019 年
　　9 月。

烏雲畢力格《國學視野下的西域研究》,北京:中國社會科學出版社,2019 年
　　9 月。

才讓、周松主編《民族史文叢》,北京:社會科學文獻出版社,2019 年 9 月。

李學仁《李學仁畫集》,成都:四川美術出版社,2019 年 10 月。

朱玉麟《瀚海零縑》,北京:中華書局,2019 年 10 月。

侯燦《西域歷史與考古研究》,上海:中西書局,2019 年 10 月。

趙晶《法律文化研究》,北京:社會科學文獻出版社,2019 年 10 月。

吐魯番市文物局、新疆文物考古研究所、吐魯番學研究院、吐魯番博物館編著
　　《新疆洋海墓地》,北京:文物出版社,2019 年 11 月。

李方《新疆歷史古籍提要》,北京:中國書籍出版社,2019 年 11 月。

趙晶主編《敦煌吐魯番漢文法律文獻專題》(第十三輯),北京:社會科學文獻
　　出版社,2019 年 11 月。

楊富學《絲路五道全史》,太原:山西教育出版社,2019 年 12 月。

盧向前《敦煌吐魯番與唐史研究》,杭州:浙江大學出版社,2019 年 12 月。

趙紅《吐魯番俗字典》,上海:上海古籍出版社,2019 年 12 月。

二、論　文

(一) 概説

趙徽弘《中華文明共同體視野裏西域觀之變遷研究》,新疆大學 2019 年博士
　　學位論文。

張亞君《人文涵化:河西走廊絲綢之路文化片論》,《蘭州文理學院學報》2019
  年第 35 卷第 4 期,第 1—5 頁。

趙現海《中國古代的"核心邊疆"與"邊疆形態"》,《石河子大學學報》2019 年
  第 2 期,第 50—77 頁。

劉進寶《絲路交流的功能和特徵:雙向交流與轉輸貿易》,《中國史研究》2019
  年第 1 期,第 171—175 頁。

李小成《從漢代史書的"西域傳"看古絲綢之路諸國之物産》,《唐都學刊》
  2019 年第 4 期,第 71—77 頁。

(二) 歷史地理

杜文玉《唐朝如何經略西域》,《人民論壇》2019 年第 3 期,第 142—144 頁。

李并成《蕃佔時期對塔里木盆地東南部一帶的經營——以米蘭出土簡牘爲中
  心》,《石河子大學學報》2019 年第 33 卷第 1 期,第 85—90 頁。

咸成海《東察合台汗國對西域社會的歷史影響論析——兼論察合台汗國的歷
  史變遷》,《西部蒙古論壇》2019 年第 3 期,第 26—32+113 頁。

張瑛《漢代西域都護設置的時間及其職責相關問題考辨》,《西北民族大學學
  報》2019 年第 3 期,第 120—128 頁。

劉夢瑋《西漢時期和親政策及其對當代民族關係的影響研究》,内蒙古師範大
  學 2019 年碩士學位論文。

李學東《唐蕃在河隴、西域的博弈(7—8 世紀中葉)》,西北大學 2019 年碩士
  學位論文。

楊寶玉《達外國之梯航——曹氏歸義軍與五代時于闐首次入貢中原之關係再
  議》,《敦煌研究》2019 年第 1 期,第 1—6 頁。

陸離《論唐蕃長慶會盟後吐蕃與回鶻、南詔的關係》,《中國邊疆史地研究》
  2019 年第 3 期,第 41—51 頁。

劉森《中古西北胡姓與邊疆經略研究——以墓誌文獻爲主要素材》,陝西師範
  大學 2019 年博士學位論文。

屈蓉蓉《唐代里正職能新探——以吐魯番出土文書爲中心》,《唐史論叢》2019
  年第 2 期,第 26—40 頁。

徐超《唐代安西都護研究》,上海師範大學 2019 年碩士學位論文。

李兆宇《吐魯番所出〈唐開元二十一年(733)唐益謙、薛光沘、康大之請過所案
  卷〉殘文書考釋》,《吐魯番學研究》2019 年第 2 期,第 74—79＋153—
  154 頁。

達錂《關於吐魯番所出〈武周天山府下張父團帖爲出軍合請飯米人事〉及其相
  關文書的綴合問題》,《吐魯番學研究》2019 年第 2 期,第 80—86+154 頁。

黃樓《唐代西州鸜鵒鎮文書研究》,《西域研究》2019 年第 1 期,第 51—67＋155 頁。

党寶海《察合台史事四題——卒年,駐地,漢民與投下》,《西域研究》2019 年第 3 期,第 58—70+157 頁。

裘蒂《16—17 世紀哈密吐魯番地區的社會經濟研究》,新疆大學 2019 年碩士學位論文。

谷更有《唐代村民經濟身份的變遷——以敦煌吐魯番出土文獻爲中心》,《中國經濟史研究》2019 年第 3 期,第 32—41 頁。

丁海斌、李秋鴿《隋唐五代時期的商業文書》,《檔案》2019 年第 5 期,第 4—15 頁。

丁君濤《佉盧文文書所見鄯善國財政狀況》,《青海師範大學學報》2019 年第 1 期,第 65—72 頁。

丁君濤《從佉盧文文書看鄯善國雇傭關係》,《洛陽考古》2019 年第 4 期,第 50—54 頁。

孟憲實《關於敦煌吐魯番出土的"王言"》,《敦煌吐魯番研究》2019 年第 18 卷,第 135—152 頁。

黃樓《吐魯番新出北涼〈計貲出獻絲帳〉〈計口出絲帳〉再研究》,《吐魯番學研究》2019 年第 2 期,第 44—59+153 頁。

穆渭生《隋唐長安與"陸上絲路"貿易》,《乾陵文化研究》2019 年第 1 期,第 105—127 頁。

鄭蕙燕《西漢庫魯克塔格區域經略》,上海師範大學 2019 年碩士學位論文。

李宗俊《瓦罕走廊的戰略地位及唐前期與大食等在西域南道的角逐》,《中國邊疆史地研究》2019 年第 1 期,第 140—153+216 頁。

張瑛《從敦煌漢簡看漢匈西域之爭》,《蘭州文理學院學報》2019 年第 5 期,第 1—7 頁。

蒲宣伊、孟憲實《從名岸戰役看唐西州府兵》,《西域研究》2019 年第 2 期,第 28—38+152 頁。

周思成《命令文書、沙里亞法與習慣:阿耳迭必勒波斯文文書中所見伊利汗國法律淵源初探》,《西域研究》2019 年第 3 期,第 71—85+157 頁。

董學浩《從唐與突厥的幾場戰事探索漠北通往西域的交通路綫》,《西夏研究》2019 年第 4 期,第 97—102 頁。

唐尚書《漢唐間羅布泊地區的環境演變研究》,蘭州大學 2019 年碩士學位論文。

肖驍《基於考古資料的烏孫赤谷城地理位置再探討》,鄭州大學 2019 年碩士學位論文。

葉俊士《再論尼雅緑洲的廢棄》,《地域文化研究》2019 年第 5 期,第 77—83+
　　154—155 頁。

古麗努爾·漢木都《19 世紀末 20 世紀初的高昌故城》,《吐魯番學研究》2019
　　年第 1 期,第 134—139+160+154 頁。

阿卜力米提·阿卜杜熱合曼《"和田"地名的來源與變化》,《中國地名》2019
　　年第 7 期,第 21—23 頁。

顔世明《歷史上塔里木盆地中的"南河"和"北河"——基於東晉道安〈西域
　　志〉佚文的歷史考察》,《青海民族大學學報》2019 年第 3 期,第 109—
　　117 頁。

角巴才讓《敦煌藏文中的西域地名考——以 P.t.1283—2〈北方若千國君之王
　　統敘記〉爲中心》,西北民族大學 2019 年碩士學位論文。

王興鋒《論東漢南匈奴單于庭駐地的四次遷徙》,《中國歷史地理論叢》2019
　　年第 34 卷第 1 期,第 45—53 頁。

鞏元《蘇定方龜兹大決戰》,《民間傳奇故事》2019 第 9 期,第 50—53 頁。

阿迪力·阿布力孜《手實:唐朝吐魯番人的户口名簿》,《中國民族報》2019 年
　　7 月 26 日 009 版。

克力勃、袁煒《丘就卻及其貴霜翎侯頭銜》,《吐魯番學研究》2019 年第 1 期,
　　第 128—139 頁。

楊巨平《傳聞還是史實——漢史記載中有關西域希臘化國家與城市的信息》,
　　《西域研究》2019 年第 3 期,第 23—35+156 頁。

李瀟《帕提亞"衆王之王"錢幣的起源、發展及影響》,《西域研究》2019 年第 3
　　期,第 36—47+156 頁。

李萌《中亞絲路上的古鄯善國法律體系研究——以佉盧文書爲主的考察》,
　　《西南民族大學學報》2019 年第 40 卷第 2 期,第 80—86 頁。

歐陽軍《西域三絶》,《中國地名》2019 年第 11 期,第 65 頁。

韓春鮮、肖愛玲《絲綢之路天山南部東段交通綫路的歷史變遷》,《長安大學學
　　報》2019 年第 21 卷第 3 期,第 69—76 頁。

王硯《伊犁九城歷史地理研究》,天津師範大學 2019 年碩士學位論文。

張華瑞《淺談漢代西域都護府的遺址》,《文物鑒定與鑒賞》2019 年第 14 期,
　　第 139—144 頁。

張國剛《西域:世界文明的交匯點》,《北京日報》2019 年 5 月 13 日第 16 版。

袁煒《丘就卻王號研究》,《西域研究》2019 年第 2 期,第 6—12+152 頁。

許序雅《中亞"弭秣賀""鉢息德城"補考》,《西域研究》2019 年第 4 期,第

11—17 頁。

劉志平《從〈焦氏易林〉看漢代人的"西域"認知》,《西域研究》2019 年第 4 期,第 41—53+143—144 頁。

劉全波《〈史記〉〈漢書〉所載西域諸國"同俗"問題探析》,《敦煌學輯刊》2019 年第 2 期,第 55—73 頁。

李樹輝《絲綢之路"新北道"中段路綫及唐輪臺城考論》,《中國邊疆史地研究》2019 年第 3 期,第 52—64+214—215 頁。

趙貞《吐魯番文書所見唐代西州的貨幣流通》,《宗教信仰與民族文化》2019 年第 1 期,第 27—46 頁。

史睿《新發現的敦煌吐魯番唐律、唐格殘片研究》,《法律文化研究》2019 年第 2 期,第 106—113 頁。

張弛、朱竑《"阿奢理貳伽藍"地理方位與玄奘西行"跋禄迦"的交通路綫》,《歷史地理研究》2019 年第 39 卷第 2 期,第 145—148+163 頁。

徐春燕《民族播遷視閾下新疆與中原關係的歷史演變》,《中州學刊》2019 年第 11 期,第 138—142 頁。

陳曉露《中亞早期城址形制演變初論——從青銅時代到阿契美尼德王朝時期》,《西域研究》2019 年第 3 期,第 113—131 頁。

李錦繡《從敦煌吐魯番文書看唐代絲綢之路上的劍南絲綢》,《敦煌學輯刊》2019 年第 3 期,第 20—39 頁。

雷聞《吐魯番新出土唐開元〈禮部式〉殘卷考釋》,《法律文化研究》2019 年第 2 期,第 151—160 頁。

劉嘯虎《唐代前期府兵與兵器關係初探——以敦煌吐魯番軍事文書爲中心》,《魏晉南北朝隋唐史資料》2019 年第 3 期,第 67—77 頁。

（三）社會與文化

阿迪力·阿布力孜《彩繪泥塑鎮墓獸：中原喪葬習俗在新疆地區的反映》,《中國民族報》2019 年 8 月 30 日 005 版。

戴春陽《敦煌佛爺廟灣唐代模印塑像磚墓四——從模印胡商牽駝磚看絲路交通中的有關問題》,《敦煌研究》2019 年第 5 期,第 19—33 頁。

張静《班超、班勇與東漢"三通"西域》,《新疆地方誌》2019 年第 3 期,第 49—55 頁。

趙瑞《元代西域文人高克恭交遊考論》,《民族文學研究》2019 年第 5 期,第 154—162 頁。

趙海燕《唐鮮卑裨將賀婁余潤之西域行跡——以西安新見〈賀婁余潤墓誌〉爲中心》,《石河子大學學報》2019 年第 6 期,第 98—102 頁。

陶喻之《實地踏勘〈劉平國刻石〉的探險隊與漢學家》,《文匯報》2019 年 12 月 27 日第 W11 版。

季文慧《丁謙與〈蓬萊軒地理學叢書〉研究》,河北師範大學 2019 年碩士學位論文。

楊富學、路虹《甘州回鶻天公主再考》,《石河子大學學報》2019 年第 1 期,第 91—101 頁。

陳筱嬌《中國古代設計中的"胡化"與漢胡融合現象研究》,南京藝術學院 2019 年博士學位論文。

孔令玲《絲綢之路上樂器的傳入》,《北方音樂》2019 年第 21 期,第 9+15 頁。

王興伊《從兩件樓蘭醫學文書解讀中印醫學的傳播》,《圖書館雜誌》2019 年第 6 期,第 92—98 頁。

王樂、趙豐《吐魯番出土文書和面衣所見波斯錦》,《藝術設計研究》2019 年第 2 期,第 19—25 頁。

董永强《敦煌吐魯番寫本所見唐人的藏鈎》,《唐史論叢》2019 年第 29 輯,第 169—185 頁。

黑王輝《銀皮囊壺西域風》,《團結報》2019 年 11 月 21 日第 8 版。

劉志軍《基於語言學視角的伊犁傳統民居風格形成研究》,《建築與文化》2019 年第 7 期,第 232—233 頁。

李進《新疆出土歷代印璽研究》,蘭州大學 2019 年碩士學位論文。

李永康《鄯善樓蘭佛教雕塑初論》,《雕塑》2019 年第 4 期,第 84—85 頁。

李瑞哲《龜茲石窟中的回鶻風格石窟問題》,《敦煌研究》2019 年第 5 期,第 43—51 頁。

單超成《回鶻人印章文化研究》,《地域文化研究》2019 年第 3 期,第 112—119+155—156 頁。

阿迪力·阿布力孜《唐代西域的官印》,《中國民族報》2019 年 9 月 6 日 005 版。

張天嬌《從中亞伊卡特看新疆艾德萊斯的起源》,《藝術設計研究》2019 年第 2 期,第 51—56 頁。

林立《高昌早期石窟的分期和年代》,《文博》2019 年第 3 期,第 86—95 頁。

趙莉《龜茲石窟的歷史價值及其存在的現實意義》,《新疆藝術(漢文)》2019 年第 3 期,第 122—130 頁。

趙莉《世界文化遺産:克孜爾石窟》,《新疆藝術(漢文)》2019 年第 4 期,第 128—135 頁。

劉喆《器物的歷史時空——讀〈粟特銀器〉有感》,《中國文物報》2019 年 8 月 2

日 006 版。

阿迪力·阿布力孜《紋飾豐富的龜茲古燈》,《中國民族報》2019 年 6 月 21 日
009 版。

朱艷桐《北魏—唐沮渠氏蹤跡鈎沉——以墓誌碑刻、西域文書爲中心》,《中國
邊疆史地研究》2019 年第 4 期,第 57—66+214 頁。

蘇海洋《論早期秦文化和西戎文化中域外因素傳入的途徑》,《西安財經學院
學報》2019 年第 32 卷第 5 期,第 108—112 頁。

帕麗旦·沙丁《鄯善縣洋海墓地出土木桶類型及其紋飾特徵》,《新疆藝術(漢
文)》2019 年第 4 期,第 11—18 頁。

項一峰《絲綢之路石窟寺文化蠡議》,《石河子大學學報》2019 年第 4 期,第
93—101 頁。

王子今《"北胡""西域"鹽色與絲路交通地理》,《歷史地理研究》2019 年第 39
卷第 1 期,第 125—137+163—164 頁。

阿斯卡·卡維力《吐魯番地區阿斯塔那墓地泥塑俑色彩與造型特點》,《雕塑》
2019 年第 4 期,第 93—94 頁。

阿迪力·阿布力孜《〈長安十二時辰〉中的新疆文物元素》,《中國民族報》
2019 年 7 月 26 日 012 版。

于文哲《崔顥新考——以新出墓誌爲中心》,《新疆大學學報》2019 年第 4 期,
第 82—88 頁。

〔英〕彼得·斯圖爾特、王坤霞、張禾《從營盤到犍陀羅——絲路希臘化藝術
遺産中的"羅馬"因素》,《西域研究》2019 年第 3 期,第 48—59+156—
157 頁。

李鵬、李鑫《關於絲綢服裝設計的本土性和根源性分析——談西域絲綢之路
對真絲服裝"西域之風"設計靈感啓示》,《江蘇絲綢》2019 年第 3 期,第
22—28 頁。

黄二寧《蒙元前期丘處機的西域遊歷與行旅詩創作》,《中北大學學報》2019
年第 35 卷第 4 期,第 24—29 頁。

周寧《淺談唐墓中的十二生肖俑——以新疆博物館和陝西歷史博物館館藏生
肖俑爲例》,《文物鑒定與鑒賞》2019 年第 11 期,第 27—29 頁。

黄祥深《馬仲英第二次進入新疆相關問題研究》,《新疆大學學報》2019 年第 3
期,第 71—76 頁。

阿迪力·阿布力孜《吐魯番古墓出土的"春牛"》,《中國民族報》2019 年 2 月
15 日 009 版。

張金傑、許雋超《儒家文化在西域的傳播主體之探析》,《地方文化研究》2019

年第 3 期,第 1—9 頁。

王嘉《李承乾嗣位可能成爲中原第二位"天可汗"辨》,《新疆大學學報》2019
年第 4 期,第 74—81 頁。

劉彤《西風東漸之佛路梵韻——論早期佛教美術的區域性傳播(上)》,《文物
天地》2019 年第 10 期,第 104—111 頁。

劉彤《西風東漸之佛路梵韻——論早期佛教美術的區域性傳播(下)》,《文物
天地》2019 第 12 期,第 86—93 頁。

高山《拓展絲綢之路的低調功臣》,《世界文化》2019 年第 7 期,第 38—39 頁。

陳佳樂、宋欣陽《從義浄著作看"中原—西域"醫藥交流》,《古籍整理研究學
刊》2019 年第 3 期,第 68—70 頁。

孫振民《漢唐之際絲綢之路上西域醫學的發展》,《中醫藥文化》2019 年第 3
期,第 68—72 頁。

馬雲翔《新疆龜茲圖式在陶瓷雕塑創作中的運用——以本生故事畫爲例》,新
疆藝術學院 2019 年碩士學位論文。

崔建華《西漢與匈奴交往中的倫理碰撞及融合——以忠孝觀念爲中心》,《西
域研究》2019 年第 2 期,第 13—22 頁。

周偉洲《一個入華西域胡人家族的漢化軌跡——唐〈戎進墓誌〉〈戎諒墓誌〉
續解》,《西域研究》2019 年第 2 期,第 23—27+152 頁。

高源《楊增新推動新疆農業發展的社會背景和舉措——以〈補過齋文牘〉爲中
心》,《西域研究》2019 年第 1 期,第 43—50 頁。

唐均《西域獅名入華勘同與早期絲綢之路的伊朗因素》,《絲綢之路研究集刊》
2019 年第 1 期,第 132—139+419 頁。

韓香《波斯錦與鎖子甲——西亞文明在陸上絲綢之路的傳播》,《西北民族論
叢》2019 年第 1 期,第 20—30+325 頁。

齊小艷《文獻與錢幣:古代花刺子模歷史的演變與特徵》,《吐魯番學研究》
2019 年第 2 期,第 121—126+155 頁。

姚敏《吐魯番阿斯塔那出土的雜技(耍)俑塑藝術》,《吐魯番學研究》2019 年
第 2 期,第 127—131+155 頁。

李臣《我收藏的絲綢之路貨幣》,《收藏》2019 年第 10 期,第 68—75 頁。

張健波《漢唐文脈中的于闐造型藝術詮索——以近年考古新材料壁畫、雕塑
爲中心》,《新疆藝術學院學報》2019 年第 17 卷第 1 期,第 21—27 頁。

吳曉峰《樓蘭鄯善國女性形象研究——以水彩爲媒介的繪畫創作嘗試》,湖北
美術學院 2019 碩士學位論文。

鄒淑琴《唐詩中"胡姬"的妝容風格》,《新疆藝術第(漢文)》2019 年第 2 期,第

31—35 頁。

王曉珍《新疆庫車建築彩畫中的文化融合與文化自信》,《中國包裝》2019 年
    第 39 卷第 9 期,第 23—30 頁。

苗利輝《絲路脈動:從龜茲到敦煌》,《中國民族報》2019 年 6 月 21 日 007 版。

李忠洋《唐代中原與西域文化交流的意義——以吐魯番出土文書爲中心》,
    《江蘇第二師範學院學報》2019 年第 35 卷第 1 期,第 77—81+123 頁。

富艾莉(Erika Forte)著,朱麗雙譯《"彼岸"之旅:佛教朝聖和于闐綠洲的旅行
    物》,《敦煌吐魯番研究》2019 年第 18 卷,第 331—356 頁。

(四) 宗教

霍旭初《中國佛教判教運動對龜茲佛教的影響》,《西域研究》2019 年第 2 期,
    第 122—132+154 頁。

王啓濤《漢傳佛教在絲綢之路上的傳播》,《西南民族大學學報》2019 年第 5
    期,第 85—70 頁。

[日] 松井太《高昌 α 寺遺址所出摩尼教、佛教寺院回鶻文賑曆研究》,《中山
    大學學報》2019 年第 2 期,第 100—107 頁。

區佩儀《高昌回鶻的彌勒信仰研究》,中央民族大學 2019 年博士學位論文。

劉江《高昌回鶻彌勒圖像研究——以北庭西大寺〈彌勒上生經變〉爲中心》,新
    疆藝術學院 2019 年碩士學位論文。

努力牙・克熱木《龜茲壁畫中有關佛教故事的研究》,西北民族大學 2019 年
    碩士學位論文。

董西彩《新疆的佛教文化》,《中國民族報》2019 年 8 月 13 日第 8 版。

朱麗雙《9 世紀于闐的法滅故事》,《中山大學學報》2019 年第 5 期,第 152—
    161 頁。

姚律《公元 4 世紀後期—7 世紀前期龜茲佛教概況》,《中國佛學》2019 年第 1
    期,第 38—63 頁。

李亞棟、仵婷《吐魯番柏孜克里克石窟 1980 年出土佛經殘片整理訂補》,《吐
    魯番學研究》2019 年第 1 期,第 64—71+155 頁。

張乃翥《龜茲佛教文化與龍門石窟魏唐時代的造像遺跡》,《石河子大學學報》
    2019 年第 4 期,第 80—92 頁。

[英] 艾麗卡 C.D.亨特著,祁曉慶譯《中亞的敘利亞基督教》,《吐魯番學研究》
    2019 年第 1 期,第 110—116 頁。

郭儲《魏晉南北朝時期域外來華僧人群體研究》,西北大學 2019 年碩士學位
    論文。

彭無情《新疆的多元宗教文化》,《中國民族報》2019 年 8 月 13 日 007 版。

張小剛《在敦煌居留的于闐人的法華信仰》,《敦煌研究》2019 年第 2 期,第 27—31 頁。

嚴耀中《關於吐魯番文書中一些寺名之再探索》,《敦煌學輯刊》2019 年第 1 期,第 100—108 頁。

鄒飛《論犍陀羅文化對中國西域的影響》,蘭州大學 2019 年博士學位論文。

王啓濤《道教在絲綢之路上的傳播》,《西北民族大學學報》2019 年第 4 期,第 36—49 頁。

田海峰、張安福《塔里木道教文化遺存及其成因》,《中國道教》2019 年第 3 期,第 27—33 頁。

衡宗亮、楊磊《新疆歷史上的道教與烏魯木齊紅廟子道觀》,《中國民族報》2019 年 8 月 13 日 008 版。

姚律《公元 7 世紀中期—8 世紀中期龜茲佛教》,《中國佛學》2019 年第 2 期,第 19—48 頁。

曲强《鎖喃嚷結的真相——〈六研齋筆記〉所載"梵僧"行記辨僞》,《中山大學學報》2019 年第 59 卷第 5 期,第 162—176 頁。

姚勝《佛陀耶舍,還是卑摩羅叉? ——鳩摩羅什〈十誦律〉受學師從考述》,《佛學研究》2019 年第 1 期,第 113—128 頁。

渠蘇婉、李文革《西域佛經翻譯研究》,《西部學刊》2019 年第 14 卷,第 18—20 頁。

王立、羅黎《中國古代螞蟻敘事及其西域、佛經來源》,《煙臺大學學報》2019 年第 32 卷第 6 期,第 52—60 頁。

陳桑《探析〈大唐西域記〉中"七因明"的文化因素》,《漢字文化》2019 年第 19 期,第 82—83+87 頁。

林悟殊《西域蘇魯支漢文信息補説》,《西域研究》2019 年第 3 期,第 91—103+158 頁。

李瑞哲《龜茲石窟壁畫中的"唯禮釋迦"思想》,《南京藝術學院學報(美術與設計)》2019 年第 1 期,第 106—116 頁。

郭益海《唐代管理西域宗教事務述略——以西域佛、道兩教爲例》,《西北民族論叢》2019 年第 1 期,第 31—47+325—326 頁。

駱慧瑛《新疆出土〈楞伽經〉——考究其出處、因緣與内容特色》,《絲綢之路研究集刊》2019 年第 1 期,第 187—205+420 頁。

武海龍、張海龍《5—8 世紀的北庭佛教》,《吐魯番學研究》2019 年第 2 期,第 110—114+154 頁。

吐送江·依明《回鶻佛教文獻源流與術語考述》,《西夏研究》2019 年第 4 期,第 51—65 頁。

劉屹《憍賞彌國法滅故事在于闐和吐蕃的傳播（文獻篇）》,《敦煌吐魯番研究》2019 年第 18 卷,第 425—452 頁。

林悟殊《兩宋〈五來子〉曲與西域摩尼教淵源探——紀念選堂先生名作〈穆護歌考〉發表四十周年》,《敦煌吐魯番研究》2019 年第 18 卷,第 99—116 頁。

朱麗雙譯注《僧伽伐彈那授記》,《敦煌吐魯番研究》2019 年第 18 卷,第 453—482 頁。

（五）語言文字

陳丹《〈大唐西域記〉"以"字處置式研究》,《遼東學院學報》2019 年第 21 卷第 6 期,第 85—90 頁。

丁愛玲、葛佳才《吐魯番出土唐代公文中的"仰"》,《齊魯師範學院學報》2019 年第 34 卷第 4 期,第 129—135 頁。

于淑健《敦煌吐魯番紙本文獻疑難字摭釋》,《中國語文》2019 年第 3 期,第 364—368 頁。

吳成君《高昌國時期高昌墓磚書跡研究》,中國藝術研究院 2019 年碩士學位論文。

王啓濤《從漢語史角度對吐魯番出土契券進行定名和斷代新探》,《新疆大學學報》2019 年第 2 期,第 83—92 頁。

丁慶剛《中古律部漢譯佛經異文考辨》,《新疆大學學報》2019 年第 6 期,第 140—144 頁。

（六）文學

伍守卿《耶律楚材的西域紀行詩歌淺論》,《河南廣播電視大學學報》2019 年第 3 期,第 43—47+53 頁。

魏倪《"四十"——西域少數民族民間故事中的模式數字》,《世界文學評論（高教版）》2019 年第 2 期,第 154—158 頁。

牛晨光、張雲雲《西域音樂對唐詩創作產生的影響》,《名作欣賞》2019 年第 20 期,第 81—82+85 頁。

張艷《家國性情兩從容——論畏兀兒人貫雲石的雅俗文學創作》,《新疆大學學報》2019 年第 6 期,第 101—107 頁。

李改婷、張玉萍《李白詩歌中的西域文化》,《蘭州教育學院學報》2019 年第 35 卷第 7 期,第 40—43 頁。

黃倩《論盛唐邊塞詩中的西域樂器意象——以琵琶、羌笛爲例》,《蘭州教育學院學報》2019 年第 35 卷第 6 期,第 9—10+13 頁。

王紅梅《宋元之際回鶻崇佛文學述論》,《河西學院學報》2019 年第 35 卷第 1

期,第 12—28 頁。

顔亮《哲學視域下于闐起源神話闡釋——基於漢、藏、西域文獻的敘事》,《集
　寧師範學院學報》2019 年第 41 卷第 2 期,第 1—9 頁。

王偉層《絲路人文遺存與唐代文學的西域書寫》,《智慧中國》2019 年第 8 期,
　第 63—65 頁。

高萍、張倩《論兩漢賦中的西域書寫及其文化意義》,《石河子大學學報》2019
　年第 5 期,第 77—85 頁。

(七) 藝術

劉嵬《駝鈴古道絲綢路,胡馬猶聞唐漢風——古絲綢之路中外音樂文化交流
　研究》,《樂府新聲(瀋陽音樂學院學報)》2019 第 2 期,第 40—45 頁。

向常嬌《西域音樂東漸探梳》,《新疆地方誌》2019 第 2 期,第 42—46 頁。

孫振民《絲綢之路與龜茲樂的形成和傳播》,《音樂探索》2019 年第 4 期,第
　36—40 頁。

趙倩《聽見不一樣的"龜茲"——〈意象絲路·龜茲盛歌〉的美學解讀》,《中國
　音樂》2019 年第 4 期,第 182—187 頁。

閆錚《"絲綢之路"音樂文化交流》,《黃河之聲》2019 年第 10 期,第 16—
　17 頁。

閆艷《"篳篥"源流考辨》,《首都師範大學學報》2019 年第 6 期,第 155—
　171 頁。

崔珊《唐代〈十部樂〉成因之探析》,《現代交際》2019 年第 14 期,第 78—
　80 頁。

姚佳欣《從歷史脈絡看西域音樂文化對中原音樂文化的影響》,《音樂生活》
　2019 年第 5 期,第 76—79 頁。

[日] 渡邊信一郎《龜茲到京都——散樂〈蘇莫者〉的旅程》,《黃鐘》2019 年第
　1 期,第 22—30 頁。

彭志強《雞婁鼓——高昌龜茲掘萬金》,《青春》2019 年第 3 期,第 80—87 頁。

閆錚《魏晉南北朝時期的音樂交流》,《藝術評鑒》2019 年第 20 期,第 48—
　49 頁。

王子今《絲綢之路與中原"音樂"的西傳》,《西域研究》2019 年第 4 期,第 54—
　63+144 頁。

劉春曉《簡析魏晉南北朝的音樂文化交流》,《音樂天地》2019 年第 9 期,第
　60—63 頁。

孔令玲《北魏音樂歷史考源初探》,《黃河之聲》2019 年第 15 期,第 20—21 頁。

孫振民《蘇祇婆琵琶七調起源探析》,《黃河之聲》2019 年第 10 期,第 47 頁。

周菁葆《絲綢之路上的大鼓與答臘鼓(上)》,《樂器》2019 年第 5 期,第 20—23 頁。

周菁葆《絲綢之路上的大鼓與答臘鼓(下)》,《樂器》2019 年第 6 期,第 28—29 頁。

王永平、李響《漢樂與胡風:〈慶善樂〉誕生的歷史語境及其政治象徵》,《河北學刊》2019 年第 39 卷第 3 期,第 77—84 頁。

周曉《論魏晉南北朝—隋唐之龜茲樂》,《大衆文藝》2019 年第 8 期,第 122 頁。

閆艷《"篳篥"音義探微》,《語言研究》2019 年第 39 卷第 2 期,第 72—78 頁。

褚婉吟《新疆少數民族風格琵琶作品研究》,上海音樂學院 2019 年碩士學位論文。

姬紅兵、吳巧雲《北魏平城時期西域音樂的東傳與興起》,《交響(西安音樂學院學報)》2019 年第 38 卷第 1 期,第 41—45 頁。

向子蓮《隋唐時期龜茲樂的發展及演變》,《黃河之聲》2019 年第 2 期,第 40—41 頁。

劉碩《隋唐時期的胡樂人研究》,上海音樂學院 2019 年博士學位論文。

付會會《論新疆十二木卡姆的傳承策略》,《新疆藝術(漢文)》2019 年第 5 期,第 24—31 頁。

李建棟《西域胡樂東漸與周隋歌舞戲的西胡化》,《安徽師範大學學報》2019 年第 47 卷第 4 期,第 78—89 頁。

翟清華《漢唐時期粟特樂舞與西域及中原樂舞交流研究——以龜茲、敦煌石窟壁畫及聚落墓葬文物爲例(上)》,《新疆藝術(漢文)》2019 年第 5 期,第 4—14 頁。

翟清華《漢唐時期粟特樂舞與西域及中原樂舞交流研究——以龜茲、敦煌石窟壁畫及聚落墓葬文物爲例》,新疆藝術學院 2019 年碩士學位論文。

阿迪力·阿布力孜《新疆古代的腰鼓》,《中國民族報》2019 年 11 月 8 日 005 版。

周寧《新疆文物中的西域舞樂》,《文物天地》2019 年第 11 期,第 53—57 頁。

謝雯雯《與"中庸"之道不同的張揚特點——西域樂舞》,《藝術評鑒》2019 年第 19 期,第 83—84 頁。

李淼《4—13 世紀西域樂舞在中原地區流變考》,《中州學刊》2019 年第 10 期,第 125—130 頁。

王丹《吐蕃樂舞與藏戲之淵源探究》,《戲劇之家》2019 年第 28 期,第 77—79 頁。

孫祥《庫車"頂碗盤子舞"和"薩瑪瓦爾舞"調查研究》,新疆藝術學院 2019 年碩士學位論文。

阿迪力·阿布力孜《唐代舞蹈俑和奏樂俑》,《中國民族報》2019 年 3 月 8 日 009 版。

何詩琪《從文化人類學來談古龜茲壁畫藝術》,《大衆文藝》2019 年第 16 期, 第 76—77 頁。

李雲、吕曉楠《敦煌壁畫粉本對龜茲石窟藝術的影響——以漢風"盧舍那佛" 圖像爲例》,《美與時代(中)》2019 年第 8 期,第 131—133 頁。

劉江《高昌回鶻彌勒圖像研究》,新疆藝術學院 2019 年碩士學位論文。

單愛美、馮志强《淺析阿斯塔那古墓出土絹花的文化内涵》,《文物鑒定與鑒 賞》2019 年第 16 期,第 44—45 頁。

朱釔宣《于闐堅牢地神壁畫殘片的構圖形象與内蘊理念》,《美與時代(上)》 2019 年第 8 期,第 52—54 頁。

賈應逸《新疆壁畫中的藥師佛圖像研究》,《吐魯番學研究》2019 年第 1 期,第 1—7+169+153 頁。

王小雄《勝金口千佛洞第 5 窟壁畫中花鳥畫淺析》,《吐魯番學研究》2019 年 第 1 期,第 19—23+158+153 頁。

楊波《龜茲石窟梵天勸請圖像研究》,《敦煌研究》2019 年第 3 期,第 74— 83 頁。

楊波《龜茲石窟"如來留缽""佛陀舉山"圖像研究》,《西域研究》2019 年第 4 期,第 115—125 頁。

任平山《克孜爾壁畫"佛説四種小不可輕"圖考》,《西域研究》2019 年第 4 期, 第 110—114 頁。

任平山《森木塞姆石窟"阿育王建八萬四千塔"圖考》,《藝術探索》2019 年第 33 卷第 3 期,第 34—39 頁。

柳曉英《龜茲壁畫中的蓮花紋樣研究》,河北科技大學 2019 年碩士學位論文。

苗利輝《克孜爾石窟"佛陀神變"故事畫初探》,《西域研究》2019 年第 2 期,第 133—144 頁。

李海磊《4—6 世紀中國北方地區壁畫色彩技術及應用研究》,上海大學 2019 年博士學位論文。

楊波《克孜爾第 110 窟佛傳藝術》,《新疆藝術第(漢文)》2019 年第 1 期,第 125—134 期。

任平山《克孜爾壁畫"阿修羅王持兒浴海"考》,《敦煌研究》2019 年第 6 期,第 51—57 頁。

任平山《吴越阿育王塔四本生圖辨》,《文物》2019 年第 3 期,第 76—86+1 頁。

郭佳偉《克孜爾石窟壁畫中的繪畫風格的分析》,《美與時代(中)》2019 年第
2 期,第 127—128 頁。

陳愛峰《高昌回鶻新樣文殊圖像研究——以柏孜克里克第 34、39 窟爲例》,
《西域研究》2019 年第 4 期,第 104—109 頁。

歐陽暉《克孜爾石窟菱格故事畫"降伏魔軍"考論》,《吐魯番學研究》2019 年
第 2 期,第 132—136+155+5 頁。

滿盈盈《克孜爾第 123 窟七寶圖像與龜茲延氏王》,《中國美術研究》2019 第 2
期,第 43—47 頁。

馮文博《絲綢之路圖案藝術的演變研究》,《西北民族論叢》2019 年第 1 期,第
218—233+332—333 頁。

高晏卿、蘇明哲《絲路沿綫石窟三聯珠式刹塔流變考》,《中國美術研究》2019
年第 2 期,第 153—158 頁。

陳誠《吐魯番小桃兒溝石窟藝術研究——以第 5 窟及第 6 窟圖像爲中心》,新
疆藝術學院 2019 碩士學位論文。

張惠明《公元 6 世紀末至 8 世紀初于闐〈大品般若經〉圖像考——和田達瑪溝
托普魯克墩 2 號佛寺兩塊"千眼坐佛"木板畫的重新比定與釋讀》,《敦煌吐
魯番研究》2019 年第 18 卷,第 279—330 頁。

石澍生、楊立凡《晉唐時期公文書寫人試探》,《中國書法》2019 年第 19 期,第
194—197 頁。

石澍生《試論東晉十六國及南北朝早期書體由隸向楷的演變兼及分期等問
題——以吐魯番出土書跡爲中心》,《南京藝術學院學報(美術與設計)》
2019 年第 5 期,第 33—39 頁。

覃富輝煌《高昌墓誌書法與文化研究》,湖南師範大學 2019 年碩士學位論文。

余浩、趙會艷《高昌墓表書風特徵及分類探析——以〈二十四畫品〉爲觀照》,
《中國書法》2019 年第 16 期,第 74—101 頁。

楊嘉明《伏羲女媧纏繞圖像的形成與寓意研究》,《西部皮革》2019 年第 41 卷
第 24 期,第 145—146 頁。

李靜傑《鄯善古國木雕儌俱圖像外來文化因素分析》,《敦煌學輯刊》2019 年
第 3 期,第 126—137 頁。

(八) 考古與文物保護

中國社會科學院考古研究所、邊疆民族考古研究所、吐魯番學研究院編著《新
疆鄯善縣吐峪溝西區中部回鶻佛寺發掘簡報》,《考古》2019 年第 4 期,第
57—73 頁。

冉萬里、裴琳娟、王洋洋、綦高華、徐衛勝、西北大學文化遺産學院、新疆巴音

郭楞蒙古自治州文物局、新疆焉耆回族自治縣文物局編著《新疆焉耆七個星佛寺遺址 IVFD3 發掘簡報》,《西部考古》2019 年第 1 期,第 39—60+337—338 頁。

冉萬里、裴琳娟、王穎、白月、鄭睿瑜、西北大學文化遺産學院、新疆巴音郭楞蒙古自治州文物局、新疆焉耆回族自治縣文物局編著《新疆焉耆七個星佛寺遺址第 I 發掘區發現一批遺物》,《西部考古》2019 年第 1 期,第 61—74+339—340 頁。

李亞棟、忤婷《1949 年以後新疆吐魯番鄯善縣考古發掘及其編號整理》,《西南民族大學學報》2019 年第 40 卷第 8 期,第 198—203 頁。

曾寶棟《戰國—東漢時期吐魯番地區墓葬的考古學觀察》,《文物鑒定與鑒賞》2019 年第 15 期,第 144—149 頁。

[俄] A.V.瓦連諾夫、權乾坤、張胤哲《新疆吐魯番盆地交河墓地出土的木製品兼論與阿勒泰地區出土木製品的對比》,《北方民族考古（第 7 輯）》2019 年,第 238—247 頁。

陳新勇《吐魯番鄯善洋海墓地出土皮鎧甲》,《吐魯番學研究》2019 年第 1 期,第 24—33+159+153 頁。

孟和、尚彦軍、王霄飛、曹小紅、阿迪拉·阿迪力《新構造運動對吐魯番地區古遺址的影響》,《新疆地質》2019 年第 37 卷第 2 期,第 266—269 頁。

鄧永紅、藺朝穎、徐東良、劉亮《吐魯番拜西哈爾石窟新發現壁畫的保護與研究》,《中國文化遺産》2019 年第 2 期,第 85—91 頁。

田海峰《塔里木佛教遺址淺析》,《法音》2019 年第 3 期,第 23—28＋35—36 頁。

曾柏亮、李天石《敦煌吐魯番漢文文獻中奴婢資料的再整理》,《敦煌學輯刊》2019 年第 1 期,第 149—168 頁。

李亞棟《1949 年以後阿斯塔那、哈拉和卓墓葬發掘編號輯考》,《唐史論叢》2019 年第 1 期,第 344—355 頁。

李佳勝《吐魯番唐墓的發現與研究》,《西部考古》2019 年第 1 期,第 227—237 頁。

阿迪力·阿布力孜《〈泰始九年翟姜女買棺契〉木簡》,《中國民族報》2019 年 4 月 5 日 009 版。

陶喻之《東漢絲路摩崖〈劉平國刻石〉——在清末的發現與漢學家們的拓本研究》,《文匯報》2019 年 12 月 13 日第 W10 版。

王樂、朱桐瑩《阿斯塔那 Ast.vi.4 號墓出土的兩件木俑——十六國時期服飾研究》,《考古與文物》2019 年第 2 期,第 89—94 頁。

李政《新疆阿勒泰地區多尕特洞穴岩畫群美術考古初探》,《新疆藝術學院學報》2019 年第 17 卷第 4 期,第 64—73 頁。

周智波、楊傑、高愚民《克孜爾石窟出土藍色顏料研究》,《文物保護與考古科學》2019 年第 31 卷第 4 期,第 109—115 頁。

無忌《壁畫修復記——用藝術助力石窟文化的重建》,《中國美術報》2019 年 3 月 11 日第 12 版。

任文傑《歐亞草原"鹿"型藝術品遺存類型及造型特徵解析》,《新疆藝術(漢文)》2019 年第 1 期,第 14—19 頁。

巫新華、覃大海、陳代明、江玉傑《北庭故城南門考古發掘情況與學術研究進展》,《新疆藝術(漢文)》2019 年第 1 期,第 4—13 頁。

儀明潔《新疆北部舊石器時代遺存的年代及相關問題》,《西域研究》2019 年第 4 期,第 64—72 頁。

李艷玲《絲綢之路青海段歷史遺存現狀及保護建議——以自西寧經柴達木盆地北緣—茫崖爲中心》,《西部蒙古論壇》2019 年第 2 期,第 63—69 頁。

劉歡、王建新、梁雲、任萌、習通源《烏茲別克斯坦撒馬爾罕薩紮干遺址先民動物資源利用研究》,《西域研究》2019 年第 3 期,第 132—141 頁。

任冠、戎天佑《新疆奇台縣唐朝墩古城遺址考古收穫與初步認識》,《西域研究》2019 年第 1 期,第 142—145 頁。

戴玥《早期鐵器時代歐亞草原東部青銅鏃的發展與演變——以青銅鏃武器機能的強化爲中心》,《西域研究》2019 年第 2 期,第 97—112+154 頁。

馬孟龍《昫衍抑或龜茲——寧夏鹽池縣張家場古城考辨》,《中國邊疆史地研究》2019 年第 4 期,第 35—47+213—214 頁。

路瑩、陳玉珍、熱米娜・克衣木《吐魯番博物館館藏麻綫鞋的保護修復與工藝研究》,《吐魯番學研究》2019 年第 2 期,第 146—152+155+6+157 頁。

李雍《新疆吐哈盆地青銅—鐵器嬗變期人口遷徙的初步研究》,中國科學技術大學 2019 年碩士學位論文。

李延祥、譚宇辰、賈淇、張登毅、于建軍、段朝瑋、先怡衡《新疆哈密兩處古綠松石礦遺址初步考察》,《考古與文物》2019 年第 6 期,第 22—27 頁。

侯光良《絲綢之路青海道及出土文物》,《大眾考古》2019 年第 3 期,第 38—41 頁。

劉志華《甘肅省博物館藏韓樂然獲吐魯番文物及相關問題》,《吐魯番學研究》2019 年第 2 期,第 115—120+154+4 頁。

張玉平《吐魯番阿斯塔那墓葬〈對馬團花剪紙〉考略》,《絲綢之路》2019 年第 4 期,第 141—145 頁。

周寧《鬢雲欲度香腮雪,衣香袂影是盛唐:新疆博物館藏騎馬仕女俑》,《大衆考古》2019 年第 11 期,第 53—55 頁。

嚴前華《龜兹石窟壁畫數字化工作中的難點與要點》,《印刷技術》2019 年第 11 期,第 17—19 頁。

(九)少數民族歷史與語言

黃維忠《70 年來國内敦煌西域藏文文獻研究及其特點》,《中央民族大學學報》2019 年第 46 卷第 5 期,第 169—176 頁。

牛汝辰《西域早期塞語(吐火羅語)地名》,《中國地名》2019 年第 12 期,第 18—21 頁。

張同勝《以"奴"起小字與西域粟特文化》,《濟寧學院學報》2019 年第 40 卷第 4 期,第 74—77 頁。

陳希《貴由汗之子禾忽家族史事考略——基於波斯文〈五族譜〉的考察》,《西域研究》2019 年第 3 期,第 81—90+157—158 頁。

[日]松井太、劉宏梅《敦煌石窟中回鶻文題記劄記(二)》,《吐魯番學研究》2019 年第 1 期,第 117—127 頁。

曹利華《從吐魯番出土文書中突厥語的漢字譯音看 6—8 世紀西北方音聲母之特點》,《西南民族大學學報》2019 年第 40 卷第 4 期,第 182—188 頁。

胡日查、包海燕《〈青史演義〉中的成吉思汗征西域部分史料來源探析》,《内蒙古民族大學學報》2019 年第 45 卷第 5 期,第 19—24 頁。

段晴、侯世新、李達《石汗那的嬰兒——新疆博物館藏一件新出于闐語案牘》,《敦煌吐魯番研究》2019 年第 18 卷,第 265—278 頁。

趙楊《草原絲路與回紇汗國》,内蒙古師範大學 2019 年碩士學位論文。

胡曉丹《吐魯番吐峪溝新出摩尼文中古波斯語殘片釋讀——兼論摩尼文文書所見吐峪溝摩尼教團的宗教生活》,《西域研究》2019 年第 4 期,第 83—89+144+145 頁。

陳新元《速混察·阿合伊朗史事新證——兼論伊利汗國的畏兀兒人》,《西域研究》2019 年第 1 期,第 11—25+154 頁。

王子今《"隔絶羌胡"與"通貨羌胡":絲綢之路河西段的民族關係》,《西域研究》2019 年第 1 期,第 1—10+154 頁。

[日]村井恭子、夏歡、韓樹偉《唐末五代鄂爾多斯及河東党項、吐谷渾相關石刻史料——研究狀況的介紹與考察》,《唐史論叢》2019 年第 2 期,第 396—418 頁。

周偉洲《吐谷渾墓誌通考》,《中國邊疆史地研究》2019 年第 3 期,第 65—79+215 頁。

楊富學、王慶昱《党項拓跋馱布墓誌及相關問題再研究》,《西夏研究》2019 年第 2 期,第 36—41 頁。

孫傑《青海吐谷渾王族後裔慕容儀墓誌考釋》,《開封教育學院學報》2019 年第 39 卷第 4 期,第 3—5 頁。

李瑞哲《粟特人在西南地區的活動追蹤》,《西部考古》2019 年第 1 期,第 295—308 頁。

范晶晶《賢劫千佛名梵語、于闐語、及漢譯敦煌寫本比較研究》,《敦煌吐魯番研究》2019 年第 18 卷,第 483—582 頁。

（十）古籍

阿迪力·阿布力孜《1600 多年前〈詩經〉就傳到吐魯番》,《吐魯番日報(漢)》2019 年 5 月 24 日第 4 版。

林鵾宇《敦煌、吐魯番〈論語〉鄭注殘卷版本考——文化特殊性視角下的考察》,《歷史文獻研究》2019 年第 1 期,第 121—138 頁。

許建平《吐魯番出土〈詩經〉寫本敍録》,《中國四庫學》2019 年第 1 期,第 126—140 頁。

李紅揚《吐魯番所見"〈孔子廟堂碑〉習字"殘片考釋》,《吐魯番學研究》2019 年第 2 期,第 67—73+153 頁。

孫聞博《〈史記〉所見"匈奴西域"考——兼論〈史記·大宛列傳〉的撰作特徵》,《西域研究》2019 年第 4 期,第 28—40+143 頁。

王汝良《〈大唐西域記〉的人文價值》,《東方論壇》2019 年第 4 期,第 59—72 頁。

林宏磊、馮静《新疆地區入選〈國家珍貴古籍名録〉古籍的定量分析》,《公共圖書館》2019 年第 2 期,第 60—64 頁。

李亞棟、仵婷《吐魯番柏孜克里克石窟 1980 年出土佛經殘片整理訂補》,《吐魯番學研究》2019 年第 1 期,第 64—71+155 頁。

鄭玲《異本對勘的典範之作——以回鶻文〈彌勒會見記〉爲例》,《西夏研究》2019 年第 3 期,第 82—87 頁。

李森煒《關於吐魯番所出〈唐開元某年西州蒲昌縣上西州户曹狀爲録申刈得苜蓿秋茭數事〉及其相關文書的綴合編連問題》,《吐魯番學研究》2019 年第 2 期,第 60—66+153 頁。

武海龍、彭傑《吐魯番博物館所藏〈契丹藏〉佛經殘片考釋——從〈囉嚩拏説救療小兒疾病經〉看〈契丹藏〉傳入高昌回鶻的時間》,《西域研究》2019 年第 4 期,第 90—97+145 頁。

韓樹偉《絲路沿綫出土諸民族契約文書格式比較研究》,《敦煌學輯刊》2019

年第 2 期,第 177—190 頁。

侯文昌《中古西域民族文契約之立契時間程式研究》,《隴東學院學報》2019
年第 30 卷第 1 期,第 71—79 頁。

王啓濤《吐魯番出土文書標識符號研究》,《漢語史研究集刊》2019 年第 2 期,
第 86—103 頁。

武海龍、王龍《吐峪溝新出寫經題記殘片考釋》,《敦煌研究》2019 年第 6 期,
第 77—81 頁。

吕冠軍《吐魯番文書中的"雙名單稱"問題續論——以陳仲安先生給王素先生
的一封信爲中心》,《魏晉南北朝隋唐史資料》2019 年第 1 期,第 260—
263 頁。

(十一) 科技

王旭《伊犁州博物館藏鎏金銀腰帶的製作工藝初探》,西北大學 2019 年碩士
學位論文。

歐陽暉《龜兹佛教造像製作工藝探析》,《文物鑒定與鑒賞》2019 年第 9 期,第
44—47 頁。

蘇貝·乃比、王永強、張傑、宋國定、羅武幹《哈密柳樹溝墓地出土青銅器科技
分析》,《西域研究》2019 第 4 期,第 73—82+14 頁。

周暘、賈麗玲、劉劍《新疆帕米爾吉爾贊喀勒拜火教墓地出土紡織品分析檢
測》,《文物保護與考古科學》2019 年第 31 卷第 4 期,第 55—64 頁。

朱歌敏《新疆地區古代麵粉磨製技術發展探析》,《考古與文物》2019 年第 3
期,第 122—128 頁。

陳明《漢譯佛經中的天竺藥名劄記(七)》,《中醫藥文化》第 14 卷第 2 期,第
65—75 頁。

陳明《漢譯佛經中的天竺藥名劄記(八)》,《中醫藥文化》第 14 卷第 3 期,第
79—88 頁。

陸躍、張宗明《以西域醫學爲引論中西醫結合》,《中醫雜誌》2019 年第 60 卷
第 15 期,第 1261—1264 頁。

陳陷、沈澍農《樓蘭出土文書所見"北斗主創"相關再考——兼論北斗信仰在
古代醫學中的應用》,《中國中醫基礎醫學雜誌》2019 年第 25 卷第 3 期,第
317—318+322 頁。

王文利《略論漢代西域醫藥學對中醫藥學的影響》,《西部中醫藥》2019 年第
32 卷第 3 期,第 106—108 頁。

(十二) 書評與學術動態

楊富學、王朝陽《評布魯斯著〈臣服者與征服者:畏兀兒人在蒙古帝國〉》,《吐

魯番學研究》2019 年第 1 期,第 140—146+155 頁。

彭曉靜《詮釋信仰第回鶻與摩尼教關係的多維透視——楊富學著〈回鶻摩尼教研究〉評介》,《敦煌研究》2019 年第 3 期,第 137—140 頁。

魏東《〈新疆史前時期文化格局的演進及其與周鄰文化的關係〉述評》,《西域研究》2019 年第 4 期,第 140—142 頁。

武斌《鴻篇巨制的"絲路學"奠基之作——評〈絲綢之路辭典〉》,《中國邊疆史地研究》2019 年第 4 期,第 194—196 頁。

田海峰《塔里木歷史文化資源調查研究理路與範式的新探索——〈環塔里木歷史文化資源調查與研究〉述評》,《石河子大學學報》2019 年第 5 期,第 121—124 頁。

黃正建《吐魯番學與古文書學——陳國燦先生〈論吐魯番學〉讀後》,《敦煌學輯刊》2019 年第 1 期,第 47—51 頁。

劉浩松《評〈大食東部歷史地理研究——從阿拉伯帝國興起到帖木兒朝時期的美索不達米亞、波斯和中亞諸地〉》,《西北民族論叢》2019 年第 1 期,第 314—317 頁。

賈小軍《張安福〈環塔里木歷史文化資源調查與研究〉評介》,《中國史研究動態》2019 年第 2 期,第 95—96 頁。

畢康健《讀〈新獲吐魯番出土文獻〉劄記二則》,《吐魯番學研究》2019 年第 2 期,第 87—95+154 頁。

仵婷《新出三種吐魯番考古報告介評》,《吐魯番學研究》2019 年第 2 期,第 101—109 頁。

榮新江《〈吐魯番出土文獻散録〉序》,《吐魯番學研究》2019 年第 2 期。

牛鈞鵬、李健勝《回顧、反思與展望——絲綢之路青海道研究述評》,《中國史研究動態》2019 年第 1 期,第 11—20 頁。

哈爾其格《塔爾巴哈台厄魯特總管旗形成述略》,《西部蒙古論壇》2019 年第 1 期,第 61—68+126—127 頁。

華銳吉《敦煌吐蕃文書軍事問題研究綜述》,《敦煌學輯刊》2019 年第 2 期,第 191—197 頁。

努力牙·克熱木《龜茲石窟回鶻風洞窟研究述要》,《吐魯番學研究》2019 第 1 期,第 40—45+154 頁。

晏昌貴、郭濤《近 70 年來中國歷史時期疆域與政區變遷研究的主要進展》,《中國歷史地理論叢》2019 年第 34 卷第 4 期,第 17—29 頁。

程秀金《2018 年新疆史研究綜述》,《新疆大學學報》2019 年第 5 期,第 74—79 頁。

唐尚書、鄭炳林《近二十年來羅布泊地區生態環境研究綜述》,《生態學報》2019 年第 39 卷第 14 期,第 5157—5165 頁。

王振剛《徐益棠與中國邊疆研究述論》,《中國邊疆史地研究》2019 年第 2 期,第 203—213+217 頁。

許建英、阿地力·艾尼《新疆歷史研究評述(1998—2018 年)》,《中國邊疆史地研究》2019 年第 2 期,第 38—49 頁。

趙晶《二十年來敦煌吐魯番漢文法律文獻研究述要》,《國學學刊》2019 年第 2 期,第 126—140+144 頁。

汪雨薇《楊鐮新疆文藝活動考述》,新疆大學 2019 年碩士學位論文。

邵會秋、張文珊《新疆安德羅諾沃文化研究綜述》,《西域研究》2019 年第 2 期,第 113—121 頁。

辻正博、周東平《敦煌、吐魯番出土唐代法制文獻研究之現狀》,《法律文化研究》2019 年第 2 期,第 54—84 頁。

李雲、陳誠《高昌回鶻時期藏傳藝術研究成果評述》,《文物鑒定與鑒賞》2019 年第 9 期,第 66—67 頁。

楊懷武《新疆克孜爾石窟佛傳壁畫研究現狀》,《新美術》2019 年第 40 卷第 1 期,第 88—92 頁。

周洋《探索克孜爾石窟裝飾圖案的研究現狀和價值》,《大衆文藝》2019 年第 21 期,第 138—139 頁。

張勇健、白俊鳳《2018 年吐魯番學研究綜述》,《2019 敦煌學國際聯絡委員會通訊》,上海:上海古籍出版社,2019 年 9 月,第 38—79 頁。

白俊鳳、張勇健《2018 年吐魯番學研究論著目録》,《2019 敦煌學國際聯絡委員會通訊》,上海:上海古籍出版社,2019 年 9 月,第 232—258 頁。

劉波《古代中亞及西域地區美術考古活動及研究成果回顧》,《敦煌學輯刊》2019 年第 2 期,第 198—208 頁。

[日]高田時雄《關於吐魯番探險與吐魯番文獻的私人備忘録》,《西南民族大學學報》2019 年第 40 卷第 2 期,第 187—189 頁。

張亦鳴、馬聚英《2018 全州絲綢之路飲食文化國際研討會綜述》,《2019 敦煌學國際聯絡委員會通訊》,上海:上海古籍出版社,2019 年 9 月,第 170—173 頁。

徐傑《開拓寫本研究引領學術潮流——"寫本學國際學術研討會暨中國敦煌吐魯番學會 2018 年理事會"會議綜述》,《西華師範大學學報》2019 年第 3 期,第 48—51 頁。

劉子凡《"北京大學絲綢之路文明高峰論壇"綜述》,《西域研究》2019 年第 1

期,第 146—149 頁。

劉長星《"中國西北科學考查團進疆九十周年"高峰論壇綜述》,《西域研究》
2019 年第 1 期,第 150—152 頁。

六朝博物館編著《"絲綢之路青海道——西寧遺珍"在六朝博物館開幕》,
《2019 年中國博物館文集彙編(下)》,第 45—46 頁。

謝宇榮《"長安中國中古史沙龍"第十四期——"不立一真,惟窮流變:中古時
期北族傳説時代研究"紀要》,《西北民族論叢》2019 年第 1 期,第 318—
323 頁。

劉安志《陳國燦先生簡歷與論著目録》,《敦煌學輯刊》2019 年第 1 期,第 90—
99 頁。

鄭會欣、王鵬《饒宗頤先生敦煌吐魯番學論著目録》,《敦煌吐魯番研究》2019
年第 18 卷,第 33—56 頁。

2019 年日本敦煌學研究論著目録

林生海（安徽師範大學）

一、論 文

1. 政治・地理

岩尾一史,チベット支配下の敦煌における都督,竜谷史壇(146),1‒21,2019‒1

佐藤貴保,カラホト出土軍籍から見た西夏王國國境地帯の状況(2)虚僞記載とその背景,比較文化研究(29),59‒72,2019‒3

會田大輔,唐の太宗は『帝王略論』を読んだのか,明大アジア史論集(23),95‒113,2019‒3

森部豊,唐代營州における契丹人と高句麗人,關西大學東西學術研究所紀要(52),35‒50,2019‒4

蟻川明男,シルクロードの地名中國,地理64(4),103‒109,2019‒4

戸川貴行,中國古代の音楽と政治,歴史と地理(724),1‒14,2019‒5

石見清裕,唐王朝成立史の研究をふりかえって,唐代史研究(22),113‒126,2019‒8

藤井律之,北魏孝文帝の親征：徵發地域と動員兵數,東方學報94,113‒141,2019‒12

西尾亜希子,吐蕃王朝敦煌支配期における印章使用,立命館史學(40),143‒170,2019

2. 社會・經濟

小曽戸洋,漢方のたからもの(47)敦煌医薬文書,漢方と診療9(4),200‒201,2019‒1

中田美絵,日本における唐代ソグド人研究の動向,歴史學研究(980),17‒24,2019‒2

岩尾一史,敦煌チベット語文書にみえる古代チベット帝國治下の授戒儀式,世界仏教文化研究(2),3‒15,2019‒3

荒川正晴,ソグド人の交易活動と香料の流通,古代東ユーラシア研究センター年報5,2019‒3

前島佳孝,墓誌銘の先世記事についての一考察：北朝~唐初の李氏を例と

して,唐代史研究(22),127－152,2019－8

谷口高志,中唐期の詩歌における祭祀と龍:龍を斬る詩人たち,中唐文學會報(26),44－83,2019

榮新江,田衛衛(訳),西域の仏教伝播における紙の貢獻,東洋學術研究58(2),47－64,2019

　3.法律・制度

白石將人,『江都集禮』と隋代の制禮,東方學137,26－43,2019－1

石野智大,唐代の里正・坊正・村正の任用規定とその内實:『通典』郷党条所引唐戸令逸文を手がかりとして,明大アジア史論集(23),129－147,2019－3

江川式部,『大唐開元礼』礼目の再検討:収載されなかった祭祀儀礼を中心に,明大アジア史論集(23),114－128,2019－3

辻正博,武英殿聚珍版本『唐會要』のテキストをめぐって,唐代史研究(22),57－70,2019－8

小島浩之,『唐六典』の編纂に關する一試論:『初學記』と『唐六典』の注,唐代史研究(22),25－56,2019－8

中純子,唐代開元における礼楽の完成:張説が描いた世界,天理大學學報(語學・文學・人文・社會・自然編)71(1),1－26,2019－10

松本保宣,唐代入閣の儀と甘露の変,立命館文學(664),414－439,2019－12

　4.語言・文學

荒見泰史,敦煌本讚文類と唱導、變文,日中比較文化論集:佐藤利行教授還曆記念,白帝社,2019－1

相田満,相書に見る聲で定命を知る平安時代の観相譚:『今昔物語集』巻六第48の延命譚を敦煌文書と比較して分析する,東洋研究(211),1－26,2019－1

程正,ドイツ藏吐魯番(トルファン)漢語文書から發見された禪籍について(1),駒沢大學禅研究所年報(30),248－233,2019－1

荒見泰史,桂弘,指鬘と鬘、華鬘,アジア社會文化研究(20),25－42,2019－3

程正,ドイツ藏吐魯番(トルファン)漢語文書から發見された禪籍について(2),駒沢大學仏教學部研究紀要(77),100－86,2019－3

程正,「惟心觀一巻」(S212)の基礎的研究(1),駒沢大學仏教學部論集(50),286－271,2019－10

程正,「惟心觀一巻」(S212)の基礎的研究(2),駒沢大學禅研究所年報(31),212－195,2019－12

髙井龍,九、十世紀敦煌節略佛經的使用與學習：以《涅槃經節鈔（擬）》爲中心(芳村弘道教授退職記念論集),立命館文學(664),485‐493,2019‐12

古勝隆一,魏晉『莊子』注釋史における郭象の位置,東方學報94,67‐87,2019‐12

5.宗教・思想

辛師任,金炳坤(訳),北周道安の『二教論』と唐法琳の『辯正論』との影響關係：敦煌寫本P.3617,P.3766,P.2587,P.3742を中心として,東アジア仏教學術論集(7),163‐194,2019‐1

楊玉飛,松森秀幸(訳),照法師撰『勝鬘経疏』(S.524)について：浄影寺慧遠『勝鬘経義記』と吉蔵『勝鬘宝窟』との比較を兼ねて,東アジア仏教學術論集(7),249‐265,2019‐1

李相旼,佐藤厚(訳),地論文獻における『本業瓔珞経疏』(Stein no.2748)の位置,東アジア仏教學術論集(7),85‐114,2019‐1

史経鵬,大澤邦由(訳),中國初期仏教における相続思想：上博3317、P2908およびP3291を中心として,東アジア仏教學術論集(7),53‐76,2019‐1

張文良,弓場苗生子(訳),南朝成實宗における二諦説：杏雨書屋蔵・羽271『不知題仏経義記』の「二諦義」を中心に,東アジア仏教學術論集(7),1‐19,2019‐1

西田愛、今枝由郎、熊谷誠慈,古代チベット人の死後の世界觀と葬送儀礼の仏教化：敦煌出土『生死法物語』『置換』『神國道説示』三部作の研究,神戸外大論叢70(1),87‐130,2019‐4

裴長春,唐五代時期の仁王會について：敦煌本P.3808『仁王経講経文』を中心に,印度學佛教學研究68(1),260‐257,2019‐12

大屋正順,『釈浄土群疑論』の敦煌写本について：S二六六三・羽〇二一・羽〇七八の書風の比較を中心として,印度學佛教學研究68(1),174‐179,2019‐12

松森秀幸,敦煌写本『法花行儀』と唐代法華思想,東洋學術研究58(1),98‐120,2019

趙曉星,松森秀幸(訳),吐蕃統治期の敦煌における法華信仰,東洋學術研究58(1),87‐97,2019

張小剛,大江平和(訳),敦煌に居留した于闐人の法華信仰,東洋學術研究58(1),53‐64,2019

池田大作,メッセージ(特集敦煌と法華経：敦煌研究院との共同シンポジウムより),東洋學術研究58(1),6‐8,2019

　6. 考古・美術

川崎ミチコ,敦煌本『佛母経』と釈迦金棺出現図について：關係資料の紹介を中心として,東アジア仏教學術論集(7),29 - 44,2019 - 1

ミシェル・C・ワン著,濱田瑞美(訳),敦煌の千手千鉢文殊菩薩と仏教の視覚文化における一対表現,アジア仏教美術論集,中央公論美術出版,2019 - 3

濱田瑞美,敦煌莫高窟初唐期の維摩経変,アジア仏教美術論集,中央公論美術出版,2019 - 3

沙武田,肥田路美(訳),敦煌石窟の金光明経変に關するいくつかの問題,アジア仏教美術論集,中央公論美術出版,2019 - 3

齋藤龍一,唐時代における石造道教像の研究：老君・天尊像を中心に,國華124(12),5 - 21,2019 - 7

梶山智史,覇史の系譜：五胡十六國史料における継承と再編,唐代史研究(22),3 - 24,2019 - 8

向井佑介,北魏興安二年舍利石函の圖像學,東方學報94,89 - 112,2019 - 12

石松日奈子,新鄉魯堡百官寺將來北魏三尊仏立像,國華125(5),35、37 - 40,2019 - 12

易丹韻,初唐における法界仏像の「世界図」に關する一考察：敦煌莫高窟第三三二窟の法界仏像をめぐって,仏教芸術(3),13 - 36,2019

坂本昭二,敦煌文書の楮紙における繊維切断工程の存在について,日本文化財科學會誌(79),43 - 50,2019

張元林,菅野博史(訳),莫高窟第二八五窟を『法華経』の角度から解読する,東洋學術研究58(1),9 - 35,2019

田林啓,十世紀の敦煌における仏画制作をめぐって：白鶴美術館本二題の位置づけと共に,仏教芸術(2),35 - 59,2019

濱田瑞美,敦煌莫高窟隋代の維摩経変について,横浜美術大學教育・研究紀要9,69 - 84,2019

　7. 文書・譯注

片山章雄,大谷光瑞の書・入手拓本と歐陽詢,東海史學(53),81 - 86,2019 - 3

髙瀬奈津子、江川式部(訳),釈注『封氏聞見記』訳注(6),札幌大學総合研究(11),164 - 138,2019 - 3

榎本淳一,『日本國見在書目録』著録書籍の総巻數について,鴨台史學(15),1 - 20,2019 - 3

長谷部剛、橘千早(訳)，敦煌曲子詞訳注稿(2)，關西大學東西學術研究所紀要(52)，65-71，2019-4

小助川貞次，敦煌本漢籍における加点の問題について，訓点語と訓点資料143，86-78，2019-9

井口千雪、大賀晶子、香月玲子、川上萌實、小松謙、孫琳浄、玉置奈保子、田村彩子、藤田優子、宮本陽佳(訳)，「大目乾連冥間救母變文」訳注(4)，和漢語文研究(17)，200-224，2019-11

小松謙、井口千雪、大賀晶子、香月玲子、川上萌實、孫琳浄、玉置奈保子、田村彩子、藤田優子、宮本陽佳(訳)，「大目乾連冥間救母變文」訳注(3)，京都府立大學學術報告(71)，1-57，2019-12

後藤康夫，敦煌写本『因明入正理論』について：ある一つの古形をめぐって：附 翻刻，岐阜聖徳學園大學仏教文化研究所紀要(19)，51-73，2019

菅野博史，中國天台における『観音経』(『法華経』観世音菩薩普門品)の注釈について，東洋學術研究 58(1)，36-52，2019

荒川慎太郎，西夏文法華経と西夏語の研究：ロシア・米國所蔵資料にもとづいて，東洋學術研究 58(1)，285-298，2019

8. 動向・調査

安部龍太郎，シルクロード「仏の道」紀行(第6回)夜の河西回廊，潮(719)，140-146，2019-1

安部龍太郎，シルクロード「仏の道」紀行(第7回)敦煌，潮(720)，176-183，2019-2

村松弘一，2017 年度長安學プロジェクト研究成果報告：14 年間にわたる學習院大學の東アジア國際研究交流をふりかえる，學習院大學國際センター年報(5)，3-7，2019-2

安部龍太郎，シルクロード「仏の道」紀行(第8回)莫高窟とめまい，潮(721)，172-181，2019-3

柴田幹夫，大谷光瑞没後七〇年記念「大谷光瑞師の構想と居住空間」國際シンポジウムに参加して，東方(457)，2-7，2019-3

安部龍太郎，シルクロード「仏の道」紀行(第9回)敦煌文書，潮(722)，180-188，2019-4

赤木崇敏，敦煌學の現在，歴史と地理(724)，37-40，2019-5

平田茂樹，海外の宋代史研究の現状，東方學 138，72-82，2019-7

金子修一，海外學會参加報告「2018 中國唐史學會第十三屆年會暨"唐代中國與世界"國際學術研討會」参加報告，唐代史研究(22)，235-239，2019-8

森部豐,「翟門生的世界・石刻上的南北朝學術研討會」參加報告,唐代史研究(22),240－244,2019－8

    9. 書評・介紹

衣川賢次,終わりし道の標べに：書評田中良昭、程正編著『敦煌禪宗文獻分類目録』,駒沢大學禅研究所年報(30),232－223,2019－i

藤井律之,堀内淳一著『北朝社會における南朝文化の受容：外交使節と亡命者の影響』,史學雜誌128(1),47－53,2019－1

赤羽目匡由,鈴木靖民著『古代日本の東アジア交流史』,歴史評論(826),88－93,2019－2

今西智久,倉本尚徳著『北朝仏教造像銘研究』,仏教史學研究61(2),88－94,2019－3

福島恵,西村陽子著『唐代沙陀突厥史の研究』,唐代史研究(22),201－209,2019－8

荒川正晴,妹尾達彦著『グローバル・ヒストリー』,唐代史研究(22),226－229,2019－8

桃木至朗,妹尾達彦著『グローバル・ヒストリー』,史林102(6),888－894,2019－11

山田伸吾,内藤湖南と谷川道雄：岡本隆司『近代日本の中國観』の問題提起を踏まえて,名古屋大學東洋史研究報告(43),99－117,2019

    10. 學者・其他

道坂昭廣,羅振玉より徳富蘇峰への手紙——同志社大學図書館蔵『羅振玉書簡：徳富猪一郎宛』略注(下),歴史文化社會論講座紀要(16),1－9,2019－3

周霞,井上靖「敦煌」と藤枝晃「沙州帰義軍節度使始末」：「節度使」の描写をめぐって,岡山大學大學院社會文化科學研究科紀要(47),1－19,2019－3

山田伸吾,『内藤湖南未収録文集』発刊に寄せて,東方(458),2－5,2019－4

小口雅史,歴史断想「越境」する断片たちをなんと呼ぶか：敦煌・吐魯番文書研究余話,法政史學(92),186－182,2019－9

荒川正晴,追悼長澤和俊先生,史滴(41),243－246,2019－12

山田勝久,敦煌の二仏並坐の淵源について：失われた街を訪ねて,東洋學術研究58(1),65－82,83－86,2019

落合知子、中島金太郎,陝西省・甘粛省・ウイグル自治区の観光における博物館活用の研究：中國甘粛省における博物館の現状と観光活用,長崎國際大學論叢19,99－110,2019

二、著　書

鄭東俊,古代東アジアにおける法制度受容の研究,早稲田大學出版部,
　2019－1

エチエンヌ・ドゥ・ラ・ヴェシエール著,影山悦子(訳),ソグド商人の歴
　史,岩波書店,2019－2

シルクロード検定實行委員會(編),読む事典シルクロードの世界,NHK 出
　版,2019－2

東アジア恠異學會(編),怪異學の地平,臨川書店,2019－2

石井公成,東アジア仏教史,岩波書店,2019－2

八木春生,中國仏教美術の展開：唐代前期を中心に,法藏館,2019－2

羽田亨著,京都大學大學文書館(編),羽田亨日記,京都大學大學文書館,
　2019－3

林佳恵,六朝江南道教の研究,早稲田大學出版部,2019－3

任占鵬,敦煌識字寫本研究,廣島大學博士論文,2019－3

安元剛,密教美術形成史の研究：北西インドを中心として,起心書房,
　2019－3

肥田路美(編),アジア仏教美術論集　隋・唐,中央公論美術出版,2019－3

井戸美里(編),東アジアの庭園表象と建築・美術,昭和堂,2019－3

奥村佳代子,近世東アジアにおける口語中國語文の研究,關西大學出版部,
　2019－3

藪内清著作集編集委員會(編),藪内清著作集第 5 卷,臨川書店,2019－3

小峯和明,予言文學の語る中世,吉川弘文館,2019－3

ショキルジョン・ピダエフ著,加藤九祚・今村栄一(訳),ウズベキスタン
　の仏教文化遺産,六一書房,2019－3

河上麻由子,古代日中關係史：倭の五王から遣唐使以降まで,中央公論新
　社,2019－3

青木健,新ゾロアスター教史：古代中央アジアのアーリア人・中世ペルシ
　アの神聖帝國・現代インドの神官財閥,刀水書房,2019－3

名和敏光(編),東アジア思想・文化の基層構造：數術と『天地瑞祥志』,汲
　古書院,2019－3

角谷常子(編),古代東アジアの文字文化と社會,臨川書店,2019－4

池田大作等,敦煌と法華経,東洋哲學研究所,2019－5

村山吉廣,楊貴妃：大唐帝國の栄華と滅亡,講談社,2019－5

エドウアール・シャヴァンヌ著,菊地章太(訳注),泰山:中國人の信仰,平凡社,2019－6

關尾史郎、町田隆吉(編),磚画・壁画からみた魏晋時代の河西,汲古書院,2019－9

J.C.クリアリー著,柏木栄里子(訳),禅の夜明け:敦煌で発見された初期の禅の文獻,ナチュラルスピリット,2019－9

ジョーディー・トール著,岡本千晶(訳),シルクロード歴史大百科ヴィジュアル版,原書房,2019－9

榎本淳一,日唐賤人制度の比較研究,同成社,2019－10

山口謠司,唐代通行『尚書』の研究,勉誠出版,2019－10

堀池信夫,老子注釈史の研究,明治書院,2019－11

吾妻重二(編),東西學術研究と文化交渉:石濱純太郎没後50年記念國際シンポジウム論文集,關西大學東西學術研究所,2019－11

關尾史郎(編),河西魏晋・〈五胡〉墓出土図像資料〈磚画・壁画〉目録,汲古書院,2019－11

中村裕一,訳注荊楚歳時記,汲古書院,2019－12

《2018年日本敦煌學研究論著目録》増補

玄幸子,ベルリン國立図書館所蔵トルファン文書Ch1421(TⅡT2068)に關連して,關西大學中國文學會紀要(39),1－20,2018－3

玄幸子,内藤湖南の大英博物館所蔵敦煌文獻(佛典・佛經)調査について,日本古写経研究所研究紀要3,27－42,2018－3

陳琳琳,敦煌文書発見初期における中・日・欧の學者間の対応と交流:王國維と羅振玉を中心に,東アジア文化交渉研究(11),377－393,2018－3

小島浩之(編),東アジア古文書學の構築:現状と課題,東京大學経済學部資料室,2018－3

福林靖博,國立國會図書館の蔵書から敦煌文獻シルクロードのタイムカプセル,國立國會図書館月報(685),1－3,2018－5

石川禎仁,一〇世紀敦煌オアシスの灌漑用水と渠人集団:S六一二三「宜秋西枝渠人転帖」の分析から,東洋學報:東洋文庫和文紀要100(1),33－67,2018－6

増記隆介,大西磨希子著『唐代仏教美術史論攷:仏教文化の伝播と日唐交流』,唐代史研究(21),211－214,2018－8

斉藤達也,福島恵著『東部ユーラシアのソグド人:ソグド人漢文墓誌の研

究』,唐代史研究(21),165－172,2018－8

藤野月子,中國王朝の婚姻と外交,歴史と地理(716),53－56,2018－8

楊莉,敦煌書儀「吉書儀」における用語の特徴——「手紙」を表す言葉の使い分けについて,中國語研究(60),2018－10

石濱純太郎著,高田時雄(編),東洋學の話續,臨川書店,2018－10

黄青萍,伊吹敦(訳),敦煌文獻中的北宗禪及其研究價值,國際禅研究2,87－115,2018－10

折山桂子,敦煌莫高窟における初唐の弥勒経変相図の嚆矢をめぐって,美術史68(1),1－17,2018－10

小島浩之,中國の文書とその料紙,歴史と地理(719),28－35,2018－11

猪野毅,『敦煌吐魯番出土發病書』中の「推四方神頭脇日得病法」について,中國哲學(45・46),145－158,2018－12

中田裕子,唐代の同業者組合「行」とソグド商人,龍谷大學世界仏教文化研究論叢57,49－60,2018

趙青山,唐代宮廷抄經制度研究：以敦煌藏經洞所出武后發願抄經为中心(神塚淑子教授退休紀念號),名古屋大學中國哲學論集(17),9－36,2018

臼田淳三,敦煌・トルファン出土写本の研究と敦煌秘笈,杏雨(21),21－71,2018

古賀英彦,神會と敦煌本壇経の祖統説,禅文化(248),66－72,2018

坂本昭二,敦煌文書の紙に見られるラグペーパーの存在について,考古學と自然科學：日本文化財科學會誌(75),75－82,2018

唐宋時期敦煌寺院個案研究論著目録

蔡陳哲（上海師範大學）

　　中古時代的敦煌是一座傳統的佛教名城，寺院林立，又因爲敦煌文獻中保存了大量的相關材料，因而，敦煌佛教史一直得到學術界的關注。在寺院經濟、僧官制度、僧尼生活等諸多方面都取得了重要成果，佳作迭出。近些年來對敦煌佛教寺院進行個案研究的論著也在不斷新增，這對於佛教社會史研究來説，無疑是一個新的研究視角。本文擬對唐宋時期敦煌佛教寺院個案研究的成果進行整理，編製目録如下。

三　界　寺

孫修身《敦煌三界寺》，甘肅省歷史學會編《甘肅省史學會論文集》，1982 年。

小田義久《敦煌三界寺的〈見一切入藏經目録〉考》，《龍谷大學論集》第 434、435 合併號，京都：龍谷大學出版社，1989 年。

施萍婷《三界寺·道真·敦煌藏經》，段文傑主編《1990 年敦煌學國際研討會文集·石窟考古編》，瀋陽：遼寧美術出版社，1995 年。

榮新江《敦煌藏經洞的性質及其封閉原因》，季羨林等編《敦煌吐魯番研究》第二卷，北京：北京大學出版社，1996 年。

榮新江《再論敦煌藏經洞的寶藏——三界寺與藏經洞》，鄭炳林編《敦煌佛教藝術文化國際學術研討會論文集》，蘭州：蘭州大學出版社，2002 年。

李德龍《沙州三界寺〈授戒牒〉初探》，李忱主編《甘肅民族研究論叢》第 1 輯，蘭州：甘肅人民出版社，2002 年。

鄭炳林《晚唐五代敦煌三界寺藏經研究》，《西北第二民族學院學報》2004 年第 2 期。

鄭阿財《敦煌石窟寺院教育功能探究——論敦煌三界寺的寺學》，饒宗頤主編《華學》第九、十輯（一），上海：上海古籍出版社，2008 年。

祁曉慶《晚唐五代敦煌三界寺寺學教育與佛教傳播》，《青海社會科學》2009 年第 2 期。

劉泓文《唯有三界寺，白雲依舊多——敦煌三界寺研究綜述》，郝春文主編《2013 敦煌學國際聯絡委員會通訊》，上海：上海古籍出版社，2013 年。

王秀波《唐後期五代宋初敦煌三界寺研究》，上海師範大學碩士學位論文，2014 年。

陳大爲、王秀波《敦煌三界寺建置沿革考》,《傳統中國研究集刊》第十四輯,上海:上海社會科學院出版社,2016 年。

朱鳳玉《論講唱活動在敦煌佛教寺院的傳播——以莫高窟三界寺爲例》,《敦煌學》第 33 期,2017 年。

龍 興 寺

侯錦郎《敦煌龍興寺的器物歷》,謝和耐著,耿昇譯《法國學者敦煌學論文選萃》,北京:中華書局,1993 年。

楊寶玉《〈龍興寺毗沙門天王靈驗記〉簡注》,《閩南佛學院學報》1996 年第 2 期。

鄭阿財《敦煌寫本〈龍興寺毗沙門天王靈驗記〉與敦煌地區的毗沙門信仰》,白化文等編《周紹良先生欣開九秩慶壽文集》,北京:中華書局,1997 年。

李軍《從敦煌龍興寺看張氏歸義軍的内部矛盾》,《敦煌佛教與禪宗學術討論會文集》,西安:三秦出版社,2007 年。

陳大爲《敦煌龍興寺與其他寺院的關係》,《敦煌學輯刊》2009 年第 1 期。

陳大爲《敦煌龍興寺的由來:兼論唐五代時期的龍興寺》,《龜茲學研究》第五輯,烏魯木齊:新疆大學出版社,2012 年。

陳明、王惠民《敦煌龍興寺等寺院藏三階教經籍》,《敦煌研究》2014 年第 2 期。

開 元 寺

聶順新《開元寺興致傳説演變研究:兼論唐代佛教官寺地位的轉移及其在後世的影響》,《敦煌研究》2012 年第 5 期。

陳菡旖《唐五代宋初敦煌開元寺研究》,上海師範大學碩士學位論文,2015 年。

陳大爲、陳菡旖《敦煌開元寺史事輯考》,《史林》2016 年第 4 期。

鄭怡楠、鄭炳林《敦煌寫本〈曹議金重修開元寺功德記〉考釋》,《敦煌學輯刊》2017 年第 2 期。

金 光 明 寺

馬德《浙藏敦煌文獻〈子年金光明寺破歷〉考略》,《敦煌研究》2001 年第 3 期。

任偉《敦煌殘卷 S.3905〈唐天復元年辛酉歲金光明寺造□窟上樑文〉匡補》,《河西學院學報》2015 年第 3 期。

陳卿《唐後期五代宋初敦煌金光明寺研究》,上海師範大學碩士學位論文,
　2015 年。

陳大爲、陳卿《唐宋時期敦煌金光明寺考》,《敦煌學輯刊》2016 年第 2 期。

陳大爲、陳卿《敦煌金光明寺與世俗社會的關係》,《敦煌研究》2017 年第
　5 期。

靈　圖　寺

馬德《靈圖寺、靈圖寺窟及其他——〈臘八燃燈分配窟龕名數〉叢識之二》,
　《敦煌研究》1989 年第 2 期。

高雪《唐五代宋時期敦煌靈圖寺研究》,上海師範大學碩士學位論文,
　2016 年。

净　土　寺

唐耕耦《伯 2032 號甲辰年净土寺諸色入破歷計會稿殘卷試釋》,《敦煌吐魯番
　文集》,北京: 敦煌吐魯番學北京資料中心,1988 年。

唐耕耦《乙巳年(945)净土寺諸色入破歷算會牒稿殘卷試釋》,《敦煌吐魯番學
　研究論文集》,上海: 漢語大詞典出版社,1990 年。

唐耕耦《敦煌净土寺六件諸色入破歷算會稿綴合》,《敦煌吐魯番研究》第二
　卷,北京: 北京大學出版社,1996 年。

唐耕耦《〈癸卯年(943)正月一日已後净土寺直歲廣進手下諸色入破歷算會
　稿〉殘卷綴合》,《文獻》1998 年第 3 期。

陳大爲《敦煌净土寺研究綜述》,《敦煌學國際聯絡委員會通訊》(創刊號),
　2002 年。

陳大爲《歸義軍時期敦煌净土寺與都司及諸寺的經濟交往》,《敦煌學輯刊》
　2004 年第 1 期。

陳大爲《晚唐五代宋初敦煌净土寺研究》,首都師範大學碩士學位論文,
　2005 年。

陳大爲《敦煌净土寺與敦煌地區胡姓居民關係探析》,《敦煌學輯刊》2006 年
　1 期。

陳大爲《論敦煌净土寺對歸義軍政權承擔的世俗義務(一)(二)》,《敦煌研
　究》2006 年第 3、5 期。

王祥偉《歸義軍時期敦煌净土寺的財產管理——敦煌寺院財產管理的個案研
　究》,《中國社會經濟史研究》2010 年第 1 期。

李倩《試析唐末五代宋初敦煌净土寺所擁有的土地》,《蘭臺世界(下半月)》

2012 年第 2 期。

李文才《晚唐五代時期沙州净土寺的收入與支出研究：〈後唐同光三年正月沙
　州净土寺直歲保護手下諸色入破歷算會牒〉試釋》，杜文玉主編《唐史論叢》
　第十六輯，西安：陝西師範大學出版社，2013 年。

李文才、周永新《晚唐五代敦煌净土寺支出賬目分類構成研究——基於對 P.
　2049 號文書會計賬目計量分析的考察》，《江蘇科技大學學報》2013 年第
　2 期。

李文才《晚唐五代敦煌净土寺收支賬目初探——基於 P.2049 號籍帳文書的考
　察》，《揚州大學學報》2013 年第 5 期。

報　恩　寺

唐耕耦《沙州報恩寺會計文書考察》，《敦煌寺院會計文書研究》，臺北：新文
　豐出版公司，1997 年。

莫秋新《唐宋時期敦煌報恩寺研究》，上海師範大學碩士學位論文，2018 年。

乾　元　寺

鄭炳林《晚唐五代敦煌寺院香料的科徵與消費——讀〈吐蕃佔領敦煌時期乾
　元寺科香帖〉劄記》，《敦煌學輯刊》2011 年第 2 期。

徐秀玲、丁玉蓮《敦煌文書 S.4782 號〈寅年乾元寺堂齋修造兩司都師文謙諸色
　斛斗入破歷算會牒殘卷〉紀年探析》，《湖北省社會主義學院學報》2015 年
　第 2 期。

徐秀玲《唐宋之際敦煌乾元寺財務收支淺析——以 S.4782 號文書爲例》，《唐
　山師範學院學報》2017 年 6 期。

大　雲　寺

盧雅凝《唐五代宋初敦煌大雲寺研究》，上海師範大學碩士學位論文，2017 年。

永　安　寺

郝春文《〈勘尋永安寺法律願慶與老宿紹建相静根由狀〉及相關問題考》，《戒
　幢佛學》第二卷，長沙：嶽麓書社，2002 年。

永　壽　寺

陳國燦《試論吐蕃佔領敦煌後期的鼠年變革——敦煌"永壽寺文書"研究》，
　《敦煌研究》2017 年第 3 期。

楊銘《吐蕃時期沙州永壽寺研究二三題》,《魏晉南北朝隋唐史資料》2018 年
第 2 期。

大　乘　寺

葉如清《唐宋時期敦煌大乘寺研究》,上海師範大學碩士學位論文,2019 年。

日本杏雨書屋藏敦煌吐魯番文書研究索引[*]

陳麗萍(中國社會科學院古代史研究所)　趙　晶(中國政法大學)

　　近年來,我們一直關注日本杏雨書屋所藏敦煌吐魯番文書,除了也有一些習作關涉部分文書外,我們還曾發表《日本杏雨書屋藏敦煌吐魯番文書研究綜述》《日本杏雨書屋藏敦煌吐魯番文書研究論著目録(2009—2014)》,呈現學界有關杏雨書屋藏品的研究概況。[①] 但當時的論著目録部分僅按發表年份羅列相關成果,這存在三個遺憾:一是沒有將專著、學位論文(以及報告)和單篇論文分開;二是無法體現每個卷號的具體研究狀況;三是沒有收録《敦煌秘笈》正式出版前的研究。《敦煌秘笈》出版已逾十年,我們以爲有必要對相關研究成果(截至 2019 年底)再做匯集整理,盡力做出一份全面的研究索引,以便學界參考。

　　本研究索引即以《敦煌秘笈》所收敦煌吐魯番文書的流水編號爲序,每個編號下的研究成果以發表時間爲序排列,至於各個卷號與其他敦煌吐魯番文書的綴合關係,我們也盡量予以指出。本索引充分利用了張娜麗[②]、榮新江[③]、岩本篤志[④]、鄭阿財[⑤]、山本孝子[⑥]先生的相關目録或索引,文中若無特別説明處,不再一一出注。

　　通過我們的彙整,目前杏雨書屋藏敦煌吐魯番文書研究的特徵主要有:

　　第一,學界對這批藏品的整體關注度非常高,一方面體現在對文書來源、收藏過程、藏家印鑒、題跋等學術史方面的追尋;一方面是對文書内容的關注,在所知的 775 號(486—500、714、724 缺號,實際刊佈 758 號)中,被研究者討論過的已有 400 餘號,其中社會經濟類文書約占 90 餘號,幾乎囊括了社會經濟類文書的全部。但顯然學界的重點仍集中於李盛鐸舊藏即羽 1—432 號

　　* 本文是 2014 年度國家社科基金重大項目"中國古文書學研究"子課題"隋唐五代古文書研究"的階段性成果,項目批准號 14ZDB024。

　　① 《2014 敦煌學國際聯絡委員會通訊》,上海:上海古籍出版社,2014 年,第 74—85、362—372 頁。

　　② 《羽田亨博士收集〈西域出土文獻寫真〉について》,《お茶の水史學》第 50 卷,2006 年,第 1—64 頁;《羽田亨博士收集西域出土文獻寫真とその原書:文獻の流散とその通信・寫真撮影の軌跡》,《論叢現代語・現代文化》5,2010 年,第 1—27 頁。

　　③ 《追尋最後的寶藏——李盛鐸舊藏敦煌文獻調查記之"附録:〈李木齋氏鑒藏敦煌寫本目録〉"》,《轉型期的敦煌學》,上海:上海古籍出版社,2007 年,第 19—26 頁;《辨僞與存真——敦煌學論集》,上海:上海古籍出版社,2010 年,第 74—90 頁。

　　④ 《杏雨書屋藏〈敦煌秘笈〉概觀——その構成と研究史》,《西北出土文獻研究》第 8 號,2010 年,第 61—63 頁。

　　⑤ 《杏雨書屋〈敦煌秘笈〉來源、價值與研究狀況》,《敦煌研究》2013 年 3 期,第 116—127 頁。

　　⑥ 《〈敦煌秘笈〉所收寫本研究論著目録稿》,《敦煌寫本研究年報》第 11 卷,2017 年,第 177—204 頁。

中,其中被研究的文書達到了 250 餘號。而且杏雨書屋藏品的編號不乏一號多件的模式,因此若要以件計,已被研究的文書的數量會更多。

　　第二,對一些未定名、定名有誤文書的深入研究,是已有成果中最大的亮點,各種綴合研究是最大的切入點。學界將杏雨書屋藏品作爲敦煌吐魯番文書的一部分,置入史學、經學、文學、政治、經濟、譜牒、醫藥、占卜、算學、書法、教育、書儀、舞蹈、契約、社邑、地理、佛教、道教、景教[①]等的宏觀研究中,既關注了它們的獨特性,也體現了它們與其他文書間的關聯性,並進而對相關領域的研究有所推進。

　　第三,對文書本身、藏家題記和印鑒的辨偽也是已有成果中值得關注的亮點。因爲羽 432 號之後藏品的來源比較複雜且入藏時限較長,這就存在文書本身和題記、印鑒方面的造假問題,對這些現象的辨析,是對杏雨書屋藏品全面正確瞭解的基礎。顯然,經過學界數年的沉澱,關於杏雨書屋藏品對敦煌學領域中的一些傳統課題的推進,以及與大量佛道教經典和景教文獻的深入考察,未來仍有很大的空間。

羽 1

松本文三郎《敦煌石室古寫經の研究》,《仏典の研究》,東京丙午出版社,
　　1914,123 - 124、127。

羅福萇《古寫經尾題録存》,《永豐鄉人雜録續編》,1922 - 1923,葉 13b。

池田温《敦煌古代寫本識語集録》No. 222,東京大學東洋文化研究所,
　　1990,122。

榮新江《追尋最後的寶藏——李盛鐸舊藏敦煌文獻調查記》,《轉型期的敦煌

　　① 杏雨書屋所藏 4 件景教文獻即羽 13《志玄安樂經》、羽 431《大秦景教宣元本經》、羽 459《序聽迷詩所經》、羽 460《一神論》的辨偽與研究,學界已有全面的總結回顧,主要可參看林悟殊、榮新江《所謂李氏舊藏敦煌景教文獻二種辨偽》,《九州學刊》第 4 卷第 4 期,1992 年,第 19—34 頁,收入克里木凱特著、林悟殊翻譯增訂《達·伽馬以前中亞和東亞的基督教》,臺北:淑馨出版社,1995 年 4 月,第 189—211 頁;Doubts concerning the Authenticity of Two Nesorian Christian Documents Unearthed at Dunhuang from the Li Collection"(tr. by Bruce Doar),China Archaeology and Art Digest, 1.1,May 1996,pp.5 - 14;榮新江《鳴沙集》,臺北:新文豐出版公司,1999 年 9 月,第 65—102 頁;《追尋最後的寶藏》,《轉型期的敦煌學》,第 21—22 頁;《辨偽與存真》,第 28—46、83—84 頁;林悟殊《唐代景教再研究》,北京:中國社會科學出版社,2003 年,第 156—174 頁。榮新江《敦煌景教文獻寫本的真與偽》,《三夷教研究——林悟殊先生古稀紀念》,蘭州:蘭州大學出版社,2014 年,第 280—289 頁,收入《絲綢之路與中西文化交流》,北京:北京大學出版社,2015 年,第 349—368 頁。林悟殊《敦煌漢文景教寫本研究述評》,《歐亞學刊》第 3 輯,北京:中華書局,2002 年,第 251—287 頁。陳懷宇《所謂唐代景教文獻兩種辨偽補説》,《唐研究》第 3 卷,北京:北京大學出版社,1997 年,第 41—53 頁,收入《景風梵聲——中古宗教之諸相》,北京:宗教文化出版社,2012 年,第 1—10 頁;《敦煌三夷教與中古社會》,蘭州:甘肅教育出版社,2013 年,第 375—383 頁。王蘭平《唐代敦煌漢文景教寫經研究述評》,《2007 敦煌學國際聯絡委員會通訊》,上海古籍出版社,2007 年,第 98—112 頁;《唐代敦煌漢文景教寫經研究》,北京:民族出版社,2016 年,第 1—30 頁。吳昶興《大秦景教述評——歷史、語言、文本總論(下)》,《基督教文化學刊》第 34 輯,2015 年秋,第 187—218 頁;岩本篤志《敦煌景教文獻と洛陽景経幢——唐代景教研究と問題點の整理》,《唐代史研究》第 19 期,2016 年,第 77—97 頁。張雪松《芻議現存敦煌唐代景教文獻的真偽問題》,《上饒師範學院學報》2016 年第 1 期,第 48—52 頁。蓋佳擇、楊富學《唐代兩京、敦煌景教寫本文獻研究述評》,《唐史論叢》第 24 輯,西安:陝西師範大學出版社,2017 年,第 323—355 頁等,本文不再贅引。

學》,上海古籍出版社,2007.11,19;《辨僞與存真——敦煌學論集》,上海古
籍出版社,2010.3,81。

岩本篤志《敦煌秘笈所見印記小考——寺印・官印・藏印》,《内陸アジア言
語の研究》28,2013.9,129－170。

傅及斯《敦煌本〈華嚴經〉整理與研究》,復旦大學碩士學位論文,2014.5。

羽2

羅振玉(1919.9.17),《羅振玉王國維往來書信》,東方出版社,2000.7,
470－471。

王國維(1919.9.30),《觀堂書劄》,湖南人民出版社,1980.8,37;《羅振玉王國
維往來書信》,473－474。

羅振玉《增訂高昌麴氏年表》,《遼居雜著乙編》,1933,葉4b。

許國霖《敦煌石室寫經題記彙編》,佛學書局,1937,32。

池田温《敦煌古代寫本識語集録》No38,76。

王素《吐魯番出土寫經題記"甘露"年號補説》,《敦煌吐魯番學研究論集》,書
目文獻出版社,1996.6,244－252。

榮新江《追尋最後的寶藏》,《轉型期的敦煌學》,19－20;《辨僞與存真》,81。

沈澍農《敦煌吐魯番醫藥文獻新輯校》,高等教育出版社,2016.12,18。

鄭阿財《杏雨書屋〈敦煌秘笈〉所見〈維摩詰經〉及其相關文獻》,《佛光研究》
新2.1,2016.1,1－33。

鄭阿財《俄藏敦煌寫卷 φ.102〈維摩經疏〉研究》,《四川大學學報》2019.2,
134－143。

羽3+P.2735

松本文三郎《仏典の研究》,125－126。

榮新江《追尋最後的寶藏》,《轉型期的敦煌學》,20;《辨僞與存真》,82。

劉永明《日本杏雨書屋藏敦煌道教及相關文獻研讀札記》,《敦煌學輯刊》
2010.3,68－82。

王卡《敦煌本〈洞真高上玉帝大洞雌一玉檢五老寶經〉校讀記》,《敦煌吐魯番
研究》15,上海古籍出版社,2015.10,427－446。

吳羽《敦煌所出〈十戒經〉盟文中朱筆的宗教意義——兼論晉唐道經的保存與
流傳》,《敦煌吐魯番研究》16,上海古籍出版社,2016.10,125－136。

劉永明《敦煌本道教〈十戒經〉考論》,《歷史研究》2016.1,178－189。

沈澍農《敦煌吐魯番醫藥文獻新輯校》,18。

劉永明、路旻《敦煌清信弟子經戒傳授與北周至唐代的國家道教》,《世界宗教研究》2018.3,108–122。

曾柏亮《敦煌吐魯番文獻中良賤身份資料整理及研究》,南京師範大學碩士學位論文,2018.5。

曾柏亮、李天石《敦煌吐魯番漢文文獻中奴婢資料的再整理》,《敦煌學輯刊》2019.1,149–168。

羽 3v2

榮新江《〈蘭亭序〉與〈尚想黃綺帖〉在西域的流傳》,《2011 年蘭亭國際學術研討會論文集》,故宮出版社,2014.12,26–35;村井恭子譯《「蘭亭序」および「尚想黃綺」帖の西域における流傳》,《高田時雄教授退職記念東方學研究論集》(日英文分册),京都臨川書店,2014.6,89–104。

榮新江《王羲之〈尚想黃綺帖〉在西域的流傳》,《絲綢之路與中西文化交流》,北京大學出版社,2015.8,200–209。

海野洋平《敦煌寫本 P.4019pice4・P.3349piece4・P.3368piece7 の綴合・復原——童蒙教材としての王羲之額書論(“尚想黃綺”帖)》,《集刊東洋學》116,2017.1,90–109。

海野洋平《童蒙教材としての王羲之“額書論”(“尚想黃綺”帖)——敦煌寫本・羽 664ノ二 R 見るプレ〈千字文〉課本の順朱》,《杏雨》20,2017.6,117–212。

張新朋《敦煌文獻之王羲之〈尚想黃綺帖〉拾遺》,《敦煌研究》2018.6,69–76。

羽 4

松本文三郎《仏典の研究》,123。

羅福萇《古寫經尾題録存》,葉 1b。

池田温《敦煌古代寫本識語集録》No.167,105。

榮新江《追尋最後的寶藏》,《轉型期的敦煌學》,20;《辨僞與存真》,82。

傅及斯《敦煌本〈華嚴經〉整理與研究》,復旦大學碩士學位論文,2014.5。

大屋正順《北魏敦煌鎮寫經の書風について》,《大正大學研究紀要》99,2014.3,312–295(1–18)。

羽 5

松本文三郎《仏典の研究》,124。

羅福萇《古寫經尾題録存》,葉 15b。

池田温《敦煌古代寫本識語集録》No.310,143。

榮新江《追尋最後的寶藏》,《轉型期的敦煌學》,20;《辨僞與存真》,82。

（BD07058+）羽6

松本文三郎《仏典の研究》,125、127－128。

池田温《敦煌古代寫本識語集録》No604,222－223。

榮新江《追尋最後的寶藏》,《轉型期的敦煌學》,20－21;《辨僞與存真》,82。

陳濤《日本杏雨書屋藏唐代宫廷寫經略説》,《中國歷史文物》2010.5,11－16。

趙和平《唐代咸亨至儀鳳中宮廷寫經機構研究》,《國學的傳承與創新：馮其庸先生從事教學與科研六十周年慶賀學術文集》（下）,上海古籍出版社,2013.4,1026－1055。

朱鳳玉《散藏敦煌寫卷題跋研究發凡》,《敦煌學》31,臺北樂學書局,2015.3,11－38。

朱鳳玉《散藏敦煌遺書所見題跋輯録與研究——以許承堯舊藏題跋爲例》,《敦煌寫本研究年報》10－1,2016.3,21－33。

秦龍泉《敦煌本〈法華經〉綴合簡目》（上）,寫本文獻學微刊,2017.10.1。

吳炯炯、鄭炳林《武周〈閻泰墓誌〉考證》,《蘭州大學學報》2017.5,80－90。

秦龍泉《敦煌本〈妙法蓮華經〉漢文寫本研究——以八卷本爲中心》,浙江師範大學碩士學位論文,2018.5。

閻章虎《政治制度視角下的唐代書法史研究》,吉林大學博士學位論文,2019.11。

羽7

松本文三郎《仏典の研究》,125。

羅福萇《古寫經尾題録存》,葉8a。

池田温《敦煌古代寫本識語集録》No625,230－231。

榮新江《追尋最後的寶藏》,《轉型期的敦煌學》,21;《辨僞與存真》,83。

陳濤《日本杏雨書屋藏唐代宫廷寫經略説》,《中國歷史文物》2010.5,11－16。

趙和平《唐代咸亨至儀鳳中宮廷寫經機構研究》,《國學的傳承與創新》（下）,1026－1055。

吳炯炯、鄭炳林《武周〈閻泰墓誌〉考證》,《蘭州大學學報》2017.5,80－90。

閻章虎《政治制度視角下的唐代書法史研究》,吉林大學博士學位論文,2019.11。

羽 8

松本文三郎《仏典の研究》,124－125、126－127。

池田温《敦煌古代寫本識語集録》No.520,192。

榮新江《追尋最後的寶藏》,《轉型期的敦煌學》,21;《辨僞與存真》,83。

羽 9

陳濤《日本杏雨書屋藏唐代宮廷寫經略説》,《中國歷史文物》2010.5,11－16。

趙和平《唐代咸亨至儀鳳中宮廷寫經機構研究》,《國學的傳承與創新》（下）,
　　1026－1055。

吳炯炯、鄭炳林《武周〈閻泰墓誌〉考證》,《蘭州大學學報》2017.5,80－90。

羽 10

張小艶《敦煌本〈衆經要攬〉校録並研究》,《敦煌吐魯番研究》15,279－320。

羽 11

落合俊典《李盛鐸舊藏開元廿二年寫〈法花行儀〉初探》,《草創期の敦煌學》,
　　京東知泉書館,2002.12,203－224。

榮新江《追尋最後的寶藏》,《轉型期的敦煌學》,21;《辨僞與存真》,83。

松森秀幸《杏雨書屋所藏〈法花行儀〉について》,《印度學佛教學研究》66
　　（1）,2017.12,330－324。

沈澍農《敦煌吐魯番醫藥文獻新輯校》,18。

松森秀幸《敦煌寫本〈法花行儀〉與唐代法華思想》,《敦煌研究》2019.2,32－
　　39;《敦煌寫本〈法花行儀〉と唐代法華思想》,《東洋學術研究》58－1,2019.
　　5,98－210。

（Дx.10996+）羽 12

陳濤《日本杏雨書屋藏唐代宮廷寫經略説》,《中國歷史文物》2010.5,11－16。

趙和平《唐代咸亨至儀鳳中宮廷寫經機構研究》,《國學的傳承與創新》（下）,
　　1026－1055。

沈澍農《敦煌吐魯番醫藥文獻新輯校》,18。

羅慕君《敦煌漢文本〈金剛經〉整理研究》,浙江大學博士學位論文,2018.6。

羅慕君、張涌泉《散藏敦煌本〈金剛經〉綴合研究》,《敦煌吐魯番研究》18,上
　　海古籍出版社,2018.10,633－669。

閆章虎《政治制度視角下的唐代書法史研究》,吉林大學博士學位論文,

2019.11。

羽 14-1+S.6121+S.11910（BD09954、上博 24）

羅振玉《〈論語〉鄭注〈述而〉至〈鄉黨〉殘卷跋》,《雪堂校勘群書敘録》,上虞羅
　　氏貽安堂凝清室刊本,1917;《浙江與敦煌學：常書鴻先生誕辰一百周年紀
　　念文集》,浙江古籍出版社,2004.12,170-172。

許建平《杏雨書屋藏〈論語〉殘片三種校録及研究》,《從鈔本到刻本：中日〈論
　　語〉文獻研究》,北京大學出版社,2013.6,36-55;《敦煌經學文獻論稿》,浙
　　江大學出版社,2016.8,348-369。

王天然《讀杏雨書屋所藏八件經部敦煌寫本小識》,《亚洲研究》16,2012.2,
　　23-46。

夏國强《日本杏雨書屋刊佈李盛鐸舊藏敦煌寫本〈論語〉殘卷敘論》,《孔子研
　　究》2016.2,46-51。

羽 14-2

許建平《杏雨書屋藏〈論語〉殘片三種校録及研究》,《從鈔本到刻本：中日〈論
　　語〉文獻研究》,36-55;《敦煌經學文獻論稿》,348-369。

王天然《讀杏雨書屋所藏八件經部敦煌寫本小識》,《亚洲研究》16,2012.2,
　　23-46。

夏國强《日本杏雨書屋刊佈李盛鐸舊藏敦煌寫本〈論語〉殘卷敘論》,《孔子研
　　究》2016.2,46-51。

羽 14-3（P.2620）

許建平《杏雨書屋藏〈論語〉殘片三種校録及研究》,36-55;《敦煌經學文獻論
　　稿》,348-369。

王天然《讀杏雨書屋所藏八件經部敦煌寫本小識》,《亚洲研究》16,23-46。

夏國强《日本杏雨書屋刊佈李盛鐸舊藏敦煌寫本〈論語〉殘卷敘論》,《孔子研
　　究》2016.2,46-51。

羽 15-1+P.2669

王天然《讀杏雨書屋所藏八件經部敦煌寫本小識》,《亚洲研究》16,23-46。

許建平《杏雨書屋藏〈詩經〉殘片三種校録及研究》,《慶祝饒宗頤先生 95 華誕
　　敦煌學國際學術研討會論文集》,中華書局,2012.12,443-455;《讀卷校
　　經——出土文獻與傳世典籍的二重互證》,浙江大學出版社,2014.5,

89－104。

許建平《敦煌〈詩經〉寫卷研究綜述》,《敦煌研究》2014.1,68－77。

石立善《日本古钞本〈毛詩傳箋・唐風〉研究(上)——與敦煌出土寫卷法藏
P.2529 對勘》,《域外漢籍研究集刊》17,中華書局,2018.9,285－313。

羽 15－2－1+? +羽 15－2－2+Дх.05588

王天然《讀杏雨書屋所藏八件經部敦煌寫本小識》,《亚洲研究》16,23－46。

許建平《杏雨書屋藏〈詩經〉殘片三種校錄及研究》,《慶祝饒宗頤先生 95 華誕
敦煌學國際學術研討會論文集》,443－455;《讀卷校經》,89－104。

許建平《敦煌〈詩經〉寫卷研究綜述》,《敦煌研究》2014.1,68－77。

羽 15－3(S.3330、P.2978、S.6346、S.6196)

王天然《讀杏雨書屋所藏八件經部敦煌寫本小識》,《亚洲研究》16,23－46。

許建平《杏雨書屋藏〈詩經〉殘片三種校錄及研究》,《慶祝饒宗頤先生 95 華誕
敦煌學國際學術研討會論文集》,443－455;《讀卷校經》,89－104。

許建平《敦煌〈詩經〉寫卷研究綜述》,《敦煌研究》2014.1,68－77。

(S.6196v+? +S.6346v+) 羽 15－3v(+? +P.2978v+? +S.3300v)

劉永明《日本杏雨書屋藏敦煌道教及相關文獻研讀札記》,《敦煌學輯刊》
2010.3,68－82。

劉永明《敦煌占卜文書中的鬼神信仰研究》,《敦煌寫本研究年報》5,2011.3,
15－63。

王天然《讀杏雨書屋所藏八件經部敦煌寫本小識》,《亚洲研究》16,23－46。

王晶波《敦煌占卜文獻與社會生活》,甘肅教育出版社,2013.12,458－460。

鄭炳林、陳于柱《敦煌占卜文獻敘錄》,蘭州大學出版社,2014.3,145－150。

黃正建《敦煌占卜文書與唐五代占卜研究(增訂版)》,中國社會科學出版社,
2014.8,125。

岩本篤志《敦煌の醫藥書と敦煌文獻》,角川學芸出版,2015.3,245－271。

陳于柱《日本杏雨書屋藏敦煌本〈發病書〉殘卷整理與研究》,《敦煌吐魯番研
究》15,521－532。

湯偉《敦煌醫藥文獻研究——校勘與疑難俗字考釋》,河北大學博士學位論
文,2017.5。

王安萍《隋唐五代敦煌〈發病書〉所見疾病探析——以羽 015、P.2978、S.6346
爲中心》,《西部中醫藥》2017.10,33－35。

關長龍《敦煌本數術文獻輯校》,中華書局,2019.6,1213－1224。

羽 16(Дх.04512、Дх.01712)

王天然《讀杏雨書屋所藏八件經部敦煌寫本小識》,《亞洲研究》16,23－46。

羽 17

榮新江《追尋最後的寶藏》,《轉型期的敦煌學》,22;《辨僞與存真》,84。

羽 18+S.2074

榮新江《追尋最後的寶藏》,《轉型期的敦煌學》,22;《辨僞與存真》,84。

王天然《讀杏雨書屋所藏八件經部敦煌寫本小識》,《亞洲研究》16,23－46。

許建平《絲路出土〈尚書〉寫本與中古〈尚書〉學》,《敦煌學輯刊》2018.2,
　158－165。

(P.4988+) 羽 19

賈曉明、馬鴻雁《李盛鐸"舊藏"敦煌古卷的前世今生》,《光明日報》2012.7.17.
　No.13。

張涌泉、張新朋《敦煌殘卷綴合研究》,《文史》2012.3,313－330;《敦煌文獻整
　理導論》,浙江大學出版社,2015.12,95－119。

王卡《敦煌本〈洞真高上玉帝大洞雌一玉檢五老寶經〉校讀記》《敦煌吐魯番
　研究》15,427－446。

羽 19v+P.4988v

賈曉明、馬鴻雁《李盛鐸"舊藏"敦煌古卷的前世今生》,《光明日報》2012.7.17.
　No.13。

張涌泉、張新朋《敦煌殘卷綴合研究》,《文史》2012.3,313－330;《敦煌文獻整
　理導論》,95－119。

朱鳳玉《敦煌變文寫本原生態及其文本講唱特徵析論——以今存寫本原題有
　"變"爲中心》,《敦煌學》35,臺北樂學書局,2019.8,59－92。

羽 20

羅振玉輯《敦煌石室碎金》,東方學會,1925;《敦煌叢刊初集》7,新文豐出版公
　司,1985.6,99－105。

瀧川政次郎《西域出土の唐律殘片について》,《法學協會雜誌》48－6,1930.

6,65－84;《律令の研究》,東京刀江書院,1931.9,附録47－49。

岡野誠《西域発見唐開元律疏断簡の再檢討》,《法律論叢》5－4,1977.12,
29－86。

池田温、岡野誠《敦煌・吐魯番發見唐代法制文獻》,《法制史研究》27,
1978.5,189－229;高明士譯《敦煌、吐魯番發現的唐代法制文獻》,《食
貨》復刊9,No5－8,1979.9、11;《戰後日本的中國史研究(修訂版)》,明文
書局,1996,224－286、405－417;《法律文化研究》13,社會科學出版社,
2019.11,1－53。

Yamamoto, T. et al., *Tun-huang and Turfan Documents concerning Social and
Economic History*, I: Legal Texts, Tokyo: Toyo Bunko, 1978－1980(A),
p.30－31, 112－114; (B), p.28－32.

劉俊文《敦煌吐魯番發現唐寫本律及律疏殘卷研究》,《敦煌吐魯番文獻研究
論集》,中華書局,1982.5,588－594;《敦煌吐魯番唐代法制文書考釋》,中華
書局,1989.3,169－179。

唐耕耦、陸宏基《敦煌社會經濟文獻真跡釋録》2,全國圖書館文獻縮微複製中
心,1990.7,527－531。

榮新江《追尋最後的寶藏》,《轉型期的敦煌學》,22;《辨僞與存真》,84。

陳濤《日本杏雨書屋藏唐代敦煌本〈雜律疏〉殘卷略説——原李盛鐸舊藏敦
煌寫本》,《敦煌學輯刊》2010.3,83－92;《法制史研究》18,2011.2,
255－267。

岡野誠《唐宋史料に見る"法"と"醫"の接點》,《杏雨》14,2011.6,130－166。

辻正博《敦煌・トルファン出土唐代法制文獻研究の現在》,《敦煌寫本研究
年報》6,2012.3,249－272;周東平譯《敦煌、吐魯番出土唐代法制文獻研究
之現狀》,《法律史譯評》,北京大學出版社,2013.9,118－145;《法律文化研
究》13,54－84。

黄正建《唐代法律用語中的"款"和"辯"——以〈天聖令與吐魯番出土文書爲
中心〉》,《文史》2013.1,256－272。

高滨《"辦定""辨定"與"辯定"——〈天聖令・獄官令〉復原札記一則》,《唐
宋歷史評論》5,社會科學文獻出版社,2018.12,149－160。

趙晶《二十年來敦煌吐魯番漢文法律文獻研究述要》,《國學學刊》2019.2,
2019.7,126－140;《法律文化研究・主編導讀》13,1－26。

羽20v

岡野誠《唐宋史料に見る"法"と"醫"の接點》,《杏雨》14,130－166。

羽 22－2

榮新江《追尋最後的寶藏》,《轉型期的敦煌學》,22;《辨僞與存真——敦煌學
　論集》,84。

羽 23

榮新江《追尋最後的寶藏》,《轉型期的敦煌學》,22;《辨僞與存真》,85。

王秀波《唐後期五代宋初敦煌三界寺研究》,上海師範大學碩士學位論文,
　2014.4。

李成滿《敦煌印本文獻整理研究》,西南大學碩士學位論文,2017.6。

羽 24

池田温《敦煌郡龍勒鄉天寶六載籍の一斷簡》,《創價大學人文論集》10,1998,
　251－260。

Yamamoto, T. et al., *Tun-huang and Turfan Documents concerning Social and
　Economic History*, Supplement, Tokyo: Toyo Bunko, 2001(A), p.36;（B）, p.41.

榮新江《追尋最後的寶藏》,《轉型期的敦煌學》,22;《辨僞與存真》,85。

池田温《敦煌秘笈の價值》,《杏雨》14,167－182。

陳國燦《讀〈杏雨書屋藏敦煌秘笈〉社會文書札記(一)》,《魏晉南北朝隋唐史
　資料》28,武漢大學出版社,2012.12,249－262;《讀〈杏雨書屋藏敦煌秘笈〉
　札記》,《史學史研究》2013.1,113－122。

趙貞《唐代黄口的著録與入籍——以敦煌吐魯番文書爲中心》,《西域研究》
　2017.4,46－60。

羽 24v

鄭阿財《杏雨書屋〈敦煌秘笈〉所見〈維摩詰經〉及其相關文獻》,《佛光學報》
　新 2－1,1－33。

羽 25v

榮新江《追尋最後的寶藏》,《轉型期的敦煌學》,23;《辨僞與存真》,25。

陳國燦《讀〈杏雨書屋藏敦煌秘笈〉社會文書札記(一)》,《魏晉南北朝隋唐史
　資料》28,249－262;《讀〈杏雨書屋藏敦煌秘笈〉札記》,《史學史研究》2013.
　1,113－122。

趙晶《羽 25v〈倉夫令狐良嗣牒〉補説——兼論〈倉庫令〉宋 1 的唐令復原問
　題》,《中國史研究》(韓國)90,2014.6,111－126;《天聖令與唐宋法制考

論》,上海古籍出版社,2014.8,191-202;《金塔居延遺址與絲綢之路歷史文化研究》,甘肅教育出版社,2014.12,790-797。

《中國邊疆法律治理的歷史經驗:中國法律史學會 2014 年學術年會論文集》(下),法律出版社,2014.8,155-165。

郁曉剛《唐代官倉庫管理中的量庫與交割》,《魏晉南北朝隋唐史資料》35,上海古籍出版社,2017.7,125-137。

羽 26

榮新江《追尋最後的寶藏》,《轉型期的敦煌學》,23;《辨僞與存真》,85。

王秀波《唐後期五代宋初敦煌三界寺研究》,上海師範大學碩士學位論文,2014.4。

李成滿《敦煌印本文獻整理研究》,西南大學碩士學位論文,2017.6。

羽 27-1

池田温《李盛鐸舊藏敦煌歸義軍後期社會經濟文書簡介》,《慶祝吳其昱先生八秩華誕敦煌學特刊》,文津出版有限公司,2000.1,40-46。

Yamamoto, T. et al., *Tun-huang and Turfan Documents concerning Social and Economic History*, 2001(A), p.49;(B), p.44.

榮新江《追尋最後的寶藏》,《轉型期的敦煌學》,23;《辨僞與存真》,85。

池田温《敦煌秘笈の價值》,《杏雨》14,167-182。

陳國燦《讀〈杏雨書屋藏敦煌秘笈〉社會文書札記(一)》,《魏晉南北朝隋唐史資料》28,249-262;《讀〈杏雨書屋藏敦煌秘笈〉札記》,《史學史研究》2013.1,113-122。

陳麗萍《杏雨書屋藏敦煌契約文書匯錄》,《隋唐遼宋金元史論叢》4,上海古籍出版社,2014.5,169-200。

楊寶玉《讀杏雨書屋藏羽 027〈癸未年十一月史喜酥賣馬契〉札記》,《石河子大學學報》2017.1,25-28。

羽 28

池田温《李盛鐸舊藏敦煌歸義軍後期社會經濟文書簡介》,《慶祝吳其昱先生八秩華誕敦煌學特刊》,35-40。

Yamamoto, T. et al., *Tun-huang and Turfan Documents concerning Social and Economic History*, 2001 (A), p.38.

榮新江《追尋最後的寶藏》,《轉型期的敦煌學》,23;《辨僞與存真》,85-86。

陳國燦《讀〈杏雨書屋藏敦煌秘笈〉社會文書札記(一)》,《魏晉南北朝隋唐史資料》28,249－262;《讀〈杏雨書屋藏敦煌秘笈〉札記》,《史學史研究》2013.1,113－122。

陳麗萍《杏雨書屋藏敦煌契約文書匯録》,《隋唐遼宋金元史論叢》4,169－200。

劉進寶《敦煌文書與中古社會經濟》,浙江大學出版社,2016.3,276－311。

羽 29

榮新江《追尋最後的寶藏》,《轉型期的敦煌學》,23;《辨僞與存真》,86。

張新朋《敦煌寫本〈開蒙要訓〉研究》,中國社會科學出版社,2013.11。

高天霞《敦煌寫本〈開蒙要訓〉字詞補釋》,《漢語史研究集刊》2017.2,267－273。

羽 30

榮新江《追尋最後的寶藏》,《轉型期的敦煌學》,23;《辨僞與存真》,86。

曾柏亮《敦煌吐魯番文獻中良賤身份資料整理及研究》,南京師範大學碩士學位論文,2018.5。

曾柏亮、李天石《敦煌吐魯番漢文文獻中奴婢資料的再整理》,《敦煌學輯刊》2019.1,149－168。

鄭炳林、鄭怡楠《敦煌碑銘讚輯釋(增訂本)》,上海古籍出版社,2019.11,716。

羽 31

岩本篤志《六朝隋唐五代と日本における〈霊棋経〉—敦煌本・室町期鈔本を中心に》,《資料學研究》3,2006.3,1－27。

岩本篤志《唐宋期における守庚申と盤上遊戲——〈西域出土文獻寫真〉所收〈宵夜図〉考》,《日本敦煌學論叢》1,2006.10,77－101。

榮新江《追尋最後的寶藏》,《轉型期的敦煌學》,23;《辨僞與存真》,86。

岩本篤志《唐宋時期的守庚申和棋盤遊戲——〈敦煌秘笈宵夜圖〉考》,《國際漢學研究通訊》6,2013.3,104－123。

羽 32

高田時雄《書評:敦煌漢文文獻》,《東洋史研究》52－1,1993.6,124－125。

榮新江《追尋最後的寶藏》,《轉型期的敦煌學》,24;《辨僞與存真》,86。

高田時雄《李盛鐸舊藏〈驛程記〉初探》,《敦煌寫本研究年報》5,1－13。

李軍《晚唐五代歸義軍與涼州節度關係考論》,《陝西師範大學學報》2011.6,
　　90－96。

陳國燦《讀〈杏雨書屋藏敦煌秘笈〉社會文書札記(一)》,《魏晉南北朝隋唐史
　　資料》28,249－262;《讀〈杏雨書屋藏敦煌秘笈〉札記》,《史學史研究》2013.
　　1,113－122。

陳濤《日本杏雨書屋藏敦煌本〈驛程記〉地名及年代考》,《南都學壇》2014.5,
　　28－31。

齊藤茂雄《唐後半期における陰山と天德軍——敦煌発現"駅程記斷簡"(羽
　　032)文書の檢討を通じて》,《關西大學東西學術研究所紀要》47,2014.4,
　　71－99。

陳濤《唐大中年間沙州遣使中原路綫新説——以敦煌本〈驛程記〉爲中心》,
　　《蘭州學刊》2015.8,46－49。

楊寶玉《羽32－1 驛程記與大中五年張議潭入奏諸問題辨析》,《敦煌研究》
　　2016.6,124－129。

白玉冬《沙州歸義軍政權大中五年入朝路再釋》,《内蒙古社會科學》2016.1,
　　83－87。

白玉冬《"可敦墓"考——兼論十一世紀初期契丹與中亞之交通》,《歷史研
　　究》2017.4,158－170。

陳飛飛《唐宣宗大中五年三次沙州使團入奏活動路綫考》,《絲綢之路研究集
　　刊》3,商務印書館,2019.2,310－317。

侯振兵《試論〈天聖令〉中"專使"的制度規範》,《唐史論叢》29,三秦出版社,
　　2019.10,41－54。

魏迎春、鄭炳林《河西隴右陷落期間的回鶻道》,《敦煌學輯刊》2019.3,7－19。

鄭炳林、鄭怡楠《敦煌碑銘讚輯釋(增訂本)》,1598。

羽 33

牧野和夫《敦煌藏經洞藏〈孔子項託相問書〉類の日本傳來・受容について》,
　　《敦煌文獻論集》,辽宁人民出版社,2001.5,280－281。

牧野和夫《〈孔子項託相問書〉の世界——敦煌寫卷の斷簡一紙——俄羅斯科
　　學院東方研究所聖彼得堡分所藏〈孔子項託相問書〉斷簡と京都大學内陸
　　アヅア研究所(羽田記念館)藏〈羽田亨博士收集西域出土文獻寫真〉所收
　　寫真一葉との關係について》,《實踐國文學》63,2003.3,17－25。

榮新江《追尋最後的寶藏》,《轉型期的敦煌學》,24;《辨偽與存真》,86－87。

張涌泉《新見敦煌變文寫本敘録》,《文學遺産》2015.5,130－152。

曾柏亮《敦煌吐魯番文獻中良賤身份資料整理及研究》,南京師範大學碩士學位論文,2018.5。

曾柏亮、李天石《敦煌吐魯番漢文文獻中奴婢資料的再整理》,《敦煌學輯刊》2019.1,149-168。

羽 34

池田温《李盛鐸舊藏敦煌歸義軍後期社會經濟文書簡介》,《慶祝吳其昱先生八秩華誕敦煌學特刊》,47-51。

岩本篤志《敦煌秘笈所見印記小考——寺印·官印·藏印》,《内陸アジア言語の研究》28,129-170。

榮新江《追尋最後的寶藏》,《轉型期的敦煌學》,24;《辨僞與存真》,87。

趙貞《杏雨書屋藏羽34〈群牧見行籍〉研究》,《中國經濟與社會評論》2016年卷,中國社會科學出版社,2017.7,1-20;《敦煌文獻與唐代社會文化研究》,北京師範大學出版社,2017.2,131-154。

羽 35

池田温《李盛鐸舊藏敦煌歸義軍後期社會經濟文書簡介》,《慶祝吳其昱先生八秩華誕敦煌學特刊》,51—56。

岩本篤志《敦煌秘笈所見印記小考——寺印·官印·藏印》,《内陸アジア言語の研究》28,129-170。

榮新江《追尋最後的寶藏》,《轉型期的敦煌學》,24;《辨僞與存真》,87。

趙貞《歸義軍曹氏時期的鳥形押補遺》,《敦煌吐魯番研究》16,231-248;《敦煌文獻與唐代社會文化研究》,271-292。

羽 36

榮新江《追尋最後的寶藏》,《轉型期的敦煌學》,24;《辨僞與存真》,87。

陳國燦《讀〈杏雨書屋藏敦煌秘笈〉社會文書札記(一)》,《魏晉南北朝隋唐史資料》28,249-262;《讀〈杏雨書屋藏敦煌秘笈〉札記》,《史學史研究》2013.1,120-122。

郁曉剛《唐代官倉庫管理中的量庫與交割》,《魏晉南北朝隋唐史資料》35,125-137。

羽 37

榮新江《追尋最後的寶藏》,《轉型期的敦煌學》,24;《辨僞與存真》,87。

金少華《跋日本杏雨書屋藏敦煌本〈算經〉殘卷》,《敦煌學輯刊》2010.4, 81－83。

張小虎《敦煌算經九九表探析》,《温州大學學報(自然科學版)》2011.2,1－6。

羽 38

岩本篤志《羽田亨記念館所藏〈西域出土文獻寫真〉766・767〈十六國春秋〉考——李盛鐸舊藏敦煌文獻をめぐって》,《西北出土文獻研究》創刊號, 2004.3,3－39。

關尾史郎、岩本篤志主編《五胡十六國霸史輯佚(稿)》,新潟大學大域プロジェクト研究資料叢刊,2010.2,3－4、7－8、27－28。

岩本篤志《敦煌本〈霸史〉再考——杏雨書屋藏・敦煌秘笈〈十六國春秋〉斷片考》,《資料學研究》7,2010.3,27－62。

五胡の會編《五胡十六國霸史輯佚》,燎原出版社,2012.2。

陳勇《〈敦煌秘笈・十六國春秋〉考釋》,《民族研究》2014.2,74－85。

羽 39

大屋正順《〈敦煌秘笈〉所收の礼懺文について:羽〇三九・羽六八三・羽七五五の翻刻と研究》,《表現學》4,2018.2,11－20。

大屋正順《〈敦煌秘笈〉所收の礼懺文について》,《仏教論叢》62,2018.3, 153－159。

羽 39v3

湯谷祐三《新出敦煌孝子傳資料と變文の關係——羽田記念館所藏〈西域文獻資料寫真〉所收孝子傳資料をめぐって》,《同朋大學佛教文化研究所紀要》23,2004.3,87－104。

榮新江《追尋最後的寶藏》,《轉型期的敦煌學》,24;《辨偽與存真》,87。

荒見泰史《舜子変文類写本の書き換え状況から見た五代講唱文學の展開》, 《アジア社會文化研究》11,2010.3,12－36。

鄭阿財《從〈敦煌秘笈〉羽39v殘卷論〈舜子變〉的形成》,《張廣達先生八十華誕祝壽論文集》,新文豐出版股份有限公司,2010.9,745－768。

玄幸子《羽039vを中心とした變文資料の再檢討》,《敦煌寫本研究年報》5, 81－94。

高井龍《舜の舌による瞽叟開眼故事の流布について》,《敦煌寫本研究年報》7,2013.3,313－331。

張涌泉《新見敦煌變文寫本敘録》,《文學遺産》2015.5,130－152。

陳麗萍《國家圖書館藏四件敦煌變文抄本研讀記》,《出土文獻研究》15,中西
　　書局,2016.7,450－472。

陳泳超《"舜子變型"故事在中日兩地的流傳變異》,《民俗典籍文字研究》
　　2017,95－127。

郭明明《西夏"二十四孝"研究》,寧夏大學碩士學位論文,2019.4。

朱鳳玉《敦煌變文寫本原生態及其文本講唱特徵析論》,《敦煌學》35,
　　59－92。

羽 39v5

陳虹妙《敦煌漢文寫本〈般若波羅蜜多心經〉及注疏考》,浙江師範大學碩士學
　　位論文,2018.5。

(BD12242+) 羽 40

岡西爲人《本草概説》圖版6,創元社,1983。

岩本篤志《唐朝の医事政策と〈新修本草〉——李盛鐸將來本序例を手がかり
　　として》,《史學雜誌》114－6,2005.6,36－40。

岩本篤志《文字と紙背から見た敦煌における〈新修本草〉——コンピュータ
　　による用字整理を通して》,《唐代史研究》9,2006.7,56－72。

岩本篤志《敦煌本〈新修本草〉校注初稿》,《資料學研究》4,2007.3,99－125。

榮新江《追尋最後的寶藏》,《轉型期的敦煌學》,25;《辨僞與存真》,87－88。

岩本篤志《唐〈新修本草〉編纂と"土貢"——中國國家圖書館藏斷片考》,《東
　　洋學報》90－2,2008,1－31。

吉川忠夫《挨拶(杏雨書屋第二十四回研究會講演録和漢の本草書——中世
　　以前の写本と刊本)》,《杏雨》13,2010.5,179—181。

岩本篤志《敦煌と〈新修本草〉——なぜそこにあったのか》,《杏雨》13,
　　182－209。

上山大峻、岡田至弘《敦煌本〈本草集注〉について》,《杏雨》13,210－227。

小曽户洋《敦煌本〈新修本草序例〉:新公開の李盛鐸本》,《漢方の臨床》57－
　　6,2010.6,882－884。

劉永明《日本杏雨書屋藏敦煌道教及相關文獻研讀札記》,《敦煌學輯刊》
　　2010.3,68－82。

岩本篤志《〈新修本草〉序列の研究——敦煌秘笈本の檢討を中心に》,《杏
　　雨》14,292－319。

張磊《日本古辭書所引〈本草〉與敦煌本〈本草〉比較研究》,《敦煌學輯刊》2013.1,67－72。

岩本篤志《敦煌の醫藥書と敦煌文獻》,94－124。

袁仁智、潘文主編《敦煌醫藥文獻真迹釋録》,中醫古籍出版社,2015.6,153－156。

陳明《譯釋與傳抄：絲路漢文密教文獻中的外來藥物書寫》,《世界宗教研究》2016.1,28－49。

王家葵《藥典濫觴：〈新修本草〉》,《文史知識》2016.3,73－78。

薛文軒《敦煌吐魯番醫藥文獻中藥運用情況考察》,南京中醫藥大學碩士學位論文,2016.6。

宋滿平《唐五代敦煌醫藥文化研究——以敦煌醫藥文獻爲中心》,西北師範大學碩士學位論文,2016.6。

沈澍農主編《敦煌吐魯番醫藥文獻新輯校》,591－598。

岩本篤志《敦煌文獻與傳世文獻之間——以唐代醫藥書〈新修本草〉和〈千金方〉爲中心》,《中古中國研究》2017.1,中西書局,2017.6,369－380。

于業禮、段逸山《敦煌兩件〈本草經集注·序録〉相關文書互勘舉隅》,《中醫文獻雜誌》2017.2,7－9。

湯偉《敦煌醫藥文獻研究——校勘與疑難俗字考釋》,河北大學博士學位論文,2017.5。

王亞麗《敦煌寫本醫籍語言研究》,中央民族大學出版社,2017.8,3－4、22。

張小艷《〈敦煌醫藥文獻真迹釋録〉校讀記》,《敦煌吐魯番研究》17,上海古籍出版社,2017.12,5－24。

陳昊《〈敦煌の醫藥書と敦煌文獻〉書評》,《敦煌吐魯番研究》17,395－402。

陳明《敦煌的醫療與社會》,中國大百科全書出版社,2018.1,10－11、208－209。

于業禮《俗子研究對敦煌本〈本草經集注〉的校勘價值舉例》,《南京中醫藥大學學報》2018.4,216－219。

張新悦、王瑩《〈新修本草〉的現代研究進展》,《中國現代中藥》2019.3,399－408。

羽 40v

鄧文寬《跋日本"杏雨書屋"藏三件敦煌曆日》,《中國社會科學院敦煌學回顧與前瞻學術研討會論文集》,上海古籍出版社,2012.3,153－156。

岩本篤志《敦煌の醫藥書と敦煌文獻》,94－124。

羽 41

岩本篤志《敦煌秘笈〈雜字一本〉考——〈雜字〉からみた帰義軍期の社會》,
《唐代史研究》14,2011.8,24－41。

趙貞《杏雨書屋藏羽41R〈雜字一本〉研究——兼談歸義軍時期的童蒙識字教
育》,《敦煌學輯刊》2014.4,48－68;《敦煌文獻與唐代社會文化研究》,
216－244。

孫幼莉《敦煌雜字書疑難字詞輯釋》,《漢語史學報》19,2019,220－225。

羽 41v

鄧文寬《跋日本"杏雨書屋"藏三件敦煌曆日》,《中國社會科學院敦煌學回顧
與前瞻學術研討會論文集》,153－156。

羽 42

陳明《西域出土醫學文書的文本分析——以杏雨書屋新刊羽042R和羽043
號寫卷爲例》,《慶祝饒宗頤先生95華誕敦煌學國際學術研討會論文
集》,489－520;《中古醫療與外來文化》,北京大學出版社,2013.3,
524－552。

薛文軒《敦煌吐魯番醫藥文獻中藥運用情況考察》,南京中醫藥大學碩士學位
論文,2016.6。

宋滿平《唐五代敦煌醫藥文化研究——以敦煌醫藥文獻爲中心》,西北師範大
學碩士學位論文,2016.6。

沈澍農主編《敦煌吐魯番醫藥文獻新輯校》,599－602。

湯偉《敦煌醫藥文獻研究——校勘與疑難俗字考釋》,河北大學博士學位論
文,2017.5。

陳明《敦煌的醫療與社會》,295－297。

王亞麗《敦煌寫本醫籍語言研究》,3－4、22。

羽 42v

黄正建《敦煌占卜文書與唐五代占卜研究(增訂版)》,44－45。

鄭炳林、陳于柱《敦煌占卜文獻敘録》,62－65。

陳于柱、張福慧《日本杏雨書屋藏敦煌文獻羽42背〈雲氣占法抄〉整理與研
究》,《天水師範學院學報》2014.4,51－62。

關長龍《敦煌本數術文獻輯校》,中華書局,2019.6,534－537。

羽 43

陳明《西域出土醫學文書的文本分析——以杏雨書屋新刊羽 042R 和羽 043號寫卷爲例》,《慶祝饒宗頤先生 95 華誕敦煌學國際學術研討會論文集》,489－520;《中古醫療與外來文化》,524－552。

薛文軒《敦煌吐魯番醫藥文獻中藥運用情況考察》,南京中醫藥大學碩士學位論文,2016.6。

宋滿平《唐五代敦煌醫藥文化研究——以敦煌醫藥文獻爲中心》,西北師範大學碩士學位論文,2016.6。

沈澍農主編《敦煌吐魯番醫藥文獻新輯校》,603－611。

岩本篤志《敦煌文獻與傳世文獻之間——以唐代醫藥書〈新修本草〉和〈千金方〉爲中心》,《中古中國研究》1,369－380。

湯偉《敦煌醫藥文獻研究——校勘與疑難俗字考釋》,河北大學博士學位論文,2017.5。

陳明《敦煌的醫療與社會》,57－59、292－295。

王亞麗《敦煌寫本醫籍語言研究》,22。

羽 44

岩本篤志《敦煌占怪書〈百恠圖〉考——杏雨書屋敦煌秘笈本とフランス國立圖書館藏本の關係を中心に》,《敦煌寫本研究年報》5,65－80;何爲民譯《敦煌占怪書〈百怪圖〉考——以杏雨書屋敦煌秘笈本和法國國立圖書館藏的關係爲中心》,《中古時代的禮儀、宗教與制度》,上海古籍出版社,2012.6,126－142。

劉永明《日本杏雨書屋藏敦煌道教及相關文獻研讀札記》,《敦煌學輯刊》2010.3,68－82。

游自勇《敦煌寫本〈百怪圖〉補考》,《復旦學報》2013.6,78－88。

王晶波《敦煌占卜文獻與社會生活》,514－516。

鄭炳林、陳于柱《敦煌占卜文獻敘録》,278－281。

黃正建《敦煌占卜文書與唐五代占卜研究(增訂版)》,147－148。

王祥偉《一件罕見的"狐鳴占"文獻及相關問題》,《中國典籍與文化》2014.1,156－159。

王祥偉《日本杏雨書屋藏敦煌文書羽 044 之〈金鳴占〉研究》,《文獻》2014.4,80－90。

曾柏亮《敦煌吐魯番文獻中良賤身份資料整理及研究》,南京師範大學碩士學位論文,2018.5。

王昕《論志怪與古代博物之學——以"土中之怪"爲綫索》,《文學遺產》2018.

2,128－140。

曾柏亮、李天石《敦煌吐魯番漢文文獻中奴婢資料的再整理》,《敦煌學輯刊》
　　2019.1,149－168。

關長龍《敦煌本數術文獻輯校》,1071－1079。

羽 44v

岩本篤志《敦煌占怪書〈百恠圖〉考》,《敦煌寫本研究年報》5,65－80;《中古
　　時代的禮儀、宗教與制度》,126－142。

黄正建《敦煌占卜文書與唐五代占卜研究(增訂版)》,76。

羽 45

陳濤《日本杏雨書屋藏唐代宮廷寫經略説》,《中國歷史文物》2010.5,11－16。

趙和平《唐代咸亨至儀鳳中宮廷寫經機構研究》,《國學的傳承與創新》(下),
　　1026－1055。

吳炯炯、鄭炳林《武周〈閻泰墓誌〉考證》,《蘭州大學學報》2017.5,80－90。

羽 46

陳濤《日本杏雨書屋藏唐代宮廷寫經略説》,《中國歷史文物》2010.5,11－16。

趙和平《唐代咸亨至儀鳳中宮廷寫經機構研究》,《國學的傳承與創新》(下),
　　1026－1055。

吳炯炯、鄭炳林《武周〈閻泰墓誌〉考證》,《蘭州大學學報》2017.5,80－90。

羽 47

羅慕君《敦煌漢文本〈金剛經〉整理研究》,浙江大學博士學位論文,2018.6。

羅慕君、張涌泉《散藏敦煌本〈金剛經〉綴合研究》,《敦煌吐魯番研究》18,
　　633－669。

羅慕君、張涌泉《〈金剛經〉"十二分本"鈎沉》,《宗教學研究》2019.2,
　　101－104。

魏睿驁《敦煌張氏歸義軍史事編年》,蘭州大學碩士學位論文,2019.5。

羽 48

朱若溪《金光明經敦煌寫本研究》,浙江大學博士學位論文,2017.3。

魏睿驁《敦煌張氏歸義軍史事編年》,蘭州大學碩士學位論文,2019.5。

張磊、周思宇《從國圖敦煌本〈維摩詰經〉系列殘卷的綴合還原李盛鐸等人竊

取寫卷的真相》,《文獻》2019.6,24－36。

羽 49

蔡淵迪《杏雨書屋藏敦煌舞譜卷子校録並研究》,《敦煌研究》2012.1,
　　100－105。

王小盾、高宇星《敦煌舞譜：一個文化表象的生成與消亡》,《音樂藝術》2018.
　　2,6－18。

羽 49v

蔡淵迪《杏雨書屋藏敦煌舞譜卷子校録並研究》,《敦煌研究》2012.1,
　　100－105。

王小盾、高宇星《敦煌舞譜：一個文化表象的生成與消亡》,《音樂藝術》2018.
　　2,6－18。

羽 50

劉全波《類書研究通論》,甘肅文化出版社,2018.2,106－107。

羽 51

張新朋《敦煌蒙書殘片考》,《文獻》2013.5,73－82。

羽 52

王祥偉《日本杏雨書屋藏四件敦煌寺院經濟活動文書研讀札記》,《中國社會
　　經濟史研究》2011.3,18－24。

羽 53

山口正晃《羽53〈吴安君分家契〉について——家産相續をめぐる一つの事
　　例》,《敦煌寫本研究年報》6,99－116;顧奇莎譯《羽53〈吴安君分家
　　契〉——圍繞家産繼承的一個事例》,《中國古代法律文獻研究》6,社科文獻
　　出版社,2012.12,251－268。

乜小紅《秦漢至唐宋時期遺囑制度的演化》,《歷史研究》2012.5,19－35。

張小艷《敦煌社會經濟文獻詞語論考》,上海人民出版社,2013.10,167－
　　169、482。

陳麗萍《杏雨書屋藏敦煌契約文書匯録》,《隋唐遼宋金元史論叢》4,
　　169－200。

魏道明《羽53〈吴安君分家契〉研究——兼論唐宋時期所謂"遺囑"的性質》，《青海師範大學學報》2016.5,72–79。

劉傳啓《羽田亨編053號敦煌文獻》，《敦煌喪葬文書輯注》，巴蜀書社,2017.9,36–41。

馬德《敦煌本〈天復八年吴安君分家遺書〉有關問題》，《中國古代法律文獻研究》12,社會科學文獻出版社,2018.12,349–367。

魏睿驁《敦煌張氏歸義軍史事編年》，蘭州大學碩士學位論文,2019.5。

羽 54+？ +上博 08

李成滿《敦煌印本文獻整理研究》，西南大學碩士學位論文,2017.6。

羽 56

許建平《杏雨書屋藏玄應〈一切經音義〉殘卷校釋》，《敦煌研究》2011.5,52–60;《讀卷校經》,230–246。

聶志軍《日本杏雨書屋藏玄應〈一切經音義〉殘卷再研究》，《古漢語研究》2013.1,57–62。

葉松《〈玄應音義〉釋義研究》，上海師範大學碩士學位論文,2016.5。

趙倩《大治本〈玄應音義〉異體字研究》，廣西大學碩士學位論文,2018.6。

羽 56v1

黃正建《敦煌占卜文書與唐五代占卜研究(增訂版)》,135–136。

羽 57+S.0692

張涌泉《敦煌寫本〈秦婦吟〉匯校》，《敦煌文獻論叢》，上海古籍出版社,2011.7,185–217。

陳麗萍《杏雨書屋藏〈秦婦吟〉殘卷綴合與研究》，《隋唐遼宋金元史論叢》3,上海古籍出版社,2013.4,139–147。

田衛衛《〈秦婦吟〉敦煌寫本研究綜述》，《敦煌學輯刊》2014.4,153–161。

田衛衛《〈秦婦吟〉在中原的傳播——興衰原因新探》，《唐研究》20,北京大學出版社,2014.12,505–522。

田衛衛《從中原到敦煌——〈秦婦吟〉傳播原委新探》，《敦煌寫本研究年報》9,2015.3,131–146。

田衛衛《〈秦婦吟〉敦煌寫本新探——文本概觀與分析》，《敦煌研究》2015.5,81–92。

張涌泉《敦煌殘卷綴合：拼接撕裂的絲路文明》,《中國社會科學報》2016.5.
　24.No7。

羽 58v

鄧文寬《跋日本"杏雨書屋"藏三件敦煌曆日》,《中國社會科學院敦煌學回顧
　與前瞻學術研討會論文集》,153－156。

羽 59 +？ + P. 3191 + S. 5861D + BD10613 + BD10076 + S. 9951 + S. 5861C？ + S.5861A？

陳麗萍《敦煌本〈大唐天下郡姓氏族譜〉的綴合與研究——以 S.5861 爲中
　心》,《敦煌研究》2014.1,78－86。

羽 59v

陳麗萍《敦煌本〈大唐天下郡姓氏族譜〉的綴合與研究——以 S.5861 爲中
　心》,《敦煌研究》2014.1,78－86。

羽 60

翟興龍《敦煌漢文〈佛説天地八陽神咒經〉研究》,西華師範大學碩士學位論
　文,2016.5。

(BD11178+BD11177+) 羽 61+BD11180？

赤木崇敏《唐代敦煌縣勘印簿羽 061,BD11177,BD11178,BD11180 小考》,《敦
　煌寫本研究年報》5,95－108。
岩本篤志《敦煌秘笈所見印記小考——寺印・官印・藏印》,《内陸アジア言
　語の研究》28,129－170。
速水大《P.3899v 馬社文書に關する諸問題》,《敦煌寫本研究年報》10－2,
　327－339。

羽 62

陳麗萍《杏雨書屋藏敦煌契約文書匯録》,《隋唐遼宋金元史論叢》4,169－200。

羽 62v

陳麗萍《杏雨書屋藏敦煌契約文書匯録》,《隋唐遼宋金元史論叢》4,
　169－200。

羽 63

池田温《敦煌秘笈の價值》,《杏雨》14,167－182。

陳麗萍《杏雨書屋藏敦煌契約文書匯録》,《隋唐遼宋金元史論叢》4,
169－200。

曾柏亮《敦煌吐魯番文獻中良賤身份資料整理及研究》,南京師範大學碩士學
位論文,2018.5。

曾柏亮、李天石《敦煌吐魯番漢文文獻中奴婢資料的再整理》,《敦煌學輯刊》
2019.1,149－168。

羽 64

王祥偉《日本杏雨書屋藏四件敦煌寺院經濟活動文書研讀札記》,《中國社會
經濟史研究》2011.3,18－24。

陳麗萍《杏雨書屋藏敦煌契約文書匯録》,《隋唐遼宋金元史論叢》4,
169－200。

李成滿《敦煌印本文獻整理研究》,西南大學碩士學位論文,2017.6。

羽 65－1

吕德廷《〈敦煌秘笈〉部分佛教與道教文書定名》,《敦煌寫本研究年報》8,
2014.3,195－204。

羽 65－2

王祥偉《日本杏雨書屋藏四件敦煌寺院經濟活動文書研讀札記》,《中國社會
經濟史研究》2011.3,18－24。

羽 66

陳麗萍《杏雨書屋藏敦煌契約文書匯録》,《隋唐遼宋金元史論叢》4,
169－200。

羽 67、羽 67v

高啓安《一件珍貴的敦煌僧人宴飲記録——〈敦煌秘笈〉羽 067R、羽 067v 文
書初解》,《寒山寺佛學》7,甘肅人民出版社,2012.1,204－215。

高啓安《唐五代時期敦煌的宴飲"賭射"——敦煌文獻 P.3237 卷"射羊"一詞
小解》,《甘肅社會科學》2011.6,207－211。

高啓安《信仰與生活——唐宋間敦煌社會諸相探賾》,甘肅教育出版社,2014.

4,77－92、292－305。

羽 68

王祥偉《日本杏雨書屋藏四件敦煌寺院經濟活動文書研讀札記》,《中國社會
　　經濟史研究》2011.3,18－24。

莫秋新《唐宋時期敦煌報恩寺研究》,上海師範大學碩士學位論文,2018.5。

羽 69－1

陳麗萍《杏雨書屋藏敦煌契約文書匯録》,《隋唐五代遼宋金元史論叢》4,
　　169－200。

羽 69－2

朱若溪《金光明經敦煌寫本研究》,浙江大學博士學位論文,2017.3。

羽 70

陳明《敦煌的醫療與社會》,140－141、243。

羽 71－1+? +BD12303+BD04085+BD03789

張涌泉《新見敦煌變文寫本敘録》,《文學遺産》2015.5,130－152。

陳麗萍《國家圖書館藏四件敦煌變文抄本研讀記》,450－472。

荒見泰史《〈大目乾連冥間救母變文〉から見た變文の書き換えと經典化》,
　　《敦煌寫本研究年報》11,2017.3,23－38。

朱鳳玉《敦煌變文寫本原生態及其文本講唱特徵析論》,《敦煌學》35,59－92。

羽 71－2

坂尻彰宏《杏雨書屋藏敦煌秘笈所収懸泉索什子致沙州阿耶狀》,《杏雨》15,
　　2012.5,374－389。

山本孝子《敦煌發見の書簡文に見える〈諮〉——羽071〈太太與阿耶、阿叔
　　書〉の書式に關聯して》,《敦煌寫本研究年報》9,93－110。

山本孝子《唐五代時期書信的物質形狀與禮儀》,《敦煌學》31,1－10。

羽 72a1

岩本篤志《羽田亨記念館所藏〈西域出土文獻寫真〉766・767〈十六國春秋〉考——
　　李盛鐸舊藏敦煌文獻をめぐって》,《西北出土文獻研究》創刊號,3－39。

榮新江《追尋最後的寶藏》,《轉型期的敦煌學》,25;《辨僞與存真》,88。

關尾史郎、岩本篤志主編《五胡十六國霸史輯佚(稿)》,3－4、7－8、27－28。

岩本篤志《敦煌本〈霸史〉再考——杏雨書屋藏·敦煌秘笈〈十六國春秋〉斷片考》,《資料學研究》7,27－62。

五胡の會編《五胡十六國霸史輯佚》,燎原出版社,2012.2。

陳勇《〈敦煌秘笈·十六國春秋〉考釋》,《民族研究》2014.2,74－85。

羽 72a2

岩本篤志《羽田亨記念館所藏〈西域出土文獻寫真〉766·767〈十六國春秋〉考——李盛鐸舊藏敦煌文獻をめぐって》,《西北出土文獻研究》創刊號,3－39。

榮新江《追尋最後的寶藏》,《轉型期的敦煌學》,25;《辨僞與存真》,88。

關尾史郎、岩本篤志主編《五胡十六國霸史輯佚(稿)》,3－4、7－8、27－28。

岩本篤志《敦煌本〈霸史〉再考——杏雨書屋藏·敦煌秘笈〈十六國春秋〉斷片考》,《資料學研究》7,27－62。

五胡の會編《五胡十六國霸史輯佚》,燎原出版社,2012.2。

陳勇《〈敦煌秘笈·十六國春秋〉考釋》,《民族研究》2014.2,74－85。

羽 72av+羽 38v

榮新江《追尋最後的寶藏》,《轉型期的敦煌學》,25;《辨僞與存真》,88。

劉永明《日本杏雨書屋藏敦煌道教及相關文獻研讀札記》,《敦煌學輯刊》2010.3,68－82。

劉永明《P.3562v〈道教齋醮度亡祈願文集〉與唐代敦煌的道教(二)》,《敦煌學輯刊》2014.1,12－23。

曹凌《中古道教儀式中的兩種辯論活動及其淵源——以兩件敦煌遺書資料爲中心》,《中國本土宗教研究》1,2018.1,社會科學文獻出版社,174－186。

劉永明《敦煌道教願文所見佛道關係》,《中國本土宗教研究》2,社會科學文獻出版社,2019.1,44－57。

羽 72b1

周西波《〈敦煌秘笈〉"羽 072b"寫卷的性質與意義》,《慶祝饒宗頤先生 95 華誕敦煌學國際學術研討會論文集》,473－488。

王卡《敦煌本〈洞真高上玉帝大洞雌一玉檢五老寶經〉校讀記》,《敦煌吐魯番研究》15,427－446。

羽 72b2

王三慶《〈文場秀句〉之發現、整理與研究》,《2013 敦煌、吐魯番國際學術研討會論文集》,國立成功大學中國文學系,2014.12,1‐22。

周西波《〈敦煌秘笈〉"羽 072b"寫卷的性質與意義》,《慶祝饒宗頤先生 95 華誕敦煌學國際學術研討會論文集》,473‐488。

永田知之《〈文場秀句〉補說——〈敦煌秘笈〉羽 072 と〈和漢朗詠集私注〉》,《敦煌寫本研究年報》9,57‐72。

劉全波《類書研究通論》,105。

羽 73‐1

羅慕君《敦煌漢文本〈金剛經〉整理研究》,浙江大學博士學位論文,2018.6。

羅慕君、張涌泉《散藏敦煌本〈金剛經〉綴合研究》,《敦煌吐魯番研究》18,633‐669。

趙鑫曄《敦煌冊頁裝〈金剛經〉的整理和研究》,《文津學志》11,2018,370‐389。

楊寶玉《敦煌寫經題記中的八旬老人身份考察》,《隋唐遼宋金元史論叢》9,上海古籍出版社,2019.7,93‐108。

羽 73‐2

朱鳳玉《從儀式教化論敦煌十王經與十王圖之運用》,《敦煌學》30,臺北樂學書局,2013.10,1‐20。

張總《〈十王經〉新材料與研考轉遷》,《敦煌吐魯番研究》15,53‐93。

張小剛、郭俊葉《敦煌"地藏十王"經像拾遺》,《敦煌吐魯番研究》15,95‐109。

張小艷《敦煌疑偽經三種殘卷綴合研究》,《浙江大學學報》2016.3,21‐34。

王大偉《從地藏到十王——評張總十王信仰研究的系列成果》,《世界宗教研究》2016.5,181‐182。

林生海《論敦煌本〈十王圖〉與北斗信仰》,《敦煌寫本研究年報》13,2019.3,167‐179。

太史文著,張煜譯、張總校《〈十王經〉與中國中世紀佛教冥界的形成》,上海古籍出版社,2016.12。

羽 76

郁曉剛《敦煌寺院會計憑證考釋》,《敦煌研究》2016.5,92‐100。

羽 76v

趙青山《敦煌寫經道場紙張的管理》,《敦煌學輯刊》2013.4,36－47。

羽 77

馬德《吐蕃國相尚乞心兒事蹟補考——以杏雨書屋羽 077 號爲中心》,《敦煌研究》2011.4,36－44。

鄭炳林、鄭怡楠《敦煌碑銘讚輯釋(增訂本)》,130。

羽 79

翟興龍《敦煌漢文〈佛説天地八陽神咒經〉研究》,西華師範大學碩士學位論文,2016.5。

羽 81、羽 81v

鄭阿財《杏雨書屋〈敦煌秘笈〉所見〈維摩詰經〉及其相關文獻》,《佛光學報》新 2.1,1－33。

羽 82－1

魏睿驁《敦煌張氏歸義軍史事編年》,蘭州大學碩士學位論文,2019.5。

鄭炳林、鄭怡楠《敦煌碑銘讚輯釋(增訂本)》,398－399。

羽 82－2

王三慶《釋應之〈五杉練若新學備用〉上卷與敦煌文獻等"法數"編輯之比較研究》,《敦煌學》33,臺北樂學書局,2017.8,17－32。

羽 83－2

陳淑萍《佛教法數類書研究——以〈法界次第初門〉與〈法門名義集〉爲研究中心》,《敦煌學》33,153－170。

羽 84

落合俊典 On the *Zhao-ming Pu-sa-jing* formerly in the possession of Li Sheng-duo, Paper presented to the 36th International Congress of Asian and North African Studies, Canada, 2000.8.28

落合俊典《李盛鐸舊藏照明菩薩經探蹟》,《香川孝雄博士古稀記念論集・佛教學浄土學研究》,京都永田文昌堂,2001.3,21－31。

林敏《李盛鐸舊藏〈照明菩薩經〉解題・翻刻》,《仙石山論集》1,2004,79－113。

榮新江《追尋最後的寶藏》,《轉型期的敦煌學》,25;《辨僞與存眞》,88。

林敏《〈照明菩薩經〉》,《藏外佛教文獻》10,中國人民大學出版社,2008.7,195－210。

(BD05872+)羽 87－1

孟雪《敦煌〈梵網經〉寫本考暨俗字彙集》,浙江師範大學碩士學位論文,2014.6。

張涌泉、孟雪《國圖藏〈梵網經〉敦煌殘卷綴合研究》,《出土文獻與古文字學研究》6,上海古籍出版社,2015.2,791－824;《敦煌文獻整理導論》,186－229。

羽 91

小田壽典《僞経本〈八陽経〉写本からみた仏教文化史の展望》,《内陸アジア史研究》30,2015.3,51－68。

翟興龍《敦煌漢文〈佛説天地八陽神咒經〉研究》,西華師範大學碩士學位論文,2016.5。

羽 92

孟雪《敦煌〈梵網經〉寫本考暨俗字彙集》,浙江師範大學碩士學位論文,2014.6。

羽 93

張小艷《敦煌疑僞經四種殘卷綴合研究》,《敦煌研究》2016.1,68－77。

羽 94

佐藤礼子《羽 094R〈（擬）天台智者大師智顗別傳〉初探》,《敦煌寫本研究年報》7,297－311。

佐藤礼子《淺析〈維摩詰所説經〉道液疏之末疏——承前〈羽 094R"（擬）天台智者大師智顗別傳"初探〉》,《敦煌學》30,21－43。

吕德廷《〈敦煌秘笈〉部分佛教與道教文書定名》,《敦煌寫本研究年報》8,195－204。

佐藤礼子《道液維摩疏の受容を示す一寫本——羽 094Rと北大藏 D245について》,《敦煌寫本研究年報》9,111－130。

鄭阿財《杏雨書屋〈敦煌秘笈〉所見〈維摩詰經〉及其相關文獻》,《佛光學報》
　　新 2.1,1－33。

羽 96

松本文三郎《仏典の研究》,165－167。

榮新江《追尋最後的寶藏》,《轉型期的敦煌學》,25;《辨僞與存真》,88。

王友奎《敦煌寫本〈咒魅經〉研究》,《敦煌研究》2012.2,97－109。

羽 98

池田温《敦煌秘笈の價值》,《杏雨》14,167－182。

落合俊典《杏雨書屋藏〈佛説行七行現報經〉真僞之考察》,《涅瓦河邊談敦
　　煌》,京都大學人文科學研究所,2012.3,59－64。

羽 100

蕭文真《〈敦煌秘笈〉羽－100 號殘卷性質之析論》,《文學新鑰》15,2012.6,
　　71－98。

蕭文真《〈敦煌秘笈〉羽－100 號殘卷の特性およびその真僞》,《印度學佛教學
　　研究》61(2),2013.3,1021－1018。

蕭文真《唐知恩〈金剛般若經義記〉研究》,中正大學博士學位論文,2013.1,
　　31－52。

蕭文真《唐知恩〈金剛般若経義記〉の作者について》,《印度學佛教學研究》
　　63(2),2015.3,1058－1055。

蕭文真《〈敦煌秘笈〉羽－100 號殘卷用途之試探》,《敦煌學》31,145－154。

羽 101－1

陳虹妙《敦煌漢文寫本〈般若波羅蜜多心經〉及注疏考》,浙江師範大學碩士學
　　位論文,2018.5。

(S.7512+) 羽 105

張炎《敦煌本〈觀世音經〉殘卷綴合與定名研究》,復旦大學出土文獻與古文字
　　研究中心,2016.12.16。

羽 110

景盛軒《敦煌大紙寫〈大般涅槃經〉敍録》,《敦煌學輯刊》2016.4,5－12。

羽 122+BD11333

秦龍泉《敦煌本〈法華經〉綴合簡目》（上），寫本文獻學微刊，2017.10.1。

秦龍泉《敦煌本〈妙法蓮華經〉漢文寫本研究——以八卷本爲中心》，浙江師範
　　大學碩士學位論文，2018.5。

（BD05531+BD05527+）羽 123

秦龍泉《敦煌本〈法華經〉綴合簡目》（上），寫本文獻學微刊，2017.10.1。

秦龍泉《敦煌本〈妙法蓮華經〉漢文寫本研究》，浙江師範大學碩士學位論文，
　　2018.5。

羽 128+BD15238

張炎《敦煌佛經殘卷的綴合與定名——以〈妙法蓮華經〉爲例》，復旦大學出土
　　文獻與古文字研究中心，2016.9.30。

張炎《敦煌本〈法華經〉殘卷綴合研究——以八卷本爲中心》，復旦大學出土文
　　獻與古文字研究中心，2016.10.18。

秦龍泉《敦煌本〈法華經〉綴合簡目》（上），寫本文獻學微刊，2017.10.1。

秦龍泉《敦煌本〈妙法蓮華經〉漢文寫本研究——以八卷本爲中心》，浙江師範
　　大學碩士學位論文，2018.5。

（S.6846+）羽 130

秦龍泉《敦煌本〈法華經〉綴合簡目》，寫本文獻學微刊，2017.10.1。

秦龍泉《敦煌本〈妙法蓮華經〉漢文寫本研究——以八卷本爲中心》，浙江師範
　　大學碩士學位論文，2018.5。

羽 133

楊陽《敦煌本〈佛頂尊勝陀羅尼經〉寫本考暨俗字彙集》，浙江師範大學碩士學
　　位論文，2015.5。

羽 134

張小艷《敦煌疑僞經四種殘卷綴合研究》，《宗教學研究》2015.4,87–94。

（BD11548+）羽 136

朱若溪《金光明經敦煌寫本研究》，浙江大學博士學位論文，2017.3。

羽 137

松本文三郎《仏典の研究》,162‒163(但不確知是 137 還是 142 哪件)。

榮新江《追尋最後的寶藏》,《轉型期的敦煌學》,25;《辨僞與存真》,88。

張小艷《敦煌疑僞經六種殘卷綴合研究》,《文獻》2017.1,17‒35。

羽 142

榮新江《追尋最後的寶藏》,《轉型期的敦煌學》,25;《辨僞與存真》,88。

張小艷《敦煌疑僞經六種殘卷綴合研究》,《文獻》2017.1,17‒35。

羽 149+BD1400

秦龍泉《敦煌本〈法華經〉綴合簡目》(上),寫本文獻學微刊,2017.10.1。

秦龍泉《敦煌本〈妙法蓮華經〉漢文寫本研究——以八卷本爲中心》,浙江師範
　　大學碩士學位論文,2018.5。

羽 150

鄭阿財《杏雨書屋〈敦煌秘笈〉所見〈維摩詰經〉及其相關文獻》,《佛光學報》
　　新 2.1,1‒33。

羽 152

新井慧譽《敦煌本〈父母恩重経〉校異》,《二松學舍大學論集》,1979.3,
　　77‒110。

新井慧譽《〈父母恩重経〉"丁蘭本"校異》,《二松學舍大學論集》39,1996.3,
　　217‒231。

新井慧譽《敦煌本〈父母恩重経〉について》,《印度學佛教學研究》50(2),
　　2002.3,152‒158。

張小艷《敦煌本〈父母恩重經〉殘卷綴合研究》,《安徽大學學報》2015.3,
　　88‒97。

聶志軍、林生海《杏雨書屋藏四種敦煌本〈佛説父母恩重經〉再研究》,《域外
　　漢籍研究集刊》13,2016.5,349‒372。

羽 153v

朱鳳玉《敦煌〈妙法蓮華經講經文〉(普門品)殘卷新論》,《敦煌寫本研究年
　　報》7,51‒68。

朱鳳玉《羽 153v〈妙法蓮華經講經文〉殘卷考論——兼論講經文中因緣譬喻之

運用》,《敦煌吐魯番研究》13,上海古籍出版社,2013.8,47-61。

徐曉雲《羽153v〈妙法蓮華經講經文〉中九色鹿王本生故事源流考》,《敦煌學輯刊》2017.3,95-108。

高井龍《敦煌文獻〈妙法蓮華經講經文(擬)〉の諸特徵と十世紀敦煌の講經》,《敦煌寫本研究年報》12,2018.3,45-44。

羽 155

鄭阿財《杏雨書屋〈敦煌秘笈〉所見〈維摩詰經〉及其相關文獻》,《佛光學報》新2.1,1-33。

羽 156-3

陳明《義浄的律典翻譯及其流傳——以敦煌西域出土寫卷爲中心》,《文史》2015.3,145-176。

羽 159

周曉旭《敦煌本〈大方等大集經〉漢文寫本考》,浙江師範大學碩士學位論文,2017.5。

羽 164

張小艷《敦煌疑僞經四種殘卷綴合研究》,《敦煌研究》2016.1,68-77。

羽 168

傅及斯《敦煌本〈華嚴經〉整理與研究》,復旦大學碩士學位論文,2014.5。

羽 172

張瑞蘭《敦煌本〈維摩詰經〉異文研究》,浙江師範大學碩士學位論文,2013.4。

鄭阿財《杏雨書屋〈敦煌秘笈〉所見〈維摩詰經〉及其相關文獻》,《佛光學報》新2.1,1-33。

張磊、周思宇《從國圖敦煌本〈維摩詰經〉系列殘卷的綴合還原李盛鐸等人竊取寫卷的真相》,《文獻》2019.6,24-36。

羽 172v

坂尻彰宏《杏雨書屋藏敦煌秘笈所收懸泉索什子致沙州阿耶狀》,《杏雨》15,

374－389。

山本孝子《敦煌發見の書簡文に見える〈諮〉》,《敦煌寫本研究年報》9, 93－110。

山本孝子《唐五代時期書信的物質形狀與禮儀》,《敦煌學》31,1－10。

羽 173

張瑞蘭《敦煌本〈維摩詰經〉異文研究》,浙江師範大學碩士學位論文,2013.4。

鄭阿財《杏雨書屋〈敦煌秘笈〉所見〈維摩詰經〉及其相關文獻》,《佛光學報》 新 2.1,1－33。

張磊、周思宇《從國圖敦煌本〈維摩詰經〉系列殘卷的綴合還原李盛鐸等人竊 取寫卷的真相》,《文獻》2019.6,24－36。

羽 176

張磊、劉溪《敦煌本〈佛説佛名經〉(十二卷本)研究》,《敦煌吐魯番研究》16, 337－351。

羽 179

傅及斯《敦煌本〈華嚴經〉整理與研究》,復旦大學碩士學位論文,2014.5。

張小艷、傅及斯《敦煌本"晉譯五十華嚴"殘卷綴合研究》,《浙江師範大學學 報》2014.6,13－26。

(上博 20－3+) 羽 180

張小艷《敦煌疑僞經四種殘卷綴合研究》,《宗教學研究》2015.4,87－94。

羽 182

池田將則《天津市藝術博物館舊藏敦煌文獻(擬題,津藝 24)〈成實論疏〉 と杏雨書屋所藏敦煌文獻〈誠實論義記〉卷第四》,《杏雨》17,2014.3, 316－228。

羽 183+羽 518

張涌泉、徐鍵《〈瑜伽師地論〉系列敦煌殘卷綴合研究》,《安徽大學學報》2015. 3,72－87;《敦煌文獻整理導論》,157－185。

羽 184

楊寶玉《敦煌靈驗記校注並研究》,甘肅人民出版社,2009.8,240－241。

鄭阿財《論日本藏敦煌寫本及古寫經靈驗記的價值》,《敦煌寫本研究年報》7,
　28－50。

季愛民《〈金剛般若經靈驗記〉的故事流傳與初唐教化之關係》,《國學研究》
　2014.2,223－243。

朱國立《敦煌本〈金剛經靈驗記〉研究》,蘭州大學碩士學位論文,2018.6。

羽 190

陳琳《敦煌本〈阿彌陀佛經〉寫本考》,浙江師範大學碩士學位論文,2015.3。

羽 192－1

松本文三郎《仏典の研究》,169－172。

榮新江《追尋最後的寶藏》,《轉型期的敦煌學》,25;《辨僞與存真》,88。

鄭阿財《論日本藏敦煌寫本及古寫經靈驗記的價值》,《敦煌寫本研究年報》7,
　28－50。

趙青山《〈金光明經懺悔滅罪傳〉相關問題考——從日本金剛寺本談起》,《敦
　煌學輯刊》2014.1,24－30。

朱若溪《金光明經敦煌寫本研究》,浙江大學博士學位論文,2017.3。

羽 192－2

朱若溪《金光明經敦煌寫本研究》,浙江大學博士學位論文,2017.3。

羽 193

朱若溪《金光明經敦煌寫本研究》,浙江大學博士學位論文,2017.3。

羽 194

劉艷紅《敦煌本〈藥師琉璃光如來本願功德經〉寫本考》,浙江師範大學碩士學
　位論文,2015.5。

羽 196

楊陽《敦煌本〈佛頂尊勝陀羅尼經〉寫本考暨俗字彙集》,浙江師範大學碩士學
　位論文,2015.5。

羽 197

張小艷《敦煌本〈新菩薩經〉〈勸善經〉〈救諸衆生苦難經〉殘卷綴合研究》,《復旦學報》2015.6,12－20。

羽 203

張小艷《敦煌疑僞經四種殘卷綴合研究》,《敦煌研究》2016.1,68－77。

羽 205

朱若溪《金光明經敦煌寫本研究》,浙江大學博士學位論文,2017.3。

羽 211

劉艷紅《敦煌本〈藥師琉璃光如來本願功德經〉寫本考》,浙江師範大學碩士學位論文,2015.5。

羽 215

翟興龍《敦煌漢文〈佛説天地八陽神咒經〉研究》,西華師範大學碩士學位論文,2016.5。

羽 216

張小艷《敦煌疑僞經三種殘卷綴合研究》,《浙江大學學報》2016.3,21－34。

羽 222

張小艷《敦煌疑僞經四種殘卷綴合研究》,《敦煌研究》2016.1,68－77。

羽 226

張小艷《敦煌疑僞經四種殘卷綴合研究》,《敦煌研究》2016.1,68－77。

羽 229

張小艷《敦煌疑僞經四種殘卷綴合研究》,《敦煌研究》2016.1,68－77。

羽 230

新井慧譽《敦煌本〈父母恩重經〉校異》,《二松學舍大學論集》,77－110。
新井慧譽《〈父母恩重経〉の"古本"校異》,《二松學舍大學論集》40,1997.3,161－184。

新井慧譽《敦煌本〈父母恩重経〉について》,《印度學佛教學研究》50(2),
　152－158。

張小艷《敦煌本〈父母恩重經〉殘卷綴合研究》,《安徽大學學報》2015.3,
　88－97。

聶志軍、林生海《杏雨書屋藏四種敦煌本〈佛説父母恩重經〉再研究》,《域外
　漢籍研究集刊》13,349－372。

羽 232

陳琳《敦煌本〈阿彌陀佛經〉寫本考》,浙江師範大學碩士學位論文,2015.3。

（BD05843+）羽 235

張涌泉、羅慕君《敦煌〈佛頂尊勝陀羅尼經〉〈藥師經〉殘卷綴合總目》,寫本文
　獻學微刊,2018.1.7。

羽 237

張涌泉、胡方方《敦煌本〈四分律〉殘卷綴合研究》,《浙江社會科學》2015.6,
　108－115。

羽 239

堀祐彰《敦煌写本〈無量寿経〉の系統について》,《印度學佛教學研究》63
　(2),1042－1037。

張磊、左麗萍《敦煌佛教文獻〈大乘無量壽經〉綴合研究》,《敦煌研究》2016.1,
　78－84。

羽 246

傅及斯《敦煌本〈華嚴經〉整理與研究》,復旦大學碩士學位論文,2014.5。

羽 247

張小艷《敦煌本〈新菩薩經〉〈勸善經〉〈救諸衆生苦難經〉殘卷綴合研究》,《復
　旦學報》2015.6,12－20。

羽 249

張小艷《敦煌本〈新菩薩經〉〈勸善經〉〈救諸衆生苦難經〉殘卷綴合研究》,《復
　旦學報》2015.6,12－20。

羽 252

張小艷《敦煌本〈新菩薩經〉〈勸善經〉〈救諸衆生苦難經〉殘卷綴合研究》,《復
　旦學報》2015.6,12－20。

羽 253

張小艷《敦煌本〈新菩薩經〉〈勸善經〉〈救諸衆生苦難經〉殘卷綴合研究》,《復
　旦學報》2015.6,12－20。

羽 260+BD11943+BD10197

張涌泉、羅慕君《敦煌本〈八陽經〉殘卷綴合研究》,《中華文史論叢》2014.2,
　239－278;《敦煌〈八陽經〉殘卷綴合研究》,《敦煌文獻整理導論》,
　120－156。

羽 261+BD02609

朱若溪《金光明經敦煌寫本研究》,浙江大學博士學位論文,2017.3。

羽 262

傅及斯《敦煌本〈華嚴經〉整理與研究》,復旦大學碩士學位論文,2014.5。
張小艷、傅及斯《敦煌本"晉譯五十華嚴"殘卷綴合研究》,《浙江師範大學學
　報》2014.6,13－26。

羽 263

張小艷《敦煌疑偽經四種殘卷綴合研究》,《宗教學研究》2015.4,87－94。

羽 264

張小艷《敦煌疑偽經四種殘卷綴合研究》,《宗教學研究》2015.4,87－94。
張小艷《漢文〈善惡因果經〉研究》,《敦煌吐魯番研究》16,59－88。

羽 268

張瑞蘭《敦煌本〈維摩詰經〉異文研究》,浙江師範大學碩士學位論文,2013.4。
鄭阿財《杏雨書屋〈敦煌秘笈〉所見〈維摩詰經〉及其相關文獻》,《佛光學報》
　新 2.1,1－33。
張磊、周思宇《從國圖敦煌本〈維摩詰經〉系列殘卷的綴合還原李盛鐸等人竊
　取寫卷的真相》,《文獻》2019.6,24－36。

羽 269

鄭阿財《杏雨書屋〈敦煌秘笈〉所見〈維摩詰經〉及其相關文獻》,《佛光學報》
　　新 2.1,1－33。

張磊、周思宇《從國圖敦煌本〈維摩詰經〉系列殘卷的綴合還原李盛鐸等人竊
　　取寫卷的真相》,《文獻》2019.6,24－36。

羽 270

鄭阿財《杏雨書屋〈敦煌秘笈〉所見〈維摩詰經〉及其相關文獻》,《佛光學報》
　　新 2.1,1－33。

羽 271

池田將則《杏雨書屋所藏敦煌文獻〈義記〉(羽 271)の基礎的研究》,《동아시
　　아불교문화》(東亞佛教文化)16,2013.12,149－202。

張凱《中國南朝の法身思想に關する一考察：特に〈敦煌秘笈〉二七一〈不知
　　題仏経義記〉をめぐって》,《武藏野大學人間科學研究所年報》3,2014.3,
　　95－108。

張文良《南朝十地學の一側面——法安の十地義解釋を中心とする》,《印度
　　學佛教學研究》62(2),2014.3,576－582。

張凱《〈敦煌秘笈〉羽二七一〈不知題佛經義記〉的基礎研究》,《世界宗教研
　　究》2014.6,56－65。

入澤重・三谷真澄・臼田淳三《擬南斉竟陵文宣王所持の〈雜義記〉殘簡：
　　〈敦煌秘笈〉羽二七一録文研究》,《龍谷大學佛教文化研究所紀要》52,
　　2014.3,160－220。

呂德廷《〈敦煌秘笈〉部分佛教與道教文書定名》,《敦煌寫本研究年報》8,
　　195－204。

池田將則、張凱《杏雨書屋所藏敦煌文獻〈義記〉(羽 271)的基礎研究》,《宗教
　　研究》2014.2,63－94。

張凱《〈不知題佛經義記〉的法身思想》,《中國社會科學報》2015.8.4.No4。

張雪松《〈義記〉殘卷中的南朝淨土思想》,《中國社會科學報》2015.12.1.No3。

曹凌《中古道教儀式中的兩種辯論活動及其淵源》,《中國本土宗教研究》1,
　　174－186。

張凱《日本杏雨書屋藏羽 271〈義記〉的三寶思想》,《中國佛學》2018.2,113－126。

張凱撰、松森秀幸譯《杏雨書屋藏羽 271〈義記〉の三宝思想》,《東アジア仏教
　　研究》16,2018.5,23－38。

張文良撰、弓場苗生子譯《南朝成實宗における二諦説：杏雨書屋藏・羽271〈不知題仏経義記〉の〈二諦義〉を中心に》,《東アジア仏教學術論集》7,2019.1,1－19。

羽 277

鄭阿財《杏雨書屋〈敦煌秘笈〉所見〈維摩詰經〉及其相關文獻》,《佛光學報》新 2.1,1－33。

羽 279

張炎《敦煌本〈無常經〉殘卷綴合研究》,復旦大學出土文獻與古文字研究中心,2016.9.26。

張炎《敦煌本〈無常經〉殘卷綴合研究》,《圖書館雜誌》2018.7,118－128。

羽 281

張小艷《敦煌疑偽經六種殘卷綴合研究》,《文獻》2017.1,17－35。

羽 282

張小艷《敦煌疑偽經四種殘卷綴合研究》,《敦煌研究》2016.1,68－77。

羽 286v

魏睿驚《敦煌張氏歸義軍史事編年》,蘭州大學碩士學位論文,2019.5。

羽 288

張小艷《敦煌本〈新菩薩經〉〈勸善經〉〈救諸衆生苦難經〉殘卷綴合研究》,《復旦學報》2015.6,12－20。

翟興龍《敦煌漢文〈佛説天地八陽神咒經〉研究》,西華師範大學碩士學位論文,2016.5。

羽 291

張磊、劉溪《敦煌本〈佛説佛名經〉（十二卷本）綴合研究》,《敦煌吐魯番研究》16,337－351。

羽 292

劉艷紅《敦煌本〈藥師琉璃光如來本願功德經〉寫本考》,浙江師範大學碩士學位論文,2015.5。

羽 293

張小艷《敦煌疑僞經四種殘卷綴合研究》,《敦煌研究》2016.1,68－77。

羽 296+BD06992

秦龍泉《敦煌本〈法華經〉綴合簡目》(上),寫本文獻學微刊,2017.10.1。
秦龍泉《敦煌本〈妙法蓮華經〉漢文寫本研究——以八卷本爲中心》,浙江師範
　大學碩士學位論文,2018.5。

羽 298

楊明璋《敦煌寫本所見的"道安"及其相關著作》,《敦煌學》35,175－200。

羽 299－1

吕德廷《〈敦煌秘笈〉部分佛教與道教文書定名》,《敦煌寫本研究年報》8,
　195－204。

羽 304

楊陽《敦煌本〈佛頂尊勝陀羅尼經〉寫本考暨俗字彙集》,浙江師範大學碩士學
　位論文,2015.5。

羽 305+Дх.04267

楊陽《敦煌本〈佛頂尊勝陀羅尼經〉寫本考暨俗字彙集》,浙江師範大學碩士學
　位論文,2015.5。
張涌泉、羅慕君《敦煌〈佛頂尊勝陀羅尼經〉〈藥師經〉殘卷綴合總目》,寫本文
　獻學微刊,2018.1.7。

羽 306－3

張小艷《敦煌疑僞經四種殘卷綴合研究》,《敦煌研究》2016.1,68－77。

羽 308

楊陽《敦煌本〈佛頂尊勝陀羅尼經〉寫本考暨俗字彙集》,浙江師範大學碩士學
　位論文,2015.5。

羽 309

張瑞蘭《敦煌本〈維摩詰經〉異文研究》,浙江師範大學碩士學位論文,
　2013.4。

鄭阿財《杏雨書屋〈敦煌秘笈〉所見〈維摩詰經〉及其相關文獻》,《佛光學報》
　新 2.1,1－33。

羽 310

鄭阿財《杏雨書屋〈敦煌秘笈〉所見〈維摩詰經〉及其相關文獻》,《佛光學報》
　新 2.1,1－33。

羽 312

朱若溪《金光明經敦煌寫本研究》,浙江大學博士學位論文,2017.3。

羽 313

張小艷《敦煌本〈新菩薩經〉〈勸善經〉〈救諸衆生苦難經〉殘卷綴合研究》,《復
　旦學報》2015.6,12－20。

羽 314

張小艷《敦煌本〈新菩薩經〉〈勸善經〉〈救諸衆生苦難經〉殘卷綴合研究》,《復
　旦學報》2015.6,12－20。

羽 316

羅慕君《敦煌漢文本〈金剛經〉整理研究》,浙江大學博士學位論文,2018.6。

羅慕君、張涌泉《散藏敦煌本〈金剛經〉綴合研究》,《敦煌吐魯番研究》18,
　633－669。

羽 324

陳明《敦煌的醫療與社會》,122－123。

羽 325

鄭阿財《杏雨書屋〈敦煌秘笈〉所見〈維摩詰經〉及其相關文獻》,《佛光學報》
　新 2.1,1－33。

羽 326（P.3919）

張涌泉《敦煌寫本羽 326 號殘卷敘録》,《中國俗文化研究》8,2013,1－5;《敦煌文獻整理導論》,86－92。

聶志軍、林生海《杏雨書屋藏四種敦煌本〈佛説父母恩重經〉再研究》,《域外漢籍研究集刊》13,349－372。

羽 333v

池田將則《杏雨書屋所藏敦煌文獻〈大乘起信論疏〉（擬題羽 333v）について》,《佛教學評論》12,金剛大學校佛教文化研究所,2012.12,45－167。

吕德廷《〈敦煌秘笈〉部分佛教與道教文書定名》,《敦煌寫本研究年報》8,195－204。

石吉岩《有關起信論成立的幾點問題》,《比較經學》2014.3,宗教文化出版社,2014.4,107－139。

張雪松《河西曇曠及其〈大乘起信論疏〉研究（下）》,《中國佛學》39,2017,16－34。

羽 336

張小艷《敦煌疑僞經四種殘卷綴合研究》,《宗教學研究》2015.4,87－94。

張小艷《漢文〈善惡因果經〉研究》,《敦煌吐魯番研究》16,59－88。

羽 337

鄭阿財《杏雨書屋〈敦煌秘笈〉所見〈維摩詰經〉及其相關文獻》,《佛光學報》新 2.1,1－33。

羽 338

范麗婷《敦煌漢文寫本〈摩訶般若波羅蜜經〉研究》,浙江師範大學碩士學位論文,2018.5。

羽 339

吕德廷《〈敦煌秘笈〉部分佛教與道教文書定名》,《敦煌寫本研究年報》8,195－204。

羽 342

吕德廷《〈敦煌秘笈〉部分佛教與道教文書定名》,《敦煌寫本研究年報》8,

195－204。

羽346

張涌泉、羅慕君《敦煌本〈八陽經〉殘卷綴合研究》,《中華文史論叢》2014.2,
239－278;《敦煌文獻整理導論》,120－156。

羽348+BD06510

朱若溪《金光明經敦煌寫本研究》,浙江大學博士學位論文,2017.3。

羽349

朱若溪《金光明經敦煌寫本研究》,浙江大學博士學位論文,2017.3。

羽353+P.3139

秦龍泉《敦煌本〈法華經〉綴合簡目》,寫本文獻學微刊,2017.10.1。
秦龍泉《敦煌本〈妙法蓮華經〉漢文寫本研究——以八卷本爲中心》,浙江師範
　　大學碩士學位論文,2018.5。

羽356

鄭阿財《杏雨書屋〈敦煌秘笈〉所見〈維摩詰經〉及其相關文獻》,《佛光學報》
　　新2.1,1－33。

羽357+BD07583

羅慕君《敦煌漢文本〈金剛經〉整理研究》,浙江大學博士學位論文,2018.6。
羅慕君、張涌泉《散藏敦煌本〈金剛經〉綴合研究》,《敦煌吐魯番研究》18,
　　633－669。

羽358

羅慕君《敦煌漢文本〈金剛經〉整理研究》,浙江大學博士學位論文,2018.6。
羅慕君、張涌泉《散藏敦煌本〈金剛經〉綴合研究》,《敦煌吐魯番研究》18,
　　633－669。

羽359

鄭阿財《杏雨書屋〈敦煌秘笈〉所見〈維摩詰經〉及其相關文獻》,《佛光學報》
　　新2.1,1－33。

（S.7246+）羽 360

秦龍泉《敦煌本〈法華經〉綴合簡目》（上），寫本文獻學微刊，2017.10.1。

秦龍泉《敦煌本〈妙法蓮華經〉漢文寫本研究》，浙江師範大學碩士學位論文，
　　2018.5。

羽 361

羅慕君《敦煌漢文本〈金剛經〉整理研究》，浙江大學博士學位論文，2018.6。

羅慕君、張涌泉《散藏敦煌本〈金剛經〉綴合研究》，《敦煌吐魯番研究》18，
　　633－669。

羽 362

羅慕君《敦煌漢文本〈金剛經〉整理研究》，浙江大學博士學位論文，2018.6。

羅慕君、張涌泉《散藏敦煌本〈金剛經〉綴合研究》，《敦煌吐魯番研究》18，
　　633－669。

羽 363

羅慕君《敦煌漢文本〈金剛經〉整理研究》，浙江大學博士學位論文，2018.6。

羅慕君、張涌泉《散藏敦煌本〈金剛經〉綴合研究》，《敦煌吐魯番研究》18，
　　633－669。

（ BD07497 + BD11011 + BD08695 + BD03487 + BD10279 + Дх. 10548 － 2 +
　　BD08023+BD08723 + Дх. 10548 － 1 + Дх. 10547 + BD07865 +？ + BD08704 +
　　BD10207+BD03267+）羽 364+BD10268

翟興龍《敦煌漢文〈佛説天地八陽神咒經〉研究》，西華師範大學碩士學位論
　　文，2016.5。

張炎《敦煌佛經殘卷的綴合與定名——以〈妙法蓮華經〉爲例》，復旦大學出土
　　文獻與古文字研究中心，2016.9.30。

秦龍泉《敦煌本〈法華經〉綴合簡目》（上），寫本文獻學微刊，2017.10.1。

秦龍泉《敦煌本〈妙法蓮華經〉漢文寫本研究》，浙江師範大學碩士學位論文，
　　2018.5。

羽 365

羅慕君《敦煌漢文本〈金剛經〉整理研究》，浙江大學博士學位論文，2018.6。

羅慕君、張涌泉《散藏敦煌本〈金剛經〉綴合研究》，《敦煌吐魯番研究》18，

633－669。

羽 366

羅慕君《敦煌漢文本〈金剛經〉整理研究》,浙江大學博士學位論文,2018.6。

羅慕君、張涌泉《散藏敦煌本〈金剛經〉綴合研究》,《敦煌吐魯番研究》18,
633－669。

羽 367

羅慕君《敦煌漢文本〈金剛經〉整理研究》,浙江大學博士學位論文,2018.6。

羅慕君、張涌泉《散藏敦煌本〈金剛經〉綴合研究》,《敦煌吐魯番研究》18,
633－669。

(Дх.00164、Дх.00165+) 羽 368

羅慕君《敦煌漢文本〈金剛經〉整理研究》,浙江大學博士學位論文,2018.6。

羅慕君、張涌泉《散藏敦煌本〈金剛經〉綴合研究》,《敦煌吐魯番研究》18,
633－669。

羽 369

羅慕君《敦煌漢文本〈金剛經〉整理研究》,浙江大學博士學位論文,2018.6。

羅慕君、張涌泉《散藏敦煌本〈金剛經〉綴合研究》,《敦煌吐魯番研究》18,
633－669。

羽 370

羅慕君《敦煌漢文本〈金剛經〉整理研究》,浙江大學博士學位論文,2018.6。

羅慕君、張涌泉《散藏敦煌本〈金剛經〉綴合研究》,《敦煌吐魯番研究》18,
633－669。

羽 371

羅慕君《敦煌漢文本〈金剛經〉整理研究》,浙江大學博士學位論文,2018.6。

羅慕君、張涌泉《散藏敦煌本〈金剛經〉綴合研究》,《敦煌吐魯番研究》18,
633－669。

羽 372

羅慕君《敦煌漢文本〈金剛經〉整理研究》,浙江大學博士學位論文,2018.6。

羅慕君、張涌泉《散藏敦煌本〈金剛經〉綴合研究》,《敦煌吐魯番研究》18,
633－669。

羽 374

羅慕君《敦煌漢文本〈金剛經〉整理研究》,浙江大學博士學位論文,2018.6。
羅慕君、張涌泉《散藏敦煌本〈金剛經〉綴合研究》,《敦煌吐魯番研究》18,
633－669。

羽 375+BD08283

羅慕君《敦煌漢文本〈金剛經〉整理研究》,浙江大學博士學位論文,2018.6。
羅慕君、張涌泉《散藏敦煌本〈金剛經〉綴合研究》,《敦煌吐魯番研究》18,
633－669。

羽 376

羅慕君《敦煌漢文本〈金剛經〉整理研究》,浙江大學博士學位論文,2018.6。
羅慕君、張涌泉《散藏敦煌本〈金剛經〉綴合研究》,《敦煌吐魯番研究》18,
633－669。

羽 377

羅慕君《敦煌漢文本〈金剛經〉整理研究》,浙江大學博士學位論文,2018.6。
羅慕君、張涌泉《散藏敦煌本〈金剛經〉綴合研究》,《敦煌吐魯番研究》18,
633－669。

(Дх.02434А+Дх.04859+) 羽 378

羅慕君《敦煌漢文本〈金剛經〉整理研究》,浙江大學博士學位論文,2018.6。
羅慕君、張涌泉《散藏敦煌本〈金剛經〉綴合研究》,《敦煌吐魯番研究》18,
633－669。

羽 379

羅慕君《敦煌漢文本〈金剛經〉整理研究》,浙江大學博士學位論文,2018.6。
羅慕君、張涌泉《散藏敦煌本〈金剛經〉綴合研究》,《敦煌吐魯番研究》18,
633－669。

羽 386

鄭阿財《杏雨書屋〈敦煌秘笈〉所見〈維摩詰經〉及其相關文獻》,《佛光學報》
　　新 2.1,1－33。

羽 387－1

陳虹妙《敦煌漢文寫本〈般若波羅蜜多心經〉及注疏考》,浙江師範大學碩士學
　　位論文,2018.5。

羽 387－3

張小艷《敦煌疑偽經六種殘卷綴合研究》,《文獻》2017.1,17－35。
孟彦弘《旅順博物館所藏"佛説救護身命經"考》,《文獻》2018.5,46－58。

羽 393

呂德廷《〈敦煌秘笈〉部分佛教與道教文書定名》,《敦煌寫本研究年報》8,
　　195－204。

羽 398+BD08739

秦龍泉《敦煌本〈法華經〉綴合簡目》(上),寫本文獻學微刊,2017.10.1。
秦龍泉《敦煌本〈妙法蓮華經〉漢文寫本研究》,浙江師範大學碩士學位論文,
　　2018.5。

羽 403+S.4653

朱若溪《金光明經敦煌寫本研究》,浙江大學博士學位論文,2017.3。

(BD04198+BD04104+BD04202+BD04218+) 羽 405

秦龍泉《敦煌本〈法華經〉綴合簡目》(上),寫本文獻學微刊,2017.10.1。
秦龍泉《敦煌本〈妙法蓮華經〉漢文寫本研究》,浙江師範大學碩士學位論文,
　　2018.5。

羽 407

羅慕君《敦煌漢文本〈金剛經〉整理研究》,浙江大學博士學位論文,2018.6。
羅慕君、張涌泉《散藏敦煌本〈金剛經〉綴合研究》,《敦煌吐魯番研究》18,
　　633－669。

羽 408

朱鳳玉《從儀式教化論敦煌十王經與十王圖之運用》,《敦煌學》30,1－20。

張總《〈十王經〉新材料與研究轉遷》,《敦煌吐魯番研究》15,53－93。

張小艷《敦煌疑僞經三種殘卷綴合研究》,《浙江大學學報》2016.3,21－34。

林生海《論敦煌本〈十王圖〉與北斗信仰》,《敦煌寫本研究年報》13,167－179。

楊寶玉《敦煌寫經題記中的八旬老人身份考察》,《隋唐遼宋金元史論叢》9,
　　93－108。

羽 411

西本照真《杏雨書屋所藏三階教寫本〈人集録明諸経中对根浅深発菩提心法〉
　　一卷(羽 411)翻刻》,《東アジア仏教研究》10,2012.5,37－55。

西本照真《三階教寫本〈人集録明諸経中对根浅深発菩提心法〉———一卷の基
　　礎的研究》,《印度學佛教學研究》61(2),1003－997。

張總《中國三階教史》,社會科學文獻出版社,2013.3,558－567。

西本照真《杏雨書屋所藏三階教写本〈普親観盲頓除十惡法〉の基礎的研究》,
　　《印度學佛教學研究》63(1),2014.12,1－10。

張總《三階教的世俗淵緣——以七世紀下半葉刻經窟與百塔寺爲中心》,《佛
　　教文化研究》2015.2,58－90。

陳明《佛教譬喻"二鼠侵藤"在古代歐亞的文本源流(上)》,《世界宗教研究》
　　2018.6,45－58。

林仁昱《敦煌 P.3216、P.2483 等卷〈阿彌陀讚文〉樣貌與應用探究》,《敦煌學》
　　34,2018.8,23－44。

羽 413

朱若溪《金光明經敦煌寫本研究》,浙江大學博士學位論文,2017.3。

羽 414

呂德廷《〈敦煌秘笈〉部分佛教與道教文書定名》,《敦煌寫本研究年報》8,
　　195－204。

王卡《敦煌本〈洞真高上玉帝大洞雌一玉檢五老寶經〉校讀記》,《敦煌吐魯番
　　研究》15,427－446。

羽 416

榮新江《追尋最後的寶藏》,《轉型期的敦煌學》,25;《辨僞與存真》,89。

王旭《中國傳統契約唐宋躍變初論：形式定型與精神轉換》,《法學》2019.8,
　　136－147。

羽 420

陳虹妙《敦煌漢文寫本〈般若波羅蜜多心經〉及注疏考》,浙江師範大學碩士學
　　位論文,2018.5。

羽 422

鄭阿財《杏雨書屋〈敦煌秘笈〉所見〈維摩詰經〉及其相關文獻》,《佛光學報》
　　新 2.1,1－33。
魏睿鶩《敦煌張氏歸義軍史事編年》,蘭州大學碩士學位論文,2019.5。

羽 426

新井慧譽《敦煌本〈父母恩重經〉校異》,《二松學舍大學論集》,77－110。
新井慧譽《敦煌本〈父母恩重経〉について》,《印度學佛教學研究》50(2),
　　152－158。
聶志軍、林生海《杏雨書屋藏四種敦煌本〈佛説父母恩重經〉再研究》,《域外
　　漢籍研究集刊》13,349－372。

羽 427+P.3743

張新朋《敦煌蒙書殘片考》,《文獻》2013.5,73－82。

羽 428

朱若溪《金光明經敦煌寫本研究》,浙江大學博士學位論文,2017.3。

羽 429

榮新江《追尋最後的寶藏》,《轉型期的敦煌學》,25－26;《辨偽與存真》,
　　89。

羽 430

榮新江《追尋最後的寶藏》,《轉型期的敦煌學》,26;《辨偽與存真》,89。

羽 432(S.20)

羅振玉《敦煌石室碎金》,1925;《敦煌叢刊初集》7,11－20 頁。

榮新江《追尋最後的寶藏》,《轉型期的敦煌學》,26;《辨偽與存真》,90。

池田昌広《敦煌秘笈の〈漢書〉残卷》,《杏雨》16,2013.4,115－131。

馮璇《新見旅順博物館藏新疆出土漢文文獻中的漢史寫本考釋》,《西域研究》
　　2018.1,1－13。

羽 436

傅及斯《敦煌本〈華嚴經〉整理與研究》,復旦大學碩士學位論文,2014.5。

張小艷、傅及斯《敦煌本"晉譯五十華嚴"殘卷綴合研究》,《浙江師範大學學
　　報》2014.6,13－26。

羽 448

鄭阿財《杏雨書屋〈敦煌秘笈〉所見〈維摩詰經〉及其相關文獻》,《佛光學報》
　　新 2.1,1－33。

羽 452

鄭阿財《杏雨書屋〈敦煌秘笈〉所見〈維摩詰經〉及其相關文獻》,《佛光學報》
　　新 2.1,1－33。

羽 457－6

朱若溪《金光明經敦煌寫本研究》,浙江大學博士學位論文,2017.3。

羽 457－9+BD00589

羅慕君《敦煌漢文本〈金剛經〉整理研究》,浙江大學博士學位論文,2018.6。

羅慕君、張涌泉《散藏敦煌本〈金剛經〉綴合研究》,《敦煌吐魯番研究》18,
　　633－669。

羽 457－10

鄭阿財《杏雨書屋〈敦煌秘笈〉所見〈維摩詰經〉及其相關文獻》,《佛光學報》
　　新 2.1,1－33。

羽 457－11

呂德廷《〈敦煌秘笈〉部分佛教與道教文書定名》,《敦煌寫本研究年報》8,
　　195－204。

朱若溪《金光明經敦煌寫本研究》,浙江大學博士學位論文,2017.3。

羽 457－12v

釋長叡《“杏雨書屋”所藏敦煌寫卷“羽619”與“阿含部類”的關係研究》,法鼓
　佛教學院佛教學系碩士論文,2014。

(BD08516＋) 羽 457－16＋羽 457－2

朱若溪《金光明經敦煌寫本研究》,浙江大學博士學位論文,2017.3。

羽 458

王卡《敦煌本〈洞真高上玉帝大洞雌一玉檢五老寶經〉校讀記》,《敦煌吐魯番
　研究》15,427－446。

羽 461

羅慕君《敦煌漢文本〈金剛經〉整理研究》,浙江大學博士學位論文,2018.6。
羅慕君、張涌泉《散藏敦煌本〈金剛經〉綴合研究》,《敦煌吐魯番研究》18,
　633－669。

羽 467

張小艷《敦煌疑偽經四種殘卷綴合研究》,《敦煌研究》2016.1,68－77。

羽 470

朱鳳玉《散藏敦煌寫卷題跋研究發凡》,《敦煌學》31,11－38。

羽 471

朱鳳玉《臺灣地區散藏敦煌文獻題跋輯録與研究》,《敦煌學輯刊》2018.2,
　62－81。

羽 472

陳虹妙《敦煌漢文寫本〈般若波羅蜜多心經〉及注疏考》,浙江師範大學碩士學
　位論文,2018.5。

羽 476＋羽 475

吉川忠夫編《敦煌秘笈目録册》,財團法人武田科學振興財團,大阪,2009.3,
　167－168。
朱若溪《金光明經敦煌寫本研究》,浙江大學博士學位論文,2017.3。

羽 483

張小艷《敦煌疑偽經四種殘卷綴合研究》,《敦煌研究》2016.1,68－77。

羽 504

張小艷《敦煌疑偽經六種殘卷綴合研究》,《文獻》2017.1,17－35。

羽 505

羅慕君《敦煌漢文本〈金剛經〉整理研究》,浙江大學博士學位論文,2018.6。

羅慕君、張涌泉《散藏敦煌本〈金剛經〉綴合研究》,《敦煌吐魯番研究》18,
　　633－669。

羽 508－1

羅慕君《敦煌漢文本〈金剛經〉整理研究》,浙江大學博士學位論文,2018.6。

羅慕君、張涌泉《散藏敦煌本〈金剛經〉綴合研究》,《敦煌吐魯番研究》18,
　　633－669。

羽 513

鄭阿財《杏雨書屋〈敦煌秘笈〉所見〈維摩詰經〉及其相關文獻》,《佛光學報》
　　新 2.1,1－33。

魏睿騖《敦煌張氏歸義軍史事編年》,蘭州大學碩士學位論文,2019.5。

羽 514

朱若溪《金光明經敦煌寫本研究》,浙江大學博士學位論文,2017.3。

羽 515+S.1304

鄭阿財《杏雨書屋〈敦煌秘笈〉所見〈維摩詰經〉及其相關文獻》,《佛光學報》
　　新 2.1,1－33。

張磊、周思宇《從國圖敦煌本〈維摩詰經〉系列殘卷的綴合還原李盛鐸等人竊
　　取寫卷的真相》,《文獻》2019.6,24－36。

羽 516

朱若溪《金光明經敦煌寫本研究》,浙江大學博士學位論文,2017.3。

羽 517

徐鍵《中貿聖佳拍品敦煌寫卷〈瑜伽師地論〉真僞考》,《敦煌研究》2019.5,
　121－126。

羽 533+津圖 175/122?

朱若溪《金光明經敦煌寫本研究》,浙江大學博士學位論文,2017.3。

(BD03322+)羽 534－2

秦龍泉《敦煌本〈法華經〉綴合簡目》(上),寫本文獻學微刊,2017.10.1。
秦龍泉《敦煌本〈妙法蓮華經〉漢文寫本研究》,浙江師範大學碩士學位論文,
　2018.5。

(S.10318+)羽 538

張涌泉、徐鍵《濱田德海舊藏敦煌殘卷兩種研究》,《浙江社會科學》2017.3,
　99－102、98。
秦龍泉《敦煌本〈法華經〉綴合簡目》(上),寫本文獻學微刊,2017.10.1。
秦龍泉《敦煌本〈妙法蓮華經〉漢文寫本研究》,浙江師範大學碩士學位論文,
　2018.5。

羽 554

張小艷《敦煌本〈衆經要攬〉校録並研究》,《敦煌吐魯番研究》15,279－320。

羽 556

范麗婷《敦煌漢文寫本〈摩訶般若波羅蜜經〉研究》,浙江師範大學碩士學位論
　文,2018.5。

羽 560

陳明《義浄的律典翻譯及其流傳——以敦煌西域出土寫卷爲中心》,《文史》
　2015.3,145－176。
魏睿驁《敦煌張氏歸義軍史事編年》,蘭州大學碩士學位論文,2019.5。

(大谷 3449+大谷 3078+)羽 561+大谷 3075+大谷 3095+大谷 3089

池田温《盛唐物価數據をめぐって——天寶二年交河郡市估案の斷簡追加を
　中心に》,《シルクロード研究》創刊號,1998,69－90;《中國古代物價初

探——關於天寶二年交河郡市估案斷片》,《唐研究論文選集》,中國社會科學出版社,1999.12,122－189。

片山章雄《大谷探險隊將來吐魯番出土物価文書斷片の數點の綴合について》,《敦煌・吐魯番出土漢文文書の新研究》,東洋文庫,2009.3,315－335。

片山章雄《杏雨書屋〈敦煌秘笈〉中の物価文書と龍谷大學図書館大谷文書中の物価文書》,《内陸アジア史研究》27,2012.3,77－84。

岩本篤志《敦煌秘笈所見印記小考——寺印・官印・藏印》,《内陸アジア言語の研究》28,129－170。

榮新江《日本散藏吐魯番文獻知見錄》,《浙江大學學報》2016.4,18－26。

陳明《敦煌的醫療與社會》,236。

朱玉麒《"北館文書"的流傳及早期研究史》,《西域研究》2018.2,1－16。

羽 562

黃沚青、胡方方《敦煌本〈四分律比丘戒本〉殘卷綴合研究》,《古漢語研究》2018.4,77－88。

羽 569+羅振玉舊藏

山口正晃《羅振玉舊藏〈新定書儀鏡〉斷片の綴合》,《敦煌寫本研究年報》10－1,69－87。

丸山裕美子《磯部武男氏所藏〈朋友書儀〉斷簡について（再論）——〈敦煌秘笈〉及び中村不折舊藏吐魯番寫本〈朋友書儀〉との關係をめぐって》,《敦煌・吐魯番文書の世界とその時代》,汲古書院,2017.4,399－411、圖版492。

羽 570+S.2781

橘堂晃一《清野謙次旧藏敦煌写本の一断簡によせて》,《杏雨》14,320－328。

羽 576

范麗婷《敦煌漢文寫本〈摩訶般若波羅蜜經〉研究》,浙江師範大學碩士學位論文,2018.5。

羽 578

張小艷《敦煌本〈新菩薩經〉〈勸善經〉〈救諸眾生苦難經〉殘卷綴合研究》,《復旦學報》2015.6,12－20。

羽 579

范麗婷《敦煌漢文寫本〈摩訶般若波羅蜜經〉研究》,浙江師範大學碩士學位論
　　文,2018.5。

羽 583

朱若溪《金光明經敦煌寫本研究》,浙江大學博士學位論文,2017.3。

羽 587

鄭阿財《杏雨書屋〈敦煌秘笈〉所見〈維摩詰經〉及其相關文獻》,《佛光學報》
　　新 2.1,1 – 33。

羽 589 – 1、2

鄭阿財《杏雨書屋〈敦煌秘笈〉所見〈維摩詰經〉及其相關文獻》,《佛光學報》
　　新 2.1,1 – 33。

羽 589 – 5、6

金炳坤《西域出土法華章疏の諸相(第 65 回學術大會パネル発表報告)》,《印
　　度學佛教學研究》63(2),834 – 834。

羽 589 – 7

呂德廷《〈敦煌秘笈〉部分佛教與道教文書定名》,《敦煌寫本研究年報》8,
　　195 – 204。

羽 589 – 8

呂德廷《〈敦煌秘笈〉部分佛教與道教文書定名》,《敦煌寫本研究年報》8,
　　195 – 204。

羽 589 – 13

呂德廷《〈敦煌秘笈〉部分佛教與道教文書定名》,《敦煌寫本研究年報》8,
　　195 – 204。
郜同麟《敦煌吐魯番道經殘卷拾遺》,《敦煌學輯刊》2016.1,35。

羽 589 – 14

呂德廷《〈敦煌秘笈〉部分佛教與道教文書定名》,《敦煌寫本研究年報》8,

195－204。

羽589－16

郜同麟《敦煌吐魯番道經殘卷拾遺》,《敦煌學輯刊》2016.1,46。

羽589－19

吕德廷《〈敦煌秘笈〉部分佛教與道教文書定名》,《敦煌寫本研究年報》8,
　195－204。

羽589－20

吕德廷《〈敦煌秘笈〉部分佛教與道教文書定名》,《敦煌寫本研究年報》8,
　195－204。

羽589－21

吕德廷《〈敦煌秘笈〉部分佛教與道教文書定名》,《敦煌寫本研究年報》8,
　195－204。

羽589－27

吕德廷《〈敦煌秘笈〉部分佛教與道教文書定名》,《敦煌寫本研究年報》8,
　195－204。

羽589－28

吕德廷《〈敦煌秘笈〉部分佛教與道教文書定名》,《敦煌寫本研究年報》8,
　195－204。

羽590－4

羅慕君《敦煌漢文本〈金剛經〉整理研究》,浙江大學博士學位論文,2018.6。
羅慕君、張涌泉《散藏敦煌本〈金剛經〉綴合研究》,《敦煌吐魯番研究》18,
　633－669。

羽590－9

吕德廷《〈敦煌秘笈〉部分佛教與道教文書定名》,《敦煌寫本研究年報》8,
　195－204。

羽 590 - 10

呂德廷《〈敦煌秘笈〉部分佛教與道教文書定名》,《敦煌寫本研究年報》8,
195 - 204。

羽 591

岩本篤志《敦煌秘笈所見印記小考——寺印・官印・蔵印》,《内陸アジア言
語の研究》28,129 - 170。

羽 593

周曉旭《敦煌本〈大方等大集經〉漢文寫本考》,浙江師範大學碩士學位論文,
2017.5。

羽 595

翟興龍《敦煌漢文〈佛説天地八陽神咒經〉研究》,西華師範大學碩士學位論
文,2016.5。

羽 596

周曉旭《敦煌本〈大方等大集經〉漢文寫本考》,浙江師範大學碩士學位論文,
2017.5。

羽 597

張小艷《敦煌疑僞經四種殘卷綴合研究》,《宗教學研究》2015.4,87 - 94。
張小艷《敦煌本〈衆經要攬〉校録並研究》,《敦煌吐魯番研究》15,279 - 320。

羽 601

朱若溪《金光明經敦煌寫本研究》,浙江大學博士學位論文,2017.3。
王惠民《敦煌莫高窟第 320 窟大方等陀陀羅尼經變考釋》,《敦煌研究》2018.
1,91 - 99。

羽 609

榮新江《日本散藏吐魯番文獻知見録》,《浙江大學學報》2016.4,18 - 26。

羽 609 - 4

釋長叡《"杏雨書屋"所藏敦煌寫卷"羽 619"與"阿含部類"的關係研究》,法鼓

佛教學院佛教學系碩士論文,2014。

羽 612

王卡《敦煌本〈洞真高上玉帝大洞雌一玉檢五老寶經〉校讀記》,《敦煌吐魯番
研究》15,427–446。

羽 613

王卡《敦煌本〈洞真高上玉帝大洞雌一玉檢五老寶經〉校讀記》,《敦煌吐魯番
研究》15,427–446。

郜同麟《敦煌吐魯番道經殘卷拾遺》,《敦煌學輯刊》2016.1,34–50。

羽 614

王卡《敦煌本〈洞真高上玉帝大洞雌一玉檢五老寶經〉校讀記》,《敦煌吐魯番
研究》15,427–446。

羽 615

王卡《敦煌本〈洞真高上玉帝大洞雌一玉檢五老寶經〉校讀記》,《敦煌吐魯番
研究》15,427–446。

羽 616

王卡《敦煌本〈洞真高上玉帝大洞雌一玉檢五老寶經〉校讀記》,《敦煌吐魯番
研究》15,427–446。

神塚淑子《杏雨書屋所藏敦煌道經小考》,《名古屋大學中國哲學論集》14,
2015,43–68。

羽 617

高田時雄《日藏敦煌遺書の來源と眞僞問題》,《敦煌寫本研究年報》9,1–17;
馬永平譯《日藏敦煌遺書的來源與真僞問題》,《西南民族大學學報》2016.
11,185–192;《近代中國的學術與藏書》,150–175。

羽 619+林霄 39 號

釋長叡《"杏雨書屋"所藏敦煌寫卷"羽 619"與"阿含部類"的關係研究》,法鼓
佛教學院佛教學系碩士論文,2014。

釋長叡《杏雨書屋所藏敦煌寫卷羽 619 之研究》,《佛教文化研究》5,南京大學

出版社,2018.8,48-78、325。

羽 620-1

榮新江《日本散藏吐魯番文獻知見録》,《浙江大學學報》2016.4,18-26。

劉子凡《杏雨書屋藏唐蒲昌府文書研究》,《唐研究》22,北京大學出版社,
　　2016.12,203-219。

羽 620-2

岩本篤志《敦煌秘笈所見印記小考——寺印・官印・藏印》,《内陸アジア言
　　語の研究》28,129-170。

榮新江《日本散藏吐魯番文獻知見録》,《浙江大學學報》2016.4,18-26。

劉子凡《杏雨書屋藏唐蒲昌府文書研究》,《唐研究》22,203-219。

羽 622

陳明《敦煌的醫療與社會》,95。

羽 623

菅野博史《杏雨書屋所藏『釋肇序抄義』の研究》,《印度學佛教學研究》63
　　(1),480-472。

羽 625

朱若溪《金光明經敦煌寫本研究》,浙江大學博士學位論文,2017.3。

魏睿騺《敦煌張氏歸義軍史事編年》,蘭州大學碩士學位論文,2019.5。

羽 628

朱鳳玉《散藏敦煌遺書所見題跋輯録與研究——以許承堯舊藏題跋爲例》,
　　《敦煌寫本研究年報》10-1,21-33。

陳明《敦煌的醫療與社會》,189-191。

羽 629

陳明《敦煌的醫療與社會》,95。

羽 633-1

張小艷《敦煌疑僞經六種殘卷綴合研究》,《文獻》2017.1,17-35。

曹凌《婆羅門教、佛教"有无之辨"的交集——〈五百梵志經〉初探》,《西南民族大學學報》2019.10,68－72。

羽 635+羽 728v

呂德廷《〈敦煌秘笈〉部分佛教與道教文書定名》,《敦煌寫本研究年報》8,195－204。

張小艷《敦煌本〈衆經要攬〉校錄並研究》,《敦煌吐魯番研究》15,279－320。

羽 636－1

翟興龍《敦煌漢文〈佛説天地八陽神咒經〉研究》,西華師範大學碩士學位論文,2016.5。

陳明《敦煌的醫療與社會》,95。

羽 636－3

陳虹妙《敦煌漢文寫本〈般若波羅蜜多心經〉及注疏考》,浙江師範大學碩士學位論文,2018.5。

羽 637

王卡《敦煌本〈洞真高上玉帝大洞雌一玉檢五老寶經〉校讀記》,《敦煌吐魯番研究》15,427－446。

（S.5654B+）羽 637vA

張小艷《敦煌本〈新菩薩經〉〈勸善經〉〈救諸衆生苦難經〉殘卷綴合研究》,《復旦學報》2015.6,12－20。

羽 638

王卡《敦煌本〈洞真高上玉帝大洞雌一玉檢五老寶經〉校讀記》,《敦煌吐魯番研究》15,427－446。

羽 639、羽 639v

呂德廷《〈敦煌秘笈〉部分佛教與道教文書定名》,《敦煌寫本研究年報》8,195－204。

楊明璋《敦煌寫本所見的"道安"及其相關著作》,《敦煌學》35,175－200。

羽 640

張小艷《敦煌疑僞經四種殘卷綴合研究》,《敦煌研究》2016.1,68－77。

羽 645

鄭阿財《杏雨書屋〈敦煌秘笈〉所見〈維摩詰經〉及其相關文獻》,《佛光學報》
新 2.1,1－33。

羽 647

鄭阿財《杏雨書屋〈敦煌秘笈〉所見〈維摩詰經〉及其相關文獻》,《佛光學報》
新 2.1,1－33。

羽 649

呂德廷《〈敦煌秘笈〉部分佛教與道教文書定名》,《敦煌寫本研究年報》8,
195－204。

羽 656

魏一駿《〈仁王經〉歷次翻譯及其中古時期流傳的研究》,蘭州大學碩士學位論
文,2016.5。
裴長春《玄奘高昌國講〈仁王經〉索考》,《西域研究》2018.1,72－80。

羽 657－1

鄭阿財《杏雨書屋〈敦煌秘笈〉所見〈維摩詰經〉及其相關文獻》,《佛光學報》
新 2.1,1－33。

羽 657－3

朱若溪《金光明經敦煌寫本研究》,浙江大學博士學位論文,2017.3。

羽 660

岩本篤志《敦煌秘笈所見印記小考——寺印·官印·藏印》,《内陸アジア言
語の研究》28,129－170。

羽 662

羅慕君《敦煌漢文本〈金剛經〉整理研究》,浙江大學博士學位論文,2018.6。
羅慕君、張涌泉《散藏敦煌本〈金剛經〉綴合研究》,《敦煌吐魯番研究》18,

633－669。

羽 663

陳麗萍《日本杏雨書屋藏羽 663R 號敦煌文書的定名》,《魏晉南北朝隋唐史資
料》31,上海古籍出版社,2015.7,277－291。

陳明《敦煌的醫療與社會》,213－191。

羽 663v

張新朋《敦煌詩苑之奇葩——敦煌文獻中的〈送遠還通達〉初探》,《敦煌研
究》2016.5,120－124。

羽 664－1+羽 664－9

黑田彰《杏雨書屋本太公家教について——太公家教攷・補(2)》,《杏雨》
14,234－291。

黑田彰《抜き取られた敦煌文書:何彦昇、邑威のことなど・太公家教攷・補
(3)》,《京都語文》19,2012.11,180－202。

張新朋《敦煌寫本〈太公家教〉殘卷綴合三則》,《魏晉南北朝隋唐史資料》30,
2014.12,182－188。

高田時雄《日藏敦煌遺書の來源と眞偽問題》,《敦煌寫本研究年報》9,1－17;
《日藏敦煌遺書的來源與真偽問題》,《西南民族大學學報》2016.11,185－
192;《近代中國的學術與藏書》,150－175。

羽 664－2+羽 664－10

榮新江《〈蘭亭序〉與〈尚想黃綺帖〉在西域的流傳》,《2011 年蘭亭國際學術研
討會論文集》,26－35;《「蘭亭序」および「尚想黃綺」帖の西域における流
傳》,《高田時雄教授退職記念東方學研究論集》(日英文分冊),89－104。

榮新江《王羲之〈尚想黃綺帖〉在西域的流傳》,《絲綢之路與中西文化交流》,
200－209。

海野洋平《敦煌寫本 P.4019pice4・P.3349piece4・P.3368piece7の綴合・復
原——童蒙教材としての王羲之額書論("尚想黃綺"帖)》,《集刊東洋學》
116,90－109。

海野洋平《童蒙教材としての王羲之"額書論"("尚想黃綺"帖)——敦煌寫
本・羽 664ノ二 R 見るプレ〈千字文〉課本の順朱》,《杏雨》20,117－212。

張新朋《敦煌文獻之王羲之〈尚想黃綺帖〉拾遺》,《敦煌研究》2018.6,69－76。

羽 664v

榮新江《〈蘭亭序〉在西域》,《國學學刊》2011.1,65－71;《國學的傳承與創新》
（下）,1099－1108;《絲綢之路與中西文化交流》,185－199;《大匠之門》20,
廣西美術出版社,2018.6,94－101。

榮新江《〈蘭亭序〉與〈尚想黄綺帖〉在西域的流傳》,《2011 年蘭亭國際學術研
討會論文集》,26－35;《「蘭亭序」および「尚想黄綺」帖の西域における流
傳》,《高田時雄教授退職記念東方學研究論集》（日英文分册）,89－104。

羽 666

神塚淑子《杏雨書屋所藏敦煌道経小考》,《名古屋大學中國哲學論集》14,
2015.6,43－68。

王卡《南北朝隋唐時期的道教類書——以敦煌寫本爲中心的考察》,《唐研究》
19,北京大學出版社,2013.12,499－527。

王卡《敦煌本〈洞真高上玉帝大洞雌一玉檢五老寶經〉校讀記》,《敦煌吐魯番
研究》15,427－446。

羽 670

徐浩、張涌泉《從綴合看古代寫經的製作——以敦煌本漢文〈大般若經〉爲
例》,《人文雜誌》2017.10,70－83。

羽 673+S.3071

吕德廷《〈敦煌秘笈〉部分佛教與道教文書定名》,《敦煌寫本研究年報》8,
195－204。

王卡《敦煌本〈洞真高上玉帝大洞雌一玉檢五老寶經〉校讀記》,《敦煌吐魯番
研究》15,427－446。

神塚淑子《杏雨書屋所藏敦煌道経小考》,《名古屋大學中國哲學論集》14,
43－68。

郜同麟《敦煌吐魯番道經殘卷拾遺》,《敦煌學輯刊》2016.1,45－46。

張鵬《〈敦煌秘笈〉羽 673R 的綴合及金箓齋儀的再探討》,《敦煌學輯刊》2016.
2,22－30。

張鵬《中古道教"三師"考》,《中國本土宗教研究》2,95－110。

羽 674

熊 長 雲, https://weibo. com/1896121217/DigXIbPRk？type ＝ comment ＃ ＿

rnd1516556808995.

羽 677+羽 703

王祥偉《日本杏雨書屋藏敦煌寺院經濟文書羽 677+羽 703 研究》,《中國社會
　經濟史研究》2016.2,18－26。

曾柏亮《敦煌吐魯番文獻中良賤身份資料整理及研究》,南京師範大學碩士學
　位論文,2018.5。

曾柏亮、李天石《敦煌吐魯番漢文文獻中奴婢資料的再整理》,《敦煌學輯刊》
　2019.1,149－168。

羽 682v

黑田彰《杏雨書屋本太公家教について——太公家教攷・補(2)》,《杏雨》
　14,234－291。

羽 683

大屋正順《〈敦煌秘笈〉所收の礼懺文について：羽〇三九・羽六八三・羽七
　五五の翻刻と研究》,《表現學》4,11－20。

羽 686

赤木崇敏《10 世紀コータンの王統・年號問題の新史料——敦煌秘笈羽 686
　文書》,《内陸アジア言語の研究》28,101－128。

岩本篤志《敦煌秘笈所見印記小考——寺印・官印・蔵印》,《内陸アジア言
　語の研究》28,129－170。

榮新江、朱立雙《于闐與敦煌》,甘肅教育出版社,2013.12,194－197。

馮培紅《敦煌的歸義軍時代》,甘肅教育出版社,2013.12,337－345。

吉田豊《敦煌秘笈中のマニ教中世ペルシア語文書について》,《杏雨》17,
　2014,324－317。

榮新江、朱立雙《從進貢到私易 10－11 世紀于闐玉的東漸敦煌與中原》,《敦
　煌研究》2014.3,190－200。

杜海《敦煌曹氏歸義軍史研究》,蘭州大學博士學位論文,2015.4。

王使臻《曹元忠、曹延禄父子兩代與于闐政權的聯姻》,《敦煌學輯刊》2015.2,
　27－42。

Rong Xinjiang: Reality or tale? Marco Polo's description of Khotan, *Journal of
　Asian History*, Vol.49, No.1－2, 2015, pp.161－174.

榮新江《真實還是傳説：馬可波羅筆下的于闐》,《西域研究》2016.2,37-44。

高秀軍《敦煌莫高窟第55窟研究》,蘭州大學碩士學位論文,2016.10。

邵强軍《敦煌曹議金第98窟研究》,蘭州大學博士學位論文,2017.6。

杜海《敦煌曹氏歸義軍時期的"瓜、沙之争"》,《敦煌學輯刊》2018.2, 178-192。

杜海《敦煌"于闐太子"與"曹氏太子"考》,《敦煌研究》2019.6,58-64。

山本孝子《敦煌的〈獻物狀〉〈送物〉及〈遺物書〉析論》,《敦煌學》35,19-42。

鄭炳林、鄭怡楠《敦煌碑銘讚輯釋(增訂本)》,988。

羽688

陳麗萍《杏雨書屋藏敦煌契約文書匯録》,《隋唐五代遼宋金元史論叢》4, 169-200。

羽689

岩尾一史《再論〈吐蕃論董勃藏修伽藍功德記〉——羽689の分析を中心に》, 《敦煌寫本研究年報》8,205-215。

鄭炳林、鄭怡楠《敦煌碑銘讚輯釋(增訂本)》,99-117。

羽690

陳麗萍《杏雨書屋藏敦煌契約文書匯録》,《隋唐遼宋金元史論叢》4, 169-200。

羽691

Stephen F. Teiser《The Literary Style of Dunhuang Healing Liturgies(患文)》,《敦煌吐魯番研究》14,上海古籍出版社,2014,355-377。

羽691v-1

朱若溪《金光明經敦煌寫本研究》,浙江大學博士學位論文,2017.3。

羽692

高田時雄《日藏敦煌遺書の來源と眞僞問題》,《敦煌寫本研究年報》9,1-17; 《日藏敦煌遺書的來源與真僞問題》,《西南民族大學學報》2016.11,185- 192;《近代中國的學術與藏書》,150-175。

羽 693

岩本篤志《敦煌秘笈〈雜字一本〉考——〈雜字〉からみた帰義軍期の社會》，《唐代史研究》14,24－41。

羽 694

鄭炳林、鄭怡楠《敦煌碑銘讚輯釋(增訂本)》,105。

羽 696

Stephen F. Teiser《The Literary Style of Dunhuang Healing Liturgies(患文)》,《敦煌吐魯番研究》14,355－377。

羽 697

張小艷《敦煌本〈新菩薩經〉〈勸善經〉〈救諸衆生苦難經〉殘卷綴合研究》,《復旦學報》2015.6,12－20。

羽 698

吕德廷《〈敦煌秘笈〉部分佛教與道教文書定名》,《敦煌寫本研究年報》8,195－204。

羽 698v（BD00084、00458、00953、01822、02275、02564、07430、07650、08227、08329；S.04531、05082；P.4007、書道博物館 048 等）

山口正晃《〈十方千五百佛名經〉全文復原の試み》,《敦煌寫本研究年報》5,177－212。

羽 701

杜海《敦煌曹氏歸義軍史研究》,蘭州大學博士學位論文,2015.4。

羽 704

郜同麟《敦煌吐魯番道經殘卷拾遺》,《敦煌學輯刊》2016.1,45。

羽 707－1

釋長叡《"杏雨書屋"所藏敦煌寫卷"羽 619"與"阿含部類"的關係研究》,法鼓佛教學院佛教學系碩士論文,2014。

羽 707－5

朱若溪《金光明經敦煌寫本研究》,浙江大學博士學位論文,2017.3。

707v1 增一阿含經

楊明璋《文人入聖域——白居易及其詩文的神聖化想象與中、日寺院》,《敦煌學》32,2016.8,197－213。

羽 707v2

陳虹妙《敦煌漢文寫本〈般若波羅蜜多心經〉及注疏考》,浙江師範大學碩士學位論文,2018.5。

羽 709

鄭炳林、鄭怡楠《敦煌碑銘讚輯釋(增訂本)》,104。

羽 713

張小艷《敦煌本〈新菩薩經〉〈勸善經〉〈救諸衆生苦難經〉殘卷綴合研究》,《復旦學報》2015.6,12－20。

羽 716

陳明《義净的律典翻譯及其流傳——以敦煌西域出土寫卷爲中心》,《文史》2015.3,145－176。

羽 717

陳麗萍《杏雨書屋藏敦煌契約文書匯録》,《隋唐遼宋金元史論叢》4,169－200。

羽 719

吉田豊《敦煌秘笈中のマニ教中世ペルシア語文書について》,《杏雨》17,317－324。

榮新江《日本散藏吐魯番文獻知見録》,《浙江大學學報》2016.4,18－26。

羽 722

高田時雄《日藏敦煌遺書の來源と眞僞問題》,《敦煌寫本研究年報》9,1－17；《日藏敦煌遺書的來源與真僞問題》,《西南民族大學學報》2016.11,185－

192;《近代中國的學術與藏書》,150－175。

羽 723

朱鳳玉《從儀式教化論敦煌十王經與十王圖之運用》,《敦煌學》30,1－20。

張總《〈十王經〉新材料與研考轉遷》,《敦煌吐魯番研究》15,53－93。

張小艷《敦煌疑僞經三種殘卷綴合研究》,《浙江大學學報》2016.3,21－34。

太史文《〈十王經〉與中國中世紀佛教冥界的形成》,上海古籍出版社,2016.12。

林生海《論敦煌本〈十王圖〉與北斗信仰》,《敦煌寫本研究年報》13,167－179。

羽 726

李子捷《杏雨書屋所藏敦煌写本〈入楞伽経疏〉(擬題、羽 726R)について》,《南都仏教》(98),2013,25－40。

李相旻《〈大乘十地論义記〉題解》,《藏外地論宗文獻集成·續集》,首尔,2013,520。

吕德廷《〈敦煌秘笈〉部分佛教與道教文書定名》,《敦煌寫本研究年報》8,195－204。

聖凱《北朝佛教地論學派"變疏爲論"現象探析》,《中國哲學史》2015.3,15－24、55。

李子捷《日本杏雨書屋所藏敦煌佛教寫本〈入楞伽經疏〉(羽 726R)研究》,《西北民族論叢》2016.2,53－63。

羽 730

熊一瑋《〈佛説月上女經〉相關問題研究》,蘭州大學碩士學位論文,2016.5。

羽 733

鄭阿財《杏雨書屋〈敦煌秘笈〉所見〈維摩詰經〉及其相關文獻》,《佛光學報》新 2.1,1－33。

羽 734

鄭炳林、鄭怡楠《敦煌碑銘讚輯釋(增訂本)》,104。

羽 737

鄭炳林、鄭怡楠《敦煌碑銘讚輯釋(增訂本)》,105。

羽 739v

吕德廷《〈敦煌秘笈〉部分佛教與道教文書定名》,《敦煌寫本研究年報》8,
195－204。

羽 740

杜立暉《〈敦煌秘笈〉所收羽 740 號文書係僞卷考》,《魏晉南北朝隋唐史資
料》40,上海古籍出版社,2019.12,230－238。

羽 741

鄭阿財《杏雨書屋〈敦煌秘笈〉所見〈維摩詰經〉及其相關文獻》,《佛光學報》
新 2.1,1－33。

羽 742v

朱鳳玉《從儀式教化論敦煌十王經與十王圖之運用》,《敦煌學》30,1－20。
張總《〈十王經〉新材料與研考轉遷》,《敦煌吐魯番研究》15,53－93。
張小艷《敦煌疑僞經三種殘卷綴合研究》,《浙江大學學報》2016.3,21－34。
太史文《〈十王經〉與中國中世紀佛教冥界的形成》,上海古籍出版社,
2016.12。
林生海《論敦煌本〈十王圖〉與北斗信仰》,《敦煌寫本研究年報》13,167－179。

羽 747

李義敏《解讀〈敦煌秘笈〉羽 747 殘片》,2014.11.26,http://blog.sina.com.cn/
s/blog_6aae5eb00102v4ru.html。

羽 748

鄭阿財《杏雨書屋〈敦煌秘笈〉所見〈維摩詰經〉及其相關文獻》,《佛光學報》
新 2.1,1－33。

羽 755

大屋正順《〈敦煌秘笈〉所收の礼懺文について:羽〇三九・羽六八三・羽七
五五の翻刻と研究》,《表現學》4,11－20。

羽 759

釋長叡《"杏雨書屋"所藏敦煌寫卷"羽 619"與"阿含部類"的關係研究》,法鼓

佛教學院佛教學系碩士論文,2014。

方廣錩《寫本大藏經的編纂方式、種類與系統》,《文史》2016.2,107-124。

羽762

景盛軒《敦煌遺書所存靈裕之〈大般涅槃經序〉》,《中國佛學》2019.1,
125-130。

羽763

方廣錩《寫本大藏經的編纂方式、種類與系統》,《文史》2016.2,107-124。

羽766

朱若溪《金光明經敦煌寫本研究》,浙江大學博士學位論文,2017.3。

羽771

朱鳳玉《散藏敦煌遺書所見題跋輯録與研究——以許承堯舊藏題跋爲例》,
《敦煌寫本研究年報》10-1,21-33。

徐鍵《中貿聖佳拍品敦煌寫卷〈瑜伽師地論〉真僞考》,《敦煌研究》2019.5,
121-126。

《敦煌學國際聯絡委員會通訊》稿約

　　一、本刊由"敦煌學國際聯絡委員會""中國敦煌吐魯番學會"和"首都師範大學古文獻研究中心"共同主辦，策劃：高田時雄、柴劍虹；主編：郝春文。本刊的内容以國際敦煌學學術信息爲主，刊發的文章的文種包括中文（規範繁體字）、日文和英文，每年出版一期。截稿日期爲當年 3 月底。

　　二、本刊的主要欄目有：每年的各國敦煌學研究綜述、歷年敦煌學研究的專題綜述、新書訊、各國召開敦煌學學術會議的有關信息、書評或新書出版信息、項目動態及熱點問題爭鳴、對國際敦煌學發展的建議、重要的學術論文提要等，歡迎就以上内容投稿。來稿請寄：北京西三環北路 83 號：首都師範大學歷史學院郝春文，郵政編碼：100089，電子郵箱：haochunw@ cnu.edu.cn。

　　三、來稿請附作者姓名、性別、工作單位和職稱、詳細位址和郵政編碼以及電子郵箱，歡迎通過電子郵件用電子文本投稿。

圖書在版編目(CIP)數據

2020 敦煌學國際聯絡委員會通訊／郝春文主編. —
上海：上海古籍出版社,2020.10
ISBN 978-7-5325-9769-7

Ⅰ.①2… Ⅱ.①郝… Ⅲ.①敦煌學—叢刊 Ⅳ.
①K870.6-55

中國版本圖書館 CIP 數據核字(2020)第 186740 號

2020 敦煌學國際聯絡委員會通訊

郝春文　主編

上海古籍出版社出版發行

(上海瑞金二路 272 號　郵政編碼 200020)

(1) 網址: www.guji.com.cn

(2) E-mail: guji1@guji.com.cn

(3) 易文網網址: www.ewen.co

上海惠敦印務科技有限公司印刷

開本 787×1092　1/16　印張 17.75　插頁 4　字數 309,000

2020 年 10 月第 1 版　2020 年 10 月第 1 次印刷

ISBN 978-7-5325-9769-7

K・2908　定價: 88.00 元

如有質量問題,請與承印公司聯繫